陈独秀印象

丁晓平 编选

中共党史出版社

图书在版编目(CIP)数据

陈独秀印象/丁晓平编选．—北京：中共党史出版社，2016.1
ISBN 978-7-5098-3275-2

Ⅰ．①陈… Ⅱ．①丁… Ⅲ．①陈独秀(1879～1942)—传记
Ⅳ．①K827＝6

中国版本图书馆 CIP 数据核字(2015)第 210096 号

出版发行：中共党史出版社
责任编辑：姚建萍
复　　审：陈海平
终　　审：汪晓军
责任校对：龚秀华
责任印制：谷智宇
责任监制：贺冬英
社　　址：北京市海淀区芙蓉里南街6号院1号楼
邮　　编：100080
网　　址：www.dscbs.com
经　　销：新华书店
印　　刷：北京君升印刷有限公司
开　　本：170mm×240mm　1/16
字　　数：397 千字
印　　张：27.75
印　　数：1—5070 册
版　　次：2016 年 1 月第 1 版
印　　次：2016 年 1 月第 1 次印刷

ISBN 978-7-5098-3275-2
定　　价：48.00 元

此书如有印制质量问题，请与中共党史出版社出版业务部联系
电话：010—82517197

目录

开篇话　据几曾看

◎丁晓平

陈独秀到底是一个什么样的人？

对于陈独秀的历史和他的政治，真是众说纷纭，莫衷一是。但从人格角度，大家几乎是众口一词。作为中国共产党的创始人之一，中共领袖对他的评价或许是人们历来最为关注和关心的事情，因此把他们的话作为本书的开篇是再恰当不过的了。

1927年2月17日，瞿秋白在《瞿秋白论文集》的自序中这么写道："中国有马克思主义理论，自然已经很久，五四运动之际，《新青年》及《星期评论》等杂志，风起云涌的介绍马克思理论。我们的前辈陈独秀同志，甚至于李汉俊先生、戴季陶先生、胡汉民先生及朱执信先生，都是中国第一批的马克思主义者。但是，只有陈独秀同志在革命的实践方面，密切的与群众社会运动相联结，秋白等追随其后，得在日常斗争中间，力求应用马克思主义于中国的所谓国情。至于戴季陶先生，虽然他首先以马克思主义来探求'中国之乱源'；胡汉民先生，虽然他首先以马克思主义来解释中国上古（战国）的哲学思想；然而现在他们早已公开地抛弃唯物史观……这难道是偶然的？秋白是马克思主义的小学生，从一九二三年回国之后直到一九二六年十月间病倒为止，一直在陈独秀同志指导之下，努力做这种‘狗耕田’的工作，自己知道是很不胜任的。然而应用马克思列宁主义于中国国情的工作，不可一日或缓。”

对于备受争议的陈独秀，毛泽东也有着自己与众不同的评价。在湖南第一师范读书的时候，毛泽东就是陈独秀《新青年》杂志不折不扣的“粉丝”，是他的崇拜者。1917年9月23日，他与同学蔡和森、张昆弟就讨论过陈独秀，认为：“前之谭嗣同，今之陈独秀，其人者，魄力颇雄大，诚非今日俗学所可以拟。”陈犹如“俄之托尔斯泰其人，以洗涤国民之旧思想，开发其新思想”。毛泽东公开发表的第一篇文章《体育之研究》就是发表在《新青年》第三卷第二号上。正是在陈独秀《新青年》的影响下，毛泽东和朋友们在长沙成立了新民学会。1936年他在陕北保安的窑洞与斯诺谈起自己的生平往事时，说：“这许多团体大半都是在陈独秀编辑的著名新文化运动杂志——《新青年》影响下组织起来的。我在师范学校读书时，就开始阅读这本杂志了。并且十分崇拜陈独秀和胡适所作的文章。他们成了我的模范，代替了我已经厌弃的康有为和梁启超。”后来，毛泽东到了北京，在北京大学图书馆当管理员，他觉得陈独秀“给我的影响也许比那里任何人所给我的都大”。1919年五四运动爆发后，陈独秀因散发《北京市民宣言》被捕。毛泽东在长沙立即撰写了《陈独秀被捕及营救》，发表在《湘江评论》上。在文章中，毛泽东称陈独秀是“思想界的明星”，“陈君之逮捕，绝不能损及陈君的毫末，并且留着大大的一个纪念于新思潮，使他越发光辉远大。政府决没有胆子将陈君处死。就是死了，也不能损及陈君至坚至高精神的毫末。陈君原自说过，出试验室，即入监狱。出监狱，即入试验室。又说，死是不怕的。陈君可以实验其言了。我祝陈君万岁！我祝陈君至坚至高的精神万岁！”①

1921年夏，毛泽东到上海参加中共一大。他回忆说：“在中国共产党的组织中，陈独秀和李大钊占着领导的地位，无疑地，他们都是中国知识界中最灿烂的领袖。我在李大钊手下做图书馆佐理员时，已经很快地倾向马克思主义了，而陈独秀对于引导我的兴趣到这方面来，也大有帮助。我第二次

---

① 《毛泽东早期文稿》，湖南出版社1990年版，第305—306页。

赴沪时，我曾和陈独秀讨论我所读过的马克思主义书籍，陈本人信仰的坚定不移，在这也许是我一生极重要的时期，给我以深刻的印象。”所以，到“1920年夏天，我在理论上和某种程度的行动上，变成马克思主义者，并且自此以后，我自认为是一个马克思主义者了”①。在毛泽东眼里，陈独秀就是他的导师。而实际上在中共一大之后，也正是经陈独秀的提携，毛泽东才担任了中共中央秘书，随后也是奉陈独秀之命去湖南建立党组织，开展农民运动。1942年3月20日，毛泽东在延安谈到《如何研究中共党史》时说：“陈独秀是五四运动的总司令。”紧接着，他还说过这样一段意味深长的话：“现在还不是我们宣传陈独秀历史的时候，将来我们修中国历史，要讲一讲他的功劳。”

历史不能割断。陈独秀1942年5月凄然诀世后的第三年，毛泽东在中共七大预备会议上，再次郑重地提到了陈独秀，说他“是五四运动时期的总司令，整个运动实际上是他领导的。他与周围的一群人，如李大钊同志等，是起了大作用的。我们那个时候学习白话文，听他说什么文章要加标点符号，这是一大发明，又听他说世界上有马克思主义。我们是那一代人的学生，五四运动替中国共产党准备了干部。那个时候的《新青年》杂志，是陈独秀主编的。被这个杂志和五四运动警醒起来的人，后头有一部分进了共产党。这些人受陈独秀和他周围的人影响很大，可以说是由他集合起来，这才成立了党。我说陈独秀在某几点上，好像俄国的普列汉诺夫，做了启蒙运动的工作，创造了党，但他在思想上不如普列汉诺夫。普列汉诺夫在俄国做过很好的马克思主义的宣传。陈独秀则不然，甚至有些很不正确的言论，但是他创造了党，有功劳。普列汉诺夫以后变成了孟什维克，陈独秀是中国的孟什维克。德苏战争以后，斯大林在一篇演说里把列宁、普列汉诺夫放在一起，联共党史也说到他。关于陈独秀，将来修党史的时候，还是要讲到他”。②

1944年3月4日，周恩来在《关于党的“六大”的研究》中说：“八七会议在党内造成了不良倾向，没有让陈独秀参加会议，而把反对机会主义看成是对机会主义错误的负责者的人身攻击。所以发展到后来，各地反对机会主义都找一两个负责者当做机会主义，斗争一番，工作撤换一下，就认为

---

① 《毛泽东自传》，斯诺录，汪衡译，丁晓平编校，中国青年出版社2013年11月版，第64—65页。
② 《毛泽东在七大的报告和讲话集》，中央文献出版社1995年版，第9页。

机会主义没有了，万事大吉了，犯了惩办主义的错误。我认为这是主要缺点。”①

1980年3月19日，邓小平在《对起草〈建国以来党的若干历史问题的决议〉的意见》中说：“陈独秀，还有瞿秋白同志、李立三同志这三个人，不是搞阴谋诡计的。”

白驹过隙，苦难如歌。据几曾看，人生几何？

历史是慢慢地让人知道的。

春秋写大义，丹心照汗青。当政治与人生碰撞的时候，孰是孰非？孰成孰败？孰功孰过？还是让我们翻开历史，看一看与陈独秀曾经有过亲密接触或一面之缘的亲人、朋友、同事、学生、战友或他的对手是怎么说的吧！看一看，陈独秀到底给他们留下了什么样的印象，而在他们的印象中陈独秀又到底是一个什么样的人……

---

① 《关于党的“六大”的研究》（1944年3月4日），《周恩来选集》上卷，人民出版社1997年版，第172页。

第一辑 记忆

陈松年（1910—1990），系陈独秀与第一任妻子高氏的第三子，与哥哥延年、乔年为一母所生。1937年，抗战爆发后，陈松年夫妇带着祖母谢氏和刚满1岁的大女儿长玮从安庆乘船到武汉，随后与刚刚获释的父亲陈独秀和与自己年龄相仿的继母潘兰珍逃亡四川江津。陈松年一家靠自己在江津德感坝国立九中教书的微薄薪金维持生活。1942年陈独秀在江津病逝。1947年，陈松年历尽艰难将祖母和父亲的灵柩运回安庆安葬。1958年，毛泽东视察安庆时获悉其生活困难后，叮嘱政府给予每月30元的生活补贴，并安排工作。1979年十一届三中全会召开后，陈松年被选为安庆市政协常委、安庆市文史馆馆员、安徽省文史馆馆员。他与妻子窦珩光生有一男三女，分别是长琦、长玮、长玙和长璞。

回忆父亲陈独秀[①]

陈松年

我父亲陈独秀的名字叫仲甫，家谱名庆同，考科举名字是乾生，后来搞新文化运动才叫陈独秀，笔名实庵。他是一八七九年阴历八月生的，到一九七九年正好一百周年。

一般说陈独秀是安徽怀宁县人也可以，实际上是安庆人，因为原来的怀宁县城在安庆市，安庆是属于怀宁县管辖的（现在怀宁县与安庆市分开了）。确切些说，应该是原怀宁县、现安庆市人。我家一直住在安庆市北现在的一一六医院那里，我父亲就出生在那里，而不是现在的怀宁县独秀山人（月山西北边一个小山叫独秀山，离安庆市有三四十里）。

① 本文由中国科技大学刘禄开、李永堂于1979年采访记录整理，原载《党史资料》丛刊1980年第1辑。文中陈松年的回忆个别处不太准确，编者作了简要注释，请对照其他文章或陈独秀著作阅读。

我的祖父辈有四兄弟，前两个早夭折了。我的亲祖父叫陈象五，是老三，一直教书，没有中过举人，大约在父亲几岁时就死了。四祖父叫陈昔凡，中过举人，在东北辽阳、新民当过一期县官（知县）、一期州官（知府）。我父亲过继给四祖父，跟四祖父到东北读过书。我的父亲辈有两兄弟、两姊妹。伯父陈孟吉是老大，两个姑妈是老二、老三，我父亲是老四，在兄弟当中是老二。伯父陈孟吉当过廪生（科举学位，比举人小些），在东北花钱捐过一个候补官，实际没有职权，没有正式当过官。我们的兄弟姊妹共六个。我的亲母姓高，无名字（安徽霍邱人，一九三〇年去世），生了我们三兄弟（即陈延年、陈乔年、陈松年）和一个姐姐（一九二八年去上海治病，死在宝隆医院）。我的继母高君曼是我亲母的妹妹，也就是我的姨妈，一九一二——一九一三年生一弟一妹。我弟弟叫陈鹤年或陈和年，对外又叫陈哲民，听说在浙江。

陈独秀小时候在家读私塾，由老夫子教他读四书。他很聪明，形式上不用功，不是呆板地读书，而是很活泼，但是读书成绩不错。他对科举考试不热心，不太愿意考科举，由于四祖父和伯父督促他读书（四祖父和伯父的诗画都不错），才在安庆考秀才（考篷在现在的安庆一中里面）。他考秀才时，伯父对祖母说，兄弟可以中秀才，母亲准备喜蛋吧！祖母说，还没考上就准备，不叫人笑话吗！结果真的考上了秀才。以后又去南京考过举人，没有考中。在满清时代，他是革命党人，在日本剪辫子，回来戴假辫子。四祖父对他也伤脑筋，又疼爱又害怕，怕他出纰漏，怕惹出事来损失家庭财产。他随四祖父去东北读书时，伯父一九〇九年在东北死了，他伴伯父的尸骨（灵柩）回到安庆，第二年九月生了我。他与柏烈武（即柏文蔚）组织过岳王会，是从柏烈武的资料中知道的。他在芜湖办过《俗话报》。他在安庆藏书楼 （原法政学校，现广播器材厂那里）发表过演说，言词过激，讲得过劲，有反孔思想，有人听了害怕。他是否在安庆办过小图书馆，我没有听说。辛亥革命后，孙中山的人孙绍侯、柏文蔚等三人当安徽省都督、我父亲当过这三任都督的秘书长（不是教育厅长），当了二年多。我的弟妹就是在这时候（一九一二——一九一三年）生的。以后袁世凯派了倪嗣冲来，父亲是袁的反对派，就带继母高君曼离开了安庆，以后再也没有回来过。四祖母、母亲、哥哥、姐姐、伯父的两个儿子和我都留在安庆。他没有寄钱回来，因祖母有点财产，可以负担全家生活。倪嗣冲来安庆后，还抄过我家，要抓我父亲和哥哥，他们都没有抓到，逮到我伯父的小儿子，因逮错了，后由地方上的人保出来了。父亲后来干什么，我不知道，直到一九三三年他关在南京第一监狱时，我才在每年寒暑假去监狱看过他。

陈独秀将近四十岁时，在北大当文学院长，搞新文化运动，他写的文章书籍，多由上海亚东图书馆出版。这家出版商叫汪孟邹（汪原放是他的侄子），是安徽人，胡适、高一涵也是安徽人，他们的文章和书（如《胡适文存》）也在亚东图书馆出版发行。汪某与我父亲关系很好。我姐姐一九二八年去上海病死，就是由汪某料理丧事的。

我父亲被捕过几次，就是在我小时、“五四”运动时和蒋介石统治时。一九三二年国民党逮捕他，记者访问他时，问他找不找律师，他说没有钱，要义务律师，但没有人干。法庭审判他时，有些朋友帮忙，将他的供词改了，对他有利，但他签字时又改正过来。后来柏烈武曾对我说，你父亲老了还是那个脾气，想当英雄豪杰，好多朋友想在法庭上帮他的忙也帮不上，给他改了供词，他还要改正过来。蒋介石以“危害民国罪”判了他十三年徒刑。他开始上诉还让登报，以后就不让登了。章士钊曾替他辩护说，不能判“危害民国罪”，因为改良政治不等于危害民国，如果改良政治是危害民国，那孙中山当初不是改良政治吗？我父亲还不满意，说这些话只能代表章士钊，不能代表我。后来章士钊给他写个条幅，劝他晚年多看书。他在南京狱中开始受优待，住单间房，有人要会见他，他说会就会，也不要登记。彭述之与他同时被捕，因为他们有活动，看守就严了，有人要见他就要在收发处登记，说明与他是什么关系，要典狱长批准。

我父亲在被捕前还有个老婆，是个工人，很年青，名叫潘丽珍（应为潘兰珍），到他被捕时才知道他是什么人。潘丽珍经常去监狱看他，一直到武汉、重庆、江津都跟他，到他死后才改嫁，现在不知她还在不在。他在牢里还有许多人找他写字，因为他随四祖父去杭州朋友处（满人、浙江巡抚叫曾子固）玩时，一玩几个月，练过字，书法不错。但许多人找他写字不是欣赏他的字，而是要他写的名字“陈独秀”，因他有名气。他给看守的人也写了不少字，有的看守人员还拿他的字去卖钱，他就不写了。以后给他减刑为八年。他说到了八年，我还不一定能出去，我要出去马上就可以出去，他的意思是办了手续就可以出去，不愿办手续就出不去。蒋介石抓他，是因为他虽然是托派，但还要骂蒋，骂蒋、宋、孔、陈“四大菩”，而他们是不能骂的，要骂还得有艺术才行。蒋介石不杀他，是因为他是叛徒、托派，对共产党不起作用了，优待他对蒋介石有利。如果杀了他，舆论上对蒋介石不利。西安事变后，有人去看他，说蒋介石同意了几个条件，主要是同意抗战和释放政治犯；他说：“同意抗战，蒋介石会答应的，他不是早就说正在积极准备抗战吗？他会拖的。他现在同意释放政治犯，也会拖的。”（就是他还不相信蒋）他在大革命时期与国民党搞统一战线是统而不战，这时才认识蒋介石。

一九三七年“七七”事变以后，他是作为政治犯被释放的。释放以后，他到汉口住了将近一年（住在老租界里）。在汉口发表过演说，听的人很多。一九三八年初夏安庆快沦陷时，我与爱人、大女孩、四祖母等人一道去汉口找他，我在汉口看到湖北小报上登了他一篇文章，说延安共产党那边叫他去，他在文章中表示不愿意去。当时，延安与武汉两方面都在争夺青年。我们到汉口不久，就乘船到宜昌，再找人乘船去重庆。我父亲与姑妈后走，从汉口乘船直达重庆。我们到重庆不久，他们也到了。他在重庆住了两三个月（住在石柏街一个公司代理人家里），又到江津县城住了不到一年，就到离县城三十里的乡下鹤山坪一个姓杨的老进士家（进士不在了）去住了，原因是他在重庆看到杨进士的一本书，问到是谁后，经本地人介绍就去了，在那里很清静，对他的高血压病有好处。我到重庆不久，就到江津国立九中（在江南，县城在江北，鹤山坪也在江北）搞总务工作，也代一点课，没有跟他住在一起。他在江津没干什么事，就是搞文字学注释，从坐牢开始到去世以前，都注释文字学。他在江津时想发表文章，拿稿费生活，但重庆不登他的，他就靠老北大的人以同学会名义给他生活费。他最后写的两篇文章是《论世界大战》和《再论世界大战》，登在《大公报》上。[①]潘赞化与他很熟，是好朋友，潘在江津的国立九中（安徽人多）当总务主任时，说他不行了，没有英雄气概了，儿女情长（讲房子等事，过去是不谈的），英雄气短，过不了两三年了。果然，他在一九四二年四月二十几号患高血压病死了。他的文字学注释，于一九四六年交给了商务印书馆的经理王云五（编四角号码字典的），但没有出版。一九四七年，我把父亲的棺材、墓迁回到安庆北关，葬在现卫东公社林业大队（离市内二十里），有块墓碑"先考陈公仲甫之墓"，现在已经没有碑了（文革中林业大队种树毁了）。

① 这两篇文章分别叫《战后世界大势之轮廓》和《再论世界大势》，后一篇《大公报》并没有发表。

陈松年简介见本书《回忆父亲陈独秀》。

再忆父亲陈独秀[①]

陈松年

我们一家在陈氏宗谱中是属大伦公的一支，谱名由二十个字排列的，我只记得十五个字，开头的一句已忘了：“……天章衍庆遐，长源传祖德，永远振家邦。”我祖父是“衍”字辈，父亲是“庆”字辈，我本是“遐”字辈。我大哥（孟吉长子）名“遐年”，以下都跟“年”字走，所以在遐年以下的弟辈叫永年、延年、乔年等，是我们这一房的例外。我的儿侄都是“长”字辈，以前女儿不以谱名排列，到我儿侄一辈时，女儿也用谱名排的了。

我家原籍是怀宁县广圩陈家破屋，现在广圩区白泽湖公社的沈家店附近。此村的老屋基正好坐落在两保交界之处。两保把屋基分剖两半，故称“陈家剖屋”，俗呼“陈家破屋”。但我家世居安庆府城，听说我父亲出生时，尚住在安庆北门“后营”旧居，又名十八家，是贫民窟，在同仁医院（现在的一一六医院）的东隔壁。由于怀宁县境内有一座独秀山，距安庆市北四十里，有人误传为我家祖籍。后来，昔凡公在外做官发了财，大概在光绪末年，就在南水关（今土产仓库隔壁）盖了一

①本文由安徽大学历史系教授沈寂1980年访问并整理。原载《安徽革命史研究资料》第1辑，1980年7月。原文标题为《再访陈松年谈话记录》。

套新屋，全家才由北门后营迁至新居，这个房子就比较好了。

我父自与小姨高君曼结婚后，我只听说就在安庆城中心的府前街宣家花园租房另外生活，不住在家里。父亲在民初任安徽省都督府秘书长时就是住在宣家花园的。我妹妹子美、弟弟鹤年都是在这里出生的。到反袁失败，父亲避离安庆，又在南京东厂街 （秀山公园旁边）盖了二座草房，大约十余间，置地数十亩，作为高君曼和二个弟妹的居住点，以后一直没有回安庆过，我弟弟读书也是在扬州中学。

高君曼与父亲结婚后，一直没回过安庆，直到我生母去世（一九三〇年），才由我老舅（我父亲的舅家）查家通知了她，高才带着我的弟妹回来奔丧，来时还先到查老舅家，再由我们去接回的。高这次回家住了约有一年。不过，我们家庭中对高的回家还是有议论的，如我的表兄弟（大姑母之子）仍呼高为“小姨”而不呼她“舅母”，高君曼听了很不愉快，曾在背地里对我说：“叫我小姨当然也可以，但他们对舅舅（指父亲）是怎样称呼的？”这时正是我家走倒运的时候，情绪、感情已与从前不大一样了，彼此已不甚计较了。

这次我生母去世，父亲没有回来，不过，此消息他是会知道的，因为他可以从亚东图书馆得知。亚东是我家与父亲在上海的通讯联络点。那时，听说父亲在上海的行踪秘密，经常找不到他。（问：“是否常到姓潘的那里去了？”答：我不知道。只知道高与父亲的关系已不甚愉快了。）

至于我家的财产，听上人说，是昔凡公在东北做官期间发的财。那时正值日俄大战，东北正是战场，战场上需要马匹，商人就从蒙古贩马去战地。经过昔凡公做官的境地，要抽牲口税，数量多了，这笔税金就使昔凡公发了财。

昔凡公在东北做官任内发家以后，还想发大财，就在浙江找该省的巡抚增子固。[①]增子固原来也在东北做官，与昔凡公正好是前后任，昔凡公的辽州、新民的知州就是接替增子固的，二人私交很深，并结为换帖弟兄。昔

① 此处人名有错误，应为曾子固。下同。

凡公想与增子固合伙做东北大豆生意，正好有个姓姚的英语通事（翻译），介绍为英商在东北收购大豆。陈与增合伙，并以浙巡抚大印担保。这个姚通事实际上是个卖办，从中撮合，坐取渔利。当时曾同英商签订了合同。合同载明：在合约签订之后，收购东北大豆由华方代办，英方不得再私自前往东北收购。但英商没有践约，仍私往东北收购，以致豆价大涨。昔凡公发现后，即依约向英方提出诉讼。经判决，是英方违约，损失由英方负责赔偿，但所订合同也由此终止，华方将定洋退还英方。其中一切手续，全由通事从中串连。谁知这个将原合约终止、华方退还定洋的契约是假的，他们设了一个骗局。就在这个时候，正碰上武昌起义爆发，到民国成立，增子固的浙江巡抚倒台了，英方则通过外交部要求索还原定洋，或按约交付大豆。昔凡公只得宣告在东北的财产破产。据说，增子固当时住在北京，我祖母谢氏曾去找过他，交涉此案的经过，他都参与了，翻译也是他请的，还派专人到安庆来过，增子固也负担了一部分经济损失。昔凡公对这笔生意的失败，所受的打击很大，自叹不懂洋务，受人愚弄，不识洋文，两眼漆黑，被卖办欺骗。他一气成疾，卧床不起，就在癸丑反袁失败的那年逝世了。倪嗣冲派兵来我家抓人，昔凡公的灵柩还停在家里。我祖母谢氏说，此财发得容易，去得也快，想发更大的财，反把老本也丢了。老婆婆（祖母）由于此事的刺激和昔凡公的死，再加上我父亲被通缉而逃亡，孙儿（永年）被抓入狱等一连串不幸的事，悲愤过度，生了大病，又因常常哭泣，流泪过多，眼睛也渐渐坏了。

我父亲的最后一个夫人，姓潘，上次我说叫潘丽珍，是记错了，应该叫潘兰珍。她是上海纱厂的女工，江苏人。据高语罕对我们说，一九三二年我父亲在上海被捕以前，潘与父亲就已相识，但并不知道我父亲是什么人，等我父亲被捕，报纸上登载了他的情况后，她立即就从上海赶到南京，一直在狱中服侍我父亲。这时，高君曼已经死了。潘很年轻，当时只二十几岁，好像比我还年轻些。抗战开始，父亲出狱后由南京到武汉，而后又到重庆，最后到江津，潘都相随。当时，我父亲的身体已不好了，在南京监狱时，就有胃病，所以膳食以黑面包居多；同时血压已很高了，一九三七年父亲由南京直接乘大轮到汉口，血压上升到一百八（上压）。潘兰珍待我父亲很好，在父亲的晚年，全靠她料理服侍。她平时在家很少言语，做事勤快利落，不亏是个工人出身。我们家人对她也很尊重，我们尊之为母，我儿辈呼她二奶奶，我祖母称她二娘子。但我觉得她对我们很少感情，我父亲在一九四二年病故，将父亲的一部分稿费给她后，就离开了江津，没有同我们打招呼。估计她是到重庆，后来又听说嫁了一个湖北人，因为没有联系，不知是否确切。

父亲出狱后，我祖母叫我写信问他，家怎么办？父亲回信说，暂时可以不动。后来局势危急，祖母急着要去找父亲，当时父亲已在汉口，他的地址还是方孝远告诉我们的。祖母对父亲长期浪迹在外，总是担心受怕；常常叹息自问：能否由儿子抱头送终。我们在一九三八年才到汉口，父亲又先把我们送去四川，去四川重庆的买船票等手续，全由包惠僧帮忙办理，还为我们写信给宜昌的一位熟人（史岳门），记得所乘的船是一只军火船。在船上不准抽烟。我们到宜昌，正是六月盛暑，这时安庆已沦陷。我们到重庆，先住在旅馆里，后找到了同乡胡子穆、潘赞化和方孝远等。我大姑母（吴陈氏，大姑爷是安庆商人，早死，我们在汉口时就遇见过她），这时也到了重庆，我们就和大姑母住在一起。父亲由汉口到重庆的时间，要比我们迟十余天，他先住在石板街通源公司（公司主任姓黄，听说是在成都，与父亲是什么关系，不详，只见他家客人很多）。在重庆住有几个月，父亲就先偕潘兰珍到江津，约比我们先动身一个月，刚到江津时，曾先落脚在胡子穆家。

当时的江津，集中了许多安徽人，如光明甫、朱蕴山、胡子穆等。我父亲先租赁江津东门城内的郭家公馆为住宅，同年冬天又移居黄荆街八十三号，与邓仲纯住在一起。邓仲纯是名书法家邓石如的重孙，怀宁人，曾留学日本学医，这时在江津开了一爿诊所，取名“延年医院”，租了一幢房子，楼上有多余的房间，就邀请父亲及祖母一同搬去住的。邓仲纯在江津与当地的一位姓邓的攀为同宗，为了有助于在当地立足。一九三九年我祖母在江津黄荆街逝世。在逝世前的一段较长时间，祖母双目失明；吃饭都由父亲亲手送给她。祖母逝世，大姑母一定要为死者披麻戴孝，守灵等尽孝道的仪式，父亲是顺从了。正是祖母逝世的时候，罗汉来江津看望父亲，也为祖母焚烧了纸钱。昔凡公和祖母谢氏，收我父亲为继子，就是为了老有所依，这个愿望总算如偿了。

罗汉离江津去重庆，正值日机五三、五四大轰炸，以后就一直没有再来过，我们都猜测他可能死于这次轰炸。

祖母逝世后，父亲迁居离江津城西三十里的鹤山坪。这里很清净，本考虑利于养病。但是，父亲的健康急剧恶化，血压增高到二百一十以上（上压），初时还没有什么感觉，后来就老叫头昏，一九四二年病倒了。临死前不久，潘赞化去看他，见到父亲做的一首诗，辞句感伤，精神萎靡，已失去当年一往无前的奔放豪情。潘老叔对我们说，照此情景，大概不会久长了。一日，忽有客自远方来，父亲格外兴奋，多吃了一些马铃薯，使肠胃梗塞，引起发高烧，心脏病发作，又不慎跌跤中了风，一星期后，三病迸发，心脏扩大而停止了跳动，父亲就这样死了！原来医生就说过，父亲心脏扩大，过不了二三年，不幸而言中！

补充一些亲属的情况。

我的亲祖父象五，在父亲两岁就去世了。据说他是个秀才，没有中举，但代人写过八股文章。一生主要是教书，在桐城教过书；还在苏州教过书。在苏州是在安徽霍邱人姓窦的军门家当塾师，教军门的几个儿子。窦军门是霍邱窦家圩的大族。后来，我的岳父就是窦军门的儿子，也就是我父亲所教的学生。

我有二个姑母，大姑父叫吴欣然，是个商人；二姑父姜超甫是画家姜筠的侄子。大姑父家的小表兄吴寄严[①]，也曾留学苏联，认识张国焘，并与蒋经国是同学。在上海做地下工作，正在散发传单时被捕，化名周西岑。当时国民党当局不明其真实情况，所以押在南京的水西门监狱——陆军监狱。那时我父亲也正关在南京监狱里，所以我去探望父亲时，也曾去陆军监狱探望过吴寄严，后来，国民党当局就以查无实据而释放了他。吴寄严的妻子名叫李

① 此处人名有误，应为吴季严，下同。

秀泉，也是共产党人，吴被捕后她曾来过安庆。李是湖南人，大概是她设法通过何键的关系，经活动后才使吴寄严释放的。抗战后，吴也到江津去了。一九四八年解放的前夕，小蒋（经国）要他去台湾，他不肯。小蒋就下令抓他，后来因大军渡江迅速，才没被抓去。解放以后，吴夫妇俩在上海作俄文的翻译工作，大概在六十年代逝世的。

我的大哥陈遐年，也留学过日本，他的年龄比我父亲只小头十岁，比延年都大。一生从事教育工作，五六年才逝世。

陈松年简介见本书《回忆父亲陈独秀》。

父亲陈独秀墓迁葬经过[①]

陈松年

先父陈独秀于一九四二年五月二十七日逝世于四川江津，六月一日临时葬于江津西门外一个姓邓的地主家园地，棺木甚小，却是四川香楠木，当时北大校友会也有人参加了安葬仪式。先父去世后，我由江津返回安庆。

一九四七年二月，我与堂兄陈遐年商定去四川江津运灵柩。当时，抗战虽然胜利，但内战又起，运灵柩也不容易。江津安徽人很多，提起先父，大多知道。我就向他们打听是否有运灵柩的木船。有人告诉我，重庆江北有。我到重庆一打听，说是只有浙江会馆有木船运灵柩。

我当即到浙江会馆联系。他们应允后，我又返回江津，雇了一条小木船，将继祖母和先父的灵柩一起运到重庆浙江会馆。办完手续后，又在灵柩上刻上字，写上地址和接收人姓名，但先父灵柩不敢刻“陈独秀”三个字，怕在途中惹出麻烦，只好刻上先父科考名“陈乾生”，这是为多数人所不知的。先父灵柩运抵安庆后，先置于西门太平寺内。根据生母高氏一九三〇年临终前

①本文由陈松年口述，吴晓整理。原载1989年5月9日《人民政协报》，原题为《陈独秀墓迁葬经过》。

的嘱咐，将先父和生母合冢于北郊祖坟之地叶家冲，也未举行什么仪式，只是以先父科考名“陈乾生”立碑，隐其原名。

先父与生母在故土合冢后，每年清明时节，我都带儿女踏青扫墓，祭祀祖先。但是，十年文革期间，未敢去扫墓，怕墓暴露被“造反派”挖掉。文革后，我再去扫墓时，墓地却是满目松树，杉木丛林，一时寻不到先父生母合冢墓。经再三查询，在当地农民的帮助下，才在丛林中寻出一方荒草平地，墓碑也不见了，我实不敢认定，幸亏一位当年曾抬先父灵柩的农民确认，这就是先父和生母的合冢之墓。当时我的心十分凄凉，不禁一阵心酸，流出了眼泪。为便于今后寻找墓地，我在一棵树上划去一块树皮作为标记，哪知第二次去墓地时，树却被砍伐了。我这才意识到重修墓地和立碑的必要了。但由于私人经济拮据，不得不给省和中央负责同志写信，要求资助经费重修先父之墓。一九七九年先父诞辰一百周年时，安徽省人民政府拨款，安庆市人民政府于一九八〇年重修土墓，并以我的名义重立了青石碑，一九八二年再次扩修，并被列为安庆市文物保护单位。目前市有关部门和墓所在地乡村集资十万元，正在拓修通往墓地的乡间公路，“五四”前夕竣工后，汽车可直抵墓地，为人们游览参观提供了交通方便。

第二辑 纪念

房秩五（1877—1966），名宗岳，晚号陆园老人，安徽桐城县浮山（今属枞阳）人。1903年与陈独秀创办《安徽俗话报》，专任《教育》栏写作，署名饬武、浮渡生。房秩五是清末秀才，思想开明，积极倡导新文化，是富有正义感和爱国心的知识分子，著名教育家与社会活动家。解放后，历任安徽省各界人民代表大会代表，第一、二、三届省政协委员。

追悼三爱[①]

房秩五

丙申秋，友人从旧书摊中检得《安徽俗话报》四册，持以见示，怆然有感，追悼三爱。有序，丙申。

三爱，为故人陈仲甫主办《安徽俗话报》笔名也。忆余在清光绪庚子前后作童子师，于安庆结交仲甫。仲甫少余两岁，意气甚豪。壬寅秋，先师吴挚甫先生自日本考察学制回安庆，创办桐城学堂，自任堂长，命余与吴守一诸人任学长。仲甫几无日不来校纵谈时事，极嬉笑怒骂之雄。一日，约共办《安徽俗话报》，余任教育，守一任小说，余稿悉由仲甫自任之。每期各稿汇齐，仲甫则寄至芜湖科学图书馆印行。计自甲辰正月出版，每月二册，风行一时，几与当时驰名全国之《杭州白话报》相埒迨。暑假时，桐城学堂改名桐城中学，移回县城。余赴日本学师范，守一亦回桐城授课，仲甫乃将《俗话报》全部迁至芜湖。适秋冬间，李晦庐、卢仲农两君将原在湖南创办之安徽旅湘公学迁回芜湖，

① 本文录自房秩五《浮渡山房诗存》，刊载于《安徽革命史研究资料》第1辑，1980年7月。本文标点符号为本书编者标注，标题为本书编者所加。

改名安徽公学。次年夏，又由安徽公学附设一安徽公立速成师范学校，促余回芜主持其事。维时仲甫亦间在各校授课，《俗话报》出版如故也。未几，因登载外交消息为驻芜英领事要求中国官厅勒令停办，计此报存在为期不及两年，亦久不在世人记忆中矣。近得残册翻阅一过，三爱之名屡接余目，而仲甫奄化忽忽已十四年。回忆前尘，感悼何极，因成二绝，用志《安徽俗话报》当时经过情形于此。

君是降龙伏虎手，
拈花微笑散诸天。
苍茫五十年前事，
贝叶重繙益惘然。

季子音容犹彷佛，（君子松年言语笑貌酷似君）
诸孙头角各峥嵘。（松年有子女四，长女玮已入北京钢铁学院）
藏书楼址依稀认，（清末壬寅年，君在安庆演说之藏书楼今已改观矣）
忍过山阳听笛声。

汪原放（1897—1980），又名家瑾、麟书，笔名士敏、白石、严约、方泉（此名是陈独秀于1933年在南京狱中致其信中所取）。安徽绩溪人。现代出版家、翻译家。5岁丧父，1910年进入叔父汪孟邹创办的科学图书社当学徒，1913年到上海汪孟邹开设的亚东图书馆工作。1925年由陈乔年介绍加入中国共产党。1927年春，在汉口任《民国日报》经理、国际编辑和中共中央出版局局长。大革命失败后回亚东图书馆，与组织失去联系，直到1953年。受陈独秀影响，他是中国古典小说用新式标点和分段进行整理首创者，先后整理出版了《水浒传》《红楼梦》《三国演义》《西游记》《儒林外史》等经典作品。解放后加入中国民主同盟，任民盟上海市委文史资料委员会委员。此后调任古典文学出版社、中华书局上海编辑所、上海文献资料编辑所编辑。1963年退休。晚年撰有《回忆亚东图书馆》一书。

陈独秀和上海亚东图书馆①

汪原放

上海亚东图书馆是我的叔父汪孟邹在一九一三年创办的一家书店，到一九五三年结束。汪孟邹和陈独秀早在辛亥革命前就有很深的交往，亚东又始终是在陈独秀的倡议和关注下创办和发展起来的。

亚东图书馆的前身是芜湖科学图书社。叔父汪孟邹于一九〇三年在芜湖创办科学图书社，经销新书、文具、仪器，传播科学知识，有匡时济世的抱负。我十三岁那年（一九〇九年）到科学图书社去当学徒。我最早在这里听说陈独秀从事革命活动的事迹。

一九〇四年，陈独秀写信给汪孟邹，要到芜湖来办

① 本文刊载于《社会科学》1980年第5期。

《安徽俗话报》。不久，就住到科学图书社的楼上办了起来，在大约一年时间内，共编辑出版了二十三期。每期出版后，陈独秀都是亲自动手分发、卷封、付邮，勤勤恳恳为传播革命思想而努力工作。

一九〇五年，陈独秀一面在高等学校里教书，同时继续在军人和知识分子中从事革命活动。

一九一一年十月武昌起义。柏文蔚穿上军装，继任安徽都督，陈独秀则担任了都督府的秘书长。

辛亥革命后，陈独秀和柏文蔚都主张汪孟邹办好科学图书社，再到上海开书店，继续传播新思想。

一九一三年春，汪孟邹带我到上海，在四马路惠福里创办了亚东图书馆，同时作为芜湖科学图书社的申庄[①]，添上一个职工，总共是三个工作人员。

辛亥革命后，柏文蔚手下的军队被袁世凯收买，柏文蔚被免去都督的职务。一九一三年八月，柏文蔚被迫离开安庆，陈独秀也亡命上海，重新回到文化战线上进行战斗。一九一五年，陈独秀从日本回国，筹备创刊《青年》杂志；他和汪孟邹商量，要亚东承担出版发行工作。汪孟邹转介绍给群益书社的陈子沛，商定每月编辑费和稿费二百元，月出一本。

这年九月十五日，《青年》杂志创刊了，陈独秀用热情奔放的笔调，写了《敬告青年》一文。他号召青年"进冒险苦斗之兵"，去"战胜恶社会"，他亮出"科学与人权（民主）并重"两面旗帜，把民主和科学比为"若舟车之有两轮焉"：他呼吁解放思想，与旧传统、旧思想彻底决裂，表现出一个急进民主主义者冲决罗网的英勇气概。

《青年》杂志出版后，受到广大青年的欢迎。从一九一六年起改名为《新青年》。每期销售数达一万五六千册，超过清末风行一时的《新民丛报》。正如陈独秀预料的，在中国新文化运动史上，产生了巨大的影响。

在陈独秀的支持下，一九一八年创刊的《每周评论》交亚东经销；五四以后，北京大学的《新潮》、少年中国学会的《少年中国》《少年世界》，

---

① 即芜湖科学图书社在上海的分店之意。本书编者注。

都通过陈独秀的介绍，到亚东来印行。孙中山先生的《建设》杂志，也由朱执信亲自来亚东联系，交亚东出版发行了二十四期。

亚东出版了反映新文化运动成果的《独秀文存》《胡适文存》初集、《吴虞文录》，并出版了有影响的新诗集，成为国内有影响的一家书店，汪孟邹对陈独秀始终是十分信服的。

一九二〇年一月，陈独秀回到上海。这年八月左右，中国共产党上海发起组成立。亚东五马路的发行所是陈独秀几乎每天要来的地方。他一上楼，就坐在那张红木八仙桌旁，和我叔叔滔滔不绝地谈论起来。

为了传播马克思主义，恽代英同志于一九一九年冬在武昌创办利群书社，毛泽东同志则于一九二〇年七月在长沙创办文化书社。陈独秀为这两家书社都向亚东作了三百元营业额往来的担保。毛泽东同志曾经拿了陈独秀的保单，亲自到亚东来联系。现在推算起来，时间当在一九二〇年五月到七月间。亚东和利群书社、文化书社的业务往来，在亚东《万年清》账册上均有原始记录，往来账目都未结清。解放后汪孟邹还说过，这已经成了历史文物了。可惜在文化大革命中，这些账册都已经散失了。

一九二一年建党后，次年九月《向导》周刊创刊，刊头“向导”二字就是陈独秀的手笔。陈独秀请李达来找我，要我代为设计一下版面式样。《向导》创刊号的左上角刊登了广州、上海、北京、长沙四个分售处，上海分售处就是亚东。一九二三年冬，党创办了上海书店，毛泽民、苏新甫和亚东始终保持业务上的联系。

一九二六年三月底，从德国留学回来后在黄埔军校担任教官的高语罕，穿了一身褴褛的衣服逃到上海，住在亚东长沙路的房子里。高语罕对蒋介石在黄埔军校的行径十分不满。他愤慨地说过：“黄埔军校竟然升起写‘蒋’字的大旗。校长吃饭，要军乐队伴奏。真不成体统！”陈独秀说服高语罕要冷静、忍耐。后来，陈独秀在《向导》上发表《中国革命势力统一政策与广州事变》一文，辩解说：共产党没有想“阴谋推倒蒋介石，改建工农政府”，称蒋介石是“民族革命运动中的一个柱石”。

八七会议撤销了陈独秀总书记的职务后，他决定从武汉回到上海，避居在武昌一条深巷的普通民房里。我去见他时，他正赤了膊，披了一大块白布做的汗巾，像一个拉大车的苦力，躺在竹榻上。他要我去上海一行，听听汪孟邹的意见，能否回上海。八月底，我回到武汉，把汪孟邹赞成他回上海的意见告诉他。我们包了四个铺位的一个客舱，我和文容等三人伴送陈独秀回上海。陈独秀戴了风帽，装扮成一个病人，躺在上铺，吃饭也在舱内。船到九江，正值中秋，半夜以后，甲板上人少了，陈独秀出来凭栏赏了一会江月。一路上，陈独秀躺在床上很少开口。他经常喃喃自语的只有一句话："中国革命应该由中国人自己来领导。"看来，他对共产国际对中国革命的指导抱着强烈的对立情绪。虽然他的年龄还不到五十，他那铁板的脸、紧闭的嘴角，显出倔强顽固的神态，很像一个已经到了垂暮之年、固执己见的老人。回到上海后，我们把陈独秀送到酱园弄彭礼和家里。后来，他又搬到浙江北路的一个小弄堂里居住。

一九三〇年左右，汪孟邹去看陈独秀后，回来说："仲甫说托洛茨基好，他们要成立反对派了。"一九三一年，陈独秀被捕后，汪孟邹、章士钊都进行过营救活动。章士钊还担任陈独秀的辩护律师，编过一本《陈案书状汇录》，由亚东图书馆排印，只印了一百本左右。陈独秀判刑后，关在南京陆军监狱，我有时前去探望。他对我说：他要写信给高语罕、李季，要他们写争取民主的文章。他劝说我："亚东应该向国民党活动，招点股，再邀几个朋友。胡适之，不要邀进来。"他甚至于提出，我们弟兄俩应该进国民党做事，可以救救朋友。

一九三六年，沈雁冰主编《中国的一日》，五月初给我一信，要我约陈独秀写一篇稿子，陈独秀写了一篇题为《中国的一日》的短文。

章士钊曾经在一封信中对陈独秀说："陈和南京对江西是犄角之势。"他在狱中把章士钊的信给我看了以后说："我不要行严为我辩护了。"从一九三六年至一九四〇年这个期间，亚东出版大量托陈取消派的书籍。

法国作家安德烈·纪德在三十年代访苏后，写了一本《从苏联归来》，对苏联的政治有所指责。陈独秀的秘书郑超麟在南京狱中译成此书，于一九三六年交亚东出版。一九三七年，郑又翻译出版了《为我的〈从苏联归来〉答客难》。王凡西用李书勋、张家驹的笔名译了《苏联党狱国际舆论》《苏联党狱之真相》交亚东出版。亚东还出版了托洛茨基的《真理在前进中》《新的世界大战之前》《儿子、战士、朋友》。一九三七年，还出版了陈独秀和彭述之写的一些小册子。

一九三七年，陈独秀出狱后到了武汉，之后定居四川江津。一九四二年就死在那里。

胡适（1891—1962），安徽绩溪人。原名嗣穈，昵称穈儿，学名洪骍，字希疆，后改名胡适，字适之，笔名天风、藏晖等。1906年，考入中国公学，1910年考取“庚子赔款”第二期官费生赴美国留学，于康乃尔大学先读农科，后改读文科。1915年，入哥伦比亚大学研究院，师从哲学家杜威。1917年夏，经陈独秀推荐任北京大学教授，加入《新青年》编辑部，撰文反对封建主义，宣传个性自由、民主和科学，积极提倡“文学改良”和白话文学，成为当时新文化运动的重要人物。所著《尝试集》是中国第一部白话诗集。1938年，被任命为中国驻美国大使。1945年3月任中国出席联合国大会代表。曾担任中华民国驻美大使、国立北京大学校长、台湾中央研究院院长等职。著有《中国古代哲学史》《白话文学史》《胡适文存》《尝试集》《中国哲学史大纲》等。

陈独秀与文学革命①

胡 适

今天我要讲的题目是《陈独秀与文学革命》，这本来是国文系同学研究的材料，想不到报纸上登出去，变成公开的了。陈先生与文学革命的关系，是很有讨论的必要的一个问题。在民国六年，大家办《新青年》的时候，本有一个理想，就是二十年不谈政治，二十年离开政治，而从教育思想文化等等，非政治的因子上建设政治基础。但是不容易做得到，因为我们虽抱定不谈政治的主张，政治却逼得我们不得不去谈它。民国六年第二学期陈先生来到北大，去年陈先生和李大钊先生因为要谈政治，另外办了一个《每周评论》我也不曾批评它，

① 本文系胡适1932年10月30日在北京大学国文系的讲演。原载《陈独秀评论》，陈东晓编，北平东亚书局1933年3月版。

他们向我要稿子，我记得我只送了两篇短篇小说的译稿去。民国八年，五四以后，有一天陈先生在新世界（香厂）散传单，因前几天在报纸上看见陈先生的口供，说他自己因为反动，前后被捕三次，在此地被捕一次，就是因为在香厂散传单。那时候高一涵先生和我都在内，大家印好传单，内容一共六条，大概因为学生被拘问题。有一条是要求政府免去卫戍司令王怀庆的职，惩办曹章陆三人……到了十一点钟回家，我和高先生在洋车上一边谈，看见有没关门的铺子，我们又要给他一张。我还记得那时是六月天气正热，我们夜深还在谈话，忽然报馆来电话，说东京大罢工，我们高兴极了；但一会又有电话，说自你们走后，陈先生在香厂被捕了，他是为了这种事被捕，然而报上却载着他是反动！这是反动，那么现在的革命是不是反动？“反动”抹杀了许多事实，他怎么能算是反动？

今天这个题目，说起来有很多不方便的地方，因为我们既是同事，而且主张也颇相同。在民国十二年，上海出版了一部《科学与人生观论集》那时陈先生已经同我们分别到上海去了。这部二十万字的集子，我做了一篇序，陈先生也写了一篇，他极力反驳我，质问我，陈先生那时已转到马克思主义那方面去了。他问我所说马克思的唯物史观可以解释大多数的话，能否再进一步，承认它能解释一切。他说白话文也是因为产业发达，人口集中，才产生出来的，他说“常有人说白话文的局面是胡适之陈独秀一般人闹出来的，其实这是我们的不虞之誉，中国近来产业发达，人口集中，白话文完全是应这个需要而发生而存在的”；适之等若在十三年前提倡白话文，只需章行严一篇文章便驳得烟消灰灭，此时章行严的崇论宏议有谁肯听？他是注重经济的条件的，我也没有反驳他，因为他不否认人的努力，两个人的主张不算冲突，不过客观的条件虽然重要，但不仅限于经济一个条件，至于文化的条件、政治的条件，也是不能否认的。

陈先生与新文学运动有三点是很重要的背景。

一、他有充分的文学训练，对于旧文学很有根底，苏曼殊章行严的小说文章，他都要做个序子，这是散文方面的成绩。说到诗，他是学宋诗的，在《甲寅》杂志他发表过许多作品，署名“独秀山民”、“陈仲”、“陈仲子”。他的诗有很大胆的变化，其中有一首《哭亡兄》，可说是完全白话的，是一种新的创造。他更崇拜小说，他说曹雪芹、施耐庵的《红楼梦》《水浒传》比较归有光《姚姬传》的古文要高明得多。在那时说这种大胆的话，大家都惊异得很，这可见他早就了解白话文的重要，他最佩服马东篱的元曲，说他是中国的Shakespeare。

二、他受法国文化的影响很大，他的英文法文都可以看书，我记得《青年》杂志（即后来的《新青年》）上，他做过一篇《法兰西人与近代文明》表示他极端崇拜法国的文化，他说法国人发明了三个大东西，第一是人权说Rights of men.在一七八九年法人Lafayette做《人权宣言》（*Ladeclaration des droits I'hommes*）美国的独立宣言也是他做的。第二是生物进化论，法人Lamarck在一八〇九年做《动物哲学》其后五十年才有达尔文出来，第三是有三个法国人Babeaf，Aaint-Aimon，Tonrier是马克思的先声，首开社会主义的风气。但另外还有一点，陈先生没有说到，就是新文学运动，其实陈先生受自然主义的影响最大，看他一篇《欧洲文艺谈》把法国文学艺术的变化分成几个时期：（一）从古典主义到理想主义（即浪漫主义）；（二）从浪漫主义到写实主义；（三）从写实主义到自然主义，把法国文学上各种主义详细地介绍到中国，陈先生算是最早的一个，以后引起大家对各种主义的许多讨论。

三、陈先生是一位革命家，那时我们许多青年人在美国留学，暇时就讨论文学的问题，时常打笔墨官司。但我们只谈文学，不谈革命，但陈先生已经参加政治革命，实行家庭革命，他家是所谓大世家，但因恋爱问题及其他问题同家庭脱离了关系，甚至他父亲要告他。有一次他到北京，他家开的一所大铺子的掌柜听说小东人来了，请他到铺子去一趟，赏个面子，但他却说“铺子不是我的”，可见他的精神。在袁世凯要实现帝制时，陈先生知道政治革命失败是因为没有文化思想这些革命，他就参加伦理革命、宗教革命、道德的革命，在《新青年》上有许多基本革命的信条：（一）自主的不是奴隶的；（二）进步的不是保守的，（三）进取的不是退隐的；（四）世界的不是锁国的，（五）实利的不是虚文的；（六）科学的不是想象的，这是根本改革的策略。民国五年袁世凯死了，他说新时代到了，自有史以来，各种罪恶耻羞都不能洗，然而新时代到了，他这种革命的精神，与我们留学生的消极的态度，相差不知多少。他那时所主张的不仅是政治革命，而是道德艺术一切文化的革命！

民国四年《甲寅》杂志最后一期有两篇东西，一篇是学校国文教材之商榷，反对用唐宋八家的文章做材料，要选更古的文章，汉魏六朝的东西做教材，这是一趋势；又一篇是通讯，名记者黄远庸写的（他后来在美国旧金山被暗杀了）。他说："愚见以为居今论政，实不知从何处起说，洪范九畴，亦只能明夷待访，……至根本救济，还意当提倡新文学入手，综之当使吾辈思潮，如何能与现代思潮接触，而促其猛省，而其爱须与一般之人生出交涉法须以浅近文艺，普遍四周，……"章士钊答他说文学革命须从政治下手，此又一潮流。但陈先生却恭维自然主义，尤其是左拉 ZoLa。有一个张永言写一封信给他，引起他对文学兴味，引起我与陈先生通信的兴味，他说现在是古典到浪漫主义的时期，但应当走到写实主义那方面去，不过我同时（看到）《新青年》第三号上，有一篇谢无量的律诗《寄会稽山人八十四韵》，后面有陈先生一个跋："文学者，国民最高精神之表现也，国民此种精神委顿久矣，谢君此作，深文余味，希世之音也。子云相如而后，仅见斯篇，虽工部亦只有此工力，无比佳丽，谢君自谓天下文章尽在蜀中，非夸矣，吾国人伟大精神，犹未丧失也欤？于此征之。"他这样恭维他，但他平日的主张又是那样，岂不是大相矛盾？我写了封信质问他，他也承认他矛盾，我当时提出了"八不主义"，就是《改良文学〔文学改良〕刍议》，登在《新青年》上，陈先生写了一个跋。

他想到文学改革，但未想到如何改革，后来他知道工具解放了就可产生新文学，他做了一篇《文学革命论》，我的诗集叫《尝试》，刊物叫《努力》，他的刊物叫《向导》，这篇文章又是《文学革命论》！他的精神于此可见。他这篇文章有可注意的两点：（一）改我的主张进而为文学革命；（二）成为由北京大学学长领导，成了全国的东西，成了一个严重的问题。他说庄严灿烂的欧洲是从革命来的，他高张文学革命军大旗，为中国文学开辟一个新局面，他有三大主义：（1）推倒雕琢的阿谀的贵族文学，建设平易的抒情的国民文学；（2）推倒陈腐的铺张的古典文学，建设新鲜的立诚的写实文学；（3）推倒迂晦的艰涩的山林文学，建设明了通俗的社会文学，他愿意拖了四十二生的大炮为之前驱，打倒十八妖魔：明之前后七子和归、方、姚、刘！这就是变成整个思想革命！

最后，归纳起来说，他对于文学革命有三个大贡献：

一、由我们的玩意儿变成了文学革命，变成三大主义。

二、由他才把伦理道德政治的革命与文学合成一个大运动。

三、由他一往直前的精神，使得文学革命有了很大的收获。

蔡元培（1868—1940），乳名阿培，字鹤卿，又字仲申、民友、孑民，曾化名蔡振、周子余，汉族，浙江绍兴山阴县（今浙江绍兴）人，原籍浙江诸暨。作为清廷的翰林，他早年参加反清朝帝制的斗争，积极组织了勤工俭学运动，曾任中华民国首任教育总长、北京大学校长、中央研究院院长等，著名教育家。革新北大开“学术”与“自由”之风；1920年至1930年，蔡元培同时兼任中法大学校长。1927年参与了发起和组织国民党的“清党”运动。他提倡“思想自由，兼容并包”和教育独立、以美育代宗教的思想，对促进中国教育的现代化作出了贡献。1940年3月5日在香港病逝。

我对于陈君本来有一种不忘的印象[①]

蔡元培

民国五年冬，我在法国，接教育部电，促回国，任北大校长。我回来，初到上海，友人中劝不必就职的颇多，说北大太腐败，进去了，若不能整顿，反于自己的声名有碍，这当然是出于爱我的意思。但也有少数的说，既然知道他腐败，更应进去整顿，就是失败，也算尽了心，这也是爱人以德的说法。我到底服从后说，进北京。

我到京后，先访医专校长汤尔和君，问北大情形。他说：“文科预科的情形，可问沈尹默君，理工科的情形，可问夏浮筠君。”汤君又说：“文科学长如未定，可请陈仲甫君，陈君现改名独秀，主编《新青年》杂志，确可为青年的指导者。”因取《新青年》十余本

① 本文节选自蔡元培《我在北京大学的经历》，原载1934年1月1日《东方杂志》第31卷第1号。

示我。我对于陈君，本来有一种不忘的印象，就是我与刘申叔君同在《警钟日报》服务时，刘君语我："有一种在芜湖发行之白话报，发起的若干人，都因困苦及危险而散去了，陈仲甫一个人又支持了好几个月。"现在听汤君的话，又翻阅了《新青年》，决意聘他。从汤君处探知陈君寓在前门外一旅馆，我即往访，与之订定，于是陈君来北大任文科学长，而夏君原任理科学长，沈君亦原任教授，一仍旧贯，乃相与商定整顿北大的办法，次第执行。

沈尹默（1883—1971），原名君默，号君墨，别号鬼谷子，浙江湖州人。著名学者、诗人、书法家、教育家。早年游学日本，归国后先后执教于北大、北京女子师范大学，与陈独秀、李大钊、胡适等同办《新青年》。其最以书法闻名，民国初年书坛就有"南沈北于（右任）"之称，20世纪40年代书坛有"南沈北吴（吴玉如）"之说。

我和陈独秀[①]

沈尹默

光绪末叶，陈独秀（那时名仲甫）从东北到杭州陆军小学教书，和同校教员刘三友善。刘三原名刘季平，松江人，是当时江南的一位著时望的文人，以刘三名，能诗善饮，同我和沈士远相识。有一次，刘三招饮我和士远，从上午十一时直喝到晚间九时，我因不嗜酒，辞归寓所，即兴写了一首五言古诗，翌日送请刘三指教。刘三张之于壁间，陈仲甫来访得见，因问沈尹默何许人。隔日，陈到我寓所来访，一进门，大声说："我叫陈仲甫，昨天在刘三家看到你写的诗，诗做得很好，字其俗入骨。"这件事情隔了半个多世纪，陈仲甫那一天的音容如在目前。当时，我听了颇觉刺耳，但转而一想，我的字确实不好，受南京仇涞之老先生的影响，用长锋羊毫，又不能提腕，所以写不好，有习气。也许是受了陈独秀当头一棒的刺激吧，从此我就发愤钻研书法了。

我和陈独秀从那时订交，在杭州的那段时期，我和刘

① 本文节选自沈尹默《我和北大》一书。选编自《五四运动回忆录》（续），中国社会科学出版社1979年11月版。

三、陈独秀夫妇时相过从，徜徉于湖山之间，相得甚欢。

一九一七年，蔡先生来北大后，有一天，我从琉璃厂经过，忽遇陈独秀，故友重逢，大喜。我问他："你什么时候来的？"他说："我在上海办《新青年》杂志，又和亚东图书馆汪原放合编一部辞典，到北京募款来的。"我问了他住的旅馆地址后，要他暂时不要返沪，过天去拜访。

我回北大，即告诉蔡先生，陈独秀到北京来了，并向蔡推荐陈独秀任北大文科学长。蔡先生甚喜，要我去找陈独秀征其同意。不料，独秀拒绝，他说要回上海办《新青年》。我再告蔡先生，蔡云："你和他说，要他把《新青年》杂志搬到北京来办吧。"我把蔡先生的殷勤之意告诉独秀，他慨然应允，就把《新青年》搬到北京，他自己就到北大来担任文科学长了。

我遇见陈独秀后，也即刻告诉了汤尔和，尔和很同意推荐独秀到北大，他大约也向蔡先生进过言。

《新青年》搬到北京后，成立了新的编辑委员会，编委七人：陈独秀、周树人、周作人、钱玄同、胡适、刘半农、沈尹默。①并规定由七个编委轮流编辑，每期一人，周而复始。我因为眼睛有病，且自忖非所长，因此轮到我的时候，我请玄同、半农代我编。我也写过一些稿子在《新青年》发表，但编辑委员则仅负名义而已。

胡适是在美国留学时投稿《新青年》，得到陈独秀赏识的，回国以后，在北大教书。《新青年》在北京出版后，曾发生一件事：钱玄同、刘半农化名写文章在《新青年》发表，驳林琴南复古谬论，玄同、半农的文笔犀利，讽刺挖苦（当时，"打倒孔家店"的口号已提出来），胡适大加反对，认为"化名写这种游戏文章，不是正人君子做的"，并且不许半农再编《新青年》，要由他一个人独编。我对胡适说："你不要这样做，要么我们大家都不编，还是给独秀一个人编吧。"二周兄弟（树人、作人）对胡适这种态度也大加反对，他们对胡适说："你来编，我们都不投稿。"胡乃缩手。由这件事也可看出，胡适从"改良文学"到逐渐复古，走到梁任公、林琴南一边，不是偶然的。

---

① 此处沈尹默记忆有误，周树人（鲁迅）和周作人周氏二兄弟并不是《新青年》的编委。1919年1月出版的《新青年》第六卷第一号在卷首公布了分期编辑表，分别是陈独秀、钱玄同、高一涵、胡适、李大钊和沈尹默。周作人在《知堂回忆录》中回忆说他自己"一直没有参加过编辑会"，只是一个"客员"。

李达（1890—1966），字永锡，号鹤鸣，湖南永州人，1919年五四运动后，致力于研究、宣传马克思主义。1920年夏与陈独秀等人发起成立上海的中国共产党早期组织，并主编《共产党》月刊，参加《新青年》的编辑工作。1921年2月起任上海的中国共产党早期组织代书记。1921年7月出席中国共产党第一次全国代表大会，当选为中央局宣传主任，成为中国共产党的主要创始人和早期领导人之一。1921年8月至1925年5月任中国劳动组合书记部委员。1921年9月创办中国共产党第一个出版机构人民出版社，出版马克思列宁主义的著作和革命丛书。1922年7月出席中国共产党第二次全国代表大会。同年11月应毛泽东邀请到长沙出任湖南自修大学校长，并主编自修大学机关刊物《新时代》。大革命失败后，在国民党反动统治的险恶环境中，他坚守马克思列宁主义的理论阵地，成为卓有建树的马克思主义理论家。1937年5月在上海出版《社会学大纲》，被毛泽东誉为是“中国人自己写的第一本马克思主义哲学教科书”，号召党的高级干部学习此书。新中国成立后，长期担任武汉大学校长和中国哲学学会会长，为马克思主义在中国的传播、应用和发展作出了多方面的贡献，毛泽东曾当面称赞他是理论界的鲁迅。其代表作品还有《实践论解说》、《矛盾论解说》和主编《唯物辩证法大纲》等。“文化大革命”期间受迫害，1966年8月在武汉逝世，1980年恢复名誉。

陈独秀与新思想[①]

李　达

陈独秀先生是什么人？大家都晓得是一个“鼓吹新思想”的书生。

北京政府逮捕他是怎么缘故？因为他是“鼓吹新思想”的缘故。

① 本文刊载于1919年6月24日上海《民国日报》副刊《觉悟》，署名“鹤”。

“鼓吹新思想”的书生，北京政府何以要捕他呢？因为现在的北京政府，是顽固守旧的政府、卖国的政府。陈先生是一个极端反对顽固守旧思想的急先锋，并且还用文字反对政府卖国的行为。他的文字，很有价值，很能够把一般青年由朦胧里提醒觉悟起来。北京政府为了这样，卖国的举动不大方便。所以忌到这位“鼓吹新思想”的陈先生，想把“莫须有”的事随便戴在陈先生的头上，说是在他家里发现过激派的书籍印刷物。这事并不是真的。要把陈先生做个标本，来恐吓许多鼓吹新思想的一般人。不然实在陈先生乃是一个赤手空拳的书生，不是拥兵来反对政府，又不是拿炸弹手枪要暗杀政府里面那个的大老官，何以政府恨他到这样极点，要得他而后甘心？顽固守旧思想的政府，要想对“新思想”杀个下马威，一定要在这位鼓吹新思想最力的陈先生下手。我这句话不是凭空虚拟的，实在是此次北京政府捕陈先生用意的索隐。

政府一定要捕陈先生，既捕以后，还是时时刻刻在那里想法子的。何以见得呢？当陈先生初被捕时候，很有许多人代他营救，政府恐怕这样又是干得不好。一时又并没有什么罪名加他身上，乃假手一人（王克敏），说：“陈已经释放，政府且派人安慰陈的家属。”这话的意思，就是拿来缓和那一般代陈先生营救的人。现在陈先生还是没有释放，并且防卫加严，也不许家属省视。正在慢慢“锻炼周纳”陈先生的罪名。似政府这等苦心孤诣的对待一个书生，也算是很难为了他。

陈先生捕了去，我们对他应该要表两种的敬意。

一，敬他是一个拼命“鼓吹新思想”的人。

二，敬他是一个很“为了主义肯吃苦”的人。

陈先生拼命“鼓吹新思想”，人人都晓得的，不消我再说。我把他很“为了主义肯吃苦”的理由说出。

当蔡鹤卿先生出京时，许多朋友也来劝陈离开，陈不但不肯走，还说道：“我脑筋惨痛已极，极盼政府早日捉我下狱处死，不欲生在此恶浊的社会”。又在第二十四号《每周评论》上说，“研究室和监狱是文化的发祥地”。据此看来，陈先生已将他“宁为了主义情愿牺牲的决心”全盘托出。

因为他受了种种刺激，遂下了“牺牲的决心”，以为用“文字”来“鼓吹新思想”，还不够觉悟多人，索性把自己的“肉体”来凑做“鼓吹新思想”的资料。

陈先生捕去已经多日，听说要交法庭，我们大家且看政府怎样吩咐检察官起诉、审判官定罪就是了。

要而言之，捕去的陈先生，是一个“肉体的”陈先生，并不是“精神的”陈先生，“肉体的”陈先生可以捕得的，“精神的”陈先生是不可以捕得的。

顽固守旧思想的政府能捕得有“新思想”、“鼓吹新思想”的陈先生一个人，不能捕得许多有“新思想”、“鼓吹新思想”的人。纵使许多人都给政府捕去，那许多人的“精神”还是无恙的。

今日世界里面的国家，若是没有把“新思想”来建设改造了“新国家”，恐怕不能够立足在二十世纪！北京政府若能觉悟这个意思，快回复“无罪的”、“有新思想的”、“鼓吹新思想的”陈先生的自由来，给他自由“鼓吹新思想”，帮助中国文明的进步。咳！我说到这里，又是“对牛弹琴”咧！

李大钊（1889—1927），字守常，河北乐亭人，1907年考入天津北洋法政专门学校，1914年入日本东京早稻田大学政治本科学习。1916年回国后任北京大学图书馆主任兼经济学教授，与陈独秀一道积极投身新文化运动，以《新青年》和《每周评论》为阵地，发表了《庶民的胜利》《布尔什维主义的胜利》《我的马克思主义观》等大量宣传马克思主义的文章，成为中国共产主义的先驱。1920年初，与陈独秀相约，在北京和上海分别活动，筹建中国共产党。中共成立后，负责党在北方全面工作，并任中国劳动组合书记部北方区分部主任。在党的三大和四大上当选为中央委员。1924年1月，作为大会主席团五位成员之一出席了国共合作的国民党第一次全国代表大会，当选为国民党中央执委会委员。1924年11月，在北京开展反对北洋军阀政府的斗争；1925五卅运动爆发后，与赵世炎等人在北京组织5万余人的示威；1926年3月，领导并参加了反对帝国主义和北洋军阀的三一八运动遭通缉。1927年4月6日，被奉系军阀逮捕，在狱中备受酷刑，4月28日被处以绞刑而牺牲。

欢迎陈独秀出狱[①]

李大钊

（一）

你今出狱了，
我们很欢喜！
他们的强权和威力，
终究战不胜真理。
什么监狱什么死，
都不能屈服了你，
因为你拥护真理，

① 本文刊载于1919年11月1日《新青年》第六卷六号。

所以真理拥护你。

（二）

你今出狱了，
我们很欢喜！
相别才有几十日，
这里有了许多更易：
从前我们的“只眼”忽然丧失，
我们的报便缺了光明，减了价值，
如今“只眼”的光明复启，
却不见了你和我们手创的报纸！
可是你不必感慨，不必叹息，
我们现在有了很多的化身，同时奋起：
好像花草的种子，
被风吹散在遍地。

（三）

你今出狱了，
我们很欢喜！
有许多的好青年，
已经实行了你那句言语：
“出了研究室便入监狱，
出了监狱便入研究室。”
他们都入了监狱，
监狱便成了研究室；
你便久住在监狱里，
也不须愁着孤寂没有伴侣。

刘半农（1891—1934），原名刘寿彭，后改名刘复，字半农，号曲庵。江苏江阴人。1911年曾参加辛亥革命。1912年后在上海以向鸳鸯蝴蝶派报刊投稿为生。1917年到北京大学任法科预科教授，并参与《新青年》杂志编辑工作，积极投身文学革命，反对文言文，提倡白话文。1920年到英国伦敦大学的大学院学习实验语音学，1921年夏转入法国巴黎大学学习。1925年获得法国文学博士学位，所著《汉语字声实验录》荣获法国康士坦丁·伏尔内语言学专奖，成为我国第一个获此国际大奖者。1925年秋回国，任北京大学国文系教授，讲授语音学，是著名的文学家、语言学家、教育家。

D—！①

刘半农

D—！
我已八十多天看不见你。
人家说，这是别离，是悲惨的别离，
那何尝是？
我们的友谊，若不是泛泛的“仁兄”“愚弟”，
那就凭他怎么着，你还照旧的天天见我，我也照旧的天天见你。
威权幽禁了你，还没有幽禁了我，
更幽禁不了无数的同志，无数的后来兄弟。
记着！这都是一个“人”身上的五官百体。
Y——说过：
“只须世界上留得一颗橘子的子，

① 本文刊载于1919年11月1日《新青年》第六卷六号。

就不怕他天天吃嗅橘子的肉，

剥橘子的皮！”

D—！

你安心着，我就把这句话来安慰你。

D—！

我那一天不看见你？

那一天不看见那“优待室”中，闷闷的坐着你？你向我说：

“威权已害了我的眼，聋了我的耳。

我现在昏昏沉沉，不知世界有了些什么事体，世界还成了个什么东西？

但是我没有听见北京城里放大炮，料来还没有什么人，

捧了谁家的孩子做皇帝！

我又知道我和这‘优待室’，还依然存在，

料来哈雷慧〔彗〕星，

还没有奋出威权，毁灭这不堪的大地！

只有一件事可以安慰的，

就是我还有一个心，始终依附着我这可怜的，残废的躯体！”

我说，

D—！

我与你，又何尝有什么两样？

所不同的——

只是夜间你睡觉，多几个臭虫耗子，吵得你心烦身痒；

日间你开眼，多看见几个可怜朋友，为了八元一月〔〕，

穿那套黄色衣裳！

这都可以恕得，

“他们做的事，他们不知道”，

不值得放在心上。

若说是聋，是瞽，是残废，我与你完全一样，

我便走到天边，也听不见什么好声音，看不见什么好景象。

那“自由”“解放”的好名词，只在报纸上露着一露，

“威尔逊炮”中响着一响！

千万斤的压力，不依然在我头上？

手铐脚镣，不依然在我手上脚上？

听！

我摇一摇头，颈上有些什么，响得“声调铿锵”！

D—！

唯其是这样，所以我们的责任是这样。

暂且离开了D——，回头说些故事，请大家想想：

朋友们！

一天是极热闷的天气，太阳落了，大家走出屋子，到街上乘凉。

清快啊！

往来不绝的车马，人人身上，都平分着一份的凉气，一份的月光。

偏是一个所在，阴森森的黑漆门旁，

站着几个“似人”，穿着粗厚的衣服，掮着重笨的枪。

暗暗淡淡一星灯火，照着他枪头，闪出几丝冰冷的光！

朋友！

就是这样！

你若要知道门里是如何景象，先问你自己在什么地方？

你若承认这世界是人的世界，便是捣碎了你的心，

也该留一些死灰的感想！

朋友！

“上帝说，‘要有光’，就有了光”，

这种荒唐话，谁要他遗留在世上？

你们听我说：

要有光，应该自己做工，自己造光——

要造太阳的光，不要造萤火的光。

要知道怎样的造光，且看我的朋友

D—!

他造光的方法是怎样？

D—!

我不向你多说话了，

若要说下去，便是千言万语也说不清。

你现在牺牲着，我就请你定着心牺牲，

并且唱一章“牺牲的赞歌”给你听：——

牺牲的神！牺牲的神！

你是救济人类的福星！

奋斗与你结合着，

才能造成我们的人生，

超度我们的灵魂！

我们天天奋斗——

奋斗胜了，一壁得幸福，一壁是牺牲了体力精神，

不幸败了，牺牲了幸福，还保存了我们人格上的光明。

无论怎样，总得牺牲。

牺牲的神！牺牲的神！

我不拜耶稣经上的“神”，不拜古印度人的“晨”，

笑弥弥，亮晶晶！

亚门！

泽东，即毛泽东（1893—1976），湖南韶山人。原字咏芝，后改润之，笔名子任。诗人，伟大的马克思主义者，革命家、政治家、思想家、战略家和理论家，中国共产党、中国人民解放军和中华人民共和国的主要缔造者和领导人。1918年4月14日，毛泽东同萧子升、何叔衡、蔡和森等发起成立新民学会。6月，在湖南省立第一师范学校毕业。8月，为组织湖南赴法勤工俭学运动第一次到北京。在北京期间，担任北京大学图书馆管理员，得到李大钊等人帮助，开始接受俄国十月革命的思想影响。1919年4月6日，从上海回到长沙。5月，响应五四运动，发起成立湖南学生联合会，领导湖南学生反帝爱国运动。7月14日，由其主编的湖南学生联合会会刊《湘江评论》在长沙创刊。

陈独秀之被捕及营救[①]

泽　东

前北京大学文科学长陈独秀，于六月十一日，在北京新世界被捕。被捕的原因，据警厅方面的布告，系因这日晚上，有人在新世界散布市民宣言的传单，被密探拘去。到警厅诘问，方知是陈氏。今录中美通信社所述什么北京市民宣言的传单如下——

一、取消欧战期内一切中日秘约。

二、免除徐树铮曹汝霖章宗祥陆宗舆段芝贵王怀庆职务，并即驱逐出京。

三、取消步军统领衙门，及警备总司令。

四、北京保安队，由商民组织。

① 本文刊载于1919年7月14日《湘江评论》创刊号。

五、促进南北和议。

六、人民有绝对的言论出版集会的自由权。

以上六条，乃人民对于政府最低之要求，仍希望以和平方法达此目的。倘政府不俯顺民意，则北京市民，惟有直接行动，图根本之改造。

上文是北京市民宣言传单，我们看了，也没有什么大不了处。政府将陈氏捉了，各报所载，很受虐待。北京学生全体有一个公函呈到警厅。请求释放。下面是公函的原文——

警察总监钧鉴：敬启者，近闻军警逮捕北京大学前文科学长陈独秀，拟加重究，学生等期期以为不可。特举出二要点如下：（一），陈先生夙负学界重望，其言论思想，皆见称于国内外。倘此次以嫌疑遽加之罪，恐激动全国学界再起波澜。当此学潮紧急之时，殊非息事宁人之计。（二），陈先生向以提倡新文学现代思想见忌于一般守旧者。此次忽被逮捕，诚恐国内外人士，疑军警当局，有意罗织，以为摧残近代思想之步。现今各种问题，已极复杂，岂可再生枝节。以滋纠纷？基此二种理由，学生等特陈请贵厅，将陈独秀早予保释。

北京学生又有致上海各报各学校各界一电——

陈独秀氏为提倡近代思想最力之人，实学界重镇。忽于真日被逮。住宅亦被抄查。群情无任惶骇。除设法援救外，并希国人注意。

上海工业协会也有请求释放陈氏之电。有“以北京学潮，迁怒陈氏一人，大乱之机，将从此始”的话。政府尚未昏聩到全不知外间大势，可料不久就会放出。若说硬要兴一文字狱，与举世披靡的近代思潮，拼一死战，吾恐政府也没有这么大胆子。章行严与陈君为多年旧交。陈在大学任文科学长时，章亦在大学任图书馆长及研究所逻辑教授。于陈君被捕，即有一电给京里王克敏，要他转达警厅，充予释放。大要说——

……陈君向以讲学为务，平生不合政治党派的臭味。此次虽因文字失当，亦何至遽兴大狱，视若囚犯，至断绝家常往来。且值学渐甫思之秋，讵可忽兴文纲，重激众怒。甚为诸公所不取。……

章氏又致代总理龚心湛一函。说得更加激切——

仙舟先生执事，久违矩教，结念为劳，兹有恳者，前北京大学文科学长陈君独秀，闻因牵涉传单之嫌，致被逮捕，迄今未释。其事实如何，远道未能详悉。惟念陈君平日，专以讲学为务。虽其提倡新思潮著书立说，或不无过甚之词。虽范围仅及于文字方面，决不含有政治臭味，则固皎然可征。方今国家多事，且值学潮甫息之后，遽可蹈腹诽之诛，师监谤之策，而愈激动人之心理耶。窃为诸公所不取。故就历史论，执政因文字小故而专与文人为难，致兴文字之狱。幸而胜之，是为不武。不胜，人心瓦解，政纽摧崩，虽有善者，莫之能挽。试观古今中外，每当文纲最甚之秋，正其国运衰歇之侯。以明末为殷鉴，可为寒心。今日谣诼繁兴，清流危惧。乃迭有此罪及文人之举，是真国家不详之象，天下大乱之基也。杜渐防微，用敢望诸当事。且陈君英姿挺秀，学望中西。皖省地绾南北，每产材武之士，如斯学者，诚叹难能。执事平视同乡诸贤，谅有同感。远而一国，近而一省，育一人才，至为不易。又焉忍逮而残之耶。特专函奉达，请即饬警厅速将陈君释放。钊与陈君总角归交，同岑大学。于其人品行谊，知之甚深。敢保无他，愿为左证。……

章士钊拜启 六月二十二日

我们对于陈君，认他为思想界的明星。陈君所说的话，头脑稍为清楚的听得，莫不人人各如其意中所欲出。现在的中国，可谓危险极了。不是兵力不强财用不足的危险，也不是内乱相寻四分五裂的危险。危险在全国人民思想界空虚腐败到十二分。中国的四万万人，差不多有三万万九千万是迷信家，迷信神鬼，迷信物象，迷信命运，迷信强权。全然不认有个人，不认有自己，不认有真理。这是科学思想不发达的结果。中国名为共和，实则专制，愈弄愈糟，甲仆乙代，这是群众心里没有民主的影子，不晓得民主究竟是什么的结果。陈君平日所标揭的，就是这两样。他曾说，我们所以得罪于社会，无非是为着“赛因斯”（科学）和“德谟克拉西”（民主）。陈君为这两件东西得罪于社会，社会居然就把逮捕和禁锢报给他。也可说是罪罚相敌了。凡思想是没有畛域的。去年十二月德国的广义派社会党首领鲁森堡被民主派政府杀了，上月中旬，德国仇敌的意大利一个都林地方的人民，举行了一个大示威以纪念他。瑞士的苏里克，也有个同样的示威给他做纪念。仇敌尚且如此，况在非仇敌。异国尚且如此，况在本国。陈君之被逮，决不能损及陈君的毫末。并且是留着大大的一个纪念于新思潮，使他越发光辉远大。政府决没有胆子将陈君处死，就是死了，也不能损及陈君至坚至高精神的毫末。陈君曾自说过，出试验室，即入监狱。出监狱，即入试验室。又说，死是不怕的。陈君可以实验其言了。我祝陈君万岁！我祝陈君至坚至高的精神万岁！

高一涵（1885—1968），原名高水浩，别名涵庐、梦弼等，安徽六安人。1912年，自费留学日本入明治大学政法系就读。1916年，毕业回国，任北京大学编译委员，兼中国大学、法政专门学校教授。与陈独秀一起编辑《新青年》。1925年加入中国国民党。1926年，加入中国共产党。曾先后担任武昌中山大学教授、政治系主任、法科委员会主任兼国民革命军总政治部编译委员会主任，国民党安徽省党部执行委员兼宣传部长等职。四一二政变后，脱离共产党，避居上海，任法政大学教授、政治系主任和吴淞中国公学大学部社会科学院院长。1931年至1949年，曾任国民政府监察院委员、国民大会代表等；新中国成立后，历任南京大学教授、政治系主任、法学院院长、南京市监察委员、江苏省司法厅厅长、江苏省政协副主席等职。1950年加入中国民主同盟。著作有《政治学纲要》《欧洲政治思想史》《中国御史制度的沿革》和诗集《金城集》等；翻译有《杜威的实用主义》《杜威哲学》等。

李大钊同志护送陈独秀出险[①]

高一涵

这是一九一九年冬的事。

在北京发动“五四”运动后，引起了全国的学生运动和工人运动，对于帝国主义和封建官僚军阀进行了激烈的反抗。这时正是段祺瑞执政的时期，段系集团的横行霸道，尤为全国广大人民所仇视。因为北京大学是“五四”运动的发源地，段系集团更视为眼中钉。对北大教授具有前进思想的，或赞成苏俄革命的，都称之为“过激派”，对陈独秀，李大钊等则早称之为“过激派”的首领。

① 本文原载《五四运动回忆录》（续），中国社会科学出版社1979年11月版。

陈独秀在这时，可以算做激进的民主主义者，他的性情一贯地急躁，反对北洋军阀尤其激烈。有一天，他起草了《北京市民宣言》，大约有十几条。交由胡适，把它译成英文。在夏天的夜里，我同陈独秀一道，到蒿祝寺旁边一个小印刷所去印刷这个《北京市民宣言》。因为这个印刷所是为北大印讲义的，夜里只有两个印刷工人在所内，工人们警惕性很高，把宣言印成后，又将底稿和废纸一概烧得干干净净。我们印完时，已入深夜一点多钟。

暑假期中，北京学校和机关人员，下午多到"中央公园"（即现在的中山公园）去吃茶、乘凉、会友。他们坐到茶桌子后，往往是坐坐走走。有时茶桌子上，只有茶杯茶壶，而没有人在座。我们就把印好的《北京市民宣言》一张小传单放在没有人的茶桌子上，用茶杯压好，等到吃茶的人回到原桌子上来，看到传单，读后大声叫好，拍手欢呼，引起陈独秀和我们大家高兴。

第二天下午，陈独秀约我们四个人（即王星拱——北大理科教授、程演生——北大预科教授、邓初——内务部佥事）到香厂新世界附近一个四川菜馆子浣花春去晚餐。餐后，陈独秀、邓初和我三人上新世界去散发传单，王星拱、程演生往城南游艺园去散发传单。

今天回想起来，我们那时真正幼稚，一点不知道做秘密工作的方法。根本没有想到昨天在中央公园散发的传单，已被军警拾去，因而在各个游戏场、电影院、戏馆；公园里暗布下军警密探，穿着便衣，装作游客，散在各个角落，等到散发传单的人到来，他们就予以逮捕，讨赏。

我同陈独秀、邓初三人到新世界，见戏场、书场、台球场内，皆有电灯照耀，如同白日，不好散发传单。陈独秀同我两人只得上新世界的屋顶花园，那里没有游人，也无电灯。这时刚看到下一层露台上正在放映露天电影，我们就趁此机会，把传单从上面撒下去。哪知道，我们正在向下撒传单时，屋顶花园的阴暗角落里走出一个人来，向陈独秀要传单看，陈独秀实在天真、幼稚，就从衣袋里摸出一张传单给那个人，那个人一看，马上就说："就是这个。"即刻叫埋伏在屋顶花园暗地里的一伙暗探，把陈独秀抓住。我乘着这个机会，急走到屋顶花园的天桥上，探子大叫："那里还有一个！”我就在此一刹那间，把手中拿的传单抛了，赶快走下去，杂在戏园的观众中，并脱去长衫，丢掉草帽，躲藏起来。转眼看到邓初一人，还在对过台球场内，把传单一张一张地放在茶桌子上。我小声告诉他，说：“独秀已被捕。”他还说：“不要开玩笑罢！”正说间，遥见陈独秀已被探子们捉下楼来。陈独秀怕我们不知道他被捕，故意大呼大跳起来，说：“暗无天日，竟敢无故捕人！”

侥幸的是：京师警察厅派来的暗探多，京师卫戍司令部派来的暗探少，在双方互相争夺时，陈独秀落到警察厅便衣暗探的手中，立即用汽车把他解到警察厅去。为什么说侥幸呢？因为那时京师卫戍司令是段派嫡系段芝贵，我们散发的传单中，有一条就指明：“要枪毙段芝贵”。如果陈独秀落到段芝贵手里，就不一定能保证他不被杀害。那时警察厅长吴炳湘是安徽人，平日还认为陈独秀是很有名的文人。等到后来，安徽几个老顽固派马通伯、姚永朴、姚永概等都用书状要求保释，吴炳湘也就卖个人情，把陈独秀释放了。但陈独秀虽然被取保释放，仍加以管制，不得自由行动，有行动就须得到政府批准。这是陈独秀在京师警察厅中关了三个月的经过。

在陈独秀被捕的三个月中，可以看出“五四”运动的人物向左右分化的开始。李大钊真正是威武不能屈的好汉，他这时还是大讲苏俄十月革命的成就，广为宣传马克思列宁主义。胡适则真相毕露，不敢在家里居住，搬到受帝国主义保护的东交民巷附近的北京饭店去躲藏起来。胡适听说有人对他所写扇面的主人说：“你怎么找这个‘过激派’胡适替你写扇子？”大吃一惊！因此，就要出来辩白，说他自己并不是“过激派”。那时我同胡适同住在南池子缎库后第八号，我们所办的《每周评论》，就是以这个地方为通信处。我那时负《每周评论》编辑责任，因陈独秀被捕，气愤不过，对段政府和安福系大加痛骂，说：“安福胡同是他们的聚义厅。”李大钊仍然在《每周评论》上介绍马列主义和布尔什维主义。那时反动的北洋政府叫布尔什维主义为“过激主义”，说所有谈“过激主义”的人都是“过激派”。胡适至此，掩盖不了自己的真面目，就在这时写了一篇《多研究些问题，少谈些主义》的论文，针对李大钊进攻，借以表明他自己不但不是“过激派”，反而是反对“过激派”的人，可是李大钊的态度却十分坚定，就在反动政府极端仇视“过激派”的时候，仍在《每周评论》上著文答辩，声明他自己是欢喜研究马列主义的，绝不动摇。当这场大辩论还没有结束时，《每周评论》就被反动政府勒令停刊了。

陈独秀出狱后，仍住北京北池子寓所，这时他已辞去北大文科学长的职务。他因有事到上海去，回北京时，应湖北省教育厅长李汉俊的邀请，取道武汉，做了一次讲演。国内各地报纸都摘要登载他讲演的重点，用大字刊出。北洋政府看到这些报纸，才知道他已出北京。警察厅就在北池子寓所门前，派一个警察站岗，企图等陈独秀自武汉回京时，加以逮捕。我们得到这个消息，就同李大钊商议，派人先到西车站，把他接到王星拱家里，暂避一避，再设法送他离开北京。

当时同李大钊计划：想保护陈独秀出京的安全，万万不能乘坐火车或小汽车出京。李大钊挺身而出，自愿护送陈独秀从公路出走。因李大钊是乐亭人，讲的是北方话，衣着又朴素，很像生意人。就在王星拱家里准备一切。时当阴历年底，正是北京一带生意人往各地收账的时候。于是他两个人雇了一辆骡车，从朝阳门出走南下。陈独秀也装扮起来，头戴毡帽，身穿王星拱家里厨师的一件背心，油迹满衣，光着发亮。陈独秀坐在骡车里面，李大钊跨在车把上。携带几本账簿，印成店家红纸片子。沿途住店一切交涉，都由李大钊出面办理，不要陈独秀张口，恐怕漏出南方人的口音。因此，一路顺利地到了天津，即购买外国船票，让陈独秀坐船前往上海。李大钊回京后，等到陈独秀从上海来信，才向我们报告此行的经过。后来每谈起他两人化装逃走事，人们都对李大钊见义勇为的精神，表示钦佩。

一九二一年中国共产党成立后不久，陈独秀和瞿秋白到苏联去，路过北京，住在邓初家中。此行极端秘密，一切照料也都是李大钊同志计划安排的。等到他们安全地抵中苏边界来信后，李才告诉我们沿途平安的佳音。

今天回忆，知道这件事的共六个人，至今仅有我一个还在，因而把它记录起来。

【注】李大钊同志于一九二七年在北京被害，陈独秀于一九四二年在四川江津逝世，王星拱于一九四九年秋后在上海逝世，程演生于一九五五年在上海逝世，邓初于一九五九年在北京逝世（他是北京大学教授邓叔存的二兄）。

再关于《每周评论》出版及被封时间的回忆：《每周评论》第一期是在一九一八年十二月二十二日出版的。共发行三十六期。到三十七期刚付印时，即被查封，停刊时间是一九一九年八月三十一日。胡适的《多研究些问题，少谈些主义》一文，登在《每周评论》一九一九年七月二十日出版的第三十一期。李大钊同志的《再论问题与主义》一文登在一九一九年八月十七日出版的《每周评论》第三十五期。这时李大钊同志在五峰，陈独秀尚未出狱，故李大钊文中有"仲甫先生今犹幽闭狱中"一句话，就是指陈独秀在散发《北京市民宣言》时被捕的事。

胡适害怕"过激派"三个字，他在《多研究些问题，少谈些主义》文中说："我再举现在人人嘴里挂着的过激主义做一个例：现在中国有几个人知道这一个名词做何意义？但是大家都痛恨痛骂过激主义，内务部下令严防过激主义，曹锟也行文严禁过激主义，卢永祥也出示查禁过激主义。前两个月，北京有几个老官僚，看见我写的一把扇子，大诧异道：'这不是过激派胡适吗？'哈哈，这就是主义的用处。"

一九六三年十月

许德珩（1890—1990），原名许础，字楚生，江西德化（今九江市九江县）人。著名爱国人士、政治活动家、教育家、学者，九三学社创始人和杰出领导者。五四运动著名学生领袖，起草《五四宣言》。1920年赴法国勤工俭学，毕业于里昂大学，后入巴黎大学，师从居里夫人研究放射性物理学，1925年与劳君展结婚。1927年回国，曾任武汉第四中山大学教授、国民革命军总政治部秘书长、代主任。中华人民共和国成立后，曾任水产部长、全国政协副主席、全国人大常委会副委员长。

我和陈独秀[①]

许德珩

我是一九一五年到北京大学文科英文学门（一九一九年改为英文系）读书的。一九一七年初，蔡元培到北京大学任校长后，因为文科教员中，顽固守旧的人物不少，是北大前进的障碍，亟需寻找具有革新思想的人物来主持文科，所以立即聘请陈独秀任北大文科学长（相当于后来的文学院院长）。

陈独秀是急进的民主派。早年因参加反对清政府的活动遭到追捕。后来留学日本，深受新学思想的影响。从一九〇三年到一九一四年，他先后参与编辑《国民日日报》、《安徽俗话报》，并协助章士钊在日本办《甲寅杂志》。当时在新闻言论界已有影响。一九一五年九月，他在上海创办《青年杂志》（一九一六年九月改名《新青年》），宣传新思想、新文化，影响逐渐大了起来。

① 本文刊载于《党史研究》1980年第4期。

陈独秀来北大之前，我虽然不认识他，但他的文章我早就在《甲寅杂志》上读过了，因为他是首倡新文化运动的人物，所以给我的印象很深。最初，《新青年》是他在上海创办的。他在具有发刊词性质的《敬告青年》一文中，提出了反对封建复古思想、主张民主主义的要求。他痛斥周汉以来“崇尚虚文”、“尊儒重道”、“祀天神而拯水旱，诵孝经以退黄巾”的昏妄现象，激切陈言：“吾宁忍过去国粹之消亡，而不忍现在及将来之民族，不适世界之生存而归削灭”，明确主张：“科学与人权并重”。“五四”时期“民主”与“科学”两大口号在那时他就提出来了，揭开了新文化运动的序幕。

陈独秀任北大文科学长之后，就在《新青年》上发表了《文学革命论》，旗帜鲜明地写道：“文学革命之气运，酝酿已非一日……余甘冒全国学究之敌，高张文学革命军大旗……旗上大书特书吾革命军三大主义：曰，推倒雕琢的、阿谀的贵族文学，建设平易的抒情的国民文学；曰，推倒陈腐的，铺张的古典文学，建设新鲜的、立诚的写实文学；曰，推倒迂晦的、艰涩的山林文学，建设明了的、通俗的社会文学”。他指出：“今欲革新政治，势不得不革新盘据于运用此政治者精神界之文学”。这就表现了陈独秀反对封建主义的急进立场，比起胡适的文学改良主义来，要激烈和前进得多。

蔡元培到来之前的北大，校风很腐败，学生自由散漫，纪律松弛。蔡到校后，力图改革，整顿校风。陈独秀来校任文科学长，和蔡元培一起，积极推动北大的改革。

陈独秀在整顿上课纪律当中，还与我闹过一场误会。当时我们班上有一同学是黎元洪的侄子。此人经常缺课，并叫人代他签到。陈独秀不调查研究，误听人言，就把这件事记在我的身上，在布告牌子上公布我经常旷课，记大过一次。我当时是一个穷苦学生，冬天穿夹衣过冬，宿舍里没有火，所以我不是在讲堂上，就是在图书馆里。当我见到这个记过布告时，十分惊异，并极端愤怒。我一怒之下，就把布告牌砸碎了。陈独秀性情一贯地急躁，他也大怒，对我的砸布告牌又记了一过。我又把第二个布告牌砸了，并站在他的办公室门前，叫陈独秀出来同他说理。此事立即为蔡校长所知，经过蔡的调查，才知道是陈独秀搞错了，叫陈收回成命，并向我进行劝慰，此事遂告平息。这也就是陈独秀认识我的开始。

在北京发动五四运动后，引起了全国的学生运动和工人运动，对于帝国主义和封建官僚军阀进行了激烈的反抗。这时正是段祺瑞执政的时期，段系集团的横行霸道卖国投敌，尤为全国广大人民所愤恨。北大和其他学校学生为此实行罢课，陈独秀的态度是同情并支持学生的爱国行动的。五四运动后期，胡适料理母丧完毕回到北京时，正值学校罢课，胡适曾亲自出面要学生复课，遭到学生的拒绝。胡适又想用釜底抽薪的办法，提议把北大迁到上海，愿去者签名，傅斯年、罗家伦都签了名。陈独秀知道后，把傅、罗叫去训了一顿，此事遂告寝。陈独秀为反对北洋军阀起草了《北京市民宣言》印成传单，并于一九一九年六月十一日与高一涵、邓初三个人到万明路新世界去散发。陈遭到警察厅暗探的逮捕，被关押了三个月。

当时，为成立全国学联，我正在上海。陈独秀印发反对北洋军阀的传单及被捕的消息传来，我对他改变了过去的看法，产生了好感。陈在新文化运动中是很有影响的，他的被捕，在社会上引起了很大的反响。北京学生联合会、上海学生联合会、全国学生联合会、中华工业协会，一些省市的教育会、国民大会等群众团体曾先后发出通电，要求北京政府释放陈独秀。一些知名人士如章士钊等也曾通电保释。毛泽东同志在《湘江评论》创刊号上写了《陈独秀之被捕及营救》的文章，称誉陈为“思想界明星”，说他被捕“无非是为着赛因斯（科学）和德谟克拉西（民主）”。

陈独秀于九月出狱，此时我已回到北京。陈释放后，我们在李大钊同志的办公室里欢迎他，并进行了座谈。

一九一九年秋，我正准备赴法勤工俭学。十月十二日，国民杂志社假南湾子欧美同学会举行成立周年纪念会，并欢送我及陈宝锷赴法勤工俭学（后来陈宝锷并未赴法，而去英留学）。陈独秀与李大钊、蓝公武、徐宝璜先生都到会欢送，并致词。陈独秀的致词，对五四运动评价甚高，对国民杂志社社员诸多鼓励（陈、李等的致词见《国民》二卷一期，一九一九年十一月）。随后，少年中国学会在京会员在中央公园水榭为欢送我们举行茶话会，陈独秀与李大钊同志也参加了欢送会。

我于一九一九年冬到上海，等候乘船赴法。陈独秀虽然被北洋军阀释放，但一直受到监视。这时，李大钊同志给我打来电报，叫我在上海帮助陈独秀找所房子，准备让他到上海居住。结果我与张国焘帮他找到了渔阳里二号的房子。不久，在李大钊同志的帮助下，陈独秀化装成商人模样逃出北京，到了上海。这时，陈独秀的思想更激进了，他和上海的一批共产主义知识分子结合起来，继续主办《新青年》，发表宣传社会主义思想的文章。随后，他就积极投入了发起创建中国共产党的活动。陈独秀在北大工作三年多的时间里，对北大的改革和发展，起了很大的推动作用，这是应予肯定的。

我于一九二七年一月回国，在广州中山大学教书和黄埔军校当政治教官。“四一五”反革命大屠杀的前夕，在黄埔军校政治部主任熊雄同志的催促下，我于四月初离开了广州，敌人捕我的预谋落了空。我应恽代英同志与张国焘之约来到武汉。一九二七年四月下旬，亦即中共第五次全国代表大会在武汉召开之际，一次，张国焘用马车来接我，说陈独秀请我吃饭。席间，见到了陈独秀，一见面他就说：“还是老样子，没有变！”这次聚会共有四桌人，好多熟人都见到了，蔡和森同志也在座，他问我：“准备在什么地方工作？”恽代英同志马上接着说：“已经安排好了，他到我这里（指武汉中央军事政治学校）工作”。陈独秀与和森同志说：“好！好！”我与陈独秀阔别近八年，这次重逢，畅谈甚欢。

抗日战争爆发后，陈独秀自南京被释放出狱，随即到了四川江津，住在邓初的医院里（邓初是北京大学邓以蛰教授的二兄，抗战时在四川江津开医院）。那时，我原在重庆，一九三九年到一九四〇年之间，重庆常为日机轰炸，我遂在白沙找了两间房子，我的子女住在那里。这其间，我从重庆到白沙常来常往，船往白沙要经过江津，因此有时就到江津看望陈独秀，师生聚首，谈及“五四”往事，不胜感慨系之。我大约看望陈独秀一共有四次，后来因为搬回重庆居住，所以也就没有再见面了。

一九四〇年三月五日，蔡元培先生病逝于香港，陈独秀闻讯后写了一篇《蔡孑民先生逝世后感言》，其中说："道德是应该随时代及社会制度变迁，而不是一成不变的，道德是用以自律，而不是拿来责人的；道德是要躬行实践，而不是放在口里乱喊的，道德喊声愈高的社会，那社会必然落后，愈堕落。反之：西洋诸大科学家的行为，不比道貌尊严的神父牧师坏。清代的朴学大师们，比同时汤斌李光地等一般道学家的心术要善良的多"。这几句话，到现在仍然给我留下很深的印象。

一九四二年五月二十七日，陈独秀因患高血压病逝于四川江津，终年六十四岁。

陈独秀的长子延年、次子乔年均为中国共产党优秀党员。延年、乔年与我同时在法国勤工俭学。一九二六年底，我回国在广州中山大学任教，延年是中共广东区委书记，当时我在各方面很得他的照顾。"四一二"反革命政变，延年与赵世炎（即施英）等同志在上海惨遭杀害。乔年亦于一九二八年被捕牺牲。

记得有一件当时令人惊奇现在谈起来也还有趣的事：一九一九年下半年，也就是陈独秀尚在北京大学任文科学长的时候，延年和乔年来京看父亲，他们并不直接去陈独秀家里，而是准备了一张名片投递，上面写"拜访独秀先生"，下面写着延年、乔年弟兄的名字。一时传为笑谈，人们说陈独秀提倡民主，民主真的到了他的家里。

第三辑 述怀

包惠僧（1894—1979）,又名晦生，别名鲍一德、包生，号栖梧老人。湖北黄冈人。1917年毕业于湖北省立第一师范毕业。1919年参加五四运动。1920年参加武汉中共党的早期组织。1921年7月，受陈独秀委派与陈公博代表广州区出席中国共产党第一次全国代表大会，先后任中国劳动组合书记部长江支部主任，中共北京区委委员兼秘书。1923年任中共武汉区委会委员长。1925年任黄埔军校政治部主任，国民革命军第1师第1团党代表、第22师党代表，战时政治训练班主任等职。八一南昌起义后，脱离共产党组织。1930年参加发起成立第三党（中国国民党临时行动委员会），后脱离第三党恢复国民党党籍。历任国民党政府武汉行营参议、内政部参事、户政司司长、人口局局长。1948年去澳门。1949年11月从澳门回到北京。1950年入华北人民革命大学政治研究院学习。后任中华人民共和国内务部参事、研究员、国务院参事等职。著有《包惠僧回忆录》。

我所知道的陈独秀[①]

包惠僧

第一次见面

五四运动以后，湖北建立了学生联合会、各界联合会和妇女联合会等团体。当时以学生联合会和各界联合会的名义邀请陈独秀从北京到武汉讲演，以扩大五四运动的影响，加强斗争。五四运动期间湖北群众曾向督军署、省政府请过愿。那时陈独秀的名声很大，号称新文化运动的“三圣”之一。他到武汉后住在文华书院，在文华书院讲演了几次，讲的内容很广泛，主要是反封

① 本文由高荣光整理，原载《党史研究资料》1979年第3、5、8期。

建，反对北洋军阀，要自由、平等。

那时我从湖北省立第一师范毕业一年多了，当新闻记者。我以记者的身份专程到文华书院访问了陈独秀，我是抱着崇敬的心情去见他的。见面后我告诉他我是哪个学校毕业的，毕业后因找不到工作当了记者。他说当记者也好，能为社会服务。后来我们谈了五四运动、火烧赵家楼、反封建，婚姻自由（当时有许多女学生同我谈论婚姻自由问题）等问题。陈独秀是汉学专家，他的汉学不在章太炎之下。我还向陈独秀请教学汉学的门路。他指导我读书，讲了做人做事的道理。这次我们谈了个把钟头，分手时我表示惜别，不知以后什么时候能再见面。他说以后还有再见面的机会。他来去匆匆，在武汉时间不长就到上海去了。走之前我又去见了他一次。我是为了采访新闻去找他的，没想到后来我和他交往这么多。他关照我不要写文章向外发表我们的谈话。一九二〇年下半年，刘伯垂受陈独秀委托来武汉建立共产党的组织，陈独秀让他来找我。在我的印象中陈独秀是个了不起的人，“三圣”之一嘛！以后我同他书信来往很多，他每次来信都不长，一、两页，主要是谈工作。我保存着一百多封他的来信，装裱整理成集，封面题《陈仲甫先生遗墨》，并写了前言，文化大革命中我怕招惹是非全都烧了。

到广州找他

我再见到陈独秀是从上海去广州找他。

一九二一年一月，我由武汉到上海准备去苏联留学，在上海住在新渔阳里六号。因为没有路费不能成行。这时陈独秀应陈炯明之请已去广东，共产国际代表威金斯基也离开了上海。上海党组织由李汉俊代理书记。李汉俊刚从日本帝国大学毕业回国，没有工作经验。“五一”前李汉俊对我说，人都走了，经费也没了，没办法干了。李汉俊因工作关系离不开，而我见过陈独秀，又常有书信来往，于是让我到广州找陈独秀谈谈，要么请陈独秀回来，要么把党的机构搬到广州去。我同意去但是没有路费，此时正巧马哲民（同我一道由武汉到上海来的一个团员）的父亲从福建给他寄来二百元，他拿出十五元给我做路费。五月一日那天，我们的住处被巡捕房抄了（因为我们经常发传单、写文章），新渔阳里不能再住了，这样我就坐船由上海到了广州。我去广州还有一个理由，就是我认识《新青年》杂志的发行人苏新甫，他是陈独秀的亲戚，我们武汉支部发行过《新青年》，我同他打过交道。陈独秀到广州后苏新甫也将《新青年》发行处搬到了广州，这次我去广州前先和苏新甫打了个招呼，他来信说让我住在《新青年》杂志发行处，他招待我吃住。一到广州我就去兴昌马路《新青年》发行处找他。

到广州的第二天我见到了陈独秀，他当时任广东教育委员会委员长、大学预科校长。一见面他很高兴，我对他说李汉俊让你回上海，或者把党的机关搬到广州来。陈独秀说这里到处是无政府主义，对我们造谣诬蔑，怎么能搬到这里来？广州在地理位置上不适中，环境也不好，上海居中。陈独秀不同意搬到广州来。他让我多住些日子，苏新甫安排我担任几家报馆里的剪报工作，每天剪报，然后用快信寄给上海、北京、重庆等地，每月给我三十块钱。我还给报社写写稿子，也有收入，生活很不错。这样我在广州住了两个来月。

在广州我的事情不多，没事就到陈独秀处去谈天。他住在离江边不远的看云楼。他不常到教育委员会上班，也不常出去，经常在家里接待客人、写东西，有客人时居多。我同他无话不谈，关于党怎么搞法，他主张我们应该一面工作，一面搞革命，我们党现在还没有什么工作，要钱也没用，革命要靠自己的力量尽力而为，我们不能要第三国际的钱。当时广州的无政府主义者区声白、朱谦之经常在报上写文章骂陈独秀崇拜卢布，是卢布主义。所以陈独秀坚决主张不要别人的钱，他说拿人家钱就要跟人家走，我们一定要独立自主地干，不能受制于人。

关于上海党的工作，陈独秀说：国际代表走了，上海难道就没有事情可做了？李汉俊急什么，中国的无产阶级革命还早得很，可能要一百年上下，中国实现共产主义遥远得很。李汉俊可以先在他哥哥家里住住，我们现在组织了党，不要急，我们要学习，要进步，不能一步登天，要尊重客观事实。

陈独秀主张各种思想争鸣，自由发展，信仰自由，让各种思想都暴露出来，由人民群众评论谁是谁非。我们尽管信仰马克思主义，别人信仰无政府主义也不要紧，并指出不要攻击别人，反对谩骂。

我们还谈了湖北党支部的情况，也谈论学问，做人处世，评论时人。不过他从没有和我谈过张国焘，他知道我与张国焘关系不好。

我与陈独秀的关系就是在这段时间建立起来的。这两个月我们几乎天天见面，他比我大十五岁，我很尊重他，我们都喜欢彼此的性格。我是读书人，他好比是书箱子，在学问上我受他不少影响，他俨然是我的老师，每次谈话都如同他给我上课，我总是很认真的思考他的话。陈独秀不讲假话，为人正直，喜怒形于色，爱说笑话，很诙谐，可是发起脾气来也不得了。他认为可以信任的人什么都好办，如果不信任就不理你，不怕得罪人，办事不迁就。他说他来广州是陈炯明请他来的，他办了许多学校，办了宣传员养成所（还安排我在宣传员养成所当监学，我没到职）。他让我将来回湖北后也按他的办法去搞。他身体很好，从不休息，不是同人谈话就是写作。有一天在某个场合有人说“天上有个九头鸟，地下有个湖北佬，……”这是骂湖北人的话。陈独秀听了后说：“不见得，包惠僧、刘伯垂就是好人。”

广州组织选派参加党的“一大”代表

广州的党员有谭平山，是支部书记，北大毕业生。陈公博，也是北大毕业生，法专的教授、宣传员养成所所长、《广州日报》总编辑。《广州日报》是陈独秀办的，我也为该报写过文章。还有谭植棠，是教书的，也是北大毕业生。刘尔崧，是个中学生。还有个姓李的教员，加上陈独秀和我，共七个人。党员们每周开一次会。有一天，陈独秀召集我们在谭植棠家开会，说接到上海李汉俊的来信，信上说第三国际和赤色职工国际派了两个代表到上海，要召开中国共产党的发起会，要陈独秀回上海，请广州支部派两个人出席会议，还寄来二百元路费。陈独秀说，第一他不能去，至少现在不能去，因为他兼大学预科校长，正在争取一笔款子修建校舍，他一走款子就不好办了。第二可以派陈公博和包惠僧两个人去出席会议，陈公博是办报的，又是宣传员养成所所长，知道的事情多，报纸编辑工作可由谭植棠代理。包惠僧是湖北党组织的人，开完会后就可以回去（会前陈独秀与我谈过，还让我回湖北工作，大概他已经接到上海的信了）。其他几个人都忙，离不开。陈独秀年长，我们又都是他的学生，他说了以后大家就没有什么好讲的了，同意了他的意见。有人说陈独秀是家长作风，当时是有一点，但以后就不行了，主要是听第三国际的，他想当家长也不行了。这样我就坐直达上海的海船到了上海，仍住在新渔阳里六号。陈公博刚刚结婚，带了新娘坐邮船到上海，住在东亚旅馆，我和陈公博见面后他叫我往广州打了个电报，报告我们平安到达了。

从广州回上海

在新文化运动中，陈独秀创办《新青年》杂志，又应蔡元培之聘担任北京大学文科学长，他和李大钊等积极宣传新思想、新文化，成了全国著名人物之一。五四运动中，陈独秀曾被北洋军阀政府逮捕，释放后经武汉到了上海。①

在建党方面陈独秀也是有功绩的。第三国际几次派代表来中国都是找的陈独秀。把组建中国共产党的任务交给了他。所以尽管陈独秀没有出席中国共产党第一次全国代表大会，但是大会还是选举他担任党的总书记。“一大”后，马林（第三国际代表）、张国焘（中委）、李达（中委）、周佛海（候补中委）和我开了一次会，讨论请陈独秀回上海的问题。马林说，陈独秀当选为中国共产党总书记就应尽到责任，要回来担任总书记职务，别人代理不行（陈独秀不在，书记职务由周佛海代理，周是日本帝国大学学生，要回日本去上学。张国焘想代理，又说不出口），国际上没有这样的先例。又说，千万不能做资产阶级的官吏，还没有一个国家的共产党领导人在资产阶级政府里做官。会议决定派我去广州接陈独秀。

---

① 此处有误，陈独秀并非经武汉到上海的，而是由从北京经天津到上海的。

我到广州时，正值他和广东的学阀们闹得很不愉快。我告诉他上海的情形，他说他不完全同意马林的意见，但是答应回上海。他向陈炯明提出辞职，陈炯明不同意，后来他就请假同我回上海了。在船上，我问他中国革命怎么革法？他说，共产主义运动是国际的潮流，共产主义在中国怎样进行还要摸索。他认为由于各个国家情况不同，马克思主义的发展形态也各异，在中国是什么样子还要看发展。他说他干革命是因为不满现状。尤其不满北洋军阀的乌烟瘴气。做为共产党首先要信仰马克思主义，其次是发动工人，组织工人，武装工人，推翻资产阶级政权，消灭剥削制度，建立无产阶级专政。陈独秀读的马克思主义的书比我们多，他有读书的修养，也有办法找到书。

关于第三国际，陈独秀说我们没有必要靠它，现在我们还没有阵地，以后工作展开了再找第三国际联系。马林说过，中国共产党从成立起就编入了第三国际，是国际的一个支部，他们承认与否没有用。对于这点陈独秀是反感的。我和陈独秀还谈了武汉党的工作等问题。当时陈独秀年近四十，但精神和言论谈吐同青年人一样。

我们乘的船下午两三点钟到了上海。陈独秀的家住在老渔阳里二号，我住在马霍路马德里三号楼上。我一到上海就派丁竹倩（即丁默邨，团员）去告诉张国焘说，陈独秀回来了，第二天马林和张国焘去看了陈独秀。

第三天我到劳动组合书记部去，碰到张太雷同陈独秀谈和马林的关系问题。张太雷（又名春木）到过苏联，从苏联回来后协助马林工作。张太雷的观点也认为共产主义运动在全世界是共同的，不仅中国共产党，各国的共产党都是第三国际的支部。我们在和马林的接触中，感到他总是以国际代表的身份居高临下，高人一等。另外每次开会张国焘都爱当主席，当大家对某个问题争论不休时，张国焘就说，先记录下来，等马林来了再定，搞得大家很不愉快。陈独秀同马林反复交谈了三、四次，还是谈不拢。陈独秀对大家说，我们不能靠马林，要靠中国人自己组织党，中国革命靠中国人自己干，要一面工作，一面革命。他让我将来回武汉或是到重庆教书（重庆那时没有党组织），我说听你的意见。

陈独秀被捕

回到上海后，有一天我和周佛海、杨明斋到陈独秀家里，柯庆施（团员）也去了。陈独秀正在楼上睡午觉，高君曼让我们陪她打牌。我们刚打了两圈，可能是下午两三点的样子，有人拍前门。当时上海一般习惯是出入后门。我去开门，进来两三个“白相人”，说要见陈独秀（因报纸上刊登过陈回到上海的消息）。我说他不在家，高君曼也说陈先生不在家。那几个人又说要买《新青年》，我说这里不卖，大自鸣钟下有卖的。这时，周佛海就走了。那几个人边说着话边跨进门里来，指着堆在地上的《新青年》说，这儿不是有吗？（《新青年》在上海印，印量很大，陈独秀家里四处都堆放满了）这时陈独秀穿着拖鞋下楼来了，见这情形想从后门出去，到门口一看有人把守，就又回到前庭。我们和那几个人谈话中显得有点紧张，但谁都没有说出陈独秀来。不一会儿来了两部汽车，我们五个人（我、杨明斋、柯庆施、高君曼和陈独秀）被捕了。到巡捕房已经四点多钟了。巡捕房问了我们的姓名、职业、与陈独秀的关系等，陈独秀报名王坦甫，我报名杨一如，其他人也报了假名字，接着打了指纹，这时已经五点多钟了。不久褚辅成（字患生，北京众议院副议长，上海法学院院长）、邵力子也先后被捕。褚辅成一见陈独秀就拉着他的手说：“仲甫，怎么回事，一到你家就把我搞到这儿来了！”这一下陈独秀就暴露了。褚辅成和邵力子在弄清身份后就释放了。

我们被送进牢房，包打听指着我们对看监的人说，他们都是教育界的名人，对待他们要好一点。晚上监里给我们送来两床被，我们垫一条，盖一条。牢房里放着一缸冷水，一个马桶。高君曼关在隔壁，彼此可以听见说话声，见不到面。

第二天，在会审公堂审问时，法庭上认为我们是陈独秀的党徒，陈独秀说，他们是我的客人，高是家庭妇女，客人陪我太太打牌，有事我负责，和客人无关。后来就将高君曼释放了，其他人仍回监。在牢中，陈独秀对我说，他家里有马林给他的信，如果被搜出来可能要判七、八年刑。他打算坐牢，让我们出去后继续干，不愿干也不勉强，叫我还是回武汉去工作。

陈独秀是个有影响的人物，被捕后上海闹得满城风雨。第三天褚辅成和张继等就将他保释出去了。马林为营救我们做了不少工作，花了许多钱请律师（律师名巴和，是法国人或英国人）、买铺保。陈独秀只关了两天，我们关了五天后也被保释出来，人放出来，但要随传随到。二十多天以后又会审，说陈独秀宣传赤化，最后定案是《新青年》有过激言论。经过马林的种种活动，结果罚款五千元了事。[①]

陈独秀打完官司后就辞去了广东的职务。沈雁冰和商务印书馆的老板王云五商量，请陈独秀担任商务印书馆的名誉编辑。陈独秀说工作可以少做点，钱也少拿点，能过生活就行。沈雁冰同陈独秀谈这事时我也在座。

陈独秀被捕后张国焘做了一件坏事。张国焘散发传单，题目是《伟大的陈独秀》或《陈独秀的生平》，说陈独秀出了研究室就进牢房，出了牢房又坐研究室……。这传单如果被拿到法庭就是陈独秀的罪证。张国焘已散发了一些，我们看到传单后很生气，不让他再散发了。张国焘的用意是想包揽党的事情，让陈独秀在牢中当书记。

陈独秀打完官司后作为合法公民，负起党的总书记责任。马林为营救陈独秀等人出了不少力，为此两人的关系逐渐好了。

一九二一年九、十月间，我按照陈独秀的意见回武汉工作，担任中共武汉支部书记，兼任中国劳动组合书记部长江支部主任。当时劳动组合书记部总部在上海，张国焘兼总部主任，南方支部主任是谭平山，北方支部主任是罗章龙。

在南京

一九三二年十月，由于谢立功、费侠向国民党特务告密，陈独秀在上海第二次被捕，押到南京被判七年徒刑。国民党军政部长何应钦曾经接陈独秀到军政部，请他写字，陈独秀提笔写了“三军可夺帅也，匹夫不可夺志

---

① 此处包惠僧回忆有误，应为500银元。

也”。何应钦客套了一番，陈独秀无动于衷。一九三七年抗日战争爆发后，张柏龄（天津南开大学校长）、胡适把陈独秀保了出来。丁默邨（丁竹倩，在调查统计局当处长）去老虎桥中央监狱接陈独秀出来。陈独秀可以住国民党中央党部的招待所，但是他不愿意去，就住在傅斯年家里。傅斯年是陈在北大时的学生，这时在南京大学当教授。丁默邨把陈独秀出狱的事告诉了我，报纸上也登了陈独秀出狱的消息。陈在狱中时曾有记者去访问过他，问他狱里生活怎么样，他说可以，还可以。这是陈独秀习惯的说法。

当时我在国民政府内政部当参事，我去傅厚岗傅斯年家看望陈独秀，他还没见老，五十多岁，胡子没有剃。正和一位潘女士在做饭（潘女士原是上海的一个女工，陈独秀坐牢时，她在南京送了三年牢饭，这时他们在一起生活）。我和陈独秀寒暄过后问他好不好住，他说可以还可以。我住在莫愁路一座独院里想接他去住，他不去，他说哪儿都一样，常见面就行了，不愿意给别人找麻烦。以后陈独秀又搬到他一个亲戚家，房子不错，他住在楼上。一天我请他给我写个字留念，他买来宣纸写了岳飞《满江红》的一段，款称惠僧老兄，三十功名尘与土，八千里路云和月，莫等闲白了少年头，空悲切。落款独秀。写好后亲自送到我家。从他选材的思想看来他对自己是悲观感叹的。听周佛海说，胡适曾讲过有一家美国图书公司，想请陈独秀去美国写自传，陈独秀不去。后来我问陈为什么不去，他说他生活很简单不用去美国，也厌烦见生人。

有一次陈独秀对我说，老干们（指王明等人）不会欢迎我，我也犯不着找他们。当时胡适、张柏龄、周佛海等想拉陈独秀进国防参议会，他不去。他说蒋介石杀了我许多同志，还杀了我两个儿子，我和他不共戴天，现在大敌当前国共二次合作，既然是国家需要他合作抗日，我不反对他就是了。

有一天在我家或陈独秀住处见到罗汉，罗说他要去延安，陈独秀同意他去。陈似乎也想去延安。后来听说延安的意见是陈独秀可以去，但要写个悔过书。陈独秀说现在乱哄哄的时代，谁有过谁无过还在未定之天，不写，有什么过可悔？

有一次陈独秀在我家说他不是托派，想发表个声明；但是他又一想既然不是托派何必发表声明。后来他问我有没有谈得来的新闻记者，打算以同记者谈话的方式发表声明。我和《中央日报》总编辑程沧波常在周佛海家见面，陈说他想见见程沧波，我就约了他们在我家里会面。陈独秀写了个条子“陈独秀，字仲甫，亦号实庵，安徽怀宁人。中国有无托派我不知道，我不是托派”。他把条子交给我，我交给程沧波，程好像没有拿走。我送程沧波出门时说，这个老先生想声明不是托派，打算借记者的口说出来。程沧波说试试看，后来没有发表。陈独秀不愿意自己登广告，他说无求于世。在牢中他写了一本书，书名《声韵学》，由商务印书馆出版了。

在武汉

陈独秀去武汉前，我给湖北省主席何成浚写了封信，请他照顾一下陈，不要找他的麻烦。何成浚来信说他同陈独秀也算老相识了，以前他们曾在北京见过面，这次也想见见陈。陈独秀出狱后约两个月便离开南京去武汉。船到武汉，我的同学程仲伯在码头上接他，住在武昌一个姓兰的家里。这位姓兰的慕陈独秀的名，特地请他去住，房子很像样子，有家俱。何成浚交待武昌公安局长蔡孟坚照顾陈独秀，谁知蔡孟坚经常去盘问他，弄得他很不高兴。后来陈搬到汉口德润里暂住，每天在家读书写作。不久，我也到了武汉。临行前在南京周佛海家里，陶希圣托我带给陈独秀两百块钱。陶希圣是陈独秀的学生，陶说钱是北大的几个同学凑的。当我把钱交给陈独秀时，他先犹豫了一下，后来说是北大学生给我的，不好不收。这时张国焘已经叛变了。张国焘、谭平山都去看过陈独秀。有一天，张国焘对我说他想再组织个共产党，想拉陈独秀来顶这块招牌，陈独秀没有理他。后来陈独秀对我说：“张国焘想拉我，我对他说我没有这个能耐。”谭平山也去找过陈独秀组织第三党，陈无意于此，他主张抗战救国。

陈独秀的生活很苦，只有很少的一点收入，出版《独秀文存》有一点版税，还有几本书可拿一点版税，北大有几个学生有时送他一点钱，大概胡适也资助过他。

在江津

一九三八年五月，我们分别到了重庆，起初陈独秀住在李仲公的办事处（李仲公是禁烟委员会主任委员）。不久就搬到江津，先住在江津城里，后来搬到乡下杨进士宅，最后就死在这里。陈独秀在江津写过一篇文章，好像是国际形势与中国革命问题，在重庆《大公报》发表过。第一天未登完，第二天《大公报》开了天窗，这显然是不让陈独秀发表言论。陈患有高血压、心脏病，去重庆治病时还找过我。我们常有书信来往，他还写信说我应该活动一点，既然做官做个县官也好，做什么参事。这时我虽然也不富裕，但比起陈独秀来要好一点，我想接他到陈家桥来一块住，他推辞说“年老多病，行动不便”。

一九四二年五月，听说陈独秀病了，我的妻子夏松云同杨子烈给他送去三百块钱，好像是段锡朋等北大学生凑的钱。夏松云回来告诉我说老先生非常想念你，老先生说惠僧要是来了多好。听了这话，我第二天即赶到江津去看望他。我是下午一点钟到的，可是他在上午九点钟就昏迷过去了。有一个叫何之瑜的人在场，不让我进去惊动他，说以前也昏迷过，过一会儿就醒的。后来我见到潘女士，她泪流满面拉着我进去看陈独秀，只见他安静地躺在床上，已经是弥留状态。到了晚上八点钟潘女士喊我进去，她一手托着他的头一手拉着他的手说，老先生，包先生来了，并拨开了他的眼皮，我紧紧地看着他，只见他的眼珠还动了一下，似有所觉，还流出了眼泪，然后就断了气……我在这里帮不上忙，第二天就回重庆去了。

他们院里堆了一大堆土豆，是陈独秀和潘女士种的。他们用的家俱是些破桌子破椅子，生活很苦。过了几天在重庆看到报上登载安徽同乡会送了一副楠木棺材把陈独秀安葬在江津河畔。后来他的三儿子松年到重庆找我，带来两张陈独秀写的扇面和几件古董请我帮助卖一下，我因为没有门路没有接受。

陈独秀死了，他的一生是艰苦多事的一生，我想把他一生的学问、文章、事业、生活再作研究，留给后来人世间，作为评论是非的材料。

郑季霞系本文传主郑凯卿之女。郑凯卿（1888—1966），湖北武汉武昌人。1920年春在武汉文华大学当挑水工时，因听来武汉讲学的陈独秀演讲而相互结识。同年7月，在武汉与陈潭秋、董必武等组建并参加中共，负责劳工工作，是中共第一个工人党员。参加和领导过汉口租界人力车工人罢工和“二七”罢工。1923年2月15日，施洋牺牲后，他冒险将烈士遗体收敛在武昌城外的江神庙中。他还曾冒着生命危险拉着人力车，秘密护送遭受通缉的董必武。后与党组织失去联系。解放后，他婉拒董必武进京邀请。

陈独秀和我的父亲[①]

——中共第一名工人党员郑凯卿

郑季霞

一九二〇年春，坐落于武汉的文华大学校园焕发出勃勃生机，北大教授、《新青年》主编陈独秀应武汉教育界的邀请来汉讲学，宣传社会改革和马列主义。消息传出，许多人都涌向文华大学。大礼堂热闹非凡，座无虚席，有身着长袍马褂、头戴瓜皮帽、神情严肃的先生；有穿着西装、鼻梁架着眼镜的学者；更多的是生气勃勃的青年学生。

我的父亲郑凯卿兴高采烈地挤进会场，坐在最后一排，他的旁边坐着一位英俊的、长着一对炯炯有神的大眼睛青年。经互通姓名，得知此人是陈潭秋。“你读过陈教授的文章吗？”陈潭秋问道。“是的，我读过他写的《敬告青年》，他向青年提出了六点希望，内容包

① 本文刊载于《党史天地》第103期。

含了民主和科学两个方面，使我受到了很大的启迪。”郑凯卿又谈了一些工作情况。陈潭秋听他谈话很有见地，得知他是文华大学的校工时，赞同地点头。他们两人虽是初次相交，却一见如故。正待进一步深谈，这时，主持人宣布演讲开始了。

伴随着雷鸣般的掌声，陈独秀精神抖擞，迈着矫健的步伐走上讲台，他向会场的听众环视了一眼，开始用平静而富有说服力的语言讲演。

他从俄国十月革命胜利的炮声震撼世界人民，讲到中国“五四”点燃了爱国运动的火种，新思想新文化的革命者觉醒了。从世界的东方中华民族，讲到共产主义的未来。他还介绍了李大钊的文章《我的马克思主义观》，深入浅出地讲述了马克思主义的历史唯物论，以及无产阶级政治经济学理论。演讲时，他不时慷慨激昂地提高声音，不时挥动着右臂。他把革命的种子播撒在渴望进步的青年心田。

散会后，人们久久不愿离去，他们簇拥着陈独秀，继续谈论着革命。郑凯卿被陈独秀的演讲吸引，全身好像火焰一样燃烧起来。他无比激动地对陈独秀说：“听了您的演讲，我突然有一种奇妙的感觉，仿佛黑暗之中出现了一条光芒万丈的大道，让我们看到了希望。”陈独秀注意到这个工人打扮的青年眼里闪着光，高兴地询问：“你叫什么名字？干什么工作？”当陈独秀知道他就是那个“罢洋人水”的郑凯卿时，便紧紧握住他的手说：“好极了！你有了不起的智慧和斗争勇气，我们的革命事业需要你。”

原来，郑凯卿刚到文华大学时当挑水校工，专门为厨房挑水。他从早到晚不停地挑啊挑，小小年纪就饱尝了生活的艰辛。一天，伙伴小石头向他哭诉，因不小心把水溅到洋教授的皮鞋上，被洋人又骂又踢。郑凯卿愤怒地说：“我们不许洋人逞威欺负中国人，我们要灭他的威风，不给他挑水。”于是，他找到几个要好的伙伴，分头串连其他挑水工人，大家约好谁也不给洋人挑水。洋教授斯密史以及他的左邻右舍的洋人一连几天都没有水用。他们着急了，眼睁睁看着没水洗衣、没水做饭，连喝的水也没有。斯密史找到郑凯卿说明来意。郑凯卿故作惊奇地说：“发生了什么事？不是小石头为你挑水吗？”洋人只得对郑凯卿说出打了小石头的事。郑凯卿生气地说：

“那我不管，你自己去找他吧！”说完转身就要走。斯密史拉住他，连连请他帮忙，郑凯卿语气缓和了些说：“我去找他，除非你跟他赔不是。”罢洋人的水的目的，就是想灭他们的威风，就是为要他向小石头赔个不是。斯密史感到尴尬，他知道自己打人背了理，但又不想向挑水工人道歉，于是想出个题难倒郑凯卿以赖掉道歉的事。他指着学校墙壁上的一幅标语，对郑凯卿说：“你能认出并解释上面的字，我就依你的向他道歉。”郑凯卿看着标语，心里暗暗高兴，这是他做书童时先生讲过的，他记得烂熟。他不慌不忙地念道：“己所不欲，勿施于人。洋先生，听着。己：自己。欲：想、希望。勿：不要。施：加的意思。这句话是写在《论语·颜渊》上的。意思是自己不愿意的，不要强加给别人。这个意思你懂吧？告诉你，我们中国人是不会随便打人的，如果错了，也一定会给人赔不是的。”斯密史被眼前的青年人言行惊呆了。自己又失误了，选的标语简直是选了一条教训。他表示一定向小石头道歉。小石头挑着一担浑混的江水送到斯密史家。斯密史一看傻眼了，这黄泥巴水怎么喝呀！斯密史请小石头给他去换清水，并向小石头道歉。小石头用明矾竹筒，在水桶里顺着一个方向搅动几圈，不一会儿水就变清了。这是郑凯卿教小石头变的“戏法”，以最后促使洋人认错道歉。斯密史恍然大悟，他只得苦笑了。

“罢洋人水”的故事，在文华大学师生中，在挑水工人中，像长了翅膀一样传开了。

陈独秀一到文华大学听说了这件事，对这个青年留下很深印象。后来陈独秀在汉讲学期间的饮食起居由郑凯卿悉心照料，他们有更多时间接触、交谈。陈独秀给了他一些书报刊物，特别介绍了《新青年》以及湖南毛泽东主办的《湘江评论》，并讲述了周恩来等20个青年学生在天津组织的“觉悟社”。郑凯卿如饥似渴地学习，受到共产主义思想的熏陶，开始觉悟。他变了，完全变了，他抛弃了“旧我”——为共产主义奋斗而活着。他认定共产主义，是最先进的、最科学的、最美好的社会制度，不仅在中国而且在全世界一定会成功，他坚定自豪地说：“我只信奉共产主义。”立志要为共产主义事业奋斗终生。

陈独秀还委托郑凯卿调查武汉地区工人情况，并请新闻记者包惠僧协助。他根据陈独秀的意见，与包惠僧一起对武昌纺织局、纺纱局、麻布局、铜币局、银币局的工人状况进行调查，并有意识地把自己学到的马克思主义知识介绍给工人阶级。

在陈独秀来汉讲学这一年夏天，从上海传来消息——要在武汉筹建共产党组织。董必武接到上海党小组李汉俊来信后，立即找陈潭秋等人商议，陈潭秋欣然同意。同时，刘伯垂受陈独秀的委派来汉协助筹建共产党早期组织。董必武、刘伯垂立即邀约陈潭秋、张国恩（后退党）、包惠僧、郑凯卿、赵子健等7人，积极开展建党活动。他们在武昌抚院街二号（现在的民主路）董必武寓所秘密召开筹建会。经过多次开会反复研究，取得一致意见。在1920年8月，武汉共产党早期组织秘密成立了，郑凯卿不仅成为武汉共产党早期组织的第一名工人，也是全国所有共产党员早期组织中的第一名工人出身的党员。

刘雅清，湖南湘乡人，1949年南京解放后，曾任南京军管会军政部副部长（部长是段君毅），后转经济部副部长（部长是万里）。大军南下时，参加西南服务团，任第一副支队长，最后落脚重庆。曾任西南化工局局长，重庆工业学校校长、书记等职务。其父亲刘醒世曾任许崇智的秘书，岳父系民盟中央主席张澜，舅舅系毛泽东的好朋友李振翩。

陈独秀介绍我父亲加入共产党[①]

刘雅清

大概在一九二九年，我在南京三民中学读书时生病，在上海做地下工作的父亲到南京来看我，说起他年轻时干革命的经历，第一次向我透露他是陈独秀介绍加入共产党的，并且说“陈独秀这个人是不错的”。他还讲了其他一些话，但这句话对我影响特别深，一直没有忘。后来知道，当时陈独秀正在与立三中央争论中东路事件的策略，反对“左”倾主义路线。中央说他反共产国际、反党。王明也在党中央机关报《红旗》上发表长篇文章批判他。结果把他开除出党了。父亲在这个时候特意向我讲这句话，可能是对中央的处置有保留。第二年，父亲因执行“左”倾路线，搞城市暴动，在上海牺牲了。由于父亲这句话对我的影响，一九八二年我离休后，就开始研究党史、研究陈独秀问题，想搞清陈独秀到底是一个什么样的人，后来经曹惠白同志介绍，参加了陈独秀研究会，得到许多讯息、资料，同会员交流，

① 本文系陈独秀研究专家唐宝林先生于2001年10月13日在北京采访刘雅清先生的记录整理稿。刘雅清先生文后附记说：“10月4日是我的九十岁生日，在北京工作的儿子，接我与老伴来北京庆寿，得面见唐宝林，此经我审阅属实。”选编自《陈独秀研究动态》第27、28辑合刊，唐宝林主编，2002年1、2合刊。

对我的研究工作有很大的帮助，给我的晚年生活增添许多情趣，使我相信，陈独秀这一个人确实不错的。天降大任于斯人也，使他成了中国共产党创始人之一。这一光荣的历史永远流传。下面我讲讲陈独秀与我父亲的关系。

我父亲叫刘醒世，比陈独秀小一岁，一八八〇年生，湖南湘乡人，湖南政法专科学校毕业，学法律专业，当过法院院长。一九二〇年十月，陈炯明和许崇智率粤军，从福建出发，把桂系军阀逐出广东。孙中山重返广州，一九二一年五月，当选为非常大总统，又一次准备北伐。陈炯明是第一军军长兼广东省省长，许崇智是第二军军长。陈独秀应陈炯明之邀到广东任教育委员会委员长，我父亲任许崇智的秘书，二人便开始认识交往。我父亲对陈在广东大刀阔斧推行的教育改革，大加赞扬和支持。共同的爱国志向和革命情操，使二人很快成为莫逆之交。这年七月，中共在上海成立后①，九月，陈独秀回到上海主持党中央工作。第二年，四月底，陈独秀到广州筹划全国第一次劳动大会和中国社会主义青年团第一次全国代表大会。此二会先后在五月一日和五日召开。陈独秀在两会开幕式上，分别发表《劳动节的由来与意义》、《马克思主义两大精神》的讲演，大力宣传马克思主义。当时，孙中山决意北伐，许崇智积极支持，陈炯明则竭力反对，双方关系极为紧张。陈独秀在二会结束后曾应邀到惠州与陈炯明晤谈，企图劝说陈炯明与孙中山避免火拼，结果未获成果。陈独秀料定陈炯明必反孙中山，在布置广东共产党组织必须支持孙中山后，还把此情况分别通报给了孙中山和我父亲。孙中山心善，不太相信陈炯明会背叛他。父亲为广东即将到来的分裂，深感忧虑。陈独秀则对他说“只有社会主义才能救中国”。于是，父亲就在他的介绍下秘密参加了共产党。然后，陈就率领参加二会的上海代表匆匆回沪。陈独秀料事如神，陈炯明很快叛变，炮打总统府，想置孙中山于死地。孙中山依靠许崇智部队平叛失败，回到上海，极度悲观，不得不接受共产国际提出的与共产党的合作政策。然后，国民党又慢慢发展起来，重回广东。

一九二五年八月，廖仲恺被刺。蒋介石乘机摘掉胡汉民和许崇智，连累

---

① 中国共产党在1920年就已经成立，此处应是中共第一次全国代表大会在上海召开。

我父亲也被逮捕，幸被营救脱险。党组织认为他已经在广州无法立足，派他回湖南工作。在长沙，他向毛泽东报到，毛让他到家乡湘乡搞农民运动，任湖南六十四区农民协会委员长，我大哥刘孟亮也是共产党员，因有文化也被乡亲们推选为农会秘书长，农会会址就设在我家大院。湘乡的农民运动就轰轰烈烈地搞了起来。我也做了一些工作，并在一九二七年二月参加青年团。好景不长，五月二十一日，许克祥在长沙发动反共政变，大肆屠杀农会会员。当许克祥的军队来到湘乡时，我父亲镇定地把所有党的文件烧掉，然后在乡亲们的掩护下，与我母亲、哥哥等分散逃到南京我的姨妈家。我的姨妈就是许崇智弟弟许崇灏的妻子。安排好家庭后，父亲和我的大哥就到上海找到党组织，继续进行革命活动。同时，利用许家在国民党中的地位和影响，掩护我们的革命工作。

我家被许克祥的军队查抄，家人逃往南京时，我在学校知道消息后，就躲藏到山上农民家里。后来打听到有一个运送木炭的木船要出发，就跟船老大商量，我在船上打工，只管饭，不要工钱，就这样逃离了家乡。但是，木船在洞庭湖中翻了，我落水后被一家慈善机关救起。有一次，我在街上碰到一个国民党下级军官，正在招兵，他看我个子虽小，人还机灵，就让我当了他的勤务兵。不久，我随这个军官到了南京，打听到我的家人都已逃到南京，就与家人团聚。这时，毛泽东的朋友李振翩（我的舅舅）在南京，在他的帮助下，我在南京继续读书。一九三〇年十月，立三路线时，先是我大哥牺牲，接着父亲牺牲。第二年（一九三一年）二哥刘毅诚考进北平陆军军医学校读书，有奖学金。军校设在北京东四六条。军校中有不少共产党员。我就转到北京，外交部街大同中学（现北京市第二中学）读书，生活费依靠二哥的奖学金，一份奖学金二人用。这年发生“九一八”事件。我参加反对蒋介石不抵抗的抗日民主运动，还到南京去请愿。国民党军队镇压，我亲历了“珍珠桥惨案”，看到许多学生被杀或落水淹死。当时陈独秀在上海领导人民也进行反蒋抗日运动，他主编的《热潮》杂志，还出了一期“珍珠桥惨案”专辑，猛烈抨击国民党反动派的法西斯暴行。

一九三三年，我在湖南大学读书，学化学。同时参加抗日救国会的工作。为了反对日本侵略者进行细菌战，曾在一次试验防止毒气研究中受伤。救国会是一个全国性的组织，全国各地都有会分。由沈钧儒等著名人士领导，也有许多共产党员参加。一九三九年我参加了共产党。入党后，我在南京南方局领导下做情报工作。我的岳父张澜是民盟中央主席（一九四九年建国时当选为中央人民政府副主席），对我的秘密工作有掩护作用。一九四九年南京解放后，我任南京军管会军政部副部长（部长是段君毅），后转经济部副部长（部长是万里）。大军南下时，我参加西南服务团，任第一副支队长，最后落脚重庆，一直到如今。任过西南化工局局长、重庆工业学校校长、书记等职务。

彭健华，中共党员，曾就读于莫斯科东方大学。生平不详。

回忆和陈独秀的两次会晤[①]

彭健华

一九二八年的一次会晤

一九二八年夏，中国共产党第六次全国代表大会开过之后，瞿秋白、张国焘、王若飞三人作为中国共产党的代表团留在莫斯科。瞿秋白任中国共产党驻共产国际的代表，张国焘任中国共产党驻职工国际的代表，王若飞任中国共产党驻农民国际的代表。当时，我在莫斯科东方大学学习。王若飞听说我将要回国，特邀我到他那里一谈。我先到他和李培泽的住所，他说，这里谈话不方便，我们到农民国际去谈。他便带我到农民国际去，和我作了长时间的谈话。若飞要我回到上海后，务必找陈独秀好好谈谈，劝他切不要消沉，并劝他还是到莫斯科去，和苏联党内的负责同志把过去的问题详细谈一谈，把前段的经验教训好好总结一下，在莫斯科住个时期，作点理论方面的研究工作，以备将来对中国继续作出更大的贡献。若飞接着说，苏联党内对中国革命问题、对中国革命失败后共产国际所作的处理等问题，都

① 本文原载《党史资料》丛刊1980年第1辑。

存在不同的意见。他说：雅罗斯拉夫斯基的夫人[①]曾找我谈过几次话，说苏联党内很多人对布哈林把持共产国际深表不满，特别是对那个东方部长米夫，认为他野心很大，想在中国党内培植自己势力，胡作妄为瞎指挥，长此下去会把中国革命搞糟和断送。雅罗斯拉夫斯基夫人说，陈独秀对中国革命有很大功绩，你要劝他到莫斯科来，把前一段的问题弄清楚，把过去教训好好总结一下，在莫斯科住个时期，苏联党内很多人都会支持他的。若飞还告诉我，到上海后可先找夏之栩和史静仪（原陈乔年爱人），他们晓得独秀的住址。

一九二八年秋，我回到上海后，经过中央交通员，先找到了夏之栩。当时，她和史静仪住在宝山路临近同济路地段的一所孤立楼房里。我请她约邀陈独秀在她们那里会面。这之前，我总以为独秀经受了革命失败的打击和陈延年、陈乔年的相继牺牲，定会愁容满面而苍老了。但竟出我意料之外，见面时一看，他还是像以前那样精神，毫无意志消沉的迹象。会面那天，彭述之、蔡振德、王绍华、刘伯垂，记得还有郑超麟，他们听说我回国邀陈独秀会面，也都来夏之栩处相会。当时，因有许多人在场，我不便把若飞所谈的全部内容转告给陈，只把若飞对他的关心、劝他去莫斯科的意思告诉了他。他听了之后，略作沉默，便说，若飞的意见对，不过我想还是稍等个时期再去较妥。我说，若飞还用牛奶汁给你写了封简单的信，因路上烤火，字迹显现出来，我怕路上带着不方便，把它焚毁了。他说，路上当然不好带，由你转达就行了。接着，大家便就别后两年来的国内情况和莫斯科情况谈了一阵，就散了。

后来，我又约了陈独秀单独谈了一次。我把若飞所谈的全部内容告诉了他。他听了之后，沉默了一刻才说，你那次谈了之后，我回去曾仔细考虑了很久，总觉得还是多冷静一个时期再去较好，因为谈不融洽，发生争论反而不好，你看怎样？我说，事已过去，想必不会发生什么大的争论的，似乎不必在许多重大原则性问题上去认真争辩，何况苏联党内对那些问题也有不同意见。我请他再仔细考虑，还是早点去好。

---

① 雅罗斯拉夫斯基是当时苏共中央监察委员会主席，他的夫人是当时列宁学院院长。——原注。

一九三八年的一次会晤

一九三八年夏，我在武汉，听说陈独秀从南京监狱释放后也到了汉口，便去他的住处看望他。当时，他和他的年轻伴侣住在一间陈设极其简陋的房间里。人虽有些消瘦，但精神健旺。我问他对当前形势有何看法。他便兴奋说，党的路线和政策完全正确，正好在抗战的过程中来发展和壮大党的力量。党在抗战中发挥主导作用，才能使抗战不致半途而废。我们坚决拥护党的政策……。我说，听说彭述之和郑超麟又回上海继续搞托派活动去了。他说，彭述之死不接受教训，还在钻死牛角，不料郑超麟也追随他去上海继续搞，随他们去吧。我说，听罗汉讲托洛茨基发表主张，认为中国共产党不应参加抗日战争，应听任日本帝国主义消灭国民党政权等等。他说，那简直是一派反动的胡说！怎么罗汉也那样讲呢？我说，罗汉不过是说托洛茨基有此主张，他本人不一定同意托的观点。他说，党的政策是正确的，共产党主张抗战并不是为了帮助国民党政权，而是为了拯救中华民族，并在抗战过程中壮大自己的力量，建立一个人民的政权。我们拥护党的政策，并积极参加抗战工作。我问他今后打算。他说，计划先去重庆，休养一下再说。

这时，他年轻的伴侣已做好饭，把两样蔬菜摆到桌上，我就告辞了。临别时，他再次说，应该积极参加抗战工作。

当时，我对他的印象是，他情绪很好，并很兴奋。据说，彭述之等曾拉他一同去上海，他严词拒绝，便抛开他们到了汉口。看来，显然是他在南京监狱里几年，对过去的经验教训，特别是一九二九年向党中央提出《政治意见书》后的经验教训，作了深刻的反省而有所醒悟；我这次和他谈话时，还提到：听说若飞早已出狱，现在延安。陈独秀便说：“好同志，他有见地！”

这次是我和陈独秀最后一次会晤。

一九七九年八月

许俊基，北京广播学院教授，中共党员，长期从事共产国际和中国革命关系的研究。

面邀陈独秀作抗日演讲[①]

许俊基

家兄许俊千，现年八十有五，三十年代曾与陈独秀有过短暂接触。二〇〇〇年春节，我返乡探亲，谈及此事，他为我详述了抗战开始时在武汉邀请陈独秀到华中大学做抗日演讲的经过，对陈独秀的思想和为人赞叹不已。现将这次访谈记录整理如下：

许俊千（以下简称千）：一九三七年七月七日抗日战争爆发，由北向南规模日益扩大。原在北方及上海各地就学的大学生多屯留在武汉，有的在华中大学临时借读，学生人数剧增，抗日情绪高涨，多自动组合，展开各种活动，有的下农村乡镇进行抗日宣传，有的组织救护到火车站接送抗战伤员。

当时，国民党政府由南京西迁重庆，大批政府人员及向西避难的群众也源源不断穿流武汉，名人学者临时住下来的也多。陈独秀被国民党长期拘禁在南京，这年八月获释，九月中旬从南京到武汉，租住华中大学校园后侧一所旧式的四合院民房，闭门不出，从未露面。其时，我正在华中大学学生联合会参与宣传工作，曾在

① 本文系许俊千口述，由许俊基于2000年春节整理而成。许俊千系武汉大学教授、湖北软科学院院长、工商管理学专家，中共党员，四十年代曾留学美国，20世纪30年代与陈独秀有过短暂接触。标题为编者所改。选编自《重新认识陈独秀》，唐宝林主编，香港新苗出版社2006年2月版。

《新青年》杂志上读过陈独秀先生的文章，也偶尔见过他的书法。其学识渊博，翰墨清香，素为人所仰慕。我与几位同学计议，应趁时请他到校园做一次演讲，几经打听，才问明他就住在华大校园后侧候补街五号，寓校园后门不过几百步远。

一天，我和同学焦传统去敲门求见，一位容颜端秀，穿浅蓝色旗袍女士（许俊基按：应为潘兰珍），轻轻启开门缝问我们找谁，我说要见陈独秀先生，并将学生会的邀请信送上。她忙说，呵！你们是大学生。她进去告知，随即拉开大门请我们在天井旁另一间简陋的书房等候。一会儿，陈先生进来，我们起身鞠躬致敬。他一见我们都是年轻学生，喜形于色，热情地伸手让座。他的身材不高，鬓发灰白，显得有点驼背，一口安徽乡音，声音不大洪亮，但话语清楚好懂，启口就问我们个人的学习和家乡情况，接着就谈他对武汉三镇的了解，我们都做了简单的回话。他的态度谦和，使我们一点都不感到拘束，我即提出来同学们都想请他到华大校园作一次抗日演讲，他低头想了想就答应了。好在距离很近，约定了一天由我们学生出面接送。我们高高兴兴地告辞出门时，对潘女士也表示了谢意，只知她是由南京陪伴同来，而不知她是何许人，以及与陈先生的关系。

演讲之日，早饭后我们两人再到他家，陈先生穿上新的深色长袍、布鞋，显得非常雅洁，我们扶着他出门，请潘女士放心。她替陈先生理理衣领，对我叫一声，同学慢走。我们为回避路人围观，一进校园就从女宿舍后侧转上根书林楼上大礼堂。陈先生刚上讲台，掌声不绝，听众越来越多，连讲台地下、窗台上都挤满了人。演讲开始，陈老问了一声大家好，就对抗日形势和抗日战争的意义做了一番思想深刻、逻辑性很强的讲演，看来事先做了很好的准备，不是即兴敷衍。

许俊基（以下简称基）：你说的很对，后来（一九三八年二月），亚东图书馆把他的几篇抗日讲演和文章结集出版时（书名为《我对于抗战的意见》），他在《自序》中说："去年九月从南京到汉口舟中，我就拟定五个题目，打算写一本抗日意见的小册子。一在武昌住下，便开始动手写，并且在华中大学讲演时已告诉了听众；在华中、汉口青年会，武汉大学的讲演，便用了这个小册子头三篇的内容。”这就交待了他到你的学校去做讲演的准备情况。而且从这个小册中，我们可以看到陈独秀当时的思想状况和全面的政治主张。

千：陈先生的讲演之所以受到如此热烈的欢迎，一是深刻，比一般人思考的深远。当时由于民族危亡，形势紧迫，一般人的思想容易只顾眼前，就事论事。陈先生却开宗明义便说：“全国要求的抗日战争已经开始了。为什么要抗战？一般的说法，是因为日本欺压我们太厉害。这话固然不错，可是，未免过于肤浅了，一般民众尤其是知识分子，应该明了更深一点的意义，抗战不是基于一时的感情，而有深长的历史意义。”

接着，陈先生便从十九世纪中叶以来六七十年间东西方对比、中日两国对比中，指出：“在这一时期，全世界的各民族，能够自动地发展工业和科学以适应环境的便兴旺起来，否则不免日渐衰败下去，这是近代史的一般规律。”

这里，陈先生为我们师生听众总结了“近代史的一般规律”。自然使我们听了很震动，感到很深刻，很有启发，尤其是对于那些学理工科的学生更是这样。

陈先生还说，从李鸿章改革（洋务运动）开始，经过戊戌维新、辛亥革命、北伐运动，先进的中国人，也曾进行一次又一次的改革，企图使中国像西方和日本那样强盛起来，摆脱殖民地的命运，但是，“在此六七十年中，日本的工业和科学，一直顺利地发展着，资本主义已达到了高度，中国每一次改革，都为反动势力所破坏，资本主义至今犹停滞在最初的阶段。”

因此，陈独秀认为：“每个民族之国家独立与统一，必须实现经济独立与统一，始能完成。”而这次对日战争，“乃六七十年来改革与革命的大运动之继续”；其历史的意义，“乃是脱离帝国主义压迫与束缚，以完成中国独立与统一，由半殖民地的工业进到民族工业，使中国的政治经济获得不断的自由发展的机会”。

基：陈先生的观点，至今看来也是正确的，可以说与邓小平把生产力的发展当作社会发展的主要标志和“科学技术是第一生产力”的观点是吻合的。

千：陈先生的讲演所以受到大家欢迎，第二个原因是密切联系当时的实际，回答了大家关心的热点问题，批驳了当时流行的一些错误思想。如日本广田首相曾对中国驻日大使王正廷说："中国是农业国，日本是工业国，两国间各以所有易其所无，携手合作，共存共荣，岂不甚好，中国何必要反日呢？"陈先生说："我们的答复是：我们所以反日，正因为也要做工业国，不甘心做别国的农奴，专为他们生产原料。今日日军之大炮飞机向我们轰炸，也正是要屈服我们做他们的农奴"。

基：陈先生的这个答复十分巧妙，而且言简意赅，一下子把日本的"侵略有理"论变成了"侵略有罪"论。

千：当时有些人还有一种侥幸思想，认为中国如此之大，不致灭亡。陈先生说："殊不知日本帝国主义者灭亡中国，并非采取直接管理全国的笨法子，乃是以分化手段，在南北制造各种名义的政治组织，利用亲日派做傀儡，间接统治中国……这不是亡国是什么？"

基：后来的历史证明陈独秀的预测是对的。日本在我国东北扶持溥仪当傀儡，然后在南京扶持汪精卫傀儡政权，后来还想拉拢蒋介石，没有成功。不知道你是否记得，当时少数人还有一种观点，认为抗日战争是"南京政府和东京政府的战争"，甚至说是"蒋介石对日本天皇的战争"。看不清抗日战争的性质，陈先生从上面阐述的抗日战争意义出发，指出是"殖民地半殖民地反抗帝国主义侵略的战争，被侵略国的人民，抬起头来的打倒掠夺他们的强盗，乃是人类一种进步的战争"，"因此，中国人民抗日战争，我们不能看作南京政府和东京政府的战争，而是被侵略的中国人民对于侵略的日本帝国主义的战争，全国人民都应该拿出力量来援助抗日战争，除非甘心做汉奸"。

千：是的。关于全国人民如何来援助抗日战争，当时陈先生反复强调两句话："有钱的出钱"，"有力的出力"。讲到这两句话时，不断爆发起热烈的掌声，陈也勉励同学们要面对现实，不畏艰辛。情意连绵，发人深省，讲了一个多钟头，听众多作笔记。结束时，我们挡住不让人上台请他签名，呼吁让他休息，又从后门陪送回家，陈先生在校园流连忘返，精神很好。一到家，潘女士连忙过来扶着他走进书房，也叫我们进去坐坐。我见到书桌有一些书籍，还摆上大砚台，很想请他写一幅毛笔对联，而又不好开口，待出门时，忍不住还是向他提出这一请求，没想到他欣然应允要我去弄点宣纸。我们即出门在附近商店买了两张宣纸，我用钢笔在小红纸条写上“敬求大笔，赐呼俊千”几个字扎在宣纸上，又送回去，他要我们过两天去取，焦传统也留下他的名字。

待去取的那一天，陈老和潘女士对我们很亲热，直呼我们的名字，在书桌上已摆出给我的一副对联，上联是：“行无愧怍心常坦”，下联是“身处艰难气若虹”，笔力雄健，饶有意趣，一见而知这完全体现了陈先生本人晚年的境遇和气概，落款独秀，盖上一口方印。他也为焦传统写了一张横联四个字，具体内容我记不得了，充分显示了他豁达的胆魄和气度，而且书法艺术精湛。

基：我从唐宝林所著《陈独秀传——从总书记到反对派》一书中看到，“行无愧怍心常坦，身处艰难气若虹”这副对联最早是一九三五年陈先生在狱中时写给去探望他的国画大师刘海粟的。当时因为国民党一方面逮捕监禁他，企图用暴力使其就范。为此，他表示不屈服：“身处艰难气若虹”。另一方面，又给他种种诱惑，要他与国民党合作，反对在农村进行武装斗争的共产党。为此，他又表示拒绝诱惑，决不反共：“行无愧怍心常坦”。现在看来，1937年出狱后，陈先生又把这副对联写给了你。这并不奇怪。陈先生多次把相同内容的字联诗词送给几个人，如《告少年》五言诗，曾赠送给陈钟凡、郑学稼等人；《贯休入蜀唯瓶钵》一诗，曾赠送给欧阳竟无、朱蕴山等人。说明这都是他的自述诗、自励诗，表示他的气节。

不过，陈独秀在一九三七年十月给你写这副对联具有更深广的含义：一是几年牢狱之灾，几乎断绝了一切经济来源，而且患上了严重的疾病，特别是胃病发作起来，在床上打滚，十分凄惨，真正贫病交加。这种情况一直持续到他去世，可见生活之艰难；二是国民党虽被迫释放了陈先生，仍安排军警监视他的行踪。同时又千方百计拉拢他一起反共。陈出狱时，国民党军统局处长丁默邨特意去迎接，要把他安排在国民党中央党部招待所。他拒绝了。“老朋友”胡适、周佛海等人热情地请他参加“国防参议会”，蒋介石亲信朱家骅（时任国民党中央秘书长、教育部长、国立中央研究院总干事）甚至奉命答应提供“十万元”经费和“五个名额”的“国民参政会”议席，要他“组织一个新共党”，与共产党唱对台戏，都被陈独秀一一拒绝，原由他领导的上海托派也派人来，邀他到上海继续领导托派进行“反蒋反共反对国共合作”的活动，也被他拒绝。他一改托派传统的立场，明确拥护国民党抗日，拥护共产党倡议的国共合作和建立抗日民族统一战线的政策，于是受到托派中央的严厉批判。批他“背叛托洛茨基主义”，“一个不可救药的机会主义者”。陈则“广泛声明”：“我只注重我自己独立的思想，不迁就任何人的意见……不代表任何人，我已不隶属任何党派，不受任何人的命令指使，自作主张，自负责任”，“我要为中国大多数人说话，不愿为任何党派所拘束；来武汉后一直未参加任何党派。”当时亲日派周佛海等人举办所谓“低调谈话会”，散布抗战悲观妥协言论，也来打陈先生的主意，多次请他参加，“交换政治意见”，陈始终一言不发。

陈钟凡先生（北大时陈独秀的学生，时任南京金陵女子大学中文系主任，陈独秀出狱时一度住在其家）鉴于以上陈独秀的种种表现，写了一首诗赠他：

荒荒人海里，聒耳几天民？侠骨霜筠健，豪情风雨频。
人方厌狂士，世岂识清尘？且任鸾风逝，高翔不可驯。

陈独秀率笔和曰：

暮气薄大地，憔悴苦斯民。豺狼骋郊邑，兼之惩尘频。
悠悠道途上，白发污红尘。沧海何辽阔，龙性岂能易。

陈独秀当时的处境和他以上的种种表现，特别是他和陈钟凡的唱和诗，可以说是陈当时给你书写“行无愧作心常坦，身处艰难气若虹”时的心情和内涵的最好注释。陈独秀的这副对联完全可以与李大钊的“铁肩担道义，妙手著文章”比美，只是他们各自的处境不同罢了。

千：陈先生书赠以上对联后，他又要我们坐下来谈谈以书为伴的乐趣，坚嘱我们要多读历史书。并言当时新出版的中国历史书太少，只有夏曾祐编写的《中国史》上下册可读，还谈了很多，原话我记不得了，大意正如我们今天所谈的要弘扬中华文化，不能故步自封，要振奋我中国伟人民族精神。他学识渊博，关心和热爱年轻学子，高情厚意，真正感人。墨宝带回学校后，我藏入书箱，不给人看。不久，抗日形势紧张，学校师生星散，我只好赶回长沙。我一直感到我能见到陈独秀这样一位胸怀坦荡、宽厚谦和的长者，真是我年轻时有幸得到的一次宝贵的机遇。所赐的墨宝，深藏于家，以留纪念，不幸长沙大火家宅被毁，墨宝亦成为灰烬。

此后，我到昆明在西南联大，得知陈先生已到重庆，待我到重庆，始知他已由重庆到江津落户，不久谢世。“行无愧怍心常坦，身处艰难气若虹”的墨宝则铭刻在我的心坎里，经常引起一些回想。练写毛笔书法时，不禁心临手摹，亦感到莫大的情趣。正如现代行为科学提出来的，这是对人敬重、钦佩乃至效仿的一种心理倾向。六十余年过去了，我今垂垂老矣，试就记忆所及，和你谈这些，你是搞共运史研究的，希望你能把它整理出来。

郑超麟（1901—1998），福建省漳平县人，1919年赴法国勤工俭学，1922年6月与周恩来、赵世炎、李慰农、杨士彬与尹宽等人在巴黎组建“少年共产党”。1923年到俄国“东方劳动者大学”留学，研究马列主义。1924年春在莫斯科由李大钊主持他的入党仪式。1924年7月与陈延年等被派回国，在中共中央宣传部工作，编辑党报，翻译布哈林著的《共产主义ABC》，同时担任党校上海大学的教员。在1925年至1926年参加了“五卅运动”和第二、第三次上海工人起义。1927年四一二反革命政变后，他随中共中央迁到武汉，参加了中共五大，会后任湖北省委宣传部部长，并参加了“八七会议”。会后随新中央秘密回到上海，担任新党报《布尔什维克》主编。1928年，赴福建整顿党务。1929年与刘静贞结婚。不久被国民党特务逮捕，羁狱40余日被营救出狱。1929至1930年，与陈独秀等转向托派。1931年5月，当选中国托派统一组织中委兼宣传部主任。不久再次被国民党逮捕，判刑15年。1937年因全面抗日战争爆发提前获释。出狱后，他先后翻译了托洛茨基的《被背叛的革命》、《俄国革命史》（第二、三两卷）。1942年中国托派分裂后，他专事写作，先后写了《回忆录》、《三人行》、《不断革命ABC》和未完成的《陈独秀传》，还翻译了意大利作家西龙尼的《丰丹玛拉》等书。新中国成立后，他写了《国家资本主义论》。1952年12月22日，他与中国托派一起被捕入狱，度过长达27年的牢狱生涯。1979年6月恢复自由，曾任上海市政协委员。

陈独秀与鲍罗廷[1]

郑超麟

凭我亲身的见闻，以及后来接触到的中国共产党的早期的历史资料，我对于中共早期历史和一九二五至一九二七年革命（即所谓“大革命”）的历史，形成了一种系统性的看法。遇到大事件时，我都根据这种系

① 本文选编自《陈独秀研究动态》第12期，唐宝林主编，1997年10月印行。观点系一家之言，阅读时请高度注意。

统性看法去解释，往往能够解释得通。我写的那些党史文章就是这种解释的表现。可是，这种系统性看法的本身，我至今未曾系统地写出来，因为其中一些关键部分，我尚未找到证据，或者说，所得证据尚未能使人充分信服。在证据充分的情况下，我也会写出文章，至少有二篇：《“右倾投降主义”是谁的路线？》、《论所谓陈独秀的“二次革命论”》，这二篇又都不能发表。

今天我还不想系统地写出我的看法。虽然有许多关键性论点已经得到新发现的史料证实了。今天，我只能缩小范围，讨论一个问题：陈独秀和鲍罗廷的斗争。

陈独秀这个人很慎重，真有大革命家的风度，我从来未曾在会议上或闲谈中听他说过一句反对鲍罗廷的话，那怕对鲍罗廷有不满意的表示，他也不说。但我确实知道，他和鲍罗廷有深刻的矛盾，好几次两人针锋相对。看了罗易的回忆录，又发现罗易说他和鲍罗廷争论革命大方针时陈独秀是站在鲍罗廷一边的，因此我怀疑自己的看法不对。现在，从新发现的史料中，我知道我的看法是正确的。

一九二四年九月七日，陈独秀在致维经斯基的信中，对鲍罗廷的态度说：

“我们必须反对这种行为。可是鲍罗廷同志不是站出来反对，而是建议他们成立所谓国际联络委员会，隶属于国民党政治委员会，并且拥有解决（国共）两党问题的全权。……中国共产党中央执行委员会给鲍罗廷发出电报，说明了孙中山等人的这个阴谋，以及这个建议和我们党绝对不承认任何这类决定带来的不良后果。但遗憾的是，在国民党中央执行委员会全会上作出了这种决定。……请建议共产国际提醒鲍罗廷同志，同孙中山打交道必须十分谨慎，否则他还会上圈套，还要提醒他始终要同我们党进行协商。”

这段话，表面上说得很客气，仿佛是鲍罗廷太老实，上了孙文的圈套，而其实是很严厉的，是斥责鲍罗廷独断独行，目无中国共产党，不同中共协商，将中共的党权，奉送给国民党。

按这里所说的“国际联络委员会”，是国民党中央属下的一个机构，以孙文本人为主席，委员是汪精卫、廖仲恺、瞿秋白、伍朝枢、邵元冲，任务是要中共中央将共产国际发来的指示先交给这个委员会审阅，才能去执行，又要中共中央将党员名册报送给这个委员会。正如陈独秀在这封信前面说的，国民党的“目的在于把中国共产党置于国民党的领导之下，或至少使中国共产党对它开放。”

同年十月十日陈独秀致共产国际远东部的信，又点名批评了鲍罗廷：

“共产国际代表同中共也应当对国民党采取共同行动。然而鲍罗廷同志从不同我们党协商，好像在中国不存在共产党。”

其实，陈独秀一九二四年七月十三日致维经斯基的信，虽然用泛论的形式，也是攻击鲍罗廷的。

陈独秀在此信中分析了当时国民党状况：“国民党内只有右派反共分子。如果说那里有一定数量的左派，那是我们自己的同志。孙中山和另外几个领导人是中派，而不是左派。”陈独秀因此作出结论说：

“所以现在支持国民党就只会是支持国民党右派，因为他们掌握着党的所有机构。在他们的对内政策中表现出反工人倾向，而在对外政策中表现出反俄倾向。……您需要紧急给鲍罗廷同志发一份电报，请他提供实际情况报告。……我们不应该没有任何条件和限制地支持国民党，而只支持左派掌握的某些活动方式，否则，我们就是在帮助我们的敌人，为自己收买反对派。”

这一段话，虽未点鲍罗廷的名，其实是批评鲍罗廷当时是支持右派的。（最后一句“为自己收买反对派”，翻译得不对。不是为自己收买反对派，而是资助反对自己的人来反对自己，即中国成语“借寇兵而赍敌粮”之意）。

以上是从档案所藏陈独秀的“秘密信”中录出陈独秀反对鲍罗廷的话，由此证实了我的系统看法不错，即从鲍罗廷来中国做国民党政府顾问时起，陈独秀便和鲍罗廷发生斗争了。

由“秘密”档案发现的文字，可以说明我当时知道的一些事实。

我恰好是在陈独秀写给维经斯基的第二信（一九二四年九月七日）和陈

独秀写给共产国际远东部的信（一九二四年十月十日）之间从苏联回到上海的。一到上海，立即被任命为中央宣传部秘书，当时比我先几个月回国的张伯简同志已经作了中央宣传部的干事，帮助部长彭述之和《向导》主编蔡和森处理宣传工作的具体事务。我来后，他将一部分事务移交给我，同时告诉我中央和上海党内之情况。其中一个情况就是瞿秋白的故事。

他说，瞿秋白不久之前才从广州回上海，现在上海大学教书。他是在广州犯了错误，被陈独秀和蔡和森勒令立即回上海来的。鲍罗廷在广州同孙中山定了一个协定，关于国共二党关系的，是望秋白以共产党代表身份签了字。对此协定，中央委员陈独秀和蔡和森并不赞成，他们二人非常生气，便勒令瞿秋白回上海，秋白只好服从纪律回来了，但感到委屈。什么协定，张伯简未说。以后，我从别人的谈话和文件知道这件事的真相。秋白并非“三大”选出的中央委员，又未受中央的委托，为什么能代表中共签字呢？我心里想，秋白不过为了服从纪律回到上海来，未必承认自己的错误。

果然如此，一九二七年，秋白先去武汉，在武汉发表了一本新写的小册子，正式书名我忘记了，但有个副题是《反对彭述之主义》，又有个副题，名《第零国际》。这本小册于今收编在《六大以前》的一本资料集中。瞿秋白在这本小册子中重提一九二四年夏天的事件，他认为在此事件中，他并没有错，倒是陈独秀和蔡和森错了。他说，当时国民党右派借“共产党”问题攻击孙中山先生及其领导的一派，国民党这一派人的地位发生动摇，国民党的中全会作出这个决议，是为了挽救这一派人地位的，因之也是为了维护“国共合作”的。（我手头没有《六大以前》资料集，凭记忆引述秋白书中的大意。）

可注意的，是瞿秋白服从纪律回到上海后并未受处分，他在中央会议上作了报告。哪怕陈独秀曾经暴跳如雷，蔡和森和新回国的彭述之都反对瞿秋白在此事件中的作为（据说，秋白曾征询中央的意见，但中央反对这件事的电报未到前，秋白已经代表中央签字），但并未受处分。陈独秀在致远东部的信中，也不过说“我们参加这次会议的同志，对中派的让步太多，对自己的观点捍卫太差”而已。几个月后，在“四大”会议上，瞿秋白还第一次当选为中央委员。

总之，对于这个事件，陈独秀是主要归罪于鲍罗廷。

这是有档案可据的陈独秀和鲍罗廷之间的一次斗争。

据我知道，陈独秀和鲍罗廷之间，还有另一次更严重的斗争，发生于一九二六年春末夏初，但最近出版的档案集只到一九二五年为止，对此次斗争没有记载。中国虽然有当事人的回忆，但语焉不详。虽无根据或根据不足，我今天仍要说起这一次的斗争，我是凭个人记忆来说这次斗争的。

一九二六年三月二十日事变以后到五月十五日通过《整理党务案》以前，陈独秀曾特派彭述之去广州同鲍罗廷商量一件重大的事情。什么事情，我当时不知道，以后好久才知道。现在留下来的当事人的回忆，有只字不提的，也有只提到一些表面现象的——自然，也有说出真相的。

陈独秀交给彭述之的使命，就是同鲍罗廷商量如何联络国民革命军第二、第三、第四、第六各军以及广西的军队，采取行动去消灭蒋介石指挥的国民革命军第一军。虽然没有根据，我相信彭述之是同鲍罗廷会了面，而且提了这个建议的。不用说，鲍罗廷当然不同意这个行动。双方谈不下去。但党内外的人都知道陈独秀特派彭述之来广州同鲍罗廷讨论某一问题，什么问题，则不知道。彭述之早有准备，自然不能说讨论“军事行动”（也不可能对极少数干部，如陈延年，说过真话）。随说话对象不同，他有时说来讨论退出国民党问题，有时说来讨论是否接受蒋介石的条件（即整理党务案条款）的问题。鲍罗廷公然一口拒绝中共中央的建议也不好，于是采取干部签字的办法，即是要当时在广州的高级干部，凡同鲍罗廷一样赞成接受蒋介石条件的都在一张纸上签名，当时签字的有瞿秋白、张国焘、陈延年、周恩来、李立三、赵世炎等人，唯有彭述之一个人不签字。

于是，一九二六年五月十五日，《整理党务案》在国民党中央会议上通过了。此案内容是容易找来参考的，但有一点必须注意，即蒋介石提出的《整理党务案》基本上就是孙文一九二四年夏天提出的（鲍罗廷建议的）那个设立“国际联络委员会”的旧案的重版，都是为了控制中国共产党的。在这一点上，蒋介石确实是孙文的继承人，不过当时中共只有一个干部瞿秋白签字，可是这次，经过讨论后，所有干部除彭述之一人外都签字。

这一次斗争，又是鲍罗廷胜利，而陈独秀失败。

这里顺便说一件没有人知道的轶事。陈独秀的代表彭述之在广州同鲍罗廷斗争的经过，我在上海是不知道的，彭述之回上海后也不对我说，别人也不会对我说，这是党的秘密。但我记得一件事，即彭述之那次从广州回上海后，无意之中告诉我：他此次去广州苦极了，连买香烟的零用钱也没有。我很诧异，问他：别人也同你一样苦么？他说：别人是有钱的，鲍罗廷会给他们的。我就不再问下去。因为我知道，他此次去广州是为了解决一个有争议的问题的，大概彭述之的个人的意见与别人不同，所以鲍罗廷不给彭述之钱。至于问题本身，我那时不知道。

《罗易赴华使命》所记为什么会给人印象，好像陈独秀是站在鲍罗廷方面，共同反对罗易呢？

那并非陈独秀同鲍罗廷和解了，而是陈独秀终于明白同他敌对的不是鲍罗廷，而是共产国际，可说是斯大林操纵的共产国际。他环顾当时在他身边的干部，都是拥护国际的。而国际的“草”（蔡和森语），又掌握在鲍罗廷手中，而罗易说的只是空话。陈独秀如果还要担任中共总书记，只有同鲍罗廷合作的一条路可走。

从近年结集出版的这些档案中，我们只能作出陈独秀和鲍罗廷相斗争的结论么？这就是大“材”小用了。我们还可以作出以陈独秀为首的中国革命家和以斯大林为首的苏联统治者相斗争的结论。

以斯大林为首的苏联统治者，以“一国社会主义论”为原则，抛弃了国际主义，只求苏联一国的利益，将共产国际变为苏联外交部的一个工具，只求各国共产党努力去保卫苏联，而非努力去发展本国的社会主义革命，去建设自己的苏维埃共和国，即使有什么国家的共产党夺得了政权，那也只能做苏联的“卫星国”，苏联对于中国的“援助”自始就是怀抱这个目的。所以它来中国寻求友人，首先就去找吴佩孚，其次又去找陈炯明，这都是在中国共产党建立以前。找吴佩孚，找陈炯明不成功，于是又去找孙文。总之，它的目的是要在中国找到一个有实力的人物，扶助他们执掌政权，同苏联友好相处，不会侵犯苏联的东方边界。至于在中国建立共产党，那不过是共产国际的例行公事而已，起初并不重视。

以陈独秀为首的中国革命者，则怀抱着另一种目的，即要在中国进行“十月革命”，要在中国建立苏维埃政权。

苏联人终于找到了闲居在上海的孙文及其组织国民党。而荷兰人马林也帮助中国革命者建成共产党了。马林以其在荷属印度的工作经验才想起要把这二个不同的目的统一起来，于是在“一大”那个无产阶级革命和专政的纲领之后又提出了同中国民主派联合的建议。这是要使中国革命家的目的服从于苏联统治者的目的，从此埋伏了后来陈独秀和鲍罗廷之间的斗争。

陈独秀早有远见，前面引的陈独秀致维经斯基的信，指出支持国民党就是帮助我们的敌人，即出钱给别人，叫他们来反对我们。

陈独秀这话不幸而言中，整个国民党本来是奄奄一息的，其中的右派早已同北洋军阀一样了，其中的所谓中派，孙文及其亲信的一系，则得到苏联支持之后才起死回生，到了已能独立成活之后，便掉转头来用苏联供给的军火屠杀中国共产党人，屠杀苏联人自己。

陈独秀以及第二次大会选出的中央委员，全部反对加入国民党政策，马林拿出服从纪律的武器，他们才按国际这项决议加入的。国际代表鲍罗廷又独断独行，遇事不同共产党中央协商，惹得陈独秀向国际控告，要国际“警告鲍罗廷”。到了革命失败后，反而要陈独秀代替国际负失败的责任。

写到这里，总会有人反问我：你说“苏联统治者”如何如何，但中国成立共产党以及后来推行国共合作，那时列宁尚未死，你是否将列宁包括在“苏联统治者”之内呢？

我的回答就是：统治苏联的高层干部中，唯有列宁和托洛茨基二人是真正的国际主义者。可是当时列宁已经生病了，而且关于中国革命问题，他也无暇过问；至于托洛茨基，则已经受了其他干部的排斥，忙于争论苏联本身的问题，到了中国革命的紧急关头，才出来干预中国的问题。我们说的苏联统治者是不包括列宁和托洛茨基在内的。

列宁曾经在一篇文章中说：如果外国革命起来而处境不利，我们也可以出兵去援助，那怕作出“民族牺牲”也在所不惜。托洛茨基后来干预中国问题时就反对中国共产党加入国民党，又主张早就应当组织苏维埃夺取政权。他们二人是不能担负中国一九二五年至一九二七年革命失败责任的，如同陈独秀一样的没有责任。

事情是明明白白的，我们陈独秀派，从六十八年前起就是反对共产国际这种错误做法的，并不需要七十多年前的档案来证明。

后人看了这些档案，要来重新评价陈独秀，评价一九二五年到一九二七年的革命历史，那就是接受我们坚持了六十八年的旧信念。

一九九七年六月十五日

彭述之（1895—1983），湖南邵阳人。1919年入北京大学学习，参加五四运动；1921年冬加入中国共产党，是中共莫斯科支部负责人之一；回国后主编《向导》和《新青年》；在中共四大、五大相继当选为中央委员，后因不同意中央的路线于1929年11月被开除出党，遂参加并组织托派活动，成为中国托派的重要成员之一；1932年10月被捕入狱，1937年8月获释；1948年，将托派组织中国共产主义同盟改为中国革命共产党并迁往香港。随后流亡越南与欧洲；1973年移居美国。1983年11月28日病逝。

陈独秀在莫斯科

彭述之

一九二二年十一月初，中国共产党代表团为参加第四次共产国际代表大会，抵达莫斯科，代表团仅有三个成员，是由陈独秀亲自率领的，另两名代表团团员是王荷波（WangHebo）和刘仁静。②在此之前，我从未见到过陈独秀。而陈独秀的命运都是与我们的命运息息相关的。现在可好了！我可以有不止一次的机会去看望他，向他表示崇敬之意，在此长长的两个月时间内，陈独秀就去苏维埃国家首都的城墙之间来回走动。

陈独秀抵达莫斯科时，已是“不惑”之年：四十岁出头了。他中等身材，前额宽广，留有小胡子，牙齿整齐洁净，体态文雅，待人随和，但警惕性极高，眼神炯炯，闪耀着智慧之光，这就是他的充沛生命力。他的仪表确是与众不同，显然是一位大知识分子型。有时，他

① 本文来源于《彭述之回忆录》，由周仁辛（骆星幸）先生从彭述之女儿程映湘和女婿卡达尔的法译本翻译而来。选编自唐宝林主编的《陈独秀研究动态》1999年1月印行的第15期和9月印行的第17期。

② 据刘仁静回忆，王荷波名叫王俊。

那悠然自得的神情几近乎风流倜傥。他是一位杰出的健谈者，在不拘形式的谈话中，顷刻间就能把对方征服。他不断地旁征博引，常常是妙语连珠，妙趣横生，确实引人入胜。他能把我们所有听他说话的人逗乐了，甚至是件小事也会逗得我们开怀大笑，直到笑出眼泪来，说他是一位地道的逗人欢乐的人，并不为过。然而，在我看来，如果是属于高层次的讲话，他的表现就差得多了，譬如在进行长时间的政治讨论中，他的发言就有点儿离开主题。而在公众场合发表演说时，常使他的友人失望，这就说明他不是一个高明的演说家。

王荷波是京津铁路线上的员工，年纪与陈独秀相差无几。宽广的肩膀，一脸严肃的表情，恰好是他生活上艰苦坎坷的特征，但他随时准备为革命而献身，是北方工人运动的重要革命干部。回到中国以后，他参加了铁路员工罢工运动，结束了一九二三年二七事变。一九二三年六月他当选为中国共产党第三届中央委员会委员。

刘仁静是中国社会主义青年团的活跃分子，那时还不到二十五岁。他身材矮小，脸上布满黑痣。与其说他像一个知识分子，倒不如说他更像煤炭商人，但是只要他对你一笑，就足够引起你对他的好感，五四运动时期，他还是北大学生，但已成为北京共产主义小组第一批成员之一。他能说一口流利的英语，也许正是这个理由，才选拔他陪同陈独秀和王荷波前往莫斯科。一九二三年夏末，他当选为中国社会主义青年团中央书记。

然而，在共产国际代表大会开会期间，陈独秀和王荷波不但需要刘仁静担任翻译工作，而且还需要瞿秋白充当翻译。当然，瞿秋白非常高兴而又幸运地抓住时机，在有威望、有影响的第一号中国共产党人的身边，充分地自我表现。他施展他的全身魅力，而且把各方面的工作都应付得很好，不久后，陈独秀断定他既是能深入研究马克思主义理论的杰出行家，也是深通俄语的人，因此，于一九二三年一月初，便把瞿秋白一起带回中国了。

当共产国际第四次代表大会的工作正在进行时，随后当他动身返回上海之前去莫斯科度过的八或十天内，我经常可以见到陈独秀。但由于他空闲时间不多，只可能同我们讨论实际问题，或是谈谈他在俄国逗留时的计划，或者谈谈从西欧回来的同志与回国工作的同志之间团结的重要性，他希望我能在这方面发挥作用，关于这个问题我以后还会谈到。在少有的几次谈话过程中，他仍能断断续续地谈到了一些我们共同感兴趣的问题。毫无疑义，他也对我谈到了共产国际第四次代表大会的事，不过谈的方式是有所保留的，也是含糊其词的，但我总能获得令人深感兴趣的印象。可以说，再也没有比这更令人兴奋的了。这有什么理由吗？我认为理由就在这里：列宁没有出席大会，令人特别感到惊异的是，只限于宣读他的开幕词，但代表大会在托洛茨基的鼓励下，为同人们所期望的那样，讨论了新经济政策，尤其是讨论了早已出现过的、欧洲国家共产党同社会民主党的关系问题，例如法国共产党的危机，势必作为头等重要的现实性问题被重新提出来。而一般说来，东方国家，特别是中国，在所有应予关心的问题中，却被置于无关紧要的位置上。甚至对陈独秀作为中国新知识分子的领袖、作为五四运动的领袖，作为中国马克思主义思潮的主要鼓舞者所代表的重大意义，也没有认识到。同时，对陈独秀的出席代表大会几乎没有引起注意。有关担任共产国际执行委员会委员问题，陈独秀认为不应该提出。但使陈独秀苦恼的并不是这个问题，而是共产国际这次比过去任何时候都更坚决地、要把同国民党建立合作阵线，强加给中国共产党。建立合作阵线是否有充分根据，事实上陈独秀还持怀疑态度。在此问题上，他并没有十分明确的概念，但他对我却谈得很多，为的希望我能作出何去何从的判断。那时我还没有事出意外的特别感觉，后来，人们告诉我，陈独秀在一开始时，认为同国民党建立合作阵线是不能接受的，但一九二二年八月在杭州时，他同意了只应当按照马林的命令去做，随后他只能更消极被动地保持这种态度，但当共产国际第四次代表大会召开时，他还力图把这个问题提出来讨论，这样，便遭到来自拉狄克方面的很不是滋味的、带有讽刺口味的反驳。

陈独秀越是对共产国际代表大会不愿多作评论，而当跟我谈到中国形势的前景时则越是滔滔不绝。在这一点上，证明陈独秀不愧为一位乐观主义者。毫无疑义，必是他心怀这个动机，所以实际上就没任何别的忧虑，他最大的忧虑就是如何促进中国共产主义的发展。在共产国际第四次代表大会开会之前，他曾经告诉我有关派到莫斯科参加培训的一些同志的消息，这些同志是在一九二二年夏天已经回到中国去了。他还对我谈到这几位同志的素质给他留下了何等深刻的印象。他特别谈到了刘少奇、彭黎何（PengLihe）、袁大时（YuanDashi）等同志，他们一经与工人运动相结合，便显示出既能胜任工作又能顽强斗争的可贵品质；他向我表明，我党目前所最需要的正是这种类型的革命战士。因此，最好的办法能使我们继续派遣最富有热情的年轻同志，到苏维埃国家的首都参加加速马克思主义队伍建设的培训班。他还及时地向我示意，一批来自法国的新同志，将陆续不断地来到我们中国。

但他考虑了一会之后问道：是否有可能把我们在西欧的同志，在他们申请回国之前，先送到莫斯科学习，因为他们已不能再在那里忍受下去了。陈独秀的这个意见，在我看来是具有重大意义的。一九二二年夏天，我们在共产主义东方大学培训的第一届同学，由于自愿返回中国，他们留下的二十多个空位，随时可以使用，这一点我是很清楚的。我几乎可以肯定，若能与东方大学行政管理部门的负责人布洛伊多（Broido）磋商进行安排，把那些空位重新分配给我们，并不是一件困难的事。经验证明，我的期望并没有落空。不久后，便得到苏联方面的“同意”，陈独秀立即写信给他的长子陈延年，他那时担任中国社会主义青年团法国支部书记，力促他跟他的同伴一起，在短期间内作好准备，离法国前来莫斯科。

当时，我们在西欧的同志共有五十人：法国三十人，比利时十人，他们中大多数是中国社会主义青年团团员；德国有十人，大多数是中国共产党员。

我们在法国和比利时的同志，开始时，几乎都加入了勤工俭学活动。在第一次世界大战结束之前，勤工俭学使两位中国无政府主义前辈李石曾和吴稚晖，有机会从事这种活动，目的是使更多的中国年轻知识分子前往法国学习，他们都要以劳动所得代价来支付一切费用。申请旅居法国参加勤工俭学的候选人登记局，已于一九一八年在北京、上海两地开始办公，登记局设法在开往欧洲船只上预订极少量的乘客铺位，一九一八年底，第一批招收进来的年轻人到达法国。到一九二〇年年底为止，招收进来的旅欧学生总数约计一千五百人。

勤工俭学运动之所以取得如此成功，只因为这运动适应了打开外面世界的需要。曾经推动五四运动的文艺复兴的非凡现象，几乎使我们所有学生的心灵深处都感受到了。实际上，中国青年知识分子中的绝大多数，都把他们的视线转向西方，特别是转向法国。在这批青年知识分子中，例如上海共产主义小组第一届外国语学校学生，包括我和我的同伴都转向苏维埃俄国，这样的人是极少数的。“旅居法国”曾经如此风靡一时，我们同胞中的一些人就被这股旋风卷进去了。但由于这样或那样的原因，不能去李石曾的登记局里注册的便不惜牺牲一切——家庭财富、职业、学习。最突出的例子是蔡和森，他母亲以及他的妹妹蔡畅，他们卖掉了在湖南家乡的所有房产土地，仅仅是为了一个目的——能登上驶往马赛的轮船。另一个例子是徐特立，他已年过四十，并担任长沙中学校长，但为了同样的目的，可以随时放弃中学校长的职位。还有一个例子是诗人王独清，为达到前往巴黎的目的，毅然中断了向往已久的去日本东京的学习。

然而，在中国青年知识分子中间，最有经验而又最能坚持下去的，差不多都是湖南人或四川人。他们从一九二〇年底开始，在双重影响下，飞快地转向共产主义：第一，他们是受到中国马克思主义思潮的影响，比如通过《新青年》杂志以及留在中国的同伴所寄来的文学作品；第二，受到法国共产主义思潮的影响，比如在图尔代表大会之后，他们读到了《人道报》。一九二一年初，有批中国青年，向数月前在上海创建的中国社会主义青年团发出请求，以较松散的形式去巴黎建立同样组织。其中有几个十分积极的活动分子，像蔡和森、李维汉、李立三等人，由于那次令人可憎的里昂事件的后果，终于在一九二一年秋天被逐出了巴黎。但他们当中没有参加里昂事件的陈延年、王若飞、赵世炎、周恩来、尹宽、任卓宜、李富春等人，于一九二二年决定创建名副其实的社会主义青年团法国支部。当然，上述这个支部设在巴黎。陈延年当选为书记，并以此身份，他付出了大部分时间，用来确保编辑和出版油印刊物《少年报》，这就是他们的临时机关报。刚才提到的这份《少年报》基本上是在中国学生中流传的，这些学生已经到达法国，而且恰好都在里昂、克勒索、蒙塔日、鲁昂以及哈佛尔等地工作……有的在巴黎行政区内工作。与此同时，为了跟居住在上述各城市的同志们保持联系，留学法国的中国社会主义者青年中，目光犀利、富有高度敏感性的赵世炎、王若飞、周恩来等人，从此一城市到另一城市频繁地来往。一九一九年或一九二〇年间，以勤工俭学名义来到法国的某些同胞，最终离开法国前往比利时，一些天主教教会学校已经同意，以享受助学金待遇的学生身份，欢迎他们到那里去学习。在这些学生当中，理所当然的也有意志坚强的人，他们很快便选择了共产主义道路：以聂荣臻为例，他是未来的元帅，中华人民共和国核武装力量的主要主持人；又如四川人刘伯坚，共产国际曾委派他到颇有争议的“基督将军”冯玉祥那里去，以顾问的身份为冯玉祥服务了好多年。

在他们当中最富有斗争性的，绝大多数都是共产党的同情者，他们力图通过中国驻法国大使馆，同在里昂的未来大学负责人进行洽谈，但他们得到的只是搪塞的答复。当时他们估计到，再也没有任何别的道路可供选择，只有大伙儿一起涌向里昂，试图不经过任何手续便在大学准备好的场所里定居下来。其中有些人住在巴黎、科隆或科尔贝瓦，另一些人原住在蒙塔日，再有一些人住在克勒索，总人数有一百多，一九二一年九月二十一日他们都在里昂集会，因此犯下了所谓有计划的“罪行”。

法国警察应里昂高等学院的请求，从一九二一年九月二十二日起，把他们从“非法”居住的地方驱逐出去，并把人们寄押在该城的一个古老营房里，三个星期内不得离开。一九二一年十月十三日，他们被带到了马赛，并于十月十四日法国政府粗暴地把他们押上一只条件十分恶劣的船只。

他们回国的航程持续了十四天，而且是在物质条件糟糕透顶的情况下结束这次航程的。一九二一年十一月底，终于抵达上海，这时他们虽都是抱病之躯，但仍耐不住心头怒火，一经登岸，便向报界投书，慷慨陈词，这就是铁证。

大体上说来，我们在德国的同志的年龄都比在法国的更大一些。他们分别依靠自己的办法来到德国的，学费也要自己负担。他们用不着靠劳动来维持生计。从物质生活上来说，如果马克贬值的速率越快，使他们享受到更大的兑换好处，他们在生活上的安排也就更舒服，一九二二年到一九二三年初，他们在柏林的费用每月仅需八元到十元，生活就很得体了。然而，我们德国同志形成的小组，阵营就不那么整齐了。人们可以看得清，形形色色的人物都有。张崧年是北京大学的知名教授，刘清扬是天津南开大学的前校友，五四运动的头面人物，也是张崧年的妻子。高语罕是芜湖中学的前校长，陈独秀的老朋友。朱德是从以前的小军阀转到共产主义方面来的，他同妻子何志华一起来到柏林。夏秀峰是我以前在宝庆五区中学的老同学。熊雄，以前是职业军官，后来团聚在我们思想周围。熊锐是一位出色的研究德语专家。李季，哲学家兼军人……不久后，又来了周恩来，他先在法国逗留两年后才定居柏林。

一九二二年年终，陈延年顺从他父亲在几个星期前发出的召唤，来到莫斯科，陪同他一起来的同志，从比利时来的两个，从法国来的六个，他们是赵世炎、王若飞、郑超麟、汪泽楷、萧子璋（萧三）、李何林，当然也还有他的弟弟陈乔年。他们这一行人，是今后两、三年中从西欧来到莫斯科的第一批中国青年共产党人。他们到达莫斯科后，大家假吕克斯（即豪华旅馆）组织了一次小小晚会，来庆祝这件喜事，陈独秀以及参加共产国际代表大会的中共代表团其他成员也都来到了旅馆。这次小小晚会，把在莫斯科的全体中国共产党员团聚在一起，大约有二十多人。晚会的气氛既是欢乐，又是激动。陈独秀主持了晚会，发表他自称是庄严隆重的演说，但演说并不遂人意，他两个儿子带着渴望而又叹息的神情听他们的父亲讲话。然而全场却一致鼓掌，总的说来，是沉浸在一片欢乐之中。此时，大家心里充满着的是同一希望，这希望也就是他曾经带给我们的。他，陈独秀几天以后即一九二三年一月初，又启程重返中国了。

陈修良（1907—1998），女，浙江宁波人；1926年加入中国共产主义青年团，次年转入中国共产党；1930年毕业于苏联莫斯科中国劳动者共产主义大学。曾任中共汉口市委宣传部秘书、江苏省委妇委书记，中共中央华中局机关报《新华报》总编辑，中共南京市委书记（这是中共历史上第一位被任命的女市委书记）。新中国成立后，曾历任中共上海市委组织部副部长、全国妇联华东区工作委员会副主任、全国妇联第二届执委、中共浙江省委宣传部代部长、上海社会科学院顾问。

陈独秀不过是一个替罪羊[①]

——“宁汉合流”前后在武汉的见闻

陈修良

中国第一次大革命为什么失败？现在一致的结论，当然是见诸于历史教科书上写的那样，是因为陈独秀右倾机会主义、投降主义造成的。我认为这个结论不全面，没有提到极“左”方面问题，更不用说，把责任推到陈独秀一个人身上更属不公正。真正导致中国大革命失败的，不是别人，正是以斯大林为首的共产国际——也即是苏联共产党中央的头头儿斯大林。陈独秀不过是一个替罪羊而已。我在一九二七年春夏之交在武汉汪精卫政府叛变前后的所见所闻，使我不能不产生这一看法。——自“五卅”运动以来，推动中国第一次大革命的主要口号有二个：“打倒帝国主义”和“打倒军阀”，这是动员群众革命的最重要的口号，作用

① 本文选自《陈修良文集》，陈修良著，上海社会科学院出版社1999年1月版。

极大。可是我在武汉当时看到的，却是另外的一种怪现象。一九二七年五月间，我到了汉口市委宣传部担任部长向警予的秘书，我获得各种机会见到当时党中央的许多领导人，如瞿秋白、张太雷、董必武……。更重要的是，还见到共产国际驻中国的代表们。当时武汉是所谓“革命中心”，汪精卫这个投机政客，被共产国际捧为革命小资产阶级的政治代表人物，而把蒋介石作为民族资产阶级的代表人物。一九二七年四月十二日，蒋介石举刀屠杀上海的工人群众、惨杀中共党员的反革命政变后，汪精卫的声望更高，几乎把武汉政府当做了最最革命的政权机关。其实这个政权依靠的还是军阀们的枪。张发奎、唐生智、冯玉祥等都是汪的依靠者。当时武汉曾召开过许多重大的会议，有国际的和全国性的会议，如中共的第五次党代大会、共青团的四次代表大会、全国总工会召开的职工代表大会等；还有令人注目的国际会议，其中有太平洋赤色职工国际代表会议等；共产国际的代表云集于武汉，其中有米夫（共产国际东方部部长）、鲍罗廷、罗易等，还有赤色职工国际主席罗佐夫斯基；王明是米夫的翻译，初次在武汉露出头角，这个人满口马列主义，实际上完全是一个教条主义者，后来对中国革命造成极大的祸害。

我因为奉警予同志之命，时常要去参加一些重要的会议，向她汇报会议的简况，所以对这些会议能有参加的机会（党的五大没有参加）。我首次听到了“走非资本主义道路”的口号，这是由国际代表提出的，这个口号同平日高呼的口号有重大的区别，“非资本主义道路”当然指的是“走社会主义道路”。这个口号的提出，实际上改变了中国革命的性质，要搞社会主义革命。在武汉政府的统治之下，提出这个口号后，中共中央是有行动的。我看到了各职工会号召工人反对店东，一度还曾提出要实行总罢工，提出增加工人工资的要求。这一来使得国民党方面人士十分惊慌，小业主们不敢营业，关门的人不少。本来武汉已经被下游的蒋介石政权实行经济封锁，物资十分匮乏，物价飞涨，纸币大跌，这一来更加不得了，人心大浮动，汪精卫开始想要反共，即使没有罗易泄密的事（即告诉了汪精卫，中共打算武装工农）发生，汪精卫也必将投降蒋介石实行反共。这种极“左”的口号在一九二七年春提出来，非常明显，是由于苏共和共产国际的影响，他们企图使中国马上实行社会主义革命，打倒资产阶级。由此可以认清共产国际对于半封建半殖民地的中国的革命性质，是何等模糊不清！他们强加于人的政治方向对中国革命多么有害！武汉政府的拥护者，如反蒋的大小军阀、小资产阶级分子、小地主、富农，包括一部分左派国民党员，都害怕无产阶级革命，同共产党离心离德；甚至于职工群众中，也有些人对共产党疑惧起来。五月间长沙许克祥发动“马日事变”，同月十七日湖北的夏斗寅叛变，都同党的极“左”政策有关。汪精卫的迅速转向蒋介石，七月十五日开始对共产党的大屠杀，决不是偶然的。我们自己犯错误，实际上是帮助敌人。有不少左派人士纷纷转向，共产党员登报申明退出共产党的不少，其中特别是原中国共青团中央总书记施复亮登报申明退党，震动极大。此人我很熟悉，他的动摇有一个重要原因，即不同意中央的极左路线，他觉得左右为难，不如退党。中央对于党员退党一事，并不分析，进行自我批评，改正错误，反而一味指责右倾机会主义的路线错误导致大革命失败，共产国际的代表们更加激烈地要求中共立即举行武装暴动，打倒资产阶级，说是小资产阶级也反对革命了，只有工农分子是革命的。这种论点显然不符合实际情况，他们根本没有想到中国民族资产阶级有两面性，蒋介石不能代表他们的利益；而广大的小资产阶级仍然是革命的同盟军，知识分子尤为积极。汪精卫叛变了革命，我听到第一声枪声打向总工会，工人死伤者很多，到处捕人，党的机关立即隐蔽起来。我就在这时调到湖北省委宣传部任教育科长，部长是郑超麟。省委书记张太雷立即召开省委扩大会议，他说明形势十分严重，省委转入地下，年轻党员、团员到莫斯科去学习，我就是在这个时候由组织决定去苏联留学的。武汉的情况使我明白，党的错误不但有右的，还有“左”的，一个根本问题是教条主义，抄袭十月革命的经验，认为中国的革命必须首先反对资产阶级，事实上是否定统一战线。国共合作的破裂，第三国际要负主要责任。

再看土地政策问题。根据中山先生的主张，“节制资本”和“二五减租”，似乎是国共合作的基本政策，要打倒资本主义的口号，显然同“节制资本”有原则性的区别。土地问题又是如何呢？我从湖南、湖北二省所看到的实际情况，农村中普遍地批斗地主，分地主土地，“二五减租”不过是口头上说说而已。有一次我到湖北省农民协会去开会，走过一间小屋子，从一个窗洞中窥见里面有许多人被关着，臭气熏天。我问农协的同志，这些人犯了什么法？回答是："都是地主，农民抓来的。"这种事当时司空见惯，可见土地政策，实际上已升级为没收土地，而且也并没有分清大、中、小地主的土地，是否一律没收。据警予同志讲，党的"五大"开会时对没收土地问题有争论，陈独秀说中小地主的土地不没收，因为许多北伐军军官多是中小地主家庭出身，怕他们要反对革命；而党内另一派则认为中小地主的土地都应没收。这大约是陈独秀的主张所以要被作为"右倾"的根据之一吧！至于如何没收，地主是不是都要批斗或关押，这在当时没有人会提出法律问题。不过这件事的政治影响极大，强调"革命不是请客吃饭……"，就是由于有反对者的意见而来。中国农民起义，一向是用武力夺取土地的，这并不奇怪；但根据历史规律看，当作一个政策来执行，显然与"二五减租"的政策有区别。国民党急于分裂，同我党的极"左"政策是有关系的。十月革命后俄国是用没收方法取得土地的，因此我们更觉得有章可循，理所当然。这种思想保持到中国解放后很长一个时期，还是没有根本改观，甚至于干部出身于地主家庭的，在"文化大革命"时期还要"补课"挨批斗。

还有妇女工作问题。当时在湖南湖北的妇女解放协会，十分活跃，妇女剪发放足很多，寡妇改嫁，夫妇离婚的也时有所闻，女同志自由恋爱之风很盛，生活很浪漫。国民党反共时攻击我党"共产共妻"，就是由此造谣生事的。一九二八年我在莫斯科留学时，周恩来同志有一次召集我们座谈，他说当时武汉有一些女同志太放浪，多喜欢嫁给北伐军的军官，武汉的酒楼天天客满，腐败之风已经开始……再加上其他一些因素，大革命不失败是不可能的。他这段话一直被我记住，深有感触。

至于右倾问题，我感到比较突出的问题在于：把国民党看作同共产党差不多的一种政党，身兼二个党籍的共产党员很多，这批同志后来在蒋、汪"清党"时被杀害的很多。党的思想是麻痹的，对自己的力量估计过高，其实不然，我们既无武装，也很少有真正的政治基础。国民党一旦反共，武汉的党组织立即被击垮，而且当时还不懂得什么叫做"秘密工作"，十分暴露的党员，照样留在武汉做地下工作。向警予同志原是公开的党员，她在“清党”后仍担任省委的书记，出入于街市，还到工人区域去串联，终于不久被捕牺牲。党在当时的幼稚，可见一斑，说来实在痛心！

汪原放简介见本书《陈独秀和上海亚东图书馆》。

仲翁狱中来信[①]

汪原放

一九三二年十月，陈仲翁又一次被捕了。翌年初夏，他寄来一个明信片，说病了。我到南京牢里去看望他。从此，仲翁时常有信给我，或买药，或买书，或谈店事，或谈我的续弦问题。

陈仲翁又被捕

民国二十一（一九三二）年十月十五日，仲翁又一次被捕入狱。

实在记不清了，这件案子大概还是见报才知道的；解往南京，报上也有报道的。

我的大叔说过一句："完了！这一回，仲翁的老命一定难保了！"

当时章行严（士钊）先生在上海设有律师事务所。记得有些消息，是我的大叔到他那里去打听来的，有时听说仲翁很危险，有时又听说不会有性命之忧。

仲翁这一次被捕，大家只着急，并不像过去几次，十分惊慌，十分害怕，天天要东逃西躲的。一来

① 本文节选自《亚东图书馆与陈独秀》第十一章《仲翁狱中来信一束》，汪原放著，学林出版社2006年2月第1版。本书原名《回忆亚东图书馆》，初版于1983年11月。"仲翁"即陈独秀，因其字仲甫，所以汪孟邹、汪原放叔侄都亲切地叫他"仲翁"。

一九二七年后，他在彭礼和家住过一些时，后来搬到哪里，我们根本不知道；二来我的大叔曾对他说明，一家人都害怕，因此他已经有好多年没有到过店里和我们家里了。

从前，陈独秀曾具名“只眼”在（每周评论）上发表过一篇《研究室与监狱》云：“世界文明发源地有二：一是科学研究室，一是监狱。我们青年总要立志出了研究室就入监狱，出了监狱就入研究室，这是人生最高尚优美的生活。从这两处发生的文明，才是真文明，才是有生命、有价值的文明。”

那是一九一九年发表的。后来北洋军阀政府曾经把他抓起来，坐过监牢。而今，又遭《危害民国紧急治罪法》之殃，被捕入狱，岂不可叹！

后来法院竟判他十五年监禁。[①]

我们听见，又很高兴，又很难过。为什么高兴？因为可以善终。为什么难过？十五年之久，不已经是一个七十左右的老人了吗？还能再做什么事业呢？

去南京看望

有一天，我接到仲翁在南京牢里寄给我的一个明信片，说他病了，要我去看看他。我立即把工作交给鉴初、啸青二兄，便到南京去了。我事先到章律师事务所去看章行严老伯，他给了几张名片，说：“你拿片子去就可以看到仲甫的。”

我到了南京住在南仓巷岳家，问了问，第一监狱在大石桥，出门不多远便到。门岗看了章律师的名片，立刻放我进去。有人带我到一处，进了门是一个小厅，有天井，天井里还有花台，但是没有花草。我看到了仲翁和彭述之，他们同住一处，有床，有桌，有长凳子。

---

① 1933年4月26日，江苏高等法院判处陈独秀有期徒刑13年，褫夺公权15年；后经上诉，一年后的1934年6月30日，江苏省最高法院作出终审判决，改判有期徒刑8年，并取消了剥夺公民政治权利15年的刑罚。

仲翁说起肠胃老病复发，法医看不好，不及黄钟先生摸得清楚。我知道他很想黄先生一诊，他才放心，于是说："我回去和黄先生一谈，他大概可以来看一看的。"仲翁随即写了一封信，交我带给章行严老伯。

我回上海，看到黄先生，他竟一口答应到南京一行，真令人感激。他只要章律师给他一封信（这是一种保障）。

我到章律师事务所，恰好章老伯出庭回来，下了汽车，立刻问我仲翁的情形。我说了。他看了仲翁的信，也不上楼，立刻在事务所的写字台上动手写信给黄先生。信如下：

> 应君先生左右：积年违教，时切驰想。近以陈独秀先生在京患病，非得先生为之诊治，不足以起沉疴，而坚病者之信。原放兄来言，从者慨然愿往，不胜佩仰。顷以俗冗未克趋教，一俟台驾返沪，定当耑诚奉谒。余不一一。手请台安。
>
> 弟 章士钊 顿首 七月十八日

这是一九三三年夏的事。记得这封信是挥汗写成的，他的一个老随从还用芭蕉扇替他打着扇。

好像是当夜，我便陪黄先生搭了沪宁线卧铺到南京的。因为怕耽搁别的病人的病，所以次日午后便要回上海。

黄先生在牢里替仲翁细细地看过，开了打针的药，又开了常服的药，又讲了一些饮食应该怎么注意小心的话，我们便出了监狱。随后便同回上海了。开的药在南京都买不到，结果都是由上海办好寄去或托人带去的。

黄先生对仲翁说，病不妨，要他放心；出监狱后，对我也说，仲翁是旧病、老病，不很严重。我放心了，立即发信到徽州告诉过我的大叔的。

仲翁和黄先生是老熟人了，他很佩服黄先生看病看得很好，医德又好，他曾介绍过不少的朋友到黄先生那里看过病。瞿秋白同志有肺病，也由黄先生看过不少次数。还有莫斯科中山大学的第一批留学生，也是三三两两、先先后后的，到黄先生那里检查，出了证明书，才出国去的。这是那时的上十年前的事了。

这次去看仲翁，他对亚东店事很关心，可是只能略略一谈。最后我说："我下次再来细说一个大概罢。"他很高兴。

从此，仲翁时常有信给我，我预备择要录一些在后面。这批信都是一九三三年到一九三五年三年中，独秀先生在南京第一监狱中写给我的。一九三六年以后，他有信只写给我大叔了，我那时已经不常在上海，时常来去于徽州故里了。信有几十封，有的是明信片，有的已经散失，有的年份已不可考。内容主要是请医生，买药治病；次之是买中、英、日文书籍；再之是问问亚东的情况；有的是对我续弦的事提出意见；也有的是其他事情。这里录的主要是有关亚东的事和买书的事，还有别的比较重要的事。

关于章律师的答辩

一九三三年八月一日仲翁给我的信（他的信称我"方泉兄"，这是他替我取的别名，他自己则署名"弟季丹"）说：

> 羽兄寄来《大美晚报》（汉文的）、（登载"上诉状"的），未曾收到，大概未由信封寄，被没收了，可否再觅一份寄来？（用信封寄，或托人带）……望与行严先生一商，是否可将其中"清共而后……罪胡为乎来哉"这一段删去？

"羽兄"，是高语罕先生，他号一羽。

记得有一天，我到南京狱里去看仲翁，他一见面气忿忿的，瞪着眼，对着我说道："唉！行严真糟！你回去，马上去告诉他，我再也不要他替我答辩了！你看罢！……"

他在书架上拿出一本《陈案书状汇录》来，翻到一页，说：

"你看！这成什么话！"

我当时一看，仲翁已经在"清共而后"那一段改掉了不少的字句了。我看后，说：

“这一本，我可以拿回去给章老伯一看罢？”

他说：“好的。”

我记得他是要把“反对派和南京国民政府，对于江西，成为‘犄角之势’”（非原文）的意思完全删去。这很明显，他无非不赞成说他和江西是对立的。

我希望行严先生将来可以找出那本《陈案书状汇录》来，那是我面交给他的。上面改的句子，都是仲翁的亲笔字（毛笔写的），熟人一见便会知道是仲翁的笔迹。《陈案书状汇录》是经我手付排付印的，记得是印一千册。

关于买书

仲翁来信中，托买书的事是很多的。

前述一九三三年八月一日来信末尾说：“莫尔干《古代社会》（南强出版吧？）望购一部寄来，能购一部英文的更好。倘英文购不着，望商之季子兄可否暂借我一读，如他此时不用。”

八月九日的来信说：

望到内山书店代购以下各书：

1. モルガン古代社会（上下卷）（如购得此书，前函所请购中英文本，均可作罢。）

2. レ—=γ组织论。

3. 卢森堡致考茨基书信。

4，伦理卜唯物史观。

5. ヌルもシごム方法论。

以上五书均日本改造社出版，其定价共计日金不过二元余，务望购齐，寄刘女士处。

“季子”，是李季。“刘女士”，是刘梦符女士。

同年九月十二日来信说：

所托购买各书已购得否？又有两种书：

一、何礼所著几本小册子，内容是主张共和政治，香港出版，以前上海广学会出售，书名已不记得，只要是何礼著的便得。

二、《中亚细亚游记》（书名大致如此，其详已记不清。）上海时务报馆出版。（不过十万字左右）

右二种书，均是三十年前的古骨（古董），但此古骨却有不朽的价值。望兄自己或乃刚兄亲到广学会（基督教的）和各石印书店详细搜寻，如能寻得，等于获得宝物，因此二种书均极有价值，恐均已缺版了。倘购得，亚东大可重印出版，可请多人作序（弟当然要作叙）大吹一下，这种书真值得一吹也。

所购买各书，大部均可交邮局寄刘女士，只很少部分须托赵带也。

又，日本出版的《史学杂志》《满洲历史、地理》《史林》，此三种刊物均已连续出数十册，中多名著（商务印书馆已选译数种出版了）。请函托日本书坊，尽所有的全部购来。我以为亚东亦可于其中选择几种出版，因其有永久价值，且多系二、三万字的小册子，费成本并不多，虽然销数不能很多很快，而却有永久性也。亚东如有意办此事，我可为寻可靠而价贱的日文译手，由我选编指导为之。此事如商之适之兄，彼必然赞成。

“赵”，是赵健，号畏天，是刘梦符女士的丈夫。从前是柏文蔚先生部下的军官，那时在慈幼协会工作。

同一天又有一信，末有“又白”：

北京大学《国学季刊》及清华《国学丛刊》，亚东曾代售否？能觅得若干册否？全部当不易得也。

罗振玉著《殷虚书契》前后编（珂罗版影印本），此书不知何处出售？哈同花园仓圣大学不知有售否？便中可问行严先生知道此书售处否。书价倘能在廿元左右，请为我购一部，特恐无此便宜耳。

一打听，罗振玉的《殷虚书契》每部要二百三十二元。仲翁十月二日信中说："罗书既如此之贵，当然不能买，即有钱亦不必买。如有二百三十二元，再加若干，可购一部《廿四史》了，何必买此。已设法托人借一部来看看，或者可以有望。"

经过黄钟先生诊治，仲翁服药、打针，经过一段时期，病才大好，他竟可以天天读不少时间的书，到后来，又竟能从事著作了。最后，他还开始学德文了。他原来懂日文、英文、法文。他还懂不懂别国文字，我不知道了。

十月五日一信托买英德、德英字典等。内容如下：

方泉兄：

前日由邮局寄上一函，已收到否？致行严信，望便中交去。

中美图书公司或他家，如有英德及德英小本字典（没有汉文的），望各买一册，有小本合印者更好。我以前曾见过此类小本字典，小小本子，纵约三英寸，横约二英寸弱，一册中，英德及德英各半，解释少而单字并不少，价钱不过一元左右，不知此时上海能觅得否？如觅不着，望询之行严先生，他如有，请他送我一本。

再者，日本有一种各国语独羽小丛书，每册定价不过一、二角，想必现在还有，或者比从前的更好些。兹开一单，请寄东京托购（其书纵横不过二三寸，不过一百页）：

1．《蒙古语独羽》。

2．《西藏语独羽》。

3．《缅甸语独羽》。

4．《暹罗语独羽》。

5.《朝鲜语独羽》。

6.《安南语独羽》。

7.《马来语独羽》。

8.《土耳其语独羽》。

或者先去内山一问，他那里有也未可知。……

此祝健康!

季丹手启

十月十日一信告我，已收到赵君带去的一批书，计有日文书十一本（内《第一ィソタナショナル史》只有第二部，要求补购第一部，并嘱如函购要注明“改造文库本”），《中国革命史》一本，《达尔文传》一本，《不如归》一本，《书信选辑》一本，《马克斯传》三本。

十月十一日又有一信，讲到：“前托你到中美图书公司购英文的《世界地理新字典》，有否？那里如有L.T.的What Next，望代购一本。”十三日又在信纸顶上加批说：“《中亚游记》（时务报馆出版）各石印局都没有吗？兄处如有《中国革命问题》第一、二集，望检出觅便带来，此时需用甚殷。最好托适之带来。”十五日添了几句“又启”：“亚东和有正书局，以同业名义购书，如有折扣，望代买《汉晋西陲木简汇编》（珂罗版印）一册，托便人带来。（书重，邮寄太贵，不合算。）倘无折扣，则勿购。”

仲翁十月十三日在十一日信上加的批还说到：“我以前最喜欢看小说，现在见了小说头便要痛，只有自然科学、外国文、中国文字音韵学等类枯燥无味的东西，反而可以消遣。”从他写信托买的书单子看，确实如此。

十一月十五日一信，要代购汉译的《反杜林》。

十一月十九日一明信片，则讲收到代购书籍的事，计有“日文《古代社会》上下二册及汉译《经济学批判》《工资、价格与利润》和石印书目”。接着指出:《经济学批判》等四种，他要的是英文本，汉译他已经有了；《工资、价格与利润》也买错了，他要的是李季译的、商务出版的《价值、价格及利润》。并嘱我下次购买，“将原名细心看明，以免错误。”

仲翁的信散失的实在很不少。以致一九三四年，到八月才有信。中间大概少掉了不少的信。只好拣在手的一一录下。

一九三四年九月二十二日一信，讲收到《独逸文法教程》一本，“极好，正合用。”信末又提出：“V.SanintMartin：Nouveau Dictionnaire de Geographie Universelle.《世界地理新字典》不知中美图书公司有此书否？如有英译文，那便更好。”

十月十日仲翁又有一信云：“近日上海印两种全史：一，开明《廿五史》，预约价四十元；一，书报合作社《廿六史》，预约价廿八元。后者比前者价钱少十二元，是否内容太差？倘二者内容不相上下，当然购书报合作社的《廿六史》；倘合作社的太投机、撒烂污，则应购开明之《廿五史》，虽稍昂贵亦无可如何也。”结果是代仲翁定了开明的《廿五史》。

十一月八日一信说《汉晋木简汇编》一大册已收到。又提出：“《玉函山房辑佚书》如有石印本，请代购一部寄来。务求派人到各石印书局一问，并求向各石印书局索一书目寄下。”

之后，还有一九三五年的几封信，关于买书，只是催问开明《廿五史》，并询及商务百衲本《廿四史》售价和是否影印等。此外讲到亚东营业情况等，下面再分别摘录。

关于亚东的出书和经营

对亚东的出书和经营，仲翁一直是关心的。前面提到过，一九三三年九月仲翁一信提议亚东重印何礼的小册子、《中亚细亚游记》，选择日本的几种刊物等，认为销数虽不能很多，却有永久性。

一九三三年八月九日一信有一节专讲译书的事：

> 《马可波罗游记》可请洪孟博或刘仁静（季子可寻着他）翻译。据我所知，他们二人英文均可靠。其中人名、地名部分很难译，此方面，弟可尽力考证。此书在近代东方史（特别是中国）极有价值。

《古代社会》，莫尔干的，亦有重译的必要（最好请季子译），此书和《资本论》及《人类由来》为近代三大名著之一，皆世界不朽名著也。

《马可波罗游记》后来由李季翻译，亚东出版了。一九三五年二月十一日仲翁信中还讲到："季子所译《马可波罗》倘不即时付印，能带给我校阅一下也好。"

一九三三年十月十三日仲翁讲到撰写自传的事（是补批在十一日信顶上的）。他说：

自传尚未动手写（或不名自传而名回忆录，你以为何如？或名自述。），如能写，拟不分为少年期等段落，因为我于幼年、少年的事，一点也记不得了，即记得，写出也无甚意义。我很懒于写东西，因为现在的生活，令我只能读书，不能写文章，特别不能写带文学性的文章，生活中太没有文学趣味了！……你可以告诉适之，他在他的《自述》中望我写自传，一时恐怕不能如他的希望。①

有时仲翁在信里对亚东的出书发表一通议论。一九三三年十月十一日的信说："我以为《今古奇观》、《诉状》（章行严先生拟编的）、《适四集》（《胡适文存》四集）都能销行，勿过虑！"一九三四年十二月七日的信说："亚东近出二书，书名及作者之名均不能号召读者，不知何以要印那样的书？②行翁（章士钊）《论衡》及李（季）译《马可波罗》都要行销些。"

那一段时间，亚东经济上相当困难。与仲翁书信往还中也曾屡屡涉及。一九三三年十一月十五日仲翁来信说："店中经济既如此困难，眼前救急，

① 亚东图书馆于1940年出版陈独秀的《实庵自传》。卷首有1938年3月7日《实庵自传刊者词》云："本集是《实庵自传》的初两章，然已可从而窥见作者少年的环境与其特有的奋斗精神。先为刊出不是无有意义的。现在独秀先生正在完成其自传的全部，并已允许续成各章归我们刊印单行本。"——原注。

② 所指是哪两本书不明。——原注。

除节省开支外，实无其他办法，令叔以前谨慎小心的办法，未必无理由，兄现在身当其冲，已领略其中滋味，我以前极力怂恿令叔把店交给你管，亦有必须使你早日获得经验之意。惟兄却不可以此自馁，应该加倍努力为之，谨慎为之，天下无不可战胜之困难也。惟节省开支，必须以身作则，始能见谅于同事及家人，此层望兄特别注意。”

一九三四年还有仲翁为亚东事给柏烈武先生的一封信，如下：

烈兄如面：

久未晤面，谅一切均好。原放顷来谈亚东旧历年关需款周转，希公为设法，定期归还，嘱弟为一言，特此，敬祝

健康！

贱恙已渐良好，知关注，特闻。

弟 仲 手启

十二月十八日

这是我录在小册子上的。我到南京后湖48号柏园去看柏文蔚先生，却不曾看见，只投了信，园中人说是柏先生到安徽去了，一时不回南京。

在经济困难中，亚东曾筹划招股增资。一九三五年二月十一日仲翁来信谈及此事说：“店股款事，谅必无望（我以为章、胡都无法），则只有自己努力，极力开源节流，以勉强支持此不景气时期。年关不知如何过去？好在全上海市面都不佳，即信用欠好，也不算什么特别稀奇，望勿以此愁坏身体！”几天之后，一九三五年二月十八日，仲翁又有一长信论及店事，还出了很具体的主意。摘录如下：

书店改组后，孟翁只任董事，推鉴初任经理，我甚以此见为然。如照此办法，兄可一面帮助店中进行改组后的出版新计划（此事十分必要），一面帮助行翁做点事，兄以为然否？

店事，兄之借款主张，全是幻想，切勿再作此打算。股份公司亦

不可能，不独招股不易，而且以书店历史关系，诸多窒碍难行也。唯一的办法，只有二三好友，集资合办。此制度中外都有。合资之人，当以行翁及黄（钟）先生为最相宜，章、胡（适之）如能合作，胡亦应加入；惟此事务必慎重，不可冒昧邀胡加入，是为至要！

新资五、六万元即足用（能多更好，恐不易得）。章、黄二人如肯出任董事（合之旧资代表孟翁共计三人），五六万元谅非绝对不可能，虽然不很容易。据我观察，此事非孟邹到沪，便无从谈起。我看章、黄二人都有此意见，所以速催孟翁出来为要。他虽然答应出来，兄还应继续函催，……孟翁未出来以前，兄应拟一详细的改组后整顿出版及发行计划。……惟此计划必须守秘密，宜力嘱章、黄勿轻示人。

这里，“孟翁”即我的大叔汪孟邹，当时在安徽家乡；“行翁”，即章行严（士钊）。

关于重印《独秀文存》和拟新写的书

《独秀文存》初版印行于一九二二年，到一九二七年第一次大革命失败后便不曾再印了。六年中一共印行了两万九千部。

一九三三年，我到南京看仲翁的时候，他谈起：“我欠亚东的钱实在不少了，心里很难过，你可以把《独秀文存》重印出来，让我快快拿版税把亚东的帐结清才好。”

不久后，《独秀文存》就重印出书了。这次重印，不敢在日报上登广告，但在我们的小本书目上却加了说明云：“此集所收为著者在民国十年（一九二一）以前发表于《新青年》杂志之作品，分论文、随感录、通信三卷。内容乃提倡文学革命，改进伦理观念，讨论宗教问题。读此可见著者十余年前之思想与主张。九版后有蔡孑民先生的序，说‘本书各文大抵取推翻旧习惯、创造新生命的态度；而文笔廉悍，足药拖沓含糊等病；即到今日，仍没有失掉青年模范文的资格。’洋装两册，两元七角。平装四册，两元一角。”

一九三三年我们先印了一千部试卖，销场不差；于是次年又印，一次又印了两千部，在三月间装成，等禁书的风浪过去再行发售，倒不曾出岔。这就是《独秀文存》的第九版和第十版。当时有的同仁说：“这部书，六年不印，真正可惜！”

关于欠亚东钱的事，也是仲翁来信中常提到的。一九三三年六月十六日信中说：“柏、章诸君曾有小款托尊处转收，不知全数若干？除以此扣还外，尚欠尊处若干？务请抄一细账赐知。无论如何深交，账目必须清楚。令叔对此往往胡里胡涂，望兄一矫正之。”一九三三年十月十一日收到亚东寄去的一纸账单后，又有一信问起：“另一账单，是《独秀文存》的账，写的商业方式，我是外行，不大看得懂，账上的是《独秀文存》的码价吧。15%是版费吧。我猜想这账上的主要意思是说《独秀文存》的版费，除前透支外，现尚存洋二百六十四元余，是这样吗？所谓透支，是在以前的版费账上，我多用过三十余元，是这样吗？《独秀文存》还可再印吗？《字义类例》，未卖出多少，还有多少呢？”

仲翁的小儿子哲民在上海读书，学费和零用由亚东按月给他。这类事也在信中时有提及，不一一赘述。

在狱中，仲翁曾撰写文稿，托章行翁售稿于书店。谈及此事的信，摘录几件于下。

一九三四年十月十日信：

> 文稿已动手，题为《道家概论》。此一种稍冗长，一时不易写完，拟先写一短文，题名《老子考略》，写好即寄由兄处转行翁，乞兄先告行翁，不知合用否？行翁收到拙稿，系售诸书局出版，或暂存行翁处以待价，请兄询明行翁示知！

一九三四年十一月三日信：

兹托静带上文稿一册，请交行翁，无论能用与否，尚望寄还。倘能用，俟全部写完誊清后再寄上转送行翁处。倘不能用，亦望示知，以便另写别稿。

弟拟在二、三年内着手写下列各书：

《古代的中国》、《现代中国》、《道家概论》、《孔子与儒家》、《耶稣与基督教》、《我的回忆录》。

关于朋友交往

仲翁来信中，有些是朋友之间转托的事或转交的信，其内容有的关于著译出版，有的反映友情冷暖，饶有兴味。略摘几件如下。

一九三三年十一月八日一信，仲翁只写了一句话："此信望与季子一阅。"是把胡适给他的一封信，转给李季一阅。胡适的信全文为：

仲兄：

手示敬悉。

《资本论》，此间已托社会调查所吴半农、千家驹两君合译，已脱稿的第一册有三分之二了。第一分册已在四月前付商务排印。此二人皆极可靠，皆能用英德两国本子对勘。其第二册中Rent的一部分也已译成。此间与社会调查所已订有契约，不便再约季子重译。季子译书能力，自然能胜任此书。但我听说中山文化馆有约季子译此书之说。如此则季子另译一本，已有着落。如不归商务发行，则两书并无冲突。如两本均归商务印行，则商务不能不因此间契约关系，继续接受此间吴、千二君之译本。

"国语稿本"，已于四月前亲交商务。顷晤云五先生，他说，稿本字太小，不便影印。排印则有许多困难。他已与馆中商如何排印之法。迟印之因在此。

此次过京，匆匆不能来省视吾兄，十分失望。两个月后南下，当来奉看。

敬祝

安好。

适之

廿二、十一、二

这是胡适一九三三年十一月二日给陈独秀的信，落款日期很明确。不多久后，仲翁给我一信，讲到同胡适绝交。这一段文字如下：

兄来函为老胡辩护，我深为惊异！你说他太忙，不错，他很忙，我知道他在此间即和一班达官贵人拜会吃酒，已经够忙了。弟前函及此函所说关于老胡之事，望勿告知他人，即令叔亦不必令知之，君子绝交不出恶声也。我和他仅仅友谊关系，其他一切不必谈，他现在既不以友谊态度待我，不过旧朋友当中又失了一个，如此而已。

这是一九三三年十一月十五日的信，上海十一月十七日收到的，邮戳很清楚。从内容看，涉及此事的信当不只这一封，可惜散失了。次年，适之兄还是到牢里去看过仲翁的。据适之兄说，他是同那时的教育部长段锡朋一道进监牢里去看仲翁的。仲翁最重感情，适之兄去看过他以后，他又不生气了。

一九三四年九月二十七日仲翁给我一信：

原放兄：

静回沪所托寄书，谅已达览。兹托静转上宣纸一条，请即送交行翁，请其大笔一挥，写好仍交兄觅便寄来。并请兄转告行翁，最好能写他的近作诗词，愈速愈好。拟择朋友中能书者四人，各书一幅，合为一小屏，朝夕瞻对，以释消愁，兹托行翁书即此四幅之一，望以此意告之行翁。

此祝健康

明宜 手启

九月廿七

“明宜”，是陈仲翁自署的另一别名。

此信交给行翁后，过了一些时，行翁已经写好。我问起时才知道他新做了诗，写成便拿去裱去了。这张屏条真裱得好，是绫裱的。

当时我把行翁所写的抄下了，今录于下：

夜郎流客意何如？犹记枫林入梦初。夙鄙诸生争蜀、洛，那禁文网落潘、吴。议从刻木威奚在？煎到同根泣亦徒。留取心魂依苦县，眼中台鹿会相呼。

三十年前楚两生，君时扪虱我谈兵。伯先京口长轰酒，子谷香山苦嗜饧。昌寿里过梅福里，力山声杂博泉声。红蕖聚散原如此，野马风櫺目尽迎。（佛罗伊德画一囚室，其人目送窗櫺间，日光一线，生平梦想事件均浮动于中。）

独秀兄近自江宁函索拙书，因便为长句写寄。世乱日亟，衣冠涂炭，如独秀幽居著书，似犹得所。奉怀君子，不尽于言。

士钊 甲戌初冬

甲戌是民国二十三年（一九三四）。

标点是我现在随写随加的，也许有误。原来是并没有标点的。

郑超麟简介见本书《陈独秀与鲍罗廷》。

阴差阳错[①]

郑超麟

近年出版的《蔡元培全集》中有几封信提到我的姓名，我自己未看到《全集》，但友人将这几封信抄来寄给我看了。奇怪，我不是北大学生，何以姓名能入《蔡元培全集》呢？兹将这几封信抄录于下：

（一）陈独秀致蔡元培信：

孑民先生函文：

在报上见先生病后已复康宁，至为喜慰！兹特恳者，前承盛意，致函军政部请释放中央陆军监狱郑超麟一事，至今延宕未行。顷据人云，此事非有先生亲笔信，恐难生效。不审先生已完全康复，能为郑先生作一短函否？闻该监狱近来保释之人颇多。酷暑中续求，惶恐无似。专此，敬祝

道安

独秀手叩　七月二十四日

（二）蔡元培致何应钦信：

① 本文观点系一家之言，请参考阅读。选编自《陈独秀研究动态》第8辑，唐宝林主编，1996年7月印行。

敬之仁兄勋鉴：

敬启者：前函关于保释现押中央监狱政治犯郑超麟事，谅达台览。兹悉该犯郑超麟胃病日愈加深，惟恐久系狱中，危及生命，殊非国家爱护人才之道。用特再函请从速准予保释，俾得保全生命，实为德便。

顺颂 勋祺

（三）何应钦致蔡元培信：

孑民院长勋鉴：

敬复者：大翰祇悉。查郑超麟因犯危害民国罪，原判有期徒刑十五年，经大赦，减处有期徒刑十年。兹既在监患胃病甚剧，已饬由军法司饬中央军人监狱长，通知本人觅保出监就医矣。专此奉复，并颂

勋祉

弟何应钦 谨启 八月二十五日

（四）蔡元培致杨虎信：

啸天先生处长大鉴：

径启者：查有郑超麟、贺贤深二人，于民国二十年五月二十日在上海被捕，由尊处判决郑十五年、贺十年之徒刑，经大赦减轻后，刑期尚未满，现在中央陆军监狱拘押。二人在狱日久，不无悔悟，现均患疾病，日见沉重，拟请由弟作保，准其出外就医，俾得相当调理，早日就痊。特为函达于左右，还希察裁允许，不胜感荷！

蔡元培敬启 二月二十八日

以上四封信都是从蔡元培留下的个人档案中发现的。且都编入《蔡元培全集》中出版。

可注意的是，这四封信中都未记年份，三封有月份和日期，蔡元培致何

应钦的一封则连月份日期及署名也没有，因此，后人难得说明和安排。

陈独秀致蔡元培的信，亦见于一九八七年出版的《陈独秀书信选》，则将此信编入“一九三一年”内，编者以为我一九三一年五月被捕，那么陈独秀这年七月写信请求蔡先生去营救我是合情合理的，殊不知那时陈独秀同国民党要人（蔡先生在内）毫无往来，绝不会写信请他们营救，何况信内所说与当时事实不符。例如，一九三一年七月我尚关押在龙华警备司令部看守所等候判决，何来什么“中央陆军监狱”？“前承盛意；致函军政部”又何所指?

《蔡元培全集》则将此信编入一九三二年，编者大概认为这年七月，陈独秀尚未被捕，才能写信给蔡先生，以后各年七月直至出狱以前，陈独秀便无此可能了。殊不知事实恰好相反，陈独秀被捕后关在狱中才敢写信给蔡元培的。

那么究竟陈独秀这封信以及蔡元培二封信和何应钦的一封信是哪一年写的呢？后世聪明的历史家是能考证出来的。可是，当事人，我今天还活着，对于这个问题看得清清楚楚，而且可以把他所知的轶事说出来，帮助现在和未来的历史家解决这个问题。

先从陈独秀信中说的“前承盛意，致函军政部请释放陆军监狱郑超麟一事”谈起，这是表明，现存的陈独秀信是陈独秀在国民党监狱中写给蔡先生的第二信，不是第一信，他的第一信已遗失了。

蔡元培致信何应钦营救我，我并非从家属知道的，陈独秀似乎未曾向我的爱人提起他曾写信给蔡先生，我是从监狱内部知道了蔡先生曾写信给何应钦。

沈炳铨，中央军人监狱的教诲所所长，受我的朋友富阳华林的委托，照顾我在狱中的生活（我在《记沈炳铨》一文详述此事，刊于河北省政协的《文史精华》1995年第三期）。他有朋友在军政部军法司做事，他听这朋友说，蔡元培写了一信给何应钦，要求释放我，何应钦在蔡元培信后面批了字：“此老爱管闲事，相应不理可也。”但何应钦仍把蔡信连同批语发给军法司了，沈炳铨从军法司的朋友知道此事，便转告了我，我于是知道并至今记得这个批语。蔡先生写信营救我，完全出我意外，我同他毫无关系，他怎么会写此信呢？毫无疑问，这是陈独秀求他写的，事情既然不成功，也就不必去追究了。

出狱后，一九四〇年回到上海，同汪原放密切来往，才知道这件事情的详细经过。汪原放告诉我：陈独秀写了致蔡先生信，连同代蔡先生拟好的致何应钦信，就是他汪原放送交蔡元培的。蔡元培很客气地招待了汪原放，把房门关起来，小声问汪：“陈先生的健康和生活。”知道没有什么大病，就表示放心了，对于陈独秀所求的事情，蔡先生一句话不说，立即在我拟的信上签上名字。

为什么要代蔡元培拟好信呢？汪原放说：蔡元培是有名的“好好先生”，有求必应，但求他写信，必须代他拟好信，交他签名。

我们从现存的陈独秀信（第二封）也可以看出这种情况。信中说：“顷据人云，此事非有先生亲笔信，恐难生效。”可见当时的人知道：蔡元培的亲笔信和仅仅签名信，效力是不相同的。不过，这件事情上，第一封致何应钦的信即使是蔡先生亲笔写的，也不会发生效力。

当时，中央军人监狱的政治犯由国民党元老具名保释的颇不少。沈炳铨认为，我也能走这一条道路。他和我都把希望寄托于于右任。我同于胡子虽也没有见过面，但他是上海大学的挂名校长，我是上海大学的教授，毕竟有这么一层职务上的关系。更重要的，是我的朋友李仲三也是于胡子的老朋友，他介绍我的爱人去找于胡子，求他设法保释我，于胡子满口答应，并送了五十元给我爱人零用。每次都很客气接待我的爱人，而且说：我出狱之后他还要设法弄一笔经费送我们夫妇去外国留学。去不去外国，另作考虑，但于胡子的态度是诚恳的。

所以，一九三七年八月二十九日早晨，贺贤深已经出去九天了，沈炳铨到我的囚室来告诉我：“蔡元培写信给何应钦保释你，何应钦已经批准，但不需要保释手续，你今天就可以出去。”沈炳铨说的是“蔡元培”，但我以为他说错了，应当是“于右任”，既然不需要保释，我也就不去弄清楚保释的问题了。

我起初以为沈炳铨将“于右任”说错为“蔡元培”，久而久之就简直记得那日沈炳铨说的正是于右任，一直到近年看到朋友抄给我看的那四封编入《蔡元培全集》的信才恍然大悟，才记起了沈炳铨那日告诉我的正是“蔡元培”。我这个阴差阳错并不减于《陈独秀书信选》和《蔡元培全集》的编者认定那几封信年份的阴差阳错，我决无权利讥笑他们!

如此，本文开首抄录的前三信年份就可以确定了，这三封信，即陈独秀致蔡元培信，蔡元培致何应钦信，何应钦致蔡元培信，都是一九三七年写的，即都是卢沟桥事变之后写的。至于蔡元培致杨虎信，则是另一年写的。总之，由此信我们可以推知陈独秀致蔡元培第二信的月份和日期，即也是“二月二十八日”，但决非一九三七年二月二十八日，而是一九三六年或一九三五年二月二十八日。第一信的内容也可以推知，即不是保释我一个人而是保释我和贺贤深二个人，随同第一信呈交蔡元培签名的信，既有致何应钦信，又有致杨虎信，这二封代拟的信正是陈独秀自己代拟的，从致杨虎信中将“中央军人监狱”误写为“中央陆军监狱”可以证明。

陈独秀关心贺贤深，并不减于关心我。有一年。他派赵畏天夫人刘梦符带了一位医生来中央军人监狱给贺贤深看病，顺便给我看病，我当时并没有病，原名何资深的贺贤深则有从济南法院看守所带来的肠胃病，时有发作。

那么为什么大家都说陈独秀请求蔡元培写信保释郑超磷，而不说保释郑、贺二人呢？连送信给蔡先生的汪原放也是这般说？这问题很简单：郑超麟的“知名度”高于贺贤深而已。那么陈独秀的第二信为什么不要求保释二人呢？那也是很简单：一九三七年七月间，贺贤深刑期快满了，不需要保释，他判十年徒刑，洛阳国难会议减刑三分之一以后，只有六年八个月了，不久即刑满。他本人也接到家中汇来的几百元作为出狱后的生活费了。

最后一个问题：为什么这封致杨虎信，没有送给杨虎，而保存在蔡先生的档案中？这个问题，我不能解答；汪原放已死，也无法询问。蔡先生是签了字的，可能他最后认为有致何应钦的信就够了，不需要再写信给杨虎，至于蔡元培致何应钦信既无日期，也未署名，则仍保存在蔡先生的档案中，只能猜想那是蔡先生写信的底稿。何资深为什么会错成贺贤深呢？这也是阴差阳错。因告密者一直以为他姓贺，军法处的书记官又误资为贤，这个差误救了何资深一条命。因为他是从济南越狱逃出来的，要是把这两宗案子联系起来，他就没命了。

一九九六年一月十四日

邓叔存（1892—1973），字以蛰，安徽怀宁人，美学家、美术史家和艺术理论家，中国现代美学的奠基人之一，与宗白华并称“南宗北邓”。清代大书法家和篆刻家邓石如五世孙，“两弹元勋”邓稼先的父亲。1907年到日本学习日语，以文学博士毕业于早稻田大学。在日本，他和二哥邓仲纯与陈独秀及苏曼殊四人在东京同住一个宿屋，从此结下深厚友谊。1911年回国后，从事文化教育。1917年赴美，入纽约哥伦比亚大学学习哲学。1923年回国，先后在清华大学、北京大学、燕京大学、厦门大学任教授。

癸酉行笥杂记[①]

邓叔存

稍顷，书贻[②]驾车来同往高等法院的看守所，探视陈独秀。这是我在这次旅行开头时就预期的了。

汽车行于长街狭巷之间，转弯抹角，殊觉十分勉强，岂看守所一类地方必处于陈旧污下之区，窄巷萦回始能达耶？于是乃悟南京新筑大道专为阔人乘汽车而设，斯言殊亦不诬；雨又越下越大，行人持伞避我们的汽车，几乎无地自容。这些都不在话下，假使我们不乘汽车而往，说者谓管看守所的也许挡驾；假使车中间坐的不是一位阔人（书贻能恕我用此两字吧！）也许压根儿不得其门而人。

我们到门口下车，书贻导我直入，叫我拿出一张有衔头的名片——说真话，我在北平第一次印一百张有衔头的名片，意思就是为这次用的。片子送进，雨真下得

① 本文刊载于1933年11月15日天津《大公报》。时在清华大学任教的邓以蛰先生利用1933年夏天休假赴欧洲考察之际，从北平来南京探望20年未晤、身陷牢房的陈独秀，久别重逢，国事阽危，人生艰辛，感慨万千，写下此文。

② 即段锡朋，五四运动时任北大学生会和全国学联主席，对陈独秀极为崇敬。1927年蒋介石反共时，段是AB团首领之一，后曾任国民党政府教育部长，对狱中及晚年陈独秀多有照顾。

灵巧，行院中几至湿透；却竟有侍者持伞照我们以导入，这时第一次进看守所看犯人的我，真是不胜受宠若惊之至！心里想，“最难风雨故人来”！我同独秀分别以来，几乎二十年了。在这二十年中，他是轰轰烈烈的尽力于社会的改造，我则是平平淡淡的过我的学生生活，各各行径的不同，大有天涯海角、北辙南辕之势，不易碰头的。不必提，我背着他遇有非难他的人，虽至友也必争到耳红面赤为止，仅管在那特殊的当儿，他的思想，他的政治主张，我是丝毫不懂，对政治我虽也有毛毛的主见，但说不上能从转变无常，交错繁复的经济方面（学哲学的往往有忽视这方面的偏见，我也不免）着想的。故独秀的主张，说实话，我压根儿就没有理会过；那我为他辩护的，终不过为他的人格罢了。这种神交值不得什么，何况于大刀阔斧、捭阖动劳的独秀，哪有闲情想到过去！在这瞬刻间，雨下得这样大，看守所的墙高似通于天，门禁的森严不啻虎牢的铁闸，老英雄，老英雄了的独秀，在这忽尔报道来看他的人，是他的少年时好友钝生（我于二十岁后，与仲甫改用独秀的同时常用此名，他与我通信时，最爱用之。我是小他十二岁的）。其人，将如何将这二十年间各不相同的经验山崩浪倒的排挞开，而归到高墙笼住的，雨点丝丝的灵犀一点的旧情？陈仲、苏子谷、邓初（我的二哥）、邓以蛰，四人多年在日本东京同住一下宿屋（飧宿同供的次等旅舍）。陈仲沉酣于他的拜伦（Byron）与雪莱（Shelley）的全集；和尚终日无衣衫出门，吃着睡着，哼他的以龚定庵为蓝本的七言绝句（他当时所出的《文学因缘》、《潮音》中翻译诸作，凡是五七言古体，不是章太炎修改的，便是仲甫所作，和尚只会绝句）。我弟兄两人凑兴的事也不少。若独秀仿效（希望仲甫见到勿生气）或尝试拜伦式的浪漫生活，到得他本性太强，仿效不易，格格不久的时候，他老是愤慨多怒，首当其冲的人固是别人别性，但形诸文字的是封封给我们两兄弟的信。这些信倘能流传人间（倘若我家山房一切无恙，这些信必定还在人间，但不敢保）。潘彼得了、保加侨了（Boccacio）、猛忝动了（Montaigne），都没有那些文字的痛快淋漓。他直是南宋的陈同甫再世（据我所知，他早年最服膺陈同甫、叶水心），极痛快爽直：于人，凡为睟面盎背（龙川语）的道学先生，攻击无馀；于事，凡为两售之地的妄庸（龙川语）之徒，极其鄙视；这是他的根本人格。至于他的主张，时而拜伦的浪漫主义，时而卢骚的自由主义，时而伊蒲生的个人主义，时而马克思社会阶级主义，都不过是他的年岁上的花蕾，时开时谢，而他的性格特强，蕾珠过紧，开时特作怒放之势而已。

也罢，我们终于在他的住房外，雨已淋不到的一条窄廊子的尽头相迎。他的须发大半白了，面色又瘦又黑，见了我悠然不表示一点惊异，异常安详，仍然一口安庆城里的口音，握握我的手说道："你也老了啊。"好像是回答我的话似的。

我的话真是无再说出的必要，然而，一种问候病人的态度低声说出："仲甫哥！你为何老到这样？瘦到这样？报纸上说你的胃病利害，到底现在怎样？好了些么？"

他回道："我没有胃病，是大小肠子的毛病，老是小肚子的左边痛。"（后来一涵告诉我，鸣岐前次过京看他的时候，细细替他检查一遍，断定他是大小肠交接处的毛病）。

我又问他："还有这种病么？饮食如何？"

他仍然旧日满不在乎的神情回道："从前所疑的肺病了，心脏病了，概无根据；此地饮食也还可以，自己要弄东西吃也很自由，只是我没有这种兴致就是了。"

我说："叔雅曾嘱他的学生的太太每日送菜进来，不是么？"

他说："那有这回事，他的话多不可信。"

我们走进他的住室内，这间屋子纯粹安庆小客栈式，地板比门外廊檐下的砖面还要低，走起来弹性力极富，全屋都得震动；肮脏的洋式窗子安得特别，一面永远粘手的黄色的方桌子摆在下面，沉到老底下，得到光线的一边还没有一本书的宽处；一间四四方方的房子，左面靠墙摆着一张不挂帐子的木架床，床面前又摆着一张老旧老旧的藤椅子；一见就晓得这是属于独秀用的部分。对着窗子的一面，靠墙又支着一个木板铺，上面的被条来得比床上的就要脏得多，这当然是彭述之睡的了。与床相对的一面墙，满满的几架书，线装的洋装的都有，摆得都整齐极了。原来独秀的脾气，干净虽不见得；但极爱整饬，书架几案无不是一尘不染，目前的情形虽然不容他尽情尽性，倒是那利落劲儿还够有的。

我们进了后，他让书贻坐到藤椅子上，彭述之坐在书架面前一条窄凳子上，我与独秀对面坐在方桌上，他开始与书贻谈些对于我不接头的话，又谈到商务承印《四库全书》的消息、中日问题。回头，他问问我北平的情形；敬重的赘了一句："清华为何还不预备搬呢？"我说："清华还在建筑房子呢。"他复叹声道："那又何苦呢！"我们的交谈，像似太重情谊，所以很琐碎而无精彩；我并觉有些话，我极不当说。如他问我："仲纯（我的二哥）在青岛一切还好么？"我说："他因为孩子殇得太多，最近最后一个男孩又死去了，非常懊丧！"他说："在这种时代，那不是好极了？何必懊丧！"缘独秀的两个儿子延年、乔年，都绝顶聪明，非常可爱，他俩在家与母亲同住时，颇不赞成他们父亲的主张，后来他俩到巴黎留学，及独秀奔走党事，他们也舍了学业，回国帮助他们的父亲，两人都前后因此丧命；听说他的女儿得到他的二哥乔年被杀的消息，立时昏倒而死去；这三兄妹的母亲——独秀的妻也是命送在这些消息上。有所为而捐躯，正是气门节烈，再光荣没有的了。不过，也是人生极大的悲剧，我深不应该在这种情形之下，提醒他这个！

他谈话的神情一如往昔；背，被他的看东西望里钉的极锐利的目光带着向前稍勾一点，谈话时眼睛爱向上看，忽尔闭，忽尔睁的。他的一副眼睛，最能代表他的为人：钉则表示他重看事实，仰则是不断的向他的理想。一睁一闭显着他遇事有决心。他的口才流利，幼年与人谈话往往终日不倦，戏谑杂出，一言不相投便嚷骂随之；朋友们爱他憎他都在这一点。因为他谈话痛快流利，不假做作，所以他虽从十几岁离家乡，到今天五十余岁还是一口土音。曾涤说我们怀宁人俗而傲，他却是傲极了；说句老实话，他也不能免俗。怕是普遍的公例：凡是细大不捐的好事的人——就是事无不可对人言的范希文，以天下为己任的司马涑水[①]，恐怕——都有点俗味儿。因为俗是对雅

① 范希文即北宋政治家、文学家范仲淹，司马涑水即北宋政治家、史学家和文学家司马光。此处作者所举人和事似乎正好相反。

而言的，雅以文胜，今若一切凭他的质地而行，由所谓雅的眼光看起来，岂有不俗的。独秀是个质胜文的人，尽管他是一个当代文章魁首（他的死友，我的姊丈葛温仲的话）！他如今穿着一件灰色的哔叽呢的夹袍，旧得只剩沿边一带还保持本来的较深的颜色，其余的部分都褪得成皮蛋壳的颜色了；又瘦得满面菜色，八字须儿；当他伴我们闲步到廊檐下时，还有点摇摇摆摆；这些都越发显出怀宁人的驾步，于他是生来的。

我们四人伫立在檐下多时，雨已止了，好像不忍遭然分手似的，还说了许多笑话。最可笑的，是他告诉我们往日他的大哥带到南京下考场的经验。一下三场，一场三天，一共九天。他那时不过十几岁光景，到着第二场，哭着不愿进场，他的大哥又骂他又哄他一定要他进去。他进是进去了，而口着（他的土话）不做文章，慢慢找着一些年老发白的考生，一丝不挂的由那内容只有轿子大小的考棚中钻出来，手持着文稿，摇头摆脑的高声朗诵他们的佳构，一身肉体凡是顶着悬着的大大小小全都摆动起来，他寻着当把戏看着出神，叫他的大哥莫奈他何！我们听完这个笑话，只得当是《离骚》的“乱曰”，Symphony的Cado，不得不散了！

归途，我在车中又想到，他曾酷爱书画，他到过我的山庄，将我家的收藏一一评定，为之编目，其中较好的如弘光时成回和尚山水小幅，渐江山水幅等等，他称之不去口，上面的题跋，他多能背诵（曼殊画中成回的题句，就是他诵与和尚的）。记得他为了一幅萧尺木的山水得不到手，竟同朋友翻脸！如今我也酷爱字画，好为赏识，我自问在东京同住的时候，受他的影响不少。

第四辑 追忆

濮清泉（1905—1997），又名濮德治、濮一凡，笔名西流，安徽怀宁人。系陈独秀表弟，其祖辈濮闳中在清乾隆四十六年（1781年）被皇帝钦赐为孝子，濮家大屋门前的街道命为“孝子坊街”。1923年12月陈独秀派柯庆施到安庆，以《建设日报》编辑身份开展建党工作，选择万安局一号的濮家老屋秘密召开建党会议，濮德治因此成为中共安庆支部最早发展的十名党员之一。1925年，他被党中央派往日本早稻田大学学习，并负责组建中共东京支部，任支部宣传与组织委员。1927年，被派往莫斯科东方大学学习，并任军政第七班支部书记。其间与在莫斯科中山大学学习的张新颖结为伉俪。大革命失败后，受苏联肃托运动牵连被遣送回国。1930年春，与罗汉、刘仁静、宋逢春、王文元等在上海组织“十月社”。1931年5月，在托派统一大会上当选中央委员。5月22日，因叛徒马玉夫告密被捕，判刑二年半，关押于苏州监狱。1932年春，保外就医，在上海招商局任月刊编辑。因陈独秀再入托派任候补常委，10月再次被捕，判刑5年，与陈独秀一起入南京老虎桥监狱。1937年8月陈独秀获释之后，他亦出狱回到故乡安庆。随后，应陈独秀之邀赴武汉。不久，即发生王明、康生诬蔑陈独秀“汉奸”的莫须有事件。因反对陈在国民党反动报纸《扫荡报》上发表文章，不辞而别去了云南，先后在楚雄、临安、大理等中学教书。陈避难江津后，以西流笔名与陈书信往来密切。在解放后的肃反托派运动中，再次入狱。1973年经周恩来关怀释放，调云南省文史研究馆任馆员。“文化大革命”后当选为云南省政协委员，改名濮清泉。1997年病逝。

我所知道的陈独秀①

濮清泉

① 本文原载《文史资料选辑》第71辑，中华书局1980年10月版。作者1979年在写作本文时因受当时政治因素和对陈独秀评价的错误观念等影响，有些评述不很准确，个别议论亦欠恰当，文中有明显史实错误的地方编者作了简要注释，敬请读者注意。

陈独秀（一八七九——一九四二），字仲甫，号实庵，安徽省怀宁县绿水乡人。他少年时代相当调皮，他的祖父管教很严。因为他有点鬼聪敏，背书背得快，老人就以当地独秀峰为他命名。他祖父常和乡人说，这孩子将来不成龙就要成蛇。当然祖父是希望他成龙的，决不想他成蛇，以独秀二字为他命名，可知对他期望之殷。他祖父脾气古怪，客人到他家来要蹑手蹑足走过他的书房或卧室，他一听到脚步声，就大骂来人，陈独秀爱闹，是吃过他祖父苦头的。有一次，他母亲请瞎子算命，他故意在外面大叫“失火了！失火了！”，算命人说我算到失火，我闻到烟气了。于是陈独秀就大笑起来，说算命先生一点不灵。他母亲气得要打他，他跑了。他祖父知道了，他挨了一顿打。他父亲死得早，母亲操持家务，乡人都称道他母亲贤慧。她娘家姓查，和我母亲是堂姊妹，他母亲比我母亲大二十余岁，故名是一辈，从年龄上说是两辈人。陈独秀和我名义上是老表，而他大我二十六岁，外婆家教我以长辈看待他，事实上我的确把他尊为长辈，五四运动时期，我几乎把他看做“神圣”，看做“哲人”，当时全国青年也是如此。

他很早就进学，即考取了秀才，接着就到南京去应江南乡试。所谓江南乡试，就是江苏、安徽两省的秀才要考举人，必须到南京去考试，所以那时江苏、安徽两省的举人常以此自豪。他们认为别省是一省一考，而他们是两省一考，考取的举人比别省要优越得多。陈独秀在他的《实庵自传》第一章中就写了江南乡试的情况，那里面把科举制度的丑恶和当时知识分子的丑态，描写得淋漓尽致，他考取了举人，陈家曾为之庆贺一番。安徽话叫做“开贺”。①

清末废除了科举制度，陈独秀未能到北京会试，因之也就没有取得进士和翰林的称号。他去到日本留学，是在辛亥革命以前。据他自己说，他曾一度加入孙中山的同盟会，写过一些文章，鼓吹革命。②在日本留学期间，他交往最熟的是章士钊、苏曼殊二人，他们三人住在一个贷家里（即几人合租一屋居住）。他说一人一个性格，他自己专攻西方民主学说，酷爱西方文学，尤其是浪漫派的作品，他对雨果的《悲惨世界》佩服得五体投地。他说他对欧洲文学名著都涉猎了一下，没有一篇能与《悲惨世界》匹比的。同时

① 此处有误，陈独秀《实庵自传》第二章中记叙了自己参加江南乡试的情况，但未考中举人。

② 此处有误，陈独秀未加入同盟会，1901年10月在日本留学期间他参加中国留学生组织的“励志会”，但很快就退出。

他自认对“小学”（即音韵训诂）、《说文》考据最感兴趣，终其生都研究不辍。他说苏曼殊是个风流和尚，人极聪颖，诗、文、书、画都造上乘，是大有情人，是大无情人，有情说他也谈恋爱，无情说他当和尚。他说苏曼殊作画，教人看了如咫尺千里，令人神往，不像庸俗画匠之浪费笔墨，其吟咏则专擅绝句，发人幽思，字里行间别有洞天。他说苏曼殊爱谈精神恋爱，如《断鸿零雁记》即其自况，但又爱吃猪油年糕，实属假和尚。苏曼殊译拜伦、雪莱的诗，都是用中国古体诗写出的。既不失原意又属重新创作，颇为奇妙。苏的诗文，都经过章士钊和陈独秀的润色。他说有一次三人断炊，叫苏曼殊拿几件衣服去当铺当点钱来买吃食，他与章士钊在家里等待，哪知苏一去不返，等到半夜，他俩因不耐饥饿就睡了。午夜，苏才回来，手上拿了一本书在看。他俩问他：“钱呢？买了什么吃的？”苏说：“这本书我遍寻不得，今天在夜市翻着了。”他俩说：“你这疯和尚！你忘记了我们正饿着肚子？”苏说：“我还不是一样，你们起来看看这本书就不饿了。”他俩气得连骂几声“死和尚，疯和尚”，就蒙被而睡，而苏将这本书看到天明，直到看完为止。他说，章士钊和他俩不同，不爱文艺而致力于政法，是一个十足的官迷。当时章和一个大佐夫人恋爱，被大佐侦知，写封信来要和章决斗。他们三人商量叫章逃避了，才免了一场大祸，否则章早已死在那大佐的刀下，也就不能在段祺瑞执政时当什么司法部长和教育部长了。他说他们三人虽各有各的性格，各有各的志趣，但友情融洽，毫无芥蒂，可以称得上挚友。除这三人以外，陈独秀和章太炎也时常过往，他很钦佩章的“朴学”，认为他是一个“国宝”，而章对陈的“小学”也十分赏识，认他为“畏友”。他说章太炎为人非常小气，朋友向他借钱，偿还时付息，他竟受之而无愧色，是一个嗜钱如命的人，是一个文人无行的典型。章后来给军阀官僚写墓志、寿序一类的东西，一篇文章要五千至一万元的润资，便是他人格庸俗的表现。他说章太炎尽管对我国文史有很深的造诣，但有他可笑的偏见，即章太炎认为甲骨文是宋朝人的伪造。这一偏见，使人看出章在这一方面的无知。

陈独秀对于当时的同盟会人士，除孙中山、廖仲恺、朱执信外（他很钦佩他们），他认为都是些平庸人才，不足与谋，也不足与言。他骂汪精卫一类的文人是政客、官僚，类似蒋介石一类的武人是军阀。他认为同盟会是一堆全躯保妻子之徒，绝对干不了革命。他说后来这些人，在国民党统治时期都当了文武高官，祸国殃民。辛亥革命前后，陈独秀回国，曾在安徽芜湖第五中学当过国文教员，苏曼殊在同校当图画教员，据说很得学生的景仰。他说他和苏曼殊常以诗文自娱，多有唱和，苏有一首《东行别仲兄》："江城如画一倾杯，乍合仍离倍可哀。此去孤舟明月夜，排云谁与望楼台。"就是写给他的。还有一首《过若松町访仲兄》："契阔生死君莫问，行云流水一孤僧。无端狂笑无端哭，纵有欢肠已似冰。"也是写给他的。他写给苏的诗也多，但他没有背给我听。

民国成立，柏烈武（文蔚）曾一度当过安徽省督军，柏慕陈的文名，请陈独秀当他的秘书长。但陈后来对我说，柏的相貌，的确像个将军，大头大脸，相当堂皇，当时皖人称他"柏大头"，可是实际上一点本领也没有，简直是个肉柱。当时安徽国民党人分成两派，一派是柏烈武派，一派是管鹏派，争权夺利，倾轧不休。有一个人是管派投靠柏派，柏烈武召见他，这个管派见到柏烈武，大肆吹捧一番，柏听了非常高兴。阿谀的话说完了，要搜寻一句更好的恭维话，最后他说："今天能见到柏公，实属三生有幸，像柏公这样庸庸碌碌的将军，真是海内仅有。"陈独秀听了哈哈大笑，柏烈武听了睁着大眼问他："你这是什么话！"那人答道："我这是老实话，从我心中说出来的，我实在找不出更好的话来表示我对柏公的敬仰了。"陈独秀说，这个人本意是说柏烈武禄位荣华，令人钦佩，但他找出庸庸碌碌四个字来恭维柏烈武，实在是恰到好处，妙不可言。从此以后，皖人都称柏为"柏庸碌公"。

北京大学校长蔡元培请陈独秀任北大文学长（等于后来的文学院长），①他说蔡元培是一个忠厚长者，主张"兼容并包"。学术自由，只要言之成

① 陈独秀担任的是北大文科学长，并不是文学长，这个职务也不等于后来的文学院长。因为当时北大分为三科，即文科、理科和工科。其中文科包括国文、哲学、英文、法文和历史等系。因此当时的北大文科学长与今日的文学院长更是天壤之别。

理，持之有故，不管是什么学说，什么主张，都可以到北京大学来讲学。所以他那时既聘请李大钊、胡适、钱玄同、刘半农等所谓新派教授，也请了辜鸿铭一类的保皇派教授。陈独秀说，当时的北大是很有趣的，辜鸿铭上课，带一童仆为他装烟倒茶，他坐在靠椅上，辫子拖着，慢吞吞地讲课，一会吸水烟，一会喝茶，学生着急地等着他，他一点也不管。蔡元培能容忍他这样摆架子，玩臭格，一点也不生气。对于陈、胡、钱、刘等人，也不管他们讲什么学派，什么主义，即使他们把天吹得掉下来，他也不管。一个讲座，任学生自由去听，也不阻止。他这个自由主义，是包罗万象的，陈很钦佩蔡的这种风格，说学术自由就应该如此，所以他说蔡先生是一位好好先生。同时他又说在大节上，蔡先生是能坚持真理的，这个真理指的是什么，他没有给我说明，大约是指蔡倾向进步革新。

陈独秀的出名并不因为他当了北大文学长，而是由于他主编《新青年》。《新青年》从一九一五年至一九二二年先后出了近百期，里面写文章的人，除陈独秀、胡适、钱玄同、刘半农以外，有李大钊、鲁迅、易白沙、吴虞、陈大齐等，前期是用文言文写的，后期改用白话文。他们提出“打倒孔家店”，“拥护‘德’，‘赛’两先生（即民主与科学）”，反对吃人的旧礼教，提倡自由婚姻，主张个性解放和改造国民性，推崇进化论。在文学上主张推倒旧文学，建立新文学。陈独秀写的《文学革命论》，胡适写的《文学改良刍议》成为当时青年的“圣经”。这是一个资产阶级启蒙运动，在这些反封建的口号之下，他们联合起来一致向封建势力宣战。但后来陈独秀、李大钊、鲁迅等受了十月革命的影响，倾向共产主义，而胡适、钱玄同、刘半农等不信共产主义，坚信欧美资产阶级民主。前者形成左派，胡适成了右派，于是《新青年》的人就分化了。当时《新青年》的影响非常之大，尤其在知识分子当中是如此。由于阶级斗争的发展，受左派影响的青年，逐渐走向共产党，受右派影响的青年就逐步走向国民党，如罗家伦、傅斯年、段锡朋等就是后一类角色。陈独秀就因主编《新青年》声名才大噪起来。当时全国青年几乎把陈、胡、钱、刘，当作“圣哲”来崇拜。

在《新青年》前期，陈独秀是一个小资产阶级激进民主派，还不是马克思主义者，看他写的文章，多半都是鼓吹欧美的资产阶级民主。后来他写了一些宣传共产主义和苏俄的文章，他转变为初步马克思主义者，可是他对马克思主义没有深刻研究，只因为他的文章写得明快有力打动人心，青年们把他推崇为大刀阔斧冲锋陷阵的启蒙大师。既是这样，为什么要他当上中国共产党的总书记呢？据陈独秀告诉我，中共第一次代表大会他因事留在广东，没有参加，之所以要他当总书记，是第三国际根据列宁的意见，派一个荷兰人马林来中国转达的。说是中国无产阶级还没有走上政治舞台，党的总书记一职，要找一个有名望的人，号召力要大点。实际是否如此，我不敢肯定，陈既这样说过，我就如实地把它写出来。陈独秀还告诉过我参加第一次代表大会的十三个代表的名字。我记得是，湖南代表毛泽东、何叔衡，湖北代表董必武、陈潭秋；北京代表张国焘、刘仁静；上海代表李达、李汉俊，包惠僧[①]，山东代表邓恩铭，王烬美；广东代表陈公博；东京代表周佛海。我听了非常诧异，就问他，周佛海、陈公博都在国民党当了大官，后来还当了汉奸，难道他俩从前都是共产主义者吗？他说："千真万确，一点也不奇怪，人要叛变，就像女人要嫁人一样是阻止不住的。"他对一个人的革命或叛变，没有做出阶级的分析。

从党的第一次代表大会到第五次代表大会，陈独秀在闲谈中谈得较多，不管谈的正确与否，现在我如实地把它写出来，供了解他的政治思想做参考。

他说第一次代表大会中就有"左"和"右"两种倾向，张国焘、刘仁静两人是倾向极"左"的，主张中国要进行社会主义革命，建立无产阶级专政。他说他俩是醉心左倾名词的"疯子"，简直是痴人说梦。他俩也不看看当时的中国是个什么情况，以为那样少数的无产阶级就可以单独进行社会主义革命，真是"幼稚得可笑"。李汉俊却倾向极右，他主张党只能进行研究和宣传马克思主义，不能搞实际革命工作。他认为一切都要合法，不能进行非法活动，他认为中国无产阶级太落后了，要想像俄国无产阶级那样，最少

① 包惠僧应为广东代表。

还要几十年。陈独秀说，李汉俊要搞合法的马克思主义，可惨的是蒋介石连这个合法的人，也不允许他存在，必杀之而后快。李汉俊还免不了死在蒋介石的屠刀之下。

陈说第一次代表大会，拒绝了这两种倾向，制定了党的章程[党纲]。他说这个章程是按照列宁建党的原则，即布尔什维克党组织精神而制定的，是订得好的，比欧洲各国的党章要革命得多。

陈说第二次代表大会根据列宁在共产国际第二次代表大会的殖民地革命的提纲，制定了中共的党纲。党纲决定中国革命要分两个阶段，第一个阶段是民族民主革命，打倒帝国主义，打倒军阀，建立民主共和国。这是资产阶级民主革命的性质，是党的最低纲领。第二个阶段是社会主义革命，打倒资产阶级，建立劳农政府，建设社会主义直到共产主义，这是最高纲领。至于领导权问题，并没有明确规定。他说这个问题，不仅当时中共弄不清楚，即共产国际也没有确切的指示，意思是为他后来把革命领导权拱手送给国民党开脱责任。在他看来，革命的两个阶段，就是两次革命，他说革命的大业不能一蹴而就，因此大革命失败，不能完全怪他。

他说第三次代表大会，关于联合战线问题，发生了很大的争论。张国焘反对与国民党合作，反对共产党员参加国民党，主张中共单独革命，主张“旗帜鲜明”。陈说他自己坚决反对这种“左倾空谈”。他说他按照共产国际的指示，实行国共合作。他否认他放弃斗争投降国民党，他说既谈合作，双方都有让步，还说这种让步是根据共产国际的指示办的。陈独秀之顽固讳过，诚属惊人！

他说第四次代表大会，中心问题讨论了发动群众促进革命斗争。这次大会以后，接着就发生了“五卅”、“六三”运动、省港大罢工，接着就是北伐战争，中共由一个小党发展成为一个有群众基础的大党，工农入党的数量大有增加，但知识分子还占多数，这是一个不可避免的缺点。

他说第五次代表大会，自己成为众矢之的，大家骂他是右倾机会主义。他承认思想保守是有的，总以为北伐战争，打到北京才算打倒了军阀，那时再与国民党分裂不迟。他主张先扩大后加深，说这是机会主义，不能心服。

他说大家斥责他是投降主义，更使他气愤。他说，我投降了哪个？蒋介石把延年，乔年都杀了（陈延年、陈乔年是陈独秀的儿子），我投降他吗？汪精卫高唱："革命的到左边来，不革命的滚开去。"不仅我以为他是"左派"，连斯大林也认为他是"左派"。他说与"左派"保持联合，不要过早闹翻了，这是共产国际即斯大林历次给他的指示，他执行了指示。结果，机会主义、投降主义的罪名落在他一人身上，他不服气。他说当时共产国际的代表是罗易（印度人），罗易把共产国际给中共的指示，关于武装工农，进行土地革命的决议，拿给汪精卫看了，汪大惊失色，于是决定反共，这难道是我的罪过吗？他说这个指示也来得太迟了，武装工农，进行土地革命，不是一天两天能够办到的事，接到这个指示，也无法即时执行。他说关于湖南农民动，曾说过"过火了一点"，并没有说"糟得很"，后一句是武汉政府的军阀官僚和土豪劣绅说的。关于十万农民围攻长沙，由中央下令撤退和武汉政府收缴工人纠察队枪支和解散童子团等事，他说也不能责怪他一人，连罗易也是赞成的。他顽固地企图把这一系列的投降主义行为，都推给共产国际，好像他并没有任总书记的职务。他竟说，"我做了斯大林的替罪羔羊"。

五大并没有撤消陈独秀的职务，使他得以继续执行机会主义路线，以至使轰轰烈烈的中国大革命遭到失败。他还自嘲地说大革命失败的原因，有主观和客观两个方面。从主观方面说，中共的领导力弱，当时中共领导人，理论既差，也没有进行过革命，即实践也差。从客观方面说，帝国主义联合起来，国民党又投入帝国主义怀抱，反动势力大于革命势力若干倍。两相比较，革命打不过反革命，所以大革命失败了。他说这种分析（命定论的分析！）是比较客观的，并说斯大林也做了同样的分析，不过是把机会主义的责任完全推到我的头上而已。中共"八七"会议，撤消了陈独秀总书记的职务，他从武汉秘密地到了上海，闭门深居，过着隐士生活，他想潜心研究喜爱的文字学，不再参与政治。那时他还保有党籍，本不应如此消沉，但他这个人非常偏颇，而且相当自负，要他承认错误、改正错误是难以办到的。他说他们要我写悔过书，过从何来，如何悔之，我不明白，他们为什么不要斯大林悔过呢？我是执行他的训令的，他悔过我就悔过，要我做替罪羊，于情于理都说不通。一九二八年，第三国际要他到莫斯科去，并给他东方部长的职位，他竟严辞拒绝。他说你们骂我是右倾机会主义，还有人骂我是叛卖革命，在这种情况之下，要我到莫斯科去当什么东方部长，岂非揶揄。我不愿当官，更不能当一个被人牵着鼻子走的牛，对你们的好意，敬谢不敏。我说："老先生在这点上，你未免过于顽固了。"他说顽固不是我的性格，我认为对的，我是要坚持的，执拗的性质，我是有的，小时候，母亲骂过我是个"小犟牛"，但是我知道错了，我并不顽固。把不合理的罪名加在我的身上，纵要我人头落地，我也不会承认。一九二九年他的外甥吴继严从莫斯科东方大学回到中国。吴继严是受托洛茨基影响的人，对托十分敬仰。他把苏共路线斗争的情况，向陈独秀作了详细的陈述，当然他是站在托的立场说明一切的。他告诉陈，列宁在逝世以前有一份遗嘱，说斯大林性情暴躁，处事专横，不适于当党的总书记，应另选一个适当的人。说托洛茨基才华出众，在十月革命中立下功劳，缺点是自信过分，但不能以非布尔什维克视之。说布哈林是党内宝贵的理论家，但不懂辩证法。说季诺维也夫和加米涅夫在十月革命中犯错误决非偶然。陈独秀听了他外甥的话，兴奋地问："真有此事？"吴继严说："千真万确，一点不假。"陈说："讲下去，讲下去，我很爱听。"吴继严就把托派那一套一五一十地背诵出来：说苏联工农兵和广大人民都恨斯大林，骂他"独断专横"、"专制暴君"、"红色沙皇"、"胡椒厨师"、"没有到过西欧，不懂西方民主，不知西方文明"、"土包子，乡巴佬"等等。而托洛茨基则深得人民信仰，说他是革命家、思想家、军事家、外交家、文学家、演说家，才华盖世，超人天才等等。吴继严接着问陈读过美国共产党作家约翰·里德《震撼世界的十日》一书没有，陈说久闻其名，尚未过目。吴继严说此书值得一读，它上面把列宁和托洛茨基并列，认为他俩是苏联的开国元勋，但根本没有或很少提到斯大林。

陈独秀听了吴继严的话，十分兴奋，极感兴趣。吴就把托的著作和吹捧托的著述，一本一本地拿给陈看了。经过数月的思想酝酿，陈下了决心，同托洛茨基合流。于是纠合八十七人，于一九二九年十月发表了一个宣言，即

《我们的政治意见书》，说共产国际在斯大林领导下不革命了，中共更不革命了。要继续革命，就必须在托洛茨基的“不断革命”和“世界革命”理论指导下，组织一个新的政党来完成。于是一个命名为“无产者社”的托派组织应运而生。

参加这个组织的人有彭述之、郑超麟、尹宽、高语罕、李季、王独清、何资深、刘伯垂、李仲三、马玉夫、罗世璠、蔡振德、薛农山、任曙、孙煦、彭贵生、彭贵秋、蒋振东、韩俊、吴继严、杜畏之、刘静贞、张以森等。其中有所谓“理论家”，如彭述之、郑超麟、尹宽、高语罕、李季、吴继严、杜畏之等，也有所谓“实际派”，如何资深、马玉夫、罗世璠、蔡振德、薛农山、蒋振东、韩俊等。其他多半是挂名的成员，因对陈独秀偶像崇拜，乌合在他旗下而已。

陈派办了一个刊物名为《无产者》，上面带纲领性的文章，多是托洛茨基和陈独秀写的，别的则是那些“理论家”写的。刊物的宗旨一是宣传推翻国民党，二是批评共产党。当然，神化托洛茨基、魔化斯大林，美化陈独秀、丑化中共当时的领导，也是重要内容。

《无产者》出了好些期，除供“无产者社”的成员阅读外，也送给外人看，以扩大宣传。从组织上说，它只是一个百余人的小集团，虽然它在沪东、沪西工厂里，也有几个支部，但没有什么大影响，至于知识分子，大多做些宣传工作。他们是些能说会讲，舞文弄墨的“干才”，因此他们的社会影响，比起他们的人数来是大得多了。当时社会上把中共中央说成是“干部派”，而把陈独秀派说成是“元老派”。所谓元老，当然是说陈是个老资格，他写的文章还是有些人爱看的，也有人出于好奇心，总希望找一本《无产者》来看看。这就是托派在当时也造成一些影响的原因。另一个原因是，当时神州国光社办了一个《读书杂志》，在这刊物上，开展了中国社会性质的争论。中共作家认为中国是一个半殖民地半封建的社会，革命的对象是帝国主义和封建势力。中国革命的实践已完全证明这是正确的分析。但是陈独秀为配合托洛茨基的理论，竟歪曲历史和现实，说中国没有奴隶社会，自秦汉以来，商人是无冕之王，商业资本早已发达，现代中国已是资本主义占优势的社会。他用文字学证明中国无生产奴隶，只有家用奴仆。他的偏激执拗，诚属非凡。他要“无产者社”的“理论家”李季、高语罕、彭述之、郑超麟、尹宽、吴继严、杜畏之、任曙等，都参加这次论战。因《读书杂志》登载各方面的文章，因此，托陈派的主张，得到公开宣扬。

中国托派小组织，共有四个：（1）一九二九年上半年，从莫斯科中山大学回国的梁干乔（在莫斯科会见过托洛茨基，托要他回国后，组成托派）、区芳、陈亦谋、张特组成一个“我们的话社”，出一个刊物《我们的话》。（2）一九二九年秋陈独秀组成“无产者社”，已如上述。（3）一九三〇年春从莫斯科列宁学院回国的刘仁静（他从欧洲回国，绕道土耳其君士坦丁堡拜会托洛茨基，托嘱他回国后组织托派）纠合王文元、宋逢春组成一个“十月社”，出版刊物《十月》。（4）一九三〇年春，从莫斯科东方大学回国的赵济、刘英、王平一组成一个“战斗社”，出版刊物《战斗》。这四个托派小组织，都自居是托派正统，得到托洛茨基的承认，你看不起我，我看不起你，甚至互相攻击，互相谩骂。“十月社”、“战斗社”、“我们的话社”斥“无产者社”是老机会主义，要陈独秀写悔过书承认错误，才考虑他的托派资格，而陈独秀则斥那三个组织是乳臭未干、猴儿崽子。他不止一次地说，你们想学斯大林，未免过早了。于是四派都告状到托洛茨基那里。托回信说，你们的文件，我都看了，看不出你们在政治纲领上有什么原则的分歧，既然政治原则一致，组织上应立即统一起来。于是托派统一大会应运而生。

在筹组统一大会之中，在各派代表人数问题上发生了争论。陈派主张按人数比例选出代表，其他三派主张按派别选出同样人数的代表，相持数月，最后还是陈独秀提出派别与人数相结合的办法，解决了纠纷。他说我们不是开分赃会议，大家应立足于革命的要求，顾全大局，不要再拘泥于派别成见了。一九三一年五月，托派统一大会在上海召开，其详细情况拟于另一文中撰述。现在只谈谈陈独秀在这个大会上的政治报告及其他青年托派与他的争论。

毋庸怀疑，陈独秀是这个大会主席团主席。他首先提出为中国革命而牺牲的同志默哀三分钟，然后开始了他的政治报告，这个报告不太长，主要内容还记得一些，他说他一生最反对王婆裹脚式的文章，为文和发言，都要言简意赅。他的报告的主要内容是：

一、国际形势：现在是资本主义相对稳定时期，工人运动处在低潮，世界革命是将来的事，目前只能有经济斗争，我们不能存幻想。

二、国内形势：国民党对内高压，对外投降，军人独裁，用刺刀削去了人民的权利，饿殍载道，民不聊生。工农群众有革命的要求，但被压得喘不过气来，国民党统治者，则是醉生梦死过着酒绿灯红的生活，资产阶级各派，都是反动的。

三、中国社会的性质：资本主义占着优势，封建势力只是残余的残余。

四、革命的性质：当前当然是资产阶级民族民主革命，但目前还没有革命，不要侈谈，将来革命起来，必须用十月革命的方式解决民主革命的任务。我们的口号应提出人民政权，我认为人民政权就是无产阶级专政，我们在政纲上只能写人民政权，不能写无产阶级专政。

五、当前的中心口号，应为“国民会议”而斗争。他说，我认为国民会议既是我们动员群众的策略口号，也是我们的战略目的，不要以为“国民会议”是臭的，“苏维埃”是香的，更不能认为“国民会议”是右的，“苏维埃”是左的，这要依人民的力量为转移，人民力量大，“国民会议”可以变为“苏维埃”，人民无力量，“苏维埃”也会变成空壳。如果工农有实力，“国民会议”就能成为人民政权。

六、民族民主要求：“反抗帝国主义求得国家独立”，“实行八小时工作制，规定最低工资”，“土地归贫农”，“改善士兵待遇，严禁体罚”，“言论结社自由，反对统制新闻封锁出版”。

这个报告在“大会”上引起了争论。一、关于无产阶级专政的问题。“十月社”代表王文元，集中了青年代表的意见说，政纲上规定战略目的是“无产阶级专政”，应该明确地提出，不能模棱两可。如果说战略口号一时不能达到，就不提出，这是站不住脚的。比如说共产主义者最高纲领，是在全世界实现共产主义，这个终极目的，一时还不可能达到，但决不能因为一时达不到，就连共产主义也不能提。“人民政权”这个口号，阶级内容不鲜明，它可能是几个阶级的联合政权。列宁说国家政权只能是一个阶级的统治工具，不可能是几个阶级的统治工具。不要忘记国民党把它的政权，叫做国民政府，人民政权与国民政府，在字义上讲很难分辨其异同，因此我主张，政纲上应该肯定而明确地提出“无产阶级专政”，这也是老托给我们规定的，在这个首要问题上，我们似乎不应修改。二、关于“国民会议”问题：“十月社”代表濮德治，代表青年托派发言说，老先生（指陈独秀）说“国民会议”，既是策略口号，也是战略目的，我们不敢赞同，若是如此，何必分什么战略与策略呢，我们青年自认幼稚，水平太低，但我们起码知道“国民会议”和“苏维埃”都是历史的范畴，也各有其阶级内容。我们没有见过“国民会议”成为无产阶级政权形式，也没有见过“苏维埃”成为资产阶级政权。老先生这样说法，是我们第一次听到，虽然是首次听到，也促使我们回忆，好像考茨基也说过类似的话，社会民主党也有过这类主张，他们认为资产阶级民主，比无产阶级专政要好得多。我们赞成把老托对“国民会议”解释写进政纲（托洛茨基对“国民会议”的解释是：在革命的低潮时期，以“国民会议”为中心口号，以动员群众，利用“国民会议”的讲台，宣传工人的主张。革命高潮到来，就组织苏维埃以夺取政权）。这时，陈派代表郑超麟起来反驳王文元，他说陈独秀的政治报告运用了辩证法，因而是正确的，值得拥护的。而王文元的主张是形而上学的，机械论的，不能采纳。陈派代表彭述之，则摆出“理论家”的架势，大谈其东方大学学来的八股，自吹自擂地说“无产者社”如何正确，其他三派如何幼稚可笑。于是会场紊乱起来，吵嚷代替了争论。最后陈独秀站起来说：你们青年同志，一向喜欢左倾，痛恨右倾，这本是好的现象。列宁说过左倾容易纠正，右倾难于挽救，我赞成列宁的分析。我喜欢青年，爱护青年。不过我认为左一点不要紧，但不要造成左倾名词的拜物教，一听了左的名词就肃然起敬，心向往之，一看到右的名词就掩鼻而过，怒目而视，这样解决不了任何问题。无产阶级专政是马克思主义的政治术语，在讨论问题的时候，写一百次也不怕。但政纲上写上这个词，就不如“人民政权”通俗易懂，醒人耳目，国民党的“国民政府”，人民领教够了，实质上是个刮民政府。现在我们提出“人民政权”，老百姓容易了解是人民自己的政权。专政独裁，人民不爱听这类名词，因为人民身受其害太多了。经过深思熟虑，我才提出“人民政权”这四个字，你们多考虑一下，能同意更好，若不能同意，我可以把它改为“无产阶级与贫农专政”，这是我最后的让步，我绝对不能赞成在政纲上硬邦邦地写上“无产阶级专政”的字眼，在中国这样一个农民占大多数的国家，用“无产阶级专政”作号召是很不适当的。至于“国民会议”问题，小濮的发言，不是个人意见，可以慢慢讨论，不过我要提醒你们一下，如果把“国民会议”看作臭的东西，连自己也不愿为之奋斗，那如何要群众起来为它的实现而努力呢？这是十分可笑的矛盾，可以说很滑稽、幼稚，近于荒谬。

陈独秀文章写得很好，讲话并不太高明，大家对他有偶像崇拜，争论持续了两天，终于通过他的政治报告。虽然也有些修改，大体上都按照他的意见写上托派的政纲。关于托派名称，陈独秀提出“中国共产主义同盟”，有的人提出“中国共产党左派反对派”，“中国共产党布尔什维克列宁派”、“中国工人党”、“中国工农劳动党”等等。陈独秀听了笑着说，你们真是名词拜物教，人家用过的名称，我们一概不用，何必盗窃别人的名义呢？政见要光明磊落，决不应东扯西拉，拖泥带水，“中国共产主义同盟”，既别于第三国际属下的各国共产党，也别于欧美各国的社会民主党，更别于世界各国的资产阶级政党，旗帜鲜明，光明正大，如果你们尽在名词上纠缠，我主张用“中国托派”做我们的党名。这时引起会场上一阵哄笑，结果，他的提议还是通过了。最后大会进行选举，陈独秀说，我主张用无记名投票自由选举，既反对资产阶级的形式民主，也不赞成第三国际包办提名的选举。选举结果：陈独秀、彭述之、郑超麟（无产者社）、王文元、宋逢春、罗汉、濮德治（十月社）、陈亦谋、区芳（我们的话社）九人当选托派中委。罗汉、濮德治二人看到“战斗社”无一人当选，又看到自称托派“祖师”的刘仁静没有当选，当即提出愿“退避让贤”，请大会顾全大局，补选刘仁静和赵济二人。陈独秀不同意，他说，你们两人的好意，值得嘉许，但大会选举不是儿戏，我认为合法有效，无须补选，须知“统一大会”是为了革命，不是“巴黎和会”为了分赃。接着就开了第一次执委会。选出常委五人——陈独秀、郑超麟、王文元、宋逢春、陈亦谋。又选出党报委员会委员五人——陈独秀、郑超麟、彭述之、王文元、宋逢春。常委、报委都推陈独秀为书记，中执委书记当然也是陈独秀。陈亦谋、濮德治任组织工作，郑超麟、彭述之任宣传工作。最后，陈独秀致闭幕词说，以前分裂是不好的，现在统一起来，就要努力工作，不能天天在亭子间里空谈革命了，中国人民正在水深火热之中，我们一天也不能忘记，他们在期待我们，我们应担当历史赋予我们的使命。

陈独秀的希望是很大的，口气也确不小。可是中国革命的实践同他主观愿望相去万里。悲惨的结局，正在等着他。他幻想这个统一大会，能像中共第一次代表大会一样，由小而大，由弱变强，将来能够承担革命的任务，使他成为一个大党领导人，总书记的地位得以恢复。他不能认识凡是违反历史潮流的人，没有不失败的，正如泡沫一样，瞬即幻灭。

“统一大会”闭幕不久，“无产者社”的“四大金刚”之一，自称工人运动健将的马玉夫，因为未被选为“中委”，就跑到国民党龙华司令部去告密，于是托派中央机关遭到破获。结果郑超麟、王文元、宋逢春、陈亦谋、濮德治、何资深、江常师、楼国华、刘静贞、张以森，还有一个姓王的工人及其妻女共十三人，一道被捕。这就是说，托派中委九人中被捕了五个，常委五人中被捕了四个。陈独秀、彭述之、罗汉、区芳仅以身免（因马玉夫不知道他们的住址）。这对中国托派和陈独秀是一次沉重的打击，陈独秀哀叹说：“我不识人，马玉夫是个工人，哪里想到他会如此下流。”他也没有想到就在同时，“我们的话社”头头梁干乔，也因为未被选为“中委”，一气就跑到南京当了军统特务。还有一个区芳跑得无影无踪。

被捕的人押解到龙华司令部，受军法审判，以“危害民国”的罪名，各被判处两年半至十五年的有期徒刑。陈独秀想收拾残局，重整旗鼓，但很长时间也收不拢来。许多托派如惊弓之鸟，各自分飞。一年以后，陈才和彭述之组成一个新的常委会，又因囿于合法观点，不愿把刘仁静、赵济等纳进常委，于是把“无产者社”的罗世璠拉了进去，又要谢德盘[磐]（亦名谢少珊）

当上常委会秘书。若从合法的观点来看，此二人也是不合法的。这样一来，又引起了托派群众的不满，说这个常委会是“无产者社”清一色小组。

一九三二年日本侵略者发动侵沪战争，监狱人满，疫病丛生，濮德治、宋逢春二人得以保外就医。经陈独秀催促，参加了常委。关于国民会议问题，再次展开争论，陈独秀坚持自己的主张，其余的人不表赞同。他发火了，穿起长衫来高声大叫：我不愿和你们这些资产阶级在一起争论，我不要什么群众，不要你们，我干我的，你们干你们的好了。说着就走了，大家跑去拉他，他也不管。彭述之说，他就是这种脾气，过去开中央委员会，也是如此，他这种家长式的作风，是永远也改不了的，于是不欢而散。

一九三二年九月，陈独秀因患胃溃疡，卧病在家，彭述之、宋逢春、濮德治、罗世璠，在谢德盘家开每周一次的常委会。突然巡捕到来，将上述人等逮捕，立即拘押于巡捕房，大家庆幸陈独秀投有被捕。可是到了晚上见陈独秀也被捕入房，却不见谢德盘。而谢德盘是唯一知道陈独秀住址的人，他是常委秘书，也知道托派机关地址，于是案情大白。这是第二次托派机关的大破获。这次被捕的人有陈独秀、彭述之、宋逢春、濮德治、罗世璠、曾猛、何智琛、彭道之、王平一、梁有光等。此事轰动一时，人们称为“陈彭案”。根据后来推断，此案是由国民党特务黄麻子，纠合几个由莫斯科中山大学回国的盖叔达、费克勤和由东方大学回国的徐乃达等尾随濮德治，侦知常委会地址，于是来个紧急逮捕。这些不齿于人类的东西，目的是要抓到陈独秀才能得到国民党三万元的赏金，于是威胁利诱，征服了软骨小犬谢德盘。后来听说这些走狗，为分得奖金打得头破血流，而黄麻子在上海过了几个月的糜烂生活，就被中共红色恐怖队送上了西天。

上海公共租界的法庭，对陈、彭等人随便问了几句，就把全案人犯引渡给上海市公安局，关押在侦缉队。这个侦缉队，和龙华警备司令部一样是全国闻名的鬼门关。侦缉队长慕陈独秀的大名，请他写几个字留念，陈执笔一挥，写了“还我河山”和“先天下忧”两个横幅。那个队长估计，陈独秀的生命不会长久了，将来这几个字，会很有价值的。当时中共中央发了一个“反对国民党白色恐怖”的宣言，国内学者名流如蔡元培、杨杏佛诸先生，国际上学者如杜威、罗素、爱因斯坦等人也致电蒋介石，为陈独秀说情，蒋介石置之不理，并下令将陈、彭二人押解南京军政部，由何应钦直接审询，问了几次，不得要领。于是电令把谢德盘送到武汉行营，详细盘问谢德盘，问陈独秀与红军有无关系，谢德盘告诉蒋没有关系。为缓和国内与国际舆论，蒋介石被迫批示“全案交法院审理”，于是全案人犯被解到江宁地方法院看守所拘押，关了半年以上才由苏州高等法院派人来审理。陈独秀告诉我，高等法院派人，颇费周折，谁也不愿审理这种倒楣的案件，一点油水没有，还要上下受气，挨人咒骂。他们实行“推事”，不是推敲法律，而是把事情推开了事（国民党审判官称为推事），推来推去，最后高等法院派了一位胡善称任审判长，朱隽任检察官，来南京审理陈案。既然由法院审理，那么，法律程序上一些手续和形式，当然要煞有介事地进行。如法庭要公开审判，被告有辩护的权利。陈独秀的好友章士钊律师自告奋勇为陈独秀义务辩护。彭望邺、蒋豪士也愿任全案义务律师。检察官依“危害民国紧急治罪法”提起公诉，审判长也依同法来审理。旁听席上既告客满，庭外也挤满了人群。这台戏是演得相当热闹的。当时国民党《中央日报》曾报道审判情况，标题是“隽语风生法院审理陈独秀”。

陈独秀自撰辩诉状洋洋数千言，极尽推敲之能事。大体采文言白话并用，他说非如此不足以表达心情。当时我对他有偶像崇拜，能背诵全文，现因时隔四十余年，仅记得一些文句而已。

文章开始写道“余行年五十有五矣，弱冠以来，反抗清帝，反抗北洋军阀，反抗封建思想，反抗帝国主义，奔走呼号以谋改造中国者于今三十年。前半期即五四运动以前，专注重知识分子方面，后半期乃转向工农劳苦大众方面。盖以十月革命之感召与战后世界大势之所趋，使余不得不有此转变也。……半殖民地的中国，经济落后的中国，外而困于帝国主义，内而困于军阀官僚，欲求民族解放，人民苏生，绝非上层全躯保妻子之徒，所能完成以血购自由的大业，必须以大众的革命怒潮冲毁一切恶旧势力，中国强盛始可得而期。”

文章接着概述当时中国的情况：“自辛亥革命以来，共和招牌高悬，实则一事无成，而连年军阀混战，都以争夺地盘，搜括人民为目的。弄得工业凋蔽，农村破产，国家将亡，民不聊生，予不忍眼见中国人民辗转呼号于帝国主义与国民党两重枪尖之下，而不为之挺身奋斗也。”“中国革命（指辛亥革命）先于苏俄革命（指十月革命）者七年，今日二者之荣枯几不能比拟，其故可深长思矣。”

对蒋介石的民族主义，陈独秀批驳说：“对日本侵占东三省，采取不抵抗主义，甚至驯羊般跪倒日帝之前媚颜投降，宁至全国沦亡，亦不容人有异词，家有异说。……‘宁赠友邦，不与家奴’竟成国民党之金科玉律。儿皇帝将重见于今日。不亦哀乎？”

对蒋介石的“民权主义”，陈独秀愤然说：“国民党吸尽人民脂膏以养兵，挟全国军队以搜括人民，屠杀异己……大小无冠之王，到处擅作威福，法律只以制裁小民，文武高官俱在议亲议货之列。……其对共产党人，杀之囚之，犹以为未足，更师袁世凯之故智，使之自首告密，此不足消灭真正共产党人，只以破灭廉耻导国人耳。……周幽王有监谤之巫，汉武帝有腹诽之罚，彼时固无所谓共和民主也。……千年以后之中国，竟重兴此制（指遍布全国的特务），不啻证明日本人斥‘中国非现代国家’之非诬。……路易十四曾发出狂言‘朕即国家’，而今执此信条者实大有人在。……余意毁坏民权罪即邻于复辟。……否则军阀之魁，民主之敌，亦得以再造共和自诩（当时段祺瑞应蒋介石邀请从天津南下，蒋以师礼遇之。国民党《中央日报》以大字标题报道‘共和勋臣段芝泉氏莅京’），而妄人竟以共和勋臣称之……。国民党以刺刀削去人民权利，以监狱堵塞人民喉舌，……民权云乎哉。”

对蒋介石的“民生主义”，陈独秀嘲讽他说：“连年混战，杀人盈野，饿殍载道，赤地千里。老弱转于沟壑，少壮铤而走险，死于水旱天灾者千万，死于暴政人祸者万千。……工农劳苦大众不如牛马，爱国有志之士尽入囹圄，……民死之不暇，何以言民生？”

陈独秀的辩诉状，最后一部分，提出究竟是谁“危害民国”，他写道：“国者何？土地、主权、人民之总和也，此近代国法学者之通论，决非‘共产邪说’也。以言土地，东三省之失于日本，岂独秀之责耶？以言主权，一切丧权辱国条约，岂独秀签字者乎？以言人民，余主张建立‘人民政府’，岂残民以逞之徒耶？若谓反对政府即为‘危害民国’，此种逻辑难免为世人耻笑。孙中山、黄兴曾反对满清和袁世凯，而后者曾斥孙、黄为国贼，岂笃论乎？故认为反对政府即为叛国，则孙、黄已二次叛国矣，此荒谬绝伦之见也。”

这时旁听席上发出一阵笑声，大家交头接耳，赞许陈的辩诉言之有理。审判长胡善称怕惹起麻烦，就站起来说：旁听者不得喧哗，被告陈独秀不得有鼓动言辞。为表白自己又画蛇添足地讲了几句，说什么要万众一心，上下一致，精诚团结。

陈独秀说：“你不要我讲话，我就不讲了，何必还要什么辩诉程序呢？”胡善称说：“不是不要你讲话，要你言辞检点一点，你讲吧。”

陈独秀说：“刚才你说团结，这是个好听的名词，不过我觉得骑马者要和马讲团结，马是不会赞成的，它会说你压在我身上，你相当舒适，我要被你鞭打还要跑，跑得满身大汗，你还嫌慢，这种团结，我敬谢不敏。”旁听席上爆发了哄堂大笑。

胡善称说：“讲你的辩诉，不要讲骑马不骑马了，它与本案无关。”陈独秀说：“好，闲话休提，书归正传，我遵命讲我的辩诉了。”又引起一阵笑声。

陈独秀接着说：“余固无罪，罪在拥护工农大众利益开罪于国民党而已，余未危害民国，危害民国者，当朝衮衮诸公也。冤狱世代有之，但岂能服天下后世。余身许工农，死不足惜，惟于法理之外，强加余罪，则余一分钟呼吸未停，亦必高声抗议也，……法院欲思对内对外，保持司法独立之精神，应即宣判余之无罪，并责令政府赔偿余在押期间物质上精神上之损失。”

接着，章士钊从律师席上站起来为陈独秀辩护。章氏在当时是名闻全国的大律师，普通讼案，即以高酬奉请，也难得其应允。章与陈是青年时代留学日本时的知交，因此，他愿为陈辩护，完全义务，不取酬劳，时人称之为

“有古义士之风”。尽管在五四运动前后，章与陈在政治主张、文学体裁各方面，是对立的，也打过笔仗，章为陈辩护，人们说他“古道可风”。

章士钊的辩护词也是洋洋千言，文词重视逻辑性（这是他一贯的主张），讲法理的多，讲法条的少。他端正了一下律师衣袖，开始说道：“本律师曩在英伦，曾闻道于当代法学家戴塞，据谓国家与政府并非一物。国家者，土地、主权、人民之总和也，政府者，政党执行政令之组合也。定义既殊，权责有分。是故危害国家土地、主权、人民者叛国罪也，而反对政府者，政见有异也，若视为叛国则大谬矣。今试执途人而问之，反对政府是否有罪，其人必曰若非疯狂即为白痴。以其违反民主原则也。……英伦为君主立宪之国家，国王允许有王之反对党（King’s opposifon），我国为民主共和国，奈何不能容忍任何政党存在耶！本律师薄识寡闻，实觉大惑不解也。……本法庭总理遗像高悬，国人奉为国父，所着三民主义，党人奉为宝典，总理有云：‘三民主义即是社会主义’，亦即共产主义。为何总理宣传共产，奉为国父，而陈独秀宣传共产主义即为危害民国耶？于法于理能服人乎？若宣传共产即属有罪，本律师不得不曰龙头大有人在也。……现政府致力于讨共，而独秀已与中共分扬，余意已成犄角之势，乃欢迎之不暇，焉用治罪为？……令侦骑四出，罗网大张，必欲使有志之士瘐死狱中，何苦来哉？……为保存读书种子，余意不惟不应治罪，且宜使深入学术研究，国家民族实利赖焉。……总上理由，本律师要求法院宣判独秀无罪。”

至此，陈独秀当庭发出声明：“章律师辩护词，只代表他的意见，我的政治主张，要以我的辩护诉为准。”旁听席上有“革命家”、“革命家”的赞声。

陈独秀、章士钊两篇辩诉状，在当时是轰动全国的，各大报纸都希望登载，但国民党以“不许为共党张目”而禁止之。只有天津《益世报》登载了全文，国民党《中央日报》不仅不予登载，反由程沧波写了一篇《约法至上——答陈独秀与章士钊》。这篇文章确如王婆裹脚，又臭又长，除了约法至上，拥护拥护，邪说该死，打倒打倒之外，没有讲出一点道理来。连约法怎样产生，是否通过民意，都一字不提，只是强词夺理，党腔党调，咿哩哇啦地讲上一大堆。因此，国人对他没有重视，而陈、章二人的辩诉状，被上海沪江大学、苏州东吴大学，选为法学系的教材。这是两个教会学校，才有这点胆量，至于国内其他大学，都在国民党控制之下，纵有此意，也不敢冒昧，明哲保身，谁愿冒坐牢的危险呢？[①]

陈、章的辩诉，纵有万分理由，也改变不了国民党既定政策，法院秉承当局意旨，宣判陈独秀、彭述之各处有期徒刑十五年，濮德治、罗世璠、朱逢春、曾猛、何智琛各处有期徒刑五年，为安抚舆论，彭道之徒刑二年半，王平一、梁有光二人宣判无罪。所有被告都知道，司法独立是句空话，本打算安心过铁窗生活，但律师们都说量刑过重，应该向最高法院上诉，于是上诉了。陈、彭的上诉状是自撰的，其中也有许多可读之句，我记不得了。其他人的上诉状，是由律师代写的。官司悠悠，三冬九秋，时隔年余，最高法院才裁决下来：陈、彭二人改判八年徒刑，其余的人仍维持原判，即五年徒刑。最高法院的判决是终审判决，只有执行而无上诉的可能。于是将一干人犯押解至南京老虎桥模范监狱执行。陈独秀得到一点优待，他一个人住一间牢房，派专门看守，监视他的一切。其余人住普通牢房。起初监视颇严，不准亲属探监，不准通信，不准读书看报，后经绝食斗争，才渐渐放松一些。陈独秀说："你们执行恶法，我拼老命也要抗议。"典狱长说："恶法胜于无法。"陈独秀说："恶法就要打倒。"典狱长说："我无权打倒它。"话虽这样说，他还是作了让步，以上三不准，终于悄悄地准了。

陈独秀久患十二指肠及胃溃疡病，血压也高，国民党当局绝对不允许保外就医，典狱长为了上下两全，准许濮德治、罗世璠二人轮流看护他。平时每周一次，病时不拘此例。因此长期相处，对他的为人有相当了解，现在从各方面给以真实的素描。

狱中生活：他房里有两个大书架，摆满了书籍，经、史、子、集，每样有一点，但他对文字学最有兴趣，成天埋头钻研《说文》。据他说从文字

① 章士钊去南京为陈独秀辩护时，曾做了一首感慨的诗："龙潭血战高天下，一日功名奕代存；王气只今收六代，世家无碍贯三孙。廿载浪迹伤重到，此辈青流那足论？独有故人陈仲子，聊将糟李款牢门。"陈独秀字仲甫，章引用于陵陈仲子之典称陈独秀为"陈仲子"——作者原注。

的形成和发展，可以看到社会和国家的形成和发展。我说有什么用处？他说，你不知道，用处可大了，中国过去的小学家（研究《说文》的人），都拘泥于许慎、段玉裁的《说文解字》和注，不能形成一个文字科学，我现在用历史唯物论的观点，想探索一条文字学的道路，难道没有用处？我当然不劝你们青年人去研究这种学问，可是我已搞了多年，发现前人在这方面有许多谬误，我有责任把它们纠正过来给文字学以科学的面貌。我不是老学究，只知背前人的书，我要言前人之未言，也不标新立异，要作科学的探讨。他也和我们讲过“六书”（即所谓指事、象形、形声、会意、转注、假借），那是对牛弹琴，我们不感兴趣。我说，据你所说，古之文人也会创造别字、错字。他说，此话怎讲？我说转注，假借不就是当时没有的字，就转借来用吗？他说，这个意见很新鲜，我还没有听过，不过你是不是为青年写别字辩护呢？我说，谈不上辩护，我认为青年人写几个别字是难免的，中国方块字太难，同音同义字又多，形式又有什么正、草、隶、篆，我想社会前进，文字语言也随之而变动，写别字没有什么了不起的罪过，但老学究们就从这点看不起青年，我认为这是顽固，不知你以为如何？他说，你有这点见解，很不错，我研究文字学，就是从发展的观点出发，我主张语言文字都大众化，由繁入简，最后目的是拉丁化即拼音文字。不过在这方面只能促渐变，不能来突变，如果来突变，那就要大家读天书，任何人也不懂。我说，写别字也是渐变呀，他说，是的。大家一致写的别字，就应该承认它。我说，大家约好来写别字，是不可能的。他说，这不要紧，如医院里打针，大家都说打臀部（读“殿”部），其实这个字应读“豚”部，管他“殿”部“豚”部，打在屁股上就是了；又如青年都说鼓吹革命，这个“吹”字应读“Trai”，而不读吹。现在大家都读吹，管它哩，吹喇叭也是吹，吹牛也是吹，宣传革命也是吹，大家都读吹，你一定要读“Trai”，那就是顽固。再如“骇然”的“骇”字，不应读“骇”而应读“海”，现在大家都读骇怕的骇音，反正是骇怕惊奇的意思，怎么读都行。总之创造新字也好，写读别字也好，都要渐进，不能由你自做仓颉，随心所欲地创造出一种文字来。须知中国文字并不是仓颉造出来的，而是古代人民的社会创造。关于研究文字学，有一段笑话，江苏南通有一位姓程的老先生也是小学家，因慕陈独秀之名，来到监狱里看他，两人一见如故，初期互道钦佩，中期交换著作，也互称对方有卓见，后期争论起来，闹到面红耳赤，互斥浅薄，两人都高声大叫，拍桌对骂，幸而没有动武。原因是，为了一个父字，陈独秀说父字明明是画着一个人，以手执杖，指挥家人行事。而那位程先生说，父字明明是捧着一盆火，教人炊饭。陈说你不通，程说你不通，陈说你浅薄，程也说你浅薄。我好不容易把他俩劝开，说学术讨论应心平气和，不应发火，我诌了几句打油诗嘲讽他俩："一曰执杖一曰火，二翁不该动肝火，你不通来我不通，究竟谁人是浅薄，若非有我小濮在，遭殃不只是板桌，异日争论平心气，幸勿动怒敲脑壳。"程老先生笑了，陈独秀骂我"你这小鬼是浅薄"，"我要敲打你脑壳"。我说我岂只浅薄，对于你们这一行，我简直是无知。

隔了一会，陈独秀又和程老先生和好了，他写了一封信给罗家伦（当时中央大学校长），推荐程老先生教文史，罗家伦以程老先生迷信鬼神而拒绝了。后来陈对我说，罗家伦自诩不信鬼神，其实他信的鬼神是万鬼之中最恶的鬼（指蒋介石）。

我和罗世璠曾多次劝陈独秀停止文字学的研究，最好乘有生之年写写自传和中国大革命史（胡适也劝过他写自传），但他都不以为然。他说，大革命史因手头无材料，不能凭记忆来写；关于自传，他说想写，但难于下笔。所以直到他去世为止，大革命史一字未写，自传只写了一篇《江南乡试》（亚东图书局出版）。总之，他凭自己的爱好，只迷恋文字学，别人劝他是劝不醒的。在狱期间，他写了《实庵字说》、《老子考证》、《孔子与中国》、《干支是字母说》等篇，在《东方杂志》上发表。他说《实庵字说》与郭沫若有过争论，他对郭沫若有些地方很钦佩，如郭说古代人不知人从何来，对生殖器崇拜，古文中"也"字很多，他说"也"字是女阴的象形，人从女阴中出来，人们觉得神奇。陈说这是郭的卓见，但有的地方，陈又说郭浅薄。郭曾为文答复，说陈在这方面是行家，是前辈，但他困在狱中，看不到许多书，所以孤陋寡闻。我不懂这个问题，之所以写下来，因确有这件事。关于老子，人们都说他姓李名耳，陈说此系俗见。他考证出老子就姓老，故称老子。正如诸子百家各有其姓一样。孔子姓孔，孟子姓孟，墨子姓墨，杨子姓杨，庄子姓庄，荀子姓荀。惟独老子给他姓李，焉有此理，此与当时姓氏规律不符。老聃即老子的姓名，何来李耳之名。他这种说法，是否有确切的论据，不得而知。关于《孔子与中国》，他说孔子影响至深且大，每一封建王朝，都把孔子当作神圣供奉，信奉孔子是假，维护统治是真。农民起义之时，孔子就一时倒楣。新的王朝得胜，即刻又把孔子抬得天高。五四运动之时，我们提出“打倒孔家店”，就是这个道理。但在学术上，孔孟言论，有值得研究之处，如民贵君轻之说，有教无类之说，都值得探讨。关于《干支是字母说》，我更是摸不着头脑。只听他说“甲”是龟形，“乙”是燕形……，干支了无意义，不能解释，他认为是字母。

陈的书法：陈在狱中，有许多人请他写字，有的他拒绝了，有的他欣然命笔。他自撰的对联，我记得的有两副。一是：行无愧怍心常坦，身处艰难气若虹。一是：海底乱尘终有日，山头化石岂无时。

画家刘海粟到监狱去看他，他就写了一幅送刘，刘也送了一幅画给他。他能写好几种字体，看起来是相当挺秀的。我喜欢他写的狂草体和郑板桥体。他说写字如作画一样，既要有点天分，也要有些功夫，功夫锻炼内劲，天分表现外秀，字要能达内劲外秀，那就有点样子了，即所谓“中看了”。庸人写字，只讲究临摹碑帖，写来写去，超不出碑帖规范，难免流于笨拙，有点才气的人，又往往不屑临摹，写出字来有肉而无骨，两者都难达妙境。我问他，你写得怎样呢？他说，差得远，差得远，许多年来没有写字了。意思是说天分有一点，功夫是不够的，谦虚之中仍有自负。

陈独秀对翻译书的见解：他只懂日、英两种文字，日文可以看书，英文也可以阅读。因为老了，怕翻字典，他读外文著作，要我们代他把书中生字查出来。我们一面照办，一面劝他读读翻译的书，于是引起他对翻译大发议论。他说，现在许多翻译的书，实在不敢领教，读它如读天书，浪费我的时间，简直不知道它讲些什么，如胡秋原这小子，从日文中译出这样一句话，“马克思主义在三层楼上展开”，这是什么话，我当然不懂，我想也没有人懂，我要问马克思主义为什么一定要在三层楼上展开呢？难道二层楼上不能展开吗？我找到原本，查对一下，原来是说“马克思主义发展分三个阶段”。日文中的三阶段，就写三阶段，而三层楼则写三阶。若说胡秋原眼误，未看到这个段字，那是不能原谅的。译出书来，起码要自己看看懂不懂通不通，连自己也不懂的东西，居然印出书来，真是狂妄无知，害死人呀！他说，这是一种不负责任的态度。胡译乱译，还美其名曰“直译”。我认为翻译这种工作，不是闹着玩的，首先要精通外文，本国文字也要通达。现在有些懂点A、B、C、D的人，就大胆地搞起翻译来，真叫做荒谬绝伦，我认为严复对译书的要求“信、达、雅”三字，还应该遵守，信，就是忠实于原著，达，就是译文要通顺，雅，就是文字要力求优美。严复译的八部书，在这三个字上下过功夫。现在有人说这三个字不足为训，我说，非也。严译丛书，用古文体写的，青年人读不懂。但他是先读通原著，然后才从事重新创作，使之成为中文书，态度是严肃的，功夫是下得深的。当时在知识分子中，起了启蒙作用。现在哩，人们侈谈什么“直译”而反对“意译”，以掩饰他们的死译瞎译，叫读者如看天书，不知所云，这是一大“虐政”，一大灾难。殊不知直译决非一字一扣，一句一摹，而是保住原著风格。意译亦非随心所欲，胡乱行文。外文与中文差别很大，风俗习惯亦不相同，能直译的，当以直译为准则，不能直译的，就应辅以意译，我意直译意译应相辅而成，决不应偏向一方，而违信、达、雅三字原则。我反对林琴南式的“意译”，更反对胡秋原式的“直译”，若要从二者之中选择一种，那我宁愿读前者而斥后者狗屁不通。

陈独秀论文艺：王独清（创造社诗人之一）写了一本诗，歌颂一九二七年“广州起义”，那书上诗句，印得很新奇，有大字小字，正字歪字，加上一些惊叹符号，很像炮弹打出后的破片飞散一样。他拿去给陈独秀看，希望陈给他以好评。哪知陈看了哈哈大笑起来，连说我不懂诗，不敢提出评论，但是我佩服你的大胆，独出心裁，自创一格，弄得王独清十分狼狈，讪讪而退。后来在狱中谈起此事，他就谈出他对文艺的见解。他说，文艺这种东西，决不能用模型来套制，八股文为何一文不值，就是因为他是僵尸文章，臭不可闻。王独清那本诗，形式上看来颇为新颖，但他中了形式主义的毒，以为把一些口号写入诗句，这就是无产阶级革命文学了。其实这是笑话。结果把诗弄成屎，自己还不知道，甚至还洋洋自得，这是很可悲的。我问他无产阶级的政治思想是否可以写入诗文中呢？他说当然可以，不过这要高明的手法。现在许多作家，不肯在这方面下苦功，写出一套文式文学，人不像人，狗不像狗，味同嚼蜡，毫无生气。他们以为把政治思想塞进文艺中，就是革命文艺，谬矣。如果这样，要文艺家干什么？有党的宣传部和新闻记者就够了嘛。我问他对现实主义和浪漫主义有什么看法，两者是否应结合起来？文艺家是否应有阶级的立场，写出无产阶级和劳动人民的文艺来？他说这两个问题太大，很难说得清楚。文艺家当然要代表人民的利益创造革命文艺，但是这不是一蹴而就的事。我不赞成对文艺家画地为牢，告诉他们要写无产阶级现实主义文学，不要写资产阶级浪漫主义的文学，这是办不到的，也是束缚创作自由的。中国古典文学之所以能开出绚丽的花朵，如《红楼梦》、《水浒》、《西游记》、《儒林外史》、《西厢记》、《桃花扇》等，有哪一个是由别人出题或指出范围写成的呢？世界文学中第一流作家如莎士比亚、莫里哀、雨果、巴尔扎克、歌德、海涅、托尔斯泰、屠格涅夫等等，又有哪个是奉命写成出色的作品来的？他们都不知道什么现实主义和浪漫主义，可是作品中都包含着这两种。世界上优秀的文艺作品，不可能把哪些作品划成现实主义的，哪些作品划成浪漫主义的，我认为一个卓越的作品，它反映社会的情况，反映得相当高明，使人读了为之神往，作家写到哪里，读者如身入其境。喜怒哀乐，悲欢离合，都与作家有同一情感。这种作品就是好作品，不管他出身贵贱或政治倾向如何。列宁说托尔斯泰的作品是俄国革命的一面镜子，但他的思想是有害的甚至是反动的。但这并不妨碍人们称他是一位伟大的作家。托尔斯泰把当时沙皇统治的俄国社会各个方面各个阶层都写到了，写贵族入骨三分，写农民恰如其人，但他并没有叫一声打倒沙皇，也没喊一声农民万岁。作品中极其巧妙地反映出统治阶级的万恶和农民的悲惨，这就是用艺术的力量，唤起人民革命。上述这些作家，都不是下层人民，多数出身贵族，可是他们的作品却代表了人民的呼声，这就使得人们叫一声好，称赞他们是伟大的作家，伟大的作品。

中国古典文学方面有名人，曹雪芹、施耐庵、吴承恩、吴敬梓、孔尚任、王实甫等，也是世界难寻的伟大作家，尤其是曹雪芹，他在《红楼梦》中所描写的末期封建社会，可以说淋漓尽致，入骨传神，使人们不必读史，就一眼看到清初中国社会一幅全图。人物之多，入画入神，结构之紧，合理合情，真是旷世珍品，千古奇文。可惜难以翻译，外人不能欣赏，日本汉学家称《红楼梦》为天下第一奇书，诚不诬也。曹雪芹十年寒窗，才写了这部著作的前八十回，态度是何等严肃（托尔斯泰的《战争与和平》也写了七年）。诗文词句的推敲，也沥尽心血，故能达到美的结晶，决非今之作家粗制滥造所能比拟。我问他，照你这样说，一个时代只能出一个作家，其余作家只好停笔，等待伟大作品问世了，而文学是社会生活的反映，难道只允许一个大作家反映，不允许多数作家努力去做吗？他停了一下说，不然，我不是这样意思，我是着重说不应草率从事，想写就写，写出来的东西，轻飘飘的，没有味道，一读即完，不像《红楼梦》那样百读不厌。至于说反映社会生活，这说起来容易，做起来殊难。如有的人写工农，除了苦呀悲呀没吃没穿啦，一下子就走向革命，接着就是拥护和打倒，最后或坐监或杀头，至死不屈。实际生活，决不会这样简单，前进有过程，后退也有过程，作家的任务，要通过体验社会生活，再加上艺术构思，巧妙地描画出活的工农来，而不要借工农之口，说出知识分子的话来，叫人看了四不像。中国谚语说画虎难画骨，画人难画情，画虎不成反类犬，画人不成反类精。听说赵子昂画百马图，未着笔前，在书房里打滚，拟马的各种姿态，再出而观马，然后下笔。百马图中的马各有不同姿态，正如曹雪芹写众多丫鬟小姐，各有各的性格一样，这种精神和技巧都是应该效法的。要说现实主义，我想这才是真的现实主义。说到浪漫主义，我认为没有浪漫主义就没有文学，文学要有幻想，要用浪漫的构思和手笔，巧妙地反映出社会生活来。否则读读历史看看报纸就够了，何必还要什么文学呢？《西游记》是用浪漫的手笔写出来的，若用现实主义去衡量它，那是荒唐的。但它在文学上有特殊的价值。无论写孙悟空、猪八戒等以及各种妖精都栩栩如生，十分美妙，这种浪漫主义，是值得赞赏的。

陈独秀谈诗歌：自五四运动以来，他主张用白话文代替文言文，这是众所周知的，但对诗歌应采白话还是文言，他没有肯定。在狱中谈到这个问题，他谈开了。他说以前之所以不谈，是要看看白话是不是可以写出好诗来。现在看起来，白话诗还不能证明它已建立起来，可以取古体诗而代之。我看了许多新诗，还没有看到优秀的作品，能使人诵吟不厌的。我认为诗歌是一种美的语言和文字，恐不能用普通语言来表达。诗有诗的意境、诗的情怀、诗的幻想、诗的腔调等等，需要去琢磨。决不是把要说的话，一字不留地写出来就是诗。现在有些人，把一篇散文，用短句列成一行一行的就说这是诗，这把诗看得太简单了，可笑之至。我问他，照你这样说，我们又只有等李、杜出来了？他说李、杜不会复生，今日决不会有李、杜，时代不同了，意境也不一样了。令人吟诗应有今日风格，不过诗歌究竟不同于散文，它要有情趣，要读之铿锵作声，要使读者有同情之心，生悠然之感。我反对诗不像诗，文不像文，不费推敲，小儿学语式地乱写。须知唐宋各家诗词，是费尽心血，才能达到美的境地。我问他，青年人学作古诗如何？他说，我不提倡也不赞成。因为古诗讲究音韵格律，青年搞这一套太浪费时日，音韵格律是写诗一大障碍，有人穷毕生之力，也不能运用自如。要么严守格律，写出东西来毫无生气，要么破律放韵，仅求一句之得，据此而求千古绝唱，难矣。我问他，你既不赞成当今的新体诗，又反对青年人学学古诗，那么诗歌一道岂不要绝子绝孙了吗？他考虑了一下说，这确是一个难答的问题，我想可以美的语言美的文字结合起来写诗，但主要的还是美的意境，青年人想写诗，最好先读读《诗经》、楚辞、唐诗、宋词，了解一些诗味，然后动笔，想来会有进益的。他给我讲一个笑话，他在芜湖中学教国文的时候，有一个学生学作诗，文中有这么两句：“屙屎撒尿解小手，关门掩户阖柴扉。”他大笑之后在诗上打了一个横×，批上“屎臭尿腥”四个字，并写了两句：“劝君莫作诗人梦，打开寒窗让屎飞。”

总之他认为诗是一种美文，白话难以写出美诗，他最反对把散文写成短句，加上些啊、呀、吗、呢，再加上些惊叹号就自称是诗。

他在狱中随兴之所之写了《金陵怀古》二十四首七言绝句。一首嘲讽一个党国要人，如邵元冲挨过蒋介石的一记耳光，陈立夫挨过蒋介石的一顿脚踢，蒋作宾闻蒋介石放屁而曰不臭，宋霭龄巧遇大学生等等。虽然是一些无聊的小事，但诗写得相当辛辣，可以看出那时当局的一些丑态。不知这组《金陵怀古》可曾留下稿件没有。[①]

陈独秀论民主与科学：陈与托派青年，关于民主问题，有过长期争论，到了监狱，他还是坚持他的主张，甚至还走得更远。他几次拍桌子打板凳，斥我们无知。有一次典狱长把我提去询问："我们为了陈先生年老多病，让你们去照应他一下，怎么你们和他吵起来了？"我说："我们劝他吃药，他坚决不吃，所以吵起来了。"他说："啊！原来如此，往后你们好好劝他，不许大吵大闹了。"于是掩盖了一场风波。

陈独秀说，五四运动前后，在《新青年》上提出民主与科学，不是信手拈来的，而是经过深思熟虑，针对中国的情况才提出来的。一般青年只懂其皮毛，而不懂其实质。中国经过几千年封建统治，民主与科学荡然无存，正因为没有民主与科学，弄到国将不国、民难为民的地步。帝国主义侵略，更加深了这种灾难。今天讲民主科学，并未过时，反而更加需要，我可以武断地说没有民主，就没有进步，也没有革命，没有科学就不能生存，就要亡国，有民主才能有科学，有科学才能保民主，二者缺一不可，少一点也是不行的，我生平研究历史，发现原始社会在生产，生活方面实行共产主义，在社会组织方面，实行民主主义，虽然那时还不知道这两个名词，但确是当时社会的两大支柱。后来阶级社会产生了，这两大支柱被统治者推倒了，埋葬了，而且埋得很深很久，叫人们忘记了。卢梭把它发掘出来，说："人生而自由者也。"我们不能因卢氏是资产阶级启蒙运动的大师，就说他的话说得不对。我认为法国大革命时期，百科全书派一些著述是有很大贡献的。当时他们提出自由、平等、博爱的口号，也是不能非议的。后来欧洲各国民主革命相继完成，建立民主制度发展了科学，使他们走上资本主义道路，富强起来了，民主制度也受到限制了，自由、平等、博爱只限于资产阶级范围以

---

① 此处濮清泉记忆有误，陈独秀在南京狱中创作的一组诗歌名为《金粉泪》，共计五十六首，1936年或1937年间，上海亚东图书馆老板、陈独秀的老友汪孟邹去探监时，陈将此诗稿手稿交予汪保存。直至1953年2月，汪孟邹将这份珍贵的手稿找到，并道出其中的原委。1959年由汪原放捐献给中共一大纪念馆。

内了。广大无产者和劳动人民，都摒弃于民主之外，这不是民主之罪，而是资本主义制度之罪。我认为民主制度是人类政治的极则，无论资产阶级革命或无产阶级革命，都不能鄙视它，厌弃它，把它当作可有可无，或说它是过时的东西，在东方落后国家，长期受封建制度束缚，没有民主的气息和习惯，更应把它当作战斗的目标而奋斗。我问他，你这种见解，是否混同资产阶级革命和无产阶级革命的战略目标呢？是否违背马克思主义呢？无产阶级革命目的，难道是为了民主主义而不是为实现社会主义——共产主义而奋斗吗？他答道，所以我说，你们对马克思主义的了解相当片面，相当机械而且幼稚，从马克思到列宁都没有把民主主义和社会主义分裂开来，如你们一样把民主主义当作资产阶级的私有财产，而把社会主义当作无产阶级唯一的要求。他们多次教导，从资产阶级形式民主，到无产阶级实质民主，是社会发展的必然趋势。列宁说过资产阶级民主，是少数人压迫多数人的民主，而苏维埃民主是多数人压迫少数人的民主，后者是比前者广泛得多、扩大得多。德国社会民主党成立之的，恩格斯还健在，他并没有指责这个党名称要不得，列宁也没有摒弃俄国社会民主工党这个名称，可见他们并不轻视民主而是重视民主的。我问他，马克思、列宁明明说过要用无产阶级专政代替资产阶级民主，对此你如何解释呢？他说，是的，他们说过，但他们也说过，无产阶级专政是无产阶级和广大劳动人民最广泛的民主，只对极少数反抗新政权的人实行专政。难道这还不明白吗？你们总是把专政这个名词奉为神灵，而把民主视为妖魔，岂不怪哉。现在苏联实行无产阶级专政，专政到反动派，我举双手赞成，但专政到人民，甚至专政到党内，难道是马克思、列宁始料所及吗？此无它，贱视民主之过也。总之我认为民主与科学是人类历史长期的要求，决非权宜之计，临渴凿井的对策。如果用公式表达，就是原始社会里，共产主义和民主主义是两大支柱。奴隶社会和封建社会推倒和埋葬了这两大支柱。资本主义社会，发掘了民主，发展了科学，人类大跨步前进。社会主义、共产主义社会，民主与科学无限发展，走向人类大同。

对于这种“高论”，他虽言之谆谆，我却听之藐藐。我又提出两个问题，请他解释。一个是把民主与科学提到贯穿历史的高度，是否违反阶级分析的原则，一个是如果中国革命成功，你主张采用什么制度。

他说，关于第一个问题，我并未违反阶级分析的原则，我认为代表大多数人民利益，就是最好的阶级立场。成天大叫无产阶级万岁的人，未见得有利益于大多数人民，也未见得有利于无产阶级。民主与科学是大有利于中国人民的，当然也有利于无产阶级。关于第二个问题，现在还没有实现的东西，难以预言，不过如果革命胜利，我设想要建立一个民有、民治、民享的人民政府，实行名副其实的自由、平等、博爱。我问他，林肯的政府是人民政府吗？法兰西共和国实行了自由、平等、博爱吗？他答道：正因为他们没有名副其实地实行他们的口号，所以我们要认真地实行起来。须知上述口号，鲜明响亮，通俗易懂，人民心向往之。若不拘泥于名词偏见，我认为无产阶级专政，就应该做到民有、民治、民享和自由、平等、博爱。我说，那是假的，他们是说着骗人的。他说我们要做真的，我们不需要骗人。我说，巴黎公社的教训和十月革命的经验，你忘记了？他说，巴黎公社教训不在于过于民主；十月革命的经验，也不在于实行专政。资产阶级政权是少数统治多数，他们能允许集会、结社、言论、出版自由，不怕垮台，而无产阶级政权是多数统治少数，竟怕这怕那，强调一党专政不允许言论自由，焉有是理。最后，我问他，你是马克思主义者还是百科全书派？他说，马克思主义是吸收前人的精华发展起来的，没有德国的哲学、英国的政治经济学、法国的社会主义，他不能凭空创造出一个学说来。我信仰马克思主义，因为它是无产者和人民甚至全人类解放的思想武器。彭述之说过“马克思主义以外无学问”，这话对吗？简直是愚昧无知。现在苏联就是把人造成一个模型，不容有别的样式，还自诩为马列主义，马列地下有知，想会慨叹呜呼的。

陈独秀谈哲学：陈独秀说，对中国古代哲学，稍有涉猎，对西方哲学著述，读得较少，他自谦是门外汉。他不赞成一些青年读了几本哲学书就大谈什么唯物主义与唯心主义，什么辩证法和形而上学。他说，有些人开口是辩证法，闭口是辩证法，骂人家是机械论，是形而上学，实际上，他们自己在那里搞诡辩，变戏法，叛徒叶青就是一个最坏的典型。当他投降国民党以前，讲话写文章都侈谈哲学，叛变以后，他仍然口口声声不离开什么哲学，而且恬不知耻地说是“马克思主义哲学”；天下无耻之事，岂有甚于此者。唯物主义和辩证法，只有革命者和进步者才能认识和运用，反动派谈唯物主义只能是拜金主义；而他们讲辩证法只能是变戏法。我认为辩证逻辑和形式逻辑是并行不悖的，现在有些人，只迷醉于辩证法这个时髦的名词，而弃形式逻辑于垃圾堆，妄矣。哲学上无论中外，代有名家，很难把他们截然划分谁是唯物主义谁是唯心主义，谁是辩证论者谁是机械论者。大别为唯物唯心两派是可以的，截然划分是难办到的。因为他们当中，有的是唯心论者兼有唯物论的因素，如康德；有的是唯物论者又带有机械论瑕疵，如费尔巴哈。有的是唯心论的辩证论大师，如黑格尔。直到马克思才树立起辩证的唯物主义和历史的唯物主义这个光辉的体系。中国诸子百家多数属于唯心主义的范畴，老、庄、孔、孟是也。但他们著作中有唯物主义的因子，也有朴素的辩证法。杨、墨、荀、韩非等，基本上是唯物论者，但也夹着许多唯心论。中国最早的唯物论者是王充，应该读读。列宁劝告青年，不可不读考茨基和普列汉诺夫的哲学著作，这是对的。现在苏联哲学在德波林的把持下，搞得乌烟瘴气，完全是一派经院气息。生拉活扯，叫人不敢卒读，哀哉。

陈独秀很赞赏易卜生和尼采。易卜生认为思想家先世人道出真理，言人之不敢言，世人不能接受，于是群起而攻之，等到时代进展，人们认识到他是真理，又为他树起丰碑。丰碑树立之时，新的思想家又出来道出新的真理，同样又遭到攻击，后来又为他树立丰碑等等。易卜生说，少数人永远是对的，多数人永远是错的。陈独秀说，这是至理名言。我说列宁批评过易卜生，说他是小资产阶级的偏见。陈说，不管列宁批评过没有，我认为易卜生是对的。从广大人民利益来说，当然是多数人对，少数人错。但从思想启蒙这个出发点来说，易卜生是对的。有史以来的思想家、哲学家，都有过同样的遭遇。哥白尼的后学伽里略、刻卜勒受到宗教法庭的迫害，是举世周知的史实，但是真理并不在宗教法庭方面，而在科学家方面。即以马克思、恩格斯、列宁来说，他们代表真理，但一生多半都处在少数的地位。陈劝我读读易卜生的《国民公敌》、《社会栋梁》和《娜拉》。我说读过了，他说，再深读一下，才知其味。

讲到尼采，陈独秀说，我以前道听途说，以为他是帝国主义的代言人，但现在我看了他的代表作《札拉图斯特拉如是说》，才知道他是批判万恶社会的哲人。我问他，尼采不是主张超人哲学吗？世界上哪来超人呢？他说，正因为世界上没有超人，所以他要把人类提高到超人的地步。他认为德国社会上层人物是一群动物，蠢猪，笨驴。他骂大学教授学驴叫，新闻记者是骗子，当局是强盗，官吏是盗贼……这是对资本主义社会的有力的声讨，哪里有帝国主义代言人的气味呢？德国政府把他关进疯人院，岂不是自己打自己。所以读书要自己钻研，决不能以耳代目，道听途说。尼采理想东方社会要纯朴得多，像人得多，他想不到东方社会的落后贫穷，还有很多不像人的人。陈把《扎拉图斯特拉如是说》拿给我看，劝我也读读它，我翻了几页，只见陈在上面写着“此声何声也，汹浦澎湃，荡尽人间污浊……”我老实告诉他，我看不懂，也不想看。他说，看不懂可以慢慢来，不想看，那就是满足于偏见，安于愚昧。须知学术思想是应该绝对自由的，请三思之。

陈独秀谈妇女问题：这个问题关系到他的私人生活，本来不愿写，但为了忠实于历史资料，还是如实地写出来。陈的原配夫人高氏是个旧式家庭妇女，在乡中有贤慧之名，生了两个儿子，长子名延年，次子名乔年。陈从日本回国探亲，把高氏夫人的妹子高君曼，带去日本留学，日子一久，他俩竟结成伴侣。这事曾引起了乡里的非议，说是太不像话。但陈处之泰然，一笑置之。后来原配死去。陈与高君曼正式双宿双飞，初期感情融洽，相处甚好。怎奈陈有寡人之疾（好色），在北京常跑八大胡同（妓院），高君曼愤然与之争吵，继之以打闹，最后以分居宣告破裂。高君曼斥陈为无耻之徒，陈则骂高为资本主义。清官难断家务事，亲朋不敢置一辞。高生了一男一女，没有参加革命，比他们的两位兄长延年、乔年二烈士相差远矣。

陈独秀晚年，在上海找到一位姓潘的女工，又结成夫妇。这个女工，年仅二十余岁，七分人材，三分打扮，看来十分摩登。他俩走在一道，人们必以为是父女。我们非常诧异，为何此女愿嫁老倌，更惊叹陈猎艳技术之高明。陈被捕之后，此女赁居南京，常到狱中探陈。有一天，典狱长提我询问，我摸不着头脑，以为大祸将临。到了他的办公室，看他脸色严肃且带怒容，我心想事情不妙，但只有与之周旋。他叫看守退出，把门关紧。开始言道，我今天把你提来，有件事要你转告。陈先生在我们这里，我们没有把他当作犯人看待，上面叫我们优待，我们也尽量给他以优待。但是优待也有个界限，这里是监狱，不是旅馆。陈先生近来忘记了他在坐监狱，把我们这里当作旅馆，这是使我们很为难的。这时我心里平静下来问他，究竟出了什么事，请你直说吧。他说，你可知道有个姓潘的女士经常来看望陈先生，她是他的什么人？我说大概是他的学生。他说，不像学生，学生岂能天天来看老师。我说，是不是他的小女儿？他说更不是了，他的小女儿我见过。我说，那么是谁呢？我推想不出。他说，你恐怕知道的，碍于陈先生的面子，你不肯说罢了。我说，请你直截了当地说吧。他说，根据看守人的报告，说陈先生和那个姓潘的女士，在他的监房里发生过肉体关系，这怎么行呢？这事传出去，岂不要叫我同他一样坐牢吗？请你婉言转告他，要为我的处境想一想。面子要双方来顾，如再有这样行动，那就莫怪我无情了。我说，怕不会吧？请你再调查一下。他说，调查过了，千真万确，不瞒你说，当年我也是崇拜陈先生的一人，以为他的道德文章可以做青年模范，现在看来，他的文章虽好，道德有限。你告诉他，往后请他自爱一点，也为我们着想一下。我唯唯而退。

第二天，典狱长叫我把话转告陈独秀，我一五一十地说了。他神色自若，毫无赧颜。我愤然说道，你这个人在政治、思想一切方面都非常偏激，在行为方面也很乖张。一个政党的首脑，这样对待生活，对吗？外面小报上说你不以嫖妓为耻反以为荣，确有此事吗？他最初听了默无一言，似有愧色。但听了小报所说，他火起来了。他说，大报造大谣，小报造小谣，你怎么信它？这是私人生活，不用别人管。我说，你是一个政党领袖，对妇女问题，没有正确而严肃的态度行吗？他自知理曲，沉默良久，然后说道，在建党以前，在这方面，我是放荡不羁的，可是建党以后，我就深自检点没有胡来了。我说，这位潘女士从哪点来的呢？他说，难道我不能有个伴侣吗？

陈独秀谈《新青年》旧友：有一次谈到李大钊（守常），他说，非常钦佩，十分敬仰，守常是一位坚贞卓绝的社会主义战士。从外表上看，他是一位好好先生，像个教私塾的人；从实质上看，他生平的言行，诚如日月之经天，江河之行地，光明磊落，肝胆照人。段祺瑞制造“三一八”惨案，他曾亲临前线，张作霖要逮捕他，事先他也有所闻，组织上曾劝他离开，但他坚持岗位，不忍搁下工作。最后视死如归，为党捐躯，慷慨就义，面不改色，世人称他为马克思主义先驱，革命家的楷模，是一点也不过誉的。他对马克思主义的研究，比当时的人深刻得多。他对同志的真诚，也非一般人可比。寒冬腊月，将自己新制棉袄送给同志，青年同志到他家去，没有饿着肚子走出来的。英风伟烈应与天地长存。我问他，人们说“南陈北李”，你比他如何？他说差之远矣，南陈徒有虚名，北李确如北斗。我说，自谦乎？他说，真言实语，毫无虚饰。

在五四运动的前期，陈与胡适、刘半农、钱玄同等算是文字知交，都在《新青年》上发表文章，当时人们称为陈、胡、钱、刘四支大笔。陈入狱后，胡念当年旧交，曾到监狱探访，而当年北大学生，如罗家伦、段锡朋等，也去过监中看望。陈谈到胡适，他说，胡适这个人，实在难测，在《新青年》上有大胆狂言的勇气，也写过一些号角式的文章。新文化运动，也是有贡献的。但他前进一步，就要停步观望一下，后来他走了一步，就倒退两步，这就难以挽救了。当初，我曾寄希望于他，同他谈马克思主义，有时他兴奋起来，也说马克思是一大思想家，有独到的见解。但考虑良久，又退回到杜威那里去了，如是者几次，都不能把他拉到革命人民这方面来。胡对陈说，你相信你的马克思，我相信我的杜威，各不相强，各不相扰，大家何必走一条路呢？结果他从杜威走向蒋介石，走到华盛顿当了中国大使。陈很为他惋惜。陈说，你若只作学术研究，也许不会被人鄙视的。胡适说，我也为你惋惜，你若不当政党领袖，专心研究学术，想来也会有些成就而不致身陷囹圄的。胡适告诉陈独秀，白话文学已建立起来，老舍、巴金、曹禺等是杰出的作家。陈问鲁迅、茅盾呢？胡答，不见他们的作品，这两位恐怕致力于文学为革命服务去了。胡的话带有讽刺意味。陈以似同意非同意的语调说，可惜不可惜？陈、胡的私交比较深厚；胡适说，没有你的《文学革命论》，白话文学，难达今日之成就。陈说，没有你的《文学改良刍议》，文学还会停在八股的牢笼中。

陈谈到刘半农，说他对音韵一道并没有什么研究，但在法国人面前，大谈音韵，以为法国人不懂音韵，讵料法国的音韵学家，把他驳得体无完肤，使他面红耳赤，息鼓而逃。一个人应该本着知之为知之，不知为不知的精神去做学问，不知并不羞耻，强不知以为知，必然要大丢其脸，弄到无地自容。刘半农就是“猪八戒的妈妈飘海——丑死外国人”，应引为教训。现在他死了，胡适写的挽联说，“守常惨死，独秀幽囚，新青年旧友，而今又弱一个；打油风趣，幽默情怀，当年知音者，无人不哭半农”。陈说，此联写得不高明，但余有同感焉。

关于钱玄同，陈独秀说，当时他是最激进的人物，每篇文章，都“左”得出奇，但是后来，他不“左”了，也不激进了。陈说，他要封存一切古书，并要废除汉字，你想他可“左”得出奇？

谈到鲁迅，陈独秀说，首先必须承认，他在中国现代作家中，是首屈一指的人物。他的中短篇小说，无论在内容、形式、结构、表达各方面，都超上乘，比其他作家要深刻得多，因而也沉重得多。不过，就我浅薄的看法，比起世界第一流作家和中国古典作家来，似觉还有一段距离。《新青年》上，他是一名战将，但不是主将，我们欢迎他写稿，也欢迎他的二弟周建[作]人写稿，历史事实，就是如此。现在有人说他是《新青年》的主将，其余的人，似乎是喽罗，渺不足道。言论自由，我极端赞成，不过对一个人的过誉或过毁，都不是忠于历史的态度。我问陈独秀，是不是因为鲁迅骂你是焦大，因此你就贬低他呢？（陈入狱后，鲁迅曾以何干之的笔名在《申报》“自由谈”上，骂陈是《红楼梦》中的焦大，焦大因骂了主子王熙凤，落得吃马屎。）他说，我决不是这样小气的人，他若骂得对，那是应该的，若骂得不对，只好任他去骂，我一生挨人骂者多矣，我从没有计较过。我决不会反骂他是妙玉，鲁迅自己也说，谩骂决不是战斗，我很钦佩他这句话，毁誉一个人，不是当代就能作出定论的，要看天下后世评论如何，还要看大众的看法如何。总之，我对鲁迅是相当钦佩的，我认他为畏友，他的文字之锋利、深刻，我是自愧不及的。人们说他的短文似匕首，我说他的文章胜大刀。他晚年放弃文学，从事政论，不能说不是一个损失，我是期待他有伟大作品问世的，我希望我这个期待不会落空。

陈对当年北大教授如王星拱、邓以蛰等都谈到过，内容已记不得了，只记得他说王是留英的科学家，邓是留法的美学家，两人都是陈的挚友，而邓家与陈家还有亲戚关系。邓曾为文称陈是当代“文章魁首”。邓的祖父就是有名的书法家邓完白（石如）。当时安徽省的名流如关昇（明甫）、李光炯、胡远浚（渊如）等都到监狱去看过他。湖南第一师范几位老教师，也去看过他，我只记得有一位姓杨的老先生，须发皓然，谈笑风生，他是毛主席的老师，谈到毛主席在湖南第一师范读书时一些情况。

陈独秀在狱中与外面托派的关系：陈独秀被捕后，中国托派已面临崩溃的边缘，虽然刘仁静、赵济、罗汉、陈其昌等曾先后出来，企图收拾残局，但始终挽回不了名存实亡的局面。陈独秀也想把他们扶植起来，重整旗鼓，但身居囹圄，困难重重，无已只好想尽方法建立一点联系。外面文件、书刊，当然不能邮寄到狱中，而陈的文章或建议，又不能公开的送出，结果由郑超麟的妻子刘静贞，自告奋勇，愿意冒险担任交通。她奔走于上海、南京之间，每月一次，从未间断。于是把联系挂上了。据刘静贞说，有时搜查甚严，有时也马虎一点，她总是把文件扎在月经带上，使他们无发搜查。

联系虽挂上了，托派工作并没有什么起色，对“国民会议”问题还是无休止的争论。陈独秀还是坚持原来的主张，青年托派也毫不让步。上文已作概述，无庸赘述。托派对外先后办了两个名为《嘤鸣》和《动向》的杂志，陈独秀也写过文章在上面发表，当然是用笔名，影响不大，除少数知识分子有同情之声外， 一般人并不知道有这两个刊物。

托洛茨基搞的什么“第四国际”，看到中国托派濒于破灭，派了一个人来到上海，帮助托派收拾残局。此人是美国人还是英国人，不得而知，托派只叫他外国人。[①]他希望到南京狱中去看看陈独秀，陈说不可冒昧，恐怕闹

① 托洛茨基委派到中国的这个外国人，是美国“托派”组织社会主义工党成员格拉斯，英文名为 C.Frank Glass，中文名为李福仁。格拉斯到中国的公开身份是上海《密勒氏评论》的副主编，实际上是托洛茨基在中国的通讯员，他和另一位美国人《中国论坛》的创办人劳勃次（Harold Roberts Isass），又叫伊罗生，互为知己。

出事来，结果他没有来。在文件来往，相互讨论中，陈与这个外国人发生争论。外国人站在青年托派一边，批评陈为不可救药的老机会主义者。陈则斥外国人乳臭未干，毛手毛脚的小猴儿。这个外国人来上海不到一年，看到中国托派奄奄一息，自己又无起死回生之术，于是愤然凄然而去。

陈独秀看西安事变：一九三六年十二月十二日，发生了“西安事变”，震动全国。监狱中听到蒋介石被张学良、杨虎城扣在西安，莫不喜形于色，欢声雷动。监狱当局立即奉命戒严，中央岗亭架上两挺机枪，枪口对着各监房的出口，看守长大声疾呼，有再叫嚷者，拖出去枪毙。但监房里还是不断地谈着此事，有人说这一下蒋介石完了，判长期徒刑的人说，我们有出狱的希望了。有的又说，蒋介石有钱有办法，也可能不会完蛋，等等。陈独秀对这件事，简直像儿童过年那样的高兴，他托人打了一点酒，买了一点菜，对我和罗世璠说，我生平滴酒不喝，今天为了国仇家恨，我要痛饮一杯。他先斟满一杯酒，高举齐眉说，大革命以来，为共产主义而牺牲的烈士，请受奠一杯，你们的深仇大恨有人给报了。于是他把酒奠酹地上。他斟了第二杯，呜咽起来说，延年啦乔年，为父的为你俩酹此一杯！接着他老泪纵横，痛哭失声。我们见过他大笑，也见过他大怒，但从未见过他流泪。我们劝慰他说，何必动感情呢？何况此事还在开演阶段，如何发展，尚难预料，我们不要空欢喜一场又白伤心一阵呀！他说，人非木石，孰能无情。我看蒋介石这个独夫，此次难逃活命。东方国家的军事政变，很少不杀人的，他转悲为喜劝我们喝酒。我们的心情，是和他一样的，所以也痛饮了几杯。想起来好笑，这样儿童式的天真，事情一来，沉不住气，竟发生在陈独秀身上，不能说不有点稀奇。过了十多天，我们在梦中被爆竹之声惊醒，南京全城一夜放个不停，我们很诧异，还不到春节嘛，往年就是春节，也没有放过这样多的爆竹。第二天起来，才知道蒋介石被放回南京了。陈独秀和我们，都感到惘然。他又一次像儿童一样发出奇谈。他说，看起来蒋介石的统治，是相当稳固的，不像我们分析的那样脆弱。我们问，根据何在？他说，从爆竹声中，可以听出，他有群众的基础。我们说，天呀！爆竹是警察下命令放的嘛。他说下命令放的，最多只能放个把小时，昨天放了一夜，能说是命令的作用吗？我看南京的人民，是相当拥护他的。我们说，不要凭感想分析了。他说只要不是瞎子聋子，也会认识到这一点。我们说，只要不是儿童，也不会作这样幼稚的分析。他说，你们才幼稚呢；我们说，你是老而幼稚。他说，你们以为蒋介石一吹就倒吗？你们会走到无知盲动的地步。我们说，你以为蒋介石能一辈子称帝称王吗？你会走上机会主义的老路。他听到机会主义这个名词，就条件反射地发起火来，拍桌大骂我们无知、幼稚、没有进步，不堪造就。我们怕典狱长知道了，又要找麻烦，就忍着气说，以后再看吧，是你的分析对，还是我们的分析对，历史会作出判断的。

陈独秀出狱：一九三七年七月七日，日本帝国主义发动了蓄谋已久的侵华战争，这就是闻名于世的“七七”事变。蒋介石直到这时，还是采取不抵抗主义，说什么“牺牲未到最后关头，决不轻言牺牲，和平未到绝望之时，决不放弃和平”。日本人可不听他那些谄媚的鬼话，同年八月十三日，日军大举侵略上海。蒋介石还去下令不准抵抗。可是下级军官和士兵，不能忍受日本帝国主义的压迫和欺凌，也不忍见中国的危亡，于是奋不顾身地起来抵抗，抗日战争开始了。蒋介石恐怕失去军心，这才消极应战，我们才看出，他的政权，十分脆弱。以军事方面言，问题极多；以政治方面言，更腐败不堪；以经济方面言，也是一团乱麻。到了这种地步，他还没有改革的意念，更谈不上决心了。他在解决“西安事变”的协议中，曾答应释放全国的政治犯，可是他一回到南京，又食言而肥。当时中共中央派周副主席和董老驻南京，迫使他兑现，他不得已才同意释放全国政治犯。陈独秀能够出狱，完全是中共的救援，国民党《中央日报》以“陈独秀爱国情殷深自忏悔”为标题，登载他的出狱。我和罗世璠向陈提议，“爱国情殷”四字，可以默认，“深自忏悔”四字必须声明更正。但陈独秀这个人，是非常乖僻的，新闻记者来见他，本可乘此机会，讲讲自己的主张，但他避而不见。八月二十六日，日机夜袭南京，狱中中了八枚炸弹，第二天这监里所有政治犯都被释放出狱。

陈出狱后，暂住在他的友人家中。他说，董老衔中共中央之命，曾去访问他一次，多年未晤，谈得很长。董老劝他，应以国家民族为重，抛弃固执和偏见，写一个书面检讨，回党工作。他说回党工作，固我所愿，惟书面检讨，碍难遵命。他就是这样固执，自弃于党的挽救，实堪慨叹！在这期间，蒋介石曾派人劝诱陈独秀当什么“劳动部长”，陈断然拒绝，他说他想叫我装点门面当他的走卒，真是异想天开。他骂高语罕去见蒋是无耻之尤。

陈独秀移居武昌：日机轰炸南京，日益疯狂。陈独秀听友人劝告，移居武昌，在武昌双柏巷，租了平房三间作为寓所。这时，我已回到故乡安庆，几次接到陈的手书，叫我速来武汉，说什么“别来无时不念兄，而兄竟忘我耶？……故乡非久留之地，勿使英雄老去，掷国家民族于不顾也。”我到了武汉，才知道他想重整旗鼓，另起炉灶，复兴托派事业。他说，我们这几个人是做不出什么名堂来的，我想叫你去开封找找罗章龙，看他意见如何。罗与我相处甚好，有一定才能，他最恨王明之流，现在河南大学教书，你去跑一趟如何？我说，当然可以，不过能否不辱使命，没有把握。于是他写了一封亲笔信，要我带给罗章龙。我到了开封，等了几天，才见着罗章龙，他看了陈给他的信，沉思良久，才说，陈先生的好意我非常感激，不过我现在致力于教学，无意搞政治活动，请回去转告陈先生。我知道事情吹了，说，请你写封回信好吗？他说，当然要写，请你明天来拿吧。这时有一位摩登女郎来找他，衣着讲究，其貌不扬，我自审不便久留，就告辞而去。第二天取了罗的回信，搭车回到武昌复命。陈看了信说：我也听说他在谈恋爱，算了算了。食色性也，奈何奈何！

陈在武汉，写了几篇文章，一篇是《论全民抗战》，大意是：日本是强国，中国是弱国，单靠政府这点力量是不行的，必须全民动员，武装工农，与日帝周旋到底，胜利方可得而期。举凡政治、经济、军事、文化各方面，都要有大的改革，才能适应抗战之需要，若一仍旧贯，迷信独裁，则中国前途，不堪设想了。另一篇是《打倒消极先生》，大意是：抗战是关系国家民族生死存亡的大事，不容采取消极态度，敷衍应付。政府与人民，都应下最大决心，以最积极态度，全力以赴去争取最后胜利，须知抗战不是应战，不打则已，打就要打到胜利。希望政府与人民迅速觉醒起来，完成中华民族的大业。

陈独秀把几篇文章送给当时《扫荡报》上发表。我问他，你不知道《扫荡报》是最反动的报纸吗？他说，知道知道。我说，既知道，为什么还把文章送给它那里发表呢？他说魔鬼办的报纸，我也敢送去发表。我说，你这不是自己糟踏自己吗？他说，你的思想还停留在斯大林主义那边，马克思就把著作送到资产阶级报纸上发表过。我问他，根据何在？他说，你去翻翻书。我不愿和他再争论下去，不辞而别，到了汉口。

陈独秀迁往重庆，老死于江津：日本帝国主义要吞并中国，是它早定的国策。它不管蒋介石消极抗日、积极反共的政策对它怎样有利，还是要打到底的。虽然它也搞过诱降，而蒋介石也愿意上钩，但条件没有谈成，日军决定打下南京之后，箭头就直指武汉。于是陈独秀又听从友人劝告，移住重庆。在重庆时期，他在广播电台作过一次广播讲话，大意是，中华民族的利益大于各阶级利益，民族解放斗争大于阶级斗争。一个社会主义者，对于抗日战争，应该坚决拥护，积极参加。对当今政府，应采取支持、建议或批评的态度，而不应采取反对、推翻以致打倒的办法。如果在这场民族解放战争中，采取这种办法，那就是帮助敌人灭我民族，其罪等于叛国。接着他提出，全民动员，积极抗战，建议政府作各方面的重大改革。大敌当前，非如此不足挽救中国之危亡，全国同胞；奋起抗日，日寇不灭，何以家为，最后胜利，定属于我。

当时政府报纸，对他讲话的前半段，大登特登，认为对他们有利，对后半段，则一字不提，噤若寒蝉。这个政府，希望它真诚抗日，不亦难乎！

陈独秀在重庆未呆多久，又移寓江津，老病交缠，意志消沉。从他的来信中（这时我来到云南教书），可以看到他承认一生事业，多归失败。但他并无忏悔之意，也未写出经验教训。一九四〇年第二次世界大战爆发，他有过分析。他说，这次战争，是人类何去何从的决战。德、意、日代表独裁国家，英、法、美代表民主国家。前者若战胜后者，人类将陷入黑暗的深渊，数百年来民主革命所取得的成果，将毁于一旦，人类会倒退到中世纪甚至奴隶社会那样悲惨的境地。所以全世界人民的任务，就是要不顾一切牺牲，去与独裁国家战斗到底。工人阶级和被压迫民族，都应一齐放下阶级斗争和民族斗争，为全人类的自由民主而奋斗。后者战胜前者，这是人类的希望，就目前的形势看来，十分令人忧虑。德、意、日法西斯强盗，已经拿着锐利的刀枪，闯进门来，而英、法、美的绅士们，还在穿着睡衣拖鞋才从床上爬起。这样而求胜利，岂可得乎？他主张不分国家，不分民族，不分阶级，全人类都要投入保卫民主保卫自由的战斗，否则人类黑暗时代，就会到来，何堪设想。郭沫若见到陈独秀这段分析后说，我以为看错了名字，简直不相信自己的眼睛。郭老不知道陈独秀的为人，更不知道他的后半生还原为民主的吹鼓手。叶剑英同志说，陈独秀是一个非马克思主义者，我认为是正确的评论。在建党初期，他初具马克思主义的观点，但他始终未能成为一个马克思主义者。

由于把民主抬到无限的高度，陈独秀仇视任何形式的专政，他不管资产阶级的独裁，还是无产阶级专政，一概反对。晚年他寄给我一首五言长歌《告少年》，原稿已上缴给政府，我还记得几段，录之以供参考。他写道：

> 大空暗无际，昼见非其形。众星点缀之，相远难为明。西海生智者，厚生多发明。摄彼阴阳气，建此不夜城。食以延躯命，色以延种性。逐此而自足，何以异群生。伯强今昼出，拍手市上行。旁行越郡国，势若吞舟鲸。高踞万民上，万民齐屏营。有口不得言，伏地传其声。黄金握在掌，利剑腰间鸣。二者惟君择，送死顺则生。云雨翻覆手，信义鸿毛轻。食人及其类，勋旧一朝烹。哲人间世出，吐词律以诚。忤众非所忌，坎坷终其生。毋轻涓涓水，积之江河盈。亦有星星火，燎原势竟成。作歌告少年，努力与天争。
>
> 后批：伯强，古传说中之大疠疫鬼也，以此喻斯大林。近日悲愤作此歌，知己者，可予一观。

画家徐悲鸿，由南洋回国，经过云南，我曾将此歌给他一阅，他说此歌若对一般独裁者而言，倒很贴切，若对斯大林而言，我不敢苟同。在一般青年中，这首诗没有发生什么影响。我曾写信问陈，《告少年》是对一般独裁者而言，还是专指斯大林。他回信说，我给所有独夫画像，尤着重斯大林。另一封来信说道，如果能叫马克思、列宁复生，如果他俩肯定今日苏联所行的一切，就是他俩的主张。那我就要说一声，你们的学说，我不赞成，我宁要民主不要专政。最后一封信，把他的思想，写成一个公式：

民主、科学→社会主义。民主、科学→共产主义。

一九四二年，陈独秀的胃溃疡和脑充血同时发病，他这个相信科学的人竟轻信江湖医生的药方，服了扁豆花煎的汤药，中毒而亡。[①]享年六十四岁（实际年龄六十三岁），遗著有《文字学》一部。

陈独秀的祖父曾对他作过宿命论的预言，“此儿不成龙即成蛇”，其预言属唯心主义，不足谈论。但牵强附会地说来，从辛亥革命到五四运动，从五四运动到中国大革命，陈独秀像一条生龙，大刀阔斧，冲锋陷阵，向恶旧势力开火，前半生应该肯定他是个革命家。但是自从他与托派合流以后，一切言行，都由变色龙转变成为一条蛇，不管他主观上还自称革命，但客观上尽了反革命的作用。历史的辩证法就是这样无情。十年追随，深知其人，我认为他是一个从思想到行为都是放荡不羁、自行其是的人，是一个小资产阶级民主主义的狂飙派，马克思主义者的光荣称号，他是不能承当的，政党领袖，他更不能胜任。这是我这个相处十年失足回头人的看法。我衷心希望读者给予批评和指正。

几点说明：一、陈独秀的前半生，因有《新青年》和《独秀文存》在，世人知之较多，故从简叙述。他后半生的言行，世人知之甚少，叙述较为详尽。二、陈讲给我的话，大体都还记得，复述出来，可以保证其精神大意不走原样，但求一字不差，乃不可能之事，为慎重起见，他的讲话，一般都不用引号。

一九七九年八月

---

① 此处叙说不准确，请参考阅读本书何之瑜的《独秀先生病逝始末记》一文。

陈碧兰（1902—1987），湖北省黄陂县人。1918年夏，陈碧兰入湖北省立女子师范学校读书，与杨子烈（张国焘夫人）、庄有义（陆沉夫人）、徐全直（陈潭秋夫人）、夏之栩（赵世炎夫人）为同班同学，1922年10月由陈潭秋介绍加入中国共产党。1923年秋，赴莫斯科深造。回国后在上海从事地下工作，与彭述之结婚。大革命失败后，她随彭述之参加并组织了中国“托派”。1949年赴香港。1950年先后移居越南和欧洲诸国，1968年到日本，1973年移居美国。著有回忆录《我的回忆—— 一个中国革命者的回顾》（又名《早期中共与托派》），但书中有些内容存在不客观的偏颇、偏激之词。

陈独秀怎样转向托派的[①]

陈碧兰

一九二九年的初夏，尹宽（大革命时期中央宣传部长）约述之（即彭述之，大革命时期中央组织部长）同几位从苏联回来的同志谈话，他们是莫斯科中山大学的学生，都是托派（当时中山大学的学生托派甚多，因该校的校长拉狄克当时支持托洛茨基）。述之和尹宽同他们谈话之后，得悉苏联托洛茨基所领导的左派反对派的概略情况以及他对于中国问题的某些意见。最后，王平一将托洛茨基所写的关于中国问题的两个文件——《论共产国际第六次大会后的中国问题》和《中国革命的总结与前瞻》送给述之带回研究。述之带回这两个文件后，立即阅读，一直读到深夜，一口气读完了它们。

他第二天一清早就起来，异常兴奋地对我说：

① 本文观点系一家之言，个别评述文字欠准确，仅供参考。原载《陈碧兰回忆录》，选编自《陈独秀研究动态》第22辑，唐宝林主编，2000年11月印行。

“啊！关于中国革命失败的原因，我现在弄明白了；党现时所应采取的政治路向也发现了，看了托洛茨基的这两份文件，好像‘拨开云雾见青天’一样，把我在革命高潮时期和失败后所感觉到而说不出其所以然的道理，在这里面都十分明确地指示出来了；而且有些简直是预言，我完全赞同这两个文件中的意见，现在我要到独秀家里去，把文件送给他看。”

第三天的下午，陈独秀带着文件到我们家里来，他对述之说：“托洛茨基对于中国革命失败的原因的分析完全正确，对于共产国际指导的错误的批评也十分中肯，尤其以国民会议的总口号作为当前政治路线的指标，以此来代替目前盲动主义政策，我认为十分正确而合时宜。但对于未来革命的性质问题，我还觉得有些怀疑。”

述之接着说：“既然我们认为这两个文件的意见完全正确，尤其对于当前的政治路线同意托洛茨基的主张，那么，我们就应该为这个主张而奋斗；首先，就应该在党内进行活动，组织左派反对派，至于未来的革命性质问题，我们可从长讨论。”

陈独秀同意述之的意见，他们准备集合所有对党的盲动主义政策不满的同志，来讨论这两个文件的意见，并进行组织左派反对派。

次日，尹宽也来了，他问述之看了这两个文件之后有何意见？述之回答他说：“不但我完全同意，独秀大体上也是同意的。我们已经商议准备从事在党内组织左派反对派，进行斗争。你是否同意托洛茨基的意见，并为这个主张而作有组织的斗争呢？”

尹宽说：“我看了这两个文件后仔细研究过，我也有这个意思。”

自此以后，述之和尹宽分别把托洛茨基的文件传给其他的同志阅读，并和他俩讨论文件的内容以及组织左派反对派的问题。在很短的期间内，就把留在上海的一些老干部，如汪泽凯、刘伯壮、郑超麟、李季……等，组织在一起，形成了一个组织，这便是后来名为“无产者社”的核心；也就是陈独秀和彭述之等转向托洛茨基主义和组织左派反对派的开端。

同时，陈独秀和彭述之各自写信给党的中央，要求党检讨过去革命失败的教训，改变盲动主义政策，重新建立适合于当时客观局势的政治路线，并要求公布托洛茨基的关于中国革命问题的一切文件，举行党内的普遍讨论。

在当时，我虽然对“立三路线”时代的盲动主义和官僚主义的作风极为反感，但我有一个牢不可破的观念，就是即令对党的政策和作风不满和反感，只能在党内组织所允许的范围之内，即在自己所属的支部或其他的组织形式进行批评或讨论，而不可另行组织派别。因为我认为，真理只有一个，代表真理的就是共产党，当然也只是一个。假如另行组织派别，同党分庭抗礼那就等于否认党，反对党，也就是违反了党的纪律；由于在我的心版上深深地刻画着这个观念，因而对于述之那样热衷于组织左派反对派的活动，深不以为然，甚至反感。述之曾三番几次劝我阅读托洛茨基的两个文件，但我终于因怀抱着这种反感的心理而拒绝了。

自陈独秀和彭述之的信交给党中央后，我便从某些同志中得悉中央准备开除陈独秀和彭述之的消息，从此，在我的内心里感到异常的矛盾和痛苦。我深知道，我和述之是分不开的，假如述之被党开除，势必也就跟着开除我（除非我同述之离婚），犹如过去以及当时述之受打击而我在党内的地位也就自然丧失一样。我想到这里，愈想愈痛苦，我深深地感觉到，我之参加共产党，是由于自己首先从思想上的认识，然后在行动上不顾一切同反动势力搏斗而一步一步地走进革命的队伍的。往后在党里有了相当的地位，也是由于自己的自觉学习和努力工作以及不畏任何艰苦和危险而获得，并非由于述之的关系而来。当我认识述之时，正是在工作的过程中，随后由于工作的巧合，使我们有更多的机会接近，发展成为伴侣的。因此，我不愿意由于这样的一种原因就简单地跟着他被党开除。因我自1922年入党以来，已经八个年头了，而且一向把党当作生命寄托之所，我不愿仅仅为了伴侣的关系而失去自己的政治生命和生命的寄托之所。因此，我当时内心里所感受的痛苦是没有一个人知道，也没有一个人可以同我讨论这个问题，只是自己烦恼和苦闷，甚至想到离婚的念头。

为了想倾泻胸中的苦闷，有一天，我独自到陈独秀的家里和他专谈此事，我对独秀说：“我从某些同志中得到一个消息，说党中央准备开除你和述之。假如述之被开除，一定会跟着开除我，但我绝不愿意跟着他而被党开除，因为我开始干革命时，并不认识述之，我既不是跟着他而参加到革命队伍里来的，当然也绝不愿意跟着他而被党开除。因此，我现在陷于极度矛盾和痛苦的状态之中，我想请教您，怎样才能解除这种矛盾和痛苦。”

独秀听了我的叙述，怔了一下，然后用很简单的话语诚恳而又坚决的态度回答我说：“假如我们被党开除，并不是因为我们背叛了革命；而是由于党的堕落，它离开了马克思主义的政治原则和布尔塞维克的组织传统，这是党的错误，如果党开除我，我是不在乎的。”

我听了独秀几句简单的话，顿时便提醒了我，使我打破了过去对党的那种机械观念。我想，如果党在政治上和组织上有错误，党员是有责任起而批评和纠正的；为了使批评和纠正的意见发生效力和有力量，在党内集中一个有力量的反对派也是需要的。尤其是独秀所说的：“如果党开除我，我是不在乎的。”这句话对我发生了极大的力量。我觉得：以他创立中国共产党和一直任党的总书记的声望和地位，都把被党开除看作不在乎；那么，我又何必把它看得如此严重呢？这样，我怀着探求研究托洛茨基的文件的决心回到家里。在仔细阅读了托的两个文件之后，把其中的意见和自己亲身经历的事变回忆一下，对照一番，我觉得他批评共产国际对中国革命领导的错误，真是一针见血；的确，有些意见简直成为预言，我认为真理是在这一方面（无怪乎斯大林和布哈林把托对中国问题的文件紧紧地封锁起来，不让中国的共产党人阅读哩！我相信，假如把这些文件公布出来，除了那些官僚外，真诚的革命者都会赞同的），我必须为它而斗争。从此，我便从矛盾和痛苦的状态之中解脱出来，转变成为一个为托洛茨基思想而斗争的积极分子了。

在这个时期不久之前，党已经把述之和我当作党员编入支部，我们在支部会议上，每次都以托洛茨基的观点来批评党的政策，过去的以及党当时的。但地方党部派来参加我们的支部会议的负责者，从来没有同我们争论，更谈不到驳斥或反对我们的意见了，他们只是背诵党的通知和牵强附会地解释党的政策而已。我们虽然反对党当时所采取的盲动主义政策，但我们仍旧服从党的纪律，也和其他的成员一样，执行散发传单和宣言以及其他宣传品的工作。当时，在我们所住的区域——闸北——党决定不在这里举行示威运动，因这里属于中国地界，假如有群众集合，军警可以当场开枪射击的。因此，一般的示威都是在租界的繁盛街道上举行，喊了几个口号，就分散于人群中或大公司里面去了。当然，每一次的示威运动，总难免有几个人被牺牲的。

意因，即郑超麟，其简介见本书《陈独秀与鲍罗廷》。

一封陈独秀生前未收到的信[①]

意　因

先生：

……你的意见我本很清楚，这次文章[②]又把你的意见更有系统地说出来了。有许多条，在文字上说，我都可以完全同意的，尤其最初五条和最后四条。但有一个根本点，我和你不相同，就是，有无革命起来干涉战争。不错，现在是最反动的局面，现在全凭事实看不出丝毫革命的，但革命究竟是客观历史过程，即使没有一个党，即使没有人自觉地去准备革命，革命仍旧是要来的，而且就在这个战争之中到来。这个战争拖延下去——这个战争不能不拖延下去，因为某一阵营帝国主义胜利而结束战争，这比革命还更渺茫些，——统治阶级终有一日不能维持其统治，中间阶级终有一日不再徘徊，而欢迎革命为唯一的出路，广大群众更不用说了。一九一五——一九一六年，革命也是极渺茫的，列宁估计儿子或孙子一代才会看见社会主义革命，但是一二年之后革命就到来而且成功了。现在我们正处在一九一五——一九一六年那样的时代。革命成功虽没有保证，但革命局势是必然要到来的，而且在这个战争当

① 本文刊载于1942年6月25日出版的“中国共产主义同盟（国际主义派）”（即托派少数派）油印机关报《国际主义者》第3期。原刊系油印，多处字迹不清，文中“……”处，除说明“字迹不清”外均系原文，未作任何删除。文中观点纯属个人意见，个别处有失准确，仅供参考。选编自《陈独秀研究动态》第8辑，唐宝林主编，1996年7月印行。

② 即陈独秀《我的根本意见》。

中，就要到来的。我们过去预言世界战争不可避免，主要也是从历史发展说的，而非从各国军备状况说的。

我有这个确信，所以在我面前的革命问题，即资本主义或社会主义问题，离开革命专谈独裁或民主，则民主之优于独裁是很明白的，首先我自己也承认的。

说到民主，则我以为应当区别一般的民主和特殊的资产阶级政制之一的民主，你说明的是一般的民主，这种民主当然是好的，过去好的，现在好的，将来也好的。将来，直到国家枯萎以前，我们都少不了民主。这是当然的。但我们讨论的是资产阶级民主制，一般民主之表现为这个特殊的形式。这个形式当然与资本主义统治不可分离的。我也不否认现在英、美政制优于德、意政制，英、美也比德、意更有利于准备革命。但第一，英、美的民主之下，无财产者仍旧无真正的参政权，即无真正的民主；第二，英、美资产阶级若认为独裁比民主更便利些，随时可以转变为独裁；第三，我们现在的问题并非是在资产阶级这二个统治形式之中选择一个较好的，而是根本不要这两个形式，因为战争向我们提出了根本推翻资产阶级统治的任务了。

苏联的堕落当然不能归罪于斯大林一人，因为这是俄国本身落后和世界革命第一潮失败之结果。我们有权利希望未来的无产阶级专政不会产生“斯大林”，因为第二次革命潮将成功于好几个先进国家。“无产阶级专政”，仅仅是资产者无政治权之意，是对于过去统治阶级的专政，而非对于劳动群众的专政——对于劳动群众则是民主。这是理论，不错，但苏联的试验还不够给我们证明这个理论是行不通的。再来一个试验，如果再产生一个“斯大林”的话，我们才肯怀疑这个理论。

无产阶级专政，我们也可以称为无产阶级民主，正如资产阶级民主其实就是资产阶级专政一样。

你把“革命的失败主义”误解为秃头无字的失败主义了。“革命的失败主义”并不是说本国失败比敌国失败好些，而是说本国战争失败比本国革命失败好些。L.D，给革命的失败主义下一个“足够的”定义说：彻底实行阶级斗争不必顾虑本国战争胜败。如此，若非明显有利于革命，我们当然不希望本国失败的。你说英国革命削弱了英国抵抗纳粹的力量，但应当注意，如果英国革命，那不过是世界革命浪潮之在英国部分的表现而已，换句话说，此时德国也在酝酿革命之中了。

总之，我们只能从革命前途出发，提出夺取政权任务为我们对于战争政策之中心点。革命会失败么？战争结果会开始第二段帝国主义么？会的。革命局势甚至完全不会来么？也许。但是我们革命党，只能从革命前途出发，如果拿去这个前途，我们在中国只好选择做菲律宾人或高丽人二条道路了。做菲律宾人自然比做高丽人好些，但不值得去牺牲性命求做菲律宾人的。求做草字头统治底下的中国人也不很值得。……

意 因

一九四二年立春节

意因按：

以上是我写给独秀先生的一封私人的信，因为邮寄困难至今未曾发出。信内大部分是关于理论上的争论，即对于他最近的《根本意见》之批评，所以拿来在《国际主义者》上发表了。顺带着，我们也发表他的“根本意见”一文。

第四国际中国支部此次的大争论——此争论现在已达到分裂结果——独秀先生并未能直接参加，但他的意见我们还是知道的；他在此次争论之前，写来四封论民主和独裁的书信，本写得很清楚，此次的“根本意见”更加有系统的了。那些保卫主义者把他当作“右派”，把我们当作“极左派”，一起来反对；他们写的论文和议决案，几乎没有一篇不拿他来同我们对照的。我们则相反。我们过去的文字完全没有提到他。这并非因为他的意见与此次争论无关，也不是由于我们避免提到他，而是为了在我们争论的问题上，即关于中国战争性质和无产阶级党对此战争对策的问题上，他的立场本质上就是那些保卫主义者的立场，我们批评了那些保卫主义者，同时也就是批评了他，本无需乎特别批评他的。但因有些人重视辞藻过于内容，至今还以为他的意见和那些保卫主义者的意见属于两种完全不同的系统，故我这里先来解释一下。

不错，就表面上看，独秀先生的话和那些保卫主义者的话是有好多不同的。首先他不借用托洛茨基主义辞藻来修饰他的意见，那些保卫主义者则开口“第四国际纲领”，闭口“第四国际纲领”。但这不过表明他比他们诚实罢了，因为他明白第四国际纲领是与保卫主义不能相容的。那些保卫主义者无论如何征引托洛茨基同志的成句，但其主张则违反了第四国际纲领，即革命的马克思主义精神。这一点，我们已经发挥几次了，现在不妨重复一下。

托洛茨基同志在一九三七年前后，曾根据当时中日战争特殊情况，如诸大强国不会参战及战争含有群众性等等，主张我们应当把这个战争看成客观上有进步意义的，我们应当支持它。我们支持它，还是为着要获取群众信任，积聚力量，以便推翻资产阶级政府，建立无产阶级专政的。支持战争和准备夺取政权，——此二者是不可分离的，但是我们的保卫主义者则接受了托洛茨基同志关于支持战争的指示而排弃了他关于夺取政权的指示。他们阉割了托洛茨基，正不减于第三国际那些保卫主义者之阉割了马克思。经过他们笔下引来的托洛茨基成句是完全无害于资产阶级“祖国”的，是在爱国交响乐之中奏第一把提琴的。我们这样说，他们也许要否认。他们也许认为，他们并非排弃托洛茨基同志关于夺取政权的指示。可是托洛茨基每有谈话、书信、论文，凡说到我们在中国支持战争的，都必然要提醒我们准备去推翻资产阶级的政权。他们的议决案、宣言以及一切文字则相反：“支持战争”的话是连篇累牍的，“夺取政权”的话则一字不提，或至多作为远景罢了。他们在此次战争中从来未曾号召过：为准备革命而努力。最明显的是，关于“打倒国民党”口号问题。他们的支持战争，是与“打倒国民党”口号不能相容的。当然的啰。所以，现在的保卫主义领袖，[1]当初不惜……[2]争得取消“打倒国民党”口号，而今也屡次声明：在抗战“不变质”之下，不改变对国民党态度的，即不能重提此口号的。可是真正的托洛茨基主义怎样呢？第四国际书记局，一九三七年中日战争初起时，曾有一篇关于此战争的决议发交各国支部讨论的，其中明白指出：“准备以革命方式使政权从国民党手

① 本文中“保卫主义者”是指其对立面“多数派”，“领袖”则是指彭述之。
② 此处字迹不清。

里转移至工农手里。”这个决议后面附了六个口号：“武装的劳动者中国战胜日本帝国主义！”，“第三次中国革命万岁！”，“打倒国民党！”、“中国无产阶级专政万岁！”、“打倒日本帝国主义！”、“日本革命万岁！”。这些口号之中，不仅“打倒国民党”而已，其他几个也是我们的保卫主义者所不能接受的。

要“支持战争”，但在此次战争中谈不上夺取政权——这正是独秀先生的立场。他明知这不是第四国际的立场，所以他也不借托洛茨基权威以自重。他老老实实发挥他的一贯的保卫主义，为了保卫中国无产阶级只可做资产阶级政府的反对派，不敢推翻资产阶级政权；为了保卫中国，我们反对印度独立；为了保卫中国，我们赞助民主阵营对轴心阵营的胜利，承认民主政制优于法西斯政制；等等。这些结论都是当然的，无论你认为这些结论如何违反了“第四国际纲领”，但你一经站在保卫主义立场，即支持战争，而不准备夺取政权的立场，则理论的逻辑和事实的逻辑发展下去，不由你不走到这些立场上去的。我们试举一事为例，中国出兵缅甸，我们的保卫主义者如何说法呢？有个领袖说：中国在自己境内作战是进步的，但派兵到缅甸境内作战则是反动的；又有一个领袖说；中国派兵到缅甸作战还是进步的。这两个不同“原则”折中一下，于是成为如下的结论——我们并不说他们是无原则的结论，因为这种分歧是可以容许的——就是：中国出兵缅甸若是为了镇压缅甸的民众运动，或占领缅甸的领土，则是反动的；若是为了保卫滇缅路——抗战生命线，则是进步的，但不幸的是，这二者作用并不能严格分清。为了保卫滇缅路，中国军队不能不为它的同盟者英国军队之胜利而作战，不能不保障英国在缅甸的统治权，防止日本进攻……。现在滇缅路丧失了，但还有着或将有中印路。中国也许要派兵至印度保卫此中印路的。此时当然是为了保卫抗战生命线，但要如此，中国军队已经不能不为了保卫英国在印度的统治而作战了，即已经不能不反对印度独立了。如此发展下去，我们很容易走到：有利于中国“抗战”的一切都为进步之结论，因此民主阵营胜利，优于轴心阵营胜利，因此在一切民主阵营国中都不可采取失败主义立场的。

所以，独秀先生的保卫主义和我们的保卫主义者的保卫主义，本质上是一致的。其实，一切种类的保卫主义本质都是一致的。“一切大路都通罗马”！这就是：在国家对外战争期间不能革命。

不过，有一点也须辨明的，就是独秀先生的结论是从没有革命干涉战争这个误解出发的，但并非民族爱国主义者，一旦显然有革命局势可见时，他定会抛弃他的保卫主义。至于那些死死抓着“客观进步性”的人，那时仍是要死死抓住他们的保卫主义的。

一九四二年五月二十九日

意因再按：

这篇按语写好次日，即见报载先生已病逝于四川江津县了。我的内心的悲痛不减于两年前初闻托洛茨基同志遇害消息的时候。我曾追随先生参加一九二四——二七年革命运动，我曾追随先生抛弃斯大林主义而接受托洛茨基主义，我曾追随先生为反对派四组织统一而斗争，我还希望能追随先生参加第三次革命哩！“然而在这样漆黑之夜”，又陨落一颗巨星了。对于中国这位伟大的革命家，我始终怀抱着敬意。

自从中日战争以来，我开始与先生的意见发生分歧。我曾与先生争过，曾通信辩论过，这封最后的信不幸已永不能让他看见了。希腊某哲人说：“吾爱吾师，吾尤爱真理。”我不辞以我的不同意见与先生争辩，我也不隐瞒我们的分歧。

现在我仍发表我的信和信后的按语，不更改一个字。我写那“按语”，原意是在说明那些保卫主义者领袖攻击先生对于此次战争的意见，不惜以极不堪之词诋毁先生，这是完全不对的。站在他们的立场上，他们没有权利反对先生。因为他们的立场本质上就是他的立场，而且已经走到或将要走到他的结论的。惟有我们的立场才能批评他。但这是就政治上来说的。如果从革命者性格来说，从人的观点来说，如何能把他们来比他呢？他们的领袖。……[①]其中曾追随先生之后学习政治的一个人，曾有一日是名副其实的革

① 此处字迹不清。

命者么？盖棺定论之日，他能当革命者而无愧如先生一样么？拿他来和先生相提并论，在这一方面说是玷辱了先生——这是我应向先生之灵抱歉不尽的。

五月三十一日

王凡西（1907—2002），浙江海宁人，又名王文元，笔名双山。陈独秀晚年在与托派争论的书信和文章中经常提到的“连根”，就是王凡西。他1925年在北京大学加入中国共产党，1927年大革命失败后到苏联东方大学留学，得以阅读由托洛茨基所领导的左派反对派批评斯大林的文件，并于1928年参加了左派反对派。1929年回国，在周恩来手下工作，不久因托派罪名开除出党，旋即与陈独秀一起推动左派反对派的发展。当时是上海托派领导集团成员之一，后来的托派少数派“中国国际主义工人党”的书记。1931年被国民党逮捕入狱，受尽折磨，直到1937年抗日战争全面爆发后出狱。随后曾用李书勋、张家驹的笔名翻译了《苏联党狱国际舆论》《苏联党狱之真相》等。1949年移居香港，不久流亡澳门。1970年代远赴英国，靠自由写作和翻译生活。1957年完成《双山回忆录》，油印20余册，1977年曾由英国牛津大学出版社出版英文版，1980年11月由现代史料编刊社内部印行。

从陈独秀的“最后意见”说起[①]

王凡西

关于无产阶级专政

在长期寂寞的思索中，陈独秀的影子常在我心中徘徊。我根本不同意他的“最后意见”，整个托派中也没有一人完全同意他的。但我们不能不承认，陈独秀的意见不管正确与谬误，总触及了我们时代思想的几个中心问题。

首先，让我们看看他关于革命独裁的意见：“所谓无产阶级独裁，根本没有这样东西，它只是党的独裁，

① 本文原系王凡西《双山回忆录》的一部分，因篇幅太长，当年出版时未收入。全文分为三个部分，论述了作者与陈独秀在无产阶级专政、民主、一国能不能建成社会主义问题上的争论。此文曾以连载形式刊载于唐宝林主编的1995年11月、1996年3月和7月的《陈独秀研究动态》第6、第7、第8和第9期，内部印行。本文观点系作者一家之言，应以批判性眼光给予高度注意。编选时，依照《陈独秀研究动态》发表的删节本照录。

结果也只能是领袖独裁。任何独裁都和残暴、蒙蔽、欺骗、贪污、腐化的官僚政治是不能分离的。”（《我的根本意见》）

这条意见里便包含了根本错误与促人深思的两方面。

一个阶级经过其政党实行独裁，不仅理论上说得通，而且事实上经常有（差别只在于各该独裁的程度不同）。至于有深度的社会变革，不论它是反对抑是革命，为要确保其胜利与成果，从来都要采取独裁形式的。所以说根本没有无产阶级专政这样东西，在理论上是无视了革命史的教训，在行动上则等于根本否定了无产阶级革命。

革命专政之不可避免，乃决定于新旧阶级统治交替中的暴力性质，决定于除旧布新时的阶级斗争的长期性，又决定于任何革命政权都必然要遭到国外反动政府的明暗反对这些情形。不能凭人们的愿望来加以取舍，也不能以道德标准予以批评。只要你承认无产阶级革命的历史必需性，那么在目前的历史条件中，在现有的资本主义国家统治情况中，你总得承认多半是必须经过革命独裁这个手段的。

不过，我们自然不能因革命专政之不可避免，就忽视了，或竟认可了专政所能带来的一切副作用，有如陈独秀所列举的。尤其是生当今日，历史让我们饱看了史大林式独裁的种种可怕罪恶之后，倘仍以为它们不成问题，无可避免，或竟以为理所当然，视之为革命大手术进行中必有的痛苦，那就是非常坏的马克思主义者，或根本不能算是马克思主义者，而是罪恶的史大林主义的官僚。

今天我们马克思主义者的任务不该停止在宣扬专政对于革命的重要上，而且应该走向前去，指出革命专政民主化的重要，使它只能为善不能为害的重要。

如何才能使一个革命专政真正成为无产阶级专政而非一党专政，更非个人专政？如何才能使革命专政不像过去历史上一再证明的那样，和“残暴、蒙蔽、欺骗、腐化的官僚政治不可分离”？在今天，确实是一个重要问题。如果说它是现时代有关乎人类命运的中心问题之一，那是一点都不夸张的。今天全世界所有真诚的马克思主义者，应该竭尽心力以便在实践和理论上解决这个问题。

托洛茨基批评史大林主义的罪恶时，从来不忘记指出其主要根源在于俄国经济的落后及俄国革命的孤立。只有记住这两个基本原因，才能正确而不夸张地估定史大林在使苏联堕落过程中所起的罪恶作用，才能正确解释十月革命所创造的优良制度何以为变质。

史大林的性格与思想，对于史大林主义（制度）的形成，究竟起了怎样的作用，占有什么成分，在托洛茨基的著作中讨论得非常精详，我这里自不必再谈。我这里预备约略涉及的，乃是这样一个问题：究竟布尔什维克主义（亦可说列宁主义）的某些关于工人政党和工人政权的组织思想，是否供给了史大林以便利。

许多反史大林的人说道，史大林主义就是布尔什维克主义。史大林本人及其所有信徒们，亦都如此说。

陈独秀不曾如此说，他只是说："不能把一切归罪于史大林。"他不曾在史大林主义与列宁主义之间划上等号；但他以为列宁把资产阶级民主一笔抹煞，恰恰给了史大林以反对任何民主的借口。

在这个问题上，我个人是始终同意托洛茨基的见解的：史大林主义是布尔什维克的反对物。我从不同意陈独秀对民主的抽象看法、他那超阶级的看法。

不过我承认：史大林建立其野蛮独裁时曾经利用了布尔什维克主义的某些观念。以此作为护符，作为招牌。这些个观念，有的是真正属于列宁的，有的是被可怕地曲解伪造了的，有的则在具体特殊的情况中列宁当作权宜性的办法提出来的。布尔什维克派关于工人政权结构的一个基本观念，就是让苏维埃兼享立法与行政之权，反对资产阶级的三权分立制，尤其反对国会那个"空谈俱乐部"。列宁这个思想，原本继承自马克思所分析并加赞扬的巴黎公社经验，同时亦为当时尖锐的阶级斗争的利益所需要，被客观进程所决定的。所以不管我们喜欢不喜欢，只要我们真正关心无产阶级革命的利益，真欲保卫革命的胜利，真欲镇压反革命与防止其复辟，我们就得将一切权力集中于工农兵会议及其通过民主选举产生出来的政府。在这一点上是不允许有丝毫怀疑与动摇的。

与此同时，我们却还必须注意到史大林借此思想以造成其个人专政的经过。开始是苏维埃的代表职权被限制了，他们不再能创制法律，监督行政，实行宪法所赋予的最高权力，他们仅只能够聆听“首长们”的冗长报告，“全体一致”予以通过，并毫无异议地接纳内定的下届政府名单。后来，这种形式的苏维埃大会都不召开了；甚至执政的苏维埃机关也名存实亡了，一切权力集中于党，实则集中于党的政治局，更进而集中于总书记一人之手。诸凡一切“民选”的政府机关，简单只是办理一些总书记交下来的事务工作而已。真正的权力，无论属于行政、立法或司法，都是总书记经由秘密警察来实施的。

列宁的由苏维埃独揽工人国家大权的这一思想，便如此这般地堕落成史大林的个人警察独裁。

我在这里自无须再提起此种堕落的客观原因，想加以提出的只是：为要在一定范围内医治及防止此种独裁起见，我们应该采取怎样的办法。首先我觉得：“工人政权必须集中”这一个思想，应该用另一个资产阶级民主的旧观念来补充，那就是，统治机构各部门之间的“互相箝制与互相平衡”（CHECK AND BALANCE）。别以为由工人与老革命家出身的统治者永不会滥用权力，或者不会变成官僚。只要国家存在，只要社会尚保有统治与被统治分别，官僚堕落的可能就永远存在。为了反对官僚专制，自下而上的民主自然是最有效的解毒剂，可是同居上层的内部分权也是一个重要措施。列宁是深深懂得这一点的。虽然直到他逝世之前，面对着日益严重的官僚制度，只来得及提出三个可注意的办法：1. 党的中央委员会人数增加；2. 工会应对政府机关独立；3. 设置工农监察委员会并提高其权力。这三个办法，如历史所证明，并不曾阻止工人政权的堕落，而且工农监察委员会这个组织后来反而成了史大林完成其特尔米多反动的一个得力武器。可是我们却不能因此就说一切趋向于“箝制与平衡”，趋向于“集体领导，相互监督”的企图是徒劳无功的。从列宁逝世前提议的那几个反官僚主义措施中，我们应该更加相信，无产阶级专政的集权制，应该用同阶级内部的分权制来加以民主化。列宁在分权化的路上没有走得多远，因为他遭遇到这个问题并殚思竭虑来予以解决之前，不幸他的生命快临近终结了。他把这个问题留给了后起的马克思主义者。

我并不以为，工人国家中实行了“三权分立”后便有了足够的保证，使它不至于变成个人独裁，不至于发生猖狂的官僚专制，不至于重演莫须有的大冤狱。但是至少，我仍必须承认，此种分权制是无产阶级专政民主化的重要保证之一，因而也是工人国家不至堕落的重要保证之一。

其次，我要谈谈反对党的合法存在问题。一九二一年三月间举行的第十次联共党大会禁止了党内派别存在，显然是一种权宜之计，但如后来历史所证明，实在是贻害无穷。这个禁令事实上不曾能禁止派别，却给了占上风的某一派别以法理的借口，去禁止、迫害和用非政治的手段消灭反对者。

“党内无派，党外无党”这个非常反动的公式，构成了史大林主义反动理论的几个基石之一，它实质与列宁的基本精神完全不符。如今是不但苏联共产党，而且全世界的所有共产党，都奉行了这条“路线”，使共产党变成为“绝对统一的”，即由一派独裁的，亦即由一人独裁的组织。事实上，在一个群众政党里，光想靠思想的说服力来完成和维持这样的统一是绝对不可能的，只能借助于特务的恐怖手段。由此便产生了不断地清党、党内残杀与史无前例的冤狱。

关于无产阶级革命党究竟应如何处理其内部生活这个问题，我想托洛茨基在一九四〇年为美国托派所规定的四点保证，应该被我们奉为“圭臬”。那四点是：“1. 不禁止派别；2. 除了共同行动所必须的某些限制外，对派别活动不加以其他限制；3. 正式的刊物自必代表那由新的大会所确立的路线；4. 未来的少数派如果愿意，可出版一份给党员看的内部公报，或出版与多数派共同的讨论公报。”〔见（保卫马克思主义）英文本101页〕

革命党内部派别的合法存在，乃是党内保持民主的一个最重要条件。在工人阶级取得了政权的国家中，代表劳动阶级各倾向的人们可以组成政党，也是使落后国家不致官僚地堕落的保证之一。托洛茨基非常重视这个保证，所以写进第四国际的纲领中。

没有人能发明一种药方，使无产阶级专政绝对免于官僚化的堕落。纵使在“法理上”与思想上，无产阶级的政党及其政权具备了上述三个条件，而它们在事实上施行到如何程度，以及它们的实施对于民主化的体现有效到何种程度，仍然是要靠各该政党之内与各该政权之下的诸倾向的斗争去决定的。

不过，这绝不等于说：“法理上”与思想上的种种确定没有价值。为使独裁下面那些民主化斗争的易于成功，这些确定和认识具有无比重大的意义。

关于民主

如果我们确认了陈独秀否定无产阶级专政的根本错误，那末他关于民主的某些见解，我却认为值得重视的，例如他说：

“……民主之内容固然包含议会制度，而议会制度并不等于民主主义之全内容……议会制度会成为过去，会成为历史残影，民主则不然也，苏维埃制度若没有民主内容，仍旧是形式民主的代议制，甚至像俄国的苏维埃，比资产阶级的形式民主还不如。”

“……如果认为资产阶级民主制已至其社会动力已经耗竭之时，不必为民主斗争，即等于说无产阶级政权不需要民主，这一观点将误尽天下后世！”

“近代民主制的内容，比希腊罗马要丰富得多，实施的范围也广大得多，……其实此制不尽为资产阶级所欢迎，而是几千万民众流血了五六百年才实现的……”（以上引文均见陈独秀《给西流的信》）

陈独秀这个见解，实际不是他的独创。马克思主义原本分清楚为资产阶级统治形式的议会制度与人民在资产阶级统治下所争得的民主权利，马克思主义者从来认为无产阶级革命的胜利多半要打碎议会制度，他们坚决反对无产阶级的革命斗争仅仅与永远限制在议会斗争的框框之内，不敢越雷池一步，以致让此“民主”像套索似的绞杀无产阶级革命；但在同时，他们从来主张要保持并扩大民众在资产阶级政制下所已争得并已享有的民主权利。当初苏联打碎了议会制度，却并不废弃那些民主权利。苏联人民之被剥夺此种权利，一如历史所示，是经过了内部反动的、即它乃是史大林主义代替了列宁主义以后的事，陈独秀把这笔账算在列宁身上，显然不符合历史事实。

毋须说，经过了史大林的黑暗反动之后，今天的马克思主义者比列宁当年更应看重专政之下民主权利的保障了。在这个意义上，我完全同意把民主权利与无产阶级专政之间的相辅相成，决非相拒相斥的情形强调出来，借以反对史大林主义者以专政名义取消任何民主权利，将一切民主权利扣上资产阶级帽子的绝对反动做法。

正像当年列宁强调无产阶级专政来反对考茨基的民主拜物教一样，我们今天要特别强调保持和扩大“资产阶级”民主权利的必要，借以反对史大林主义者的独裁疯狂。在这样做的时候，当然我们不应该像陈独秀那样，把根本立场退回到考茨基主义。

在过去，我们把议会制度乃是资产阶级统治方式这一点看得太呆板了。议会制度与无产阶级专政不相容，只是在以下的意义上，即在官僚制度与军国主义业已巩固的资产阶级国家中，无产阶级绝无可能通过议会制度来走上政权，来推翻资产阶级在政治与经济中的统治，来真正实行“剥夺剥夺者”的革命。为要达此目的，无产阶级及其政党一定得绝不顾及议会制度的束缚，得主要地凭借本阶级与一切被剥削阶层的组织力量，在主客观有利的条件之下，实行多少含有暴力（多少程度视被革命阶级的抵抗而定）的革命，打碎旧阶级统治的国家机器（包括议会制度在内），建立无产阶级的革命专政，借以镇压被推翻阶级的对抗，巩固革命胜利，并发展此胜利以走向社会主义。无产阶级在此种情形中所以要打倒议会制度，并非因为它是民主的，而是因为它是反革命的，因其实权操在资产阶级手中，妨碍着打倒资本主义的革命。

如果说，某一国家的议会因为当时当地特殊的阶级关系之故，它不妨碍无产阶级的革命，那就不须解散议会，仅仅按民主方法，清洗其内部的反革命少数就够了。

无产阶级革命并非在任何时候与任何条件中均与议会制度有冲突的，在革命未胜利前固然要利用议会这个讲台，便是当革命胜利之后，也并非不能采取议会制的。真正的苏维埃（即未被史大林官僚化和事实上取消以前），其实就是一种议会制度。它与旧议会制度不同的只在于它抛弃了“全民”的谎言，老老实实说明它是具有阶级差别的民主制，同时它不仅有立法权，且兼有行政权罢了。

今天苏联的苏维埃与“人民民主”国家的议会，非但没有行政权，而且也无立法权，它们拥有的仅是听取报告权鼓掌喝彩权，与一致通过权。这种议会，诚如陈独秀所指责，非但没有高于或优于资产阶级的议会，而且比后者更不如。

今后在无产阶级专政下的议会（不管叫什么名字都好），如何能恢复旧议会制所含有的民主优点，增加和扩大这些优点，使它们、也因而使那些国家，真正成为高出于资产阶级民主国家的组织——我以为是我们这代社会主义者的重要任务。

无产阶级不要民主而只要专政这个笼统的观念必须抛弃。

然则，保障充分民主权利的无产阶级专政这个观念是否站得住呢？它有无现实性呢？

托洛茨基是这一观念的最完备的代言人。正因此，他一方面被史大林骂成社会民主主义者与孟雪维克，另一方面被杰拉斯斥为“非现实的理想主义者”。这两个不同方面的共同立场是：要专政便不能有民主，要民主就不该专政。二者等于鱼与熊掌，不可得兼。然而世界人类的历史出路，若就比较抽象的观念上说，却正是要解决这看似水火的矛盾，正在于鱼与熊掌的兼得。无专政就不能完成推翻资本主义的革命，无民主不能使革命存续乃至前进至社会主义。如果这个矛盾不解决，那末历史已经有足够的事实向我们证明：人类只好陷进到野蛮主义——不管其路径是直接由资本主义出发，或绕道史大林——拉可西——毛泽东的社会主义。

历史既如此迫切地提出了这个矛盾，它自然同时提供了解决此矛盾的条件与可能。负担此解决任务的物质条件是早已成熟了——至少在全世界范围内。意识上的条件，至少在根本上和大体上也早由托洛茨基和第四国际提出来了。目前这方面尚嫌不足的，据我个人看法，只是上述使无产阶级专政民主化问题上，一些更具体、更明确的措施罢了。

为使清楚明白起见，兹将我的看法再简单地归结如下：

一、在目前的历史条件下，无产阶级经过其政党想推翻资产阶级的政治的与经济的统治，必须凭借武力革命，建立剥夺剥夺者的专政。因此，就要破坏资产阶级统治的传统方式——议会制度。能“和平地”通过议会制度完成此一变革，如果不是绝无可能，至少也只能视作极小可能的例外。

二、如此建立起来的无产阶级专政，绝对不必，而且绝对不应取消在资产阶级民主制下面人民所已争得的种种民主权利，它们包括：人身保障法、言论、出版、集会、结社诸自由以及罢工权等等。

三、由全体劳动人民选举产生的专政机构，应彻底受选举人自下而上的监督，并事实上可随时被撤换，同时，专政的权力不应集中在一个机构的手中，而应实行分权，俾收“箝制和平衡”之效，借以防止个人独裁的产生。

四、专政下面应允许反对党存在——自然我们只能让拥护革命的政党存在。至于哪些政党合乎此一条件，应由工农自由投票决定。

五、无产阶级政党内部必须容许反对派的存在，绝不允许以组织制裁、特务手段、刑事迫害来对付不同意见者，反对以思想入罪。

六、无产阶级的专政绝对不应该变成一党的专政。由部分工人阶级与知识分子组成的工人政党，决不能代替由全体劳动者民主选举产生的政权。执政党的决策必须首先在真有权力的、包括反对党派在内的议会（或苏维埃）中提出与通过，然后由政府执行。执行中仍受议会的监督。

最后，我们还必须提到一点，即南斯拉夫与斯大林破裂后所竭力提倡的一个观念。鉴于政治民主实际上乃是经济民主的反映，鉴于在绝对集中的经济控制下不可能有任何真正的政治民主，因此，他们认为，为使社会主义的民主有其物质的基础起见，应实行计划经济中的分权制与自治制。迄今为止，南国在这方面的成就虽不显著，但在基本方面却是完全正确的，完全合乎马克思主义。

上述种种，其自身自然不足以挽救一个革命政权的官僚堕落；但因它们并非凭空设想，而是从血腥史实中得出来的教训，故若明确地规定下来，等于专政国家民主化的条件更为之成熟之时，一定会大有助于那些国家中工农的反官僚斗争的胜利，并使新的革命政权自始就免于官僚化的毒害。

关于一国能不能建成社会主义

陈独秀并没有提到如下的问题，例如：像中国这样的落后国家，是否可以比先进国家更早建立工农政权，由此走向社会主义？以政党为中心，以秘密斗争配合公开活动，藉以积聚力量，组织群众，终于在条件成熟时凭暴力夺取政权，是否符合于无产阶级革命的利益？占人口中少数的革命者及其群众，以此一方法走上政权，是否为史大林式独裁制的先天性来源？

这几个问题，曾经是，目前仍然是，一切“最正统的”马克思主义者，如考茨基与普列汉诺夫等辈，提出来反对列宁、托洛茨基以及他们领导的十月革命的。同时按照理论说，他们也比陈独秀在“最后意见”中所揭出者更为根本。陈独秀的立场，如果发展到彻底，原应该与考茨基采取同一态度，根本否认人口中占极少数的工人可以组织政党来领导革命，根本否认一些资产阶级出身的知识分子可以组织代表工人阶级利益的政党，根本否认凭藉军事斗争可以进行社会主义革命。

可是陈独秀不会这样否定，他至死不会对这些根本意见提出疑问。在我的《回忆录》中，读者可以看到，他非但没有像考茨基那样，诋十月革命为兵士革命，甚至还积极主张我们托派该作军事斗争的。至于中国工人阶级可以而且应该组织政党来革命，这种革命可以而且应该以社会主义为目标，那是他用自己的一生来肯定了的，至死不会在思想上放弃它们。

陈独秀的最后见解其实没有发展到它们逻辑的最后。当然，逻辑的“不足”恰好是它政治上的“有余”：他毕竟没有完全陷入第二国际的泥坑里。不过为了帮助我们清楚思想起见，我们却应该把他没有发展的发展出来。

在他那篇“根本意见”中，陈独秀只是非常感情地指出了：无产阶级政权应该如彼而不应该如此，应该民主的而非独裁的。至于事实上为什么如此而不如彼，为什么独裁而非民主，他简直不曾思考过。他只是教人“不能把一切归罪于史大林”，言外之意，就是说，罪恶的最初来源倒在于列宁关于民主的见解。

这种看法不但唯心，而且肤浅。要想解释无产阶级政权之为独裁而非民主，自须在社会的实际阶级斗争中寻觅理由。要想解释那个独裁政权之堕落成可怕的专制，自须从国家的经济文化水准，从取得政权与防卫政权所采取的手段，以及从革命和反革命的国际关系上去寻求。

第二国际中“最正统的”理论家们，从来喜欢摘引马克思在《政治经济学批判序言》中的那句名言，即是说，一个社会制度没有竭尽它生命之时不会让位给另一种制度。新的社会制度当其存在条件尚未充分成熟时，不会去代替那个老制度。他们摘引它来反对十月革命与布尔什维克主义。按照他们的指责，社会主义革命必须要在资本主义烂熟的先进国如英、德等国中首先发生，绝对不能在落后的俄罗斯硬造。社会主义者如果利用暂时的行情性的有利局势，打破了资本主义的脆弱环节，以此建立工人政府，则不管那些社会主义者主观上的意图如何善良，而结果那个“工人政府”必然要堕落与变质，变成为绝对非社会主义的政权。

此外，“正统派”们又有两个反对布尔什维克主义与十月革命的传统理由，那就是：①“工人阶级的解放是工人阶级自己的事情”；②“工人阶级只有应用民主手段来争取政权，才能建立民主的工人政府。”根据前一个命题，他们便认为：由少数革命职业家组织政党来领导无产阶级革命，实际便是革命家代替工人阶级革命，因而不可能是工人阶级的真正解放。为了后一个命题，他们认为革命党应用暴力和阴谋手段来推翻旧政权，建立起来的新政权无论如何都不可能是民主的，因为，据他们说，手段决定目的，暴力的手段只能产生暴力的政权。

总括起来说，那些第二国际的理论家，最初用以反对十月革命，其后用以解释史大林暴政的主要理由是：第一，在经济落后的国家里，社会主义者本来不可以，因而是不该夺取政权的。第二，工人阶级只有凭它自己的组织和力量去实行革命，才能于胜利后建立真正属于工人与为工人的政权；一切由非工人出身的政客所策划的革命与所建立的政权，必不可能是工人的政权。第三，民主的工人政权一定要靠民主的普选手段来建立。

这些说法"我这里不再分出其中机会主义与无政府工团主义的成分"，不管我们是否同意，却必须承认它们比陈独秀的最后见解是更彻底与一贯的。陈独秀如果要把他的绝对民主论贯彻到底，就得接受这些个说法，因为它们虽然是错误而反动的，但至少有局部的客观的唯物主义的根据，也在某种限度内，符合于某些历史事实的表象。陈独秀的民主发展论却是唯心的、主观的、以愿望来代替事实的。

近年来，形形式式的史大林主义的批判者，看到了苏联和另一些新建的共产党国家中的极权措施，竟在回顾中承认了考茨基主义与无政府工团主义的"真理"。他们把我们上引的三论据，当作了一切共产党国家所有罪恶的根源。

我自然不必在这里重述列宁主义与考茨基主义在这些基本问题上的争论。今天，我们虽然亲身遭受了一个史大林政制的残酷迫害，但是我仍旧相信：真理在列宁一边。我相信，在经济落后国家中，社会主义者可以而且应该夺取政权；我相信为达到此目的，那些国家中的工人阶级必须与应该受着一个包括大量非工人出身的革命"政客"在内的革命党领导；我又相信，工人阶级仅凭普选制度，特别在根本没有民主传统的落后国家中，绝对建立不起工人政府；我相信，无产阶级革命的胜利及其政权的建立，至少在现有的历史条件中，无法不经过武力斗争。

三、四十年来，我们看见了不少次真的与假的无产阶级专政，让我们看到了不少光明面，又看了更多的黑暗面。这情形，当然使我们马克思主义者仅仅宣布上述的所信为不够了。痛苦的经验给了我们教训，而教训则更使我们认识了托洛茨基的不断革命论的精深而正确。如果我把上述的三点称为列宁主义，那我们应该坚决地说，列宁主义倘不着重地用托洛茨基主义来补充，则势必要堕落为史大林主义。

列宁关于世界革命的基本战略是：落后国家的工人阶级在条件成熟时，可以而且应该起来打倒各该国较脆弱的资产阶级统治，建立自己的政权，以此作为一个有力据点，去推动先进国家的社会主义革命，同时把本国的经济作有计划的、走向社会主义的改造。

托洛茨基与史大林二人都接受列宁的看法。但托络茨基特别看重落后国家工人政权的第一个历史任务（这正是列宁自己所着重的）：推动世界革命；史大林则完全着眼于第二个任务，即在本国建设社会主义。

在落后的经济基础上，关起门来建设“社会主义”，意即大大地提高一个国家内的生产力，唯一办法只是：疯狂地榨取本国的生产大众的劳动价值。由此便发生了史大林制度一切政治的以及经济的野蛮主义。

所以问题很清楚，关键不在于落后国家的工人阶级应否先于先进国兄弟们去夺取政权，而在于夺取了政权后的做法。亦即在于这政权在国际阶级斗争中所应取的整个战略方面。若将它作为世界革命的一支部队，一个坚强堡垒看，它便有健全的社会主义前途；反之，若将它囿于一国之内，希望“自力图强”，即必然要堕落成野蛮的专政。

陈独秀探究无产阶级政权的民主与独裁问题，却不从不断革命与“一国社会主义”的根本分歧点出发，自然要陷入唯心与玄学的错误中了。

一个国家，尤其是落后国家，它的工人阶级如果首先取得了政权，无论其本身的命运、其民主设施、乃至其社会前途，都只有在革命之既深且广的不断发展中，才能获得保障。若想在“一穷二白”的“祖国”的基地上，仅凭一腔主观的“干劲”来建设“社会主义”，则非但政权的民主化根本谈不到，便是政权本身的存续也会大成问题。

郑超麟简介见本书《陈独秀与鲍罗廷》。

陈独秀与托派[①]

郑超麟

陈独秀究竟是不是托派?

这是今天研究中国现代史的人，研究中国共产党史的人，研究和理解当前中国政治形势的人，所面临的最困难的问题之一。陈独秀在中国的以及世界的历史地位是抹煞不了的，那些传统的诬蔑之辞，是支持不下去的。

试想，人们过去在好几代人的心目中造成了什么样的陈独秀形象！一个葬送了大革命的机会主义者，叛徒，汉奸，国民党特务，反革命，等等！中国共产党的缔造者，一连五次被党的全国大会推选为最高领袖的陈独秀，竟是这样一个人！人们甚至于指定另外的人来充当五四新文化运动的领导者。

这个情况到去年才有转机。一九七九年是陈独秀诞生一百周年，五四运动六十周年前后，报刊开始承认陈独秀领导五四运动的功绩了。七月一日前后和十月一日前后，报刊也开始承认陈独秀缔造中国共产党的功绩了。革命博物馆开始挂出了陈独秀的像。共产国际和中国共产党关系的禁区，去年也开始打破了，研究者由此

① 本文系《郑超麟回忆录（1919—1931）》附录《陈独秀与托派》第五章《陈独秀与托派》。据作者校后附记，《陈独秀与托派》这篇附录的写作时间是1980年8月23日，30日定稿，而《郑超麟回忆录》写于35年前的1945年。现代史料编刊社1989年7月版。文中观点系一家之言，应以批判性眼光高度注意。

开始作出了合于事实的结论，公开出版的刊物和内部发行的刊物都有人写文章，证明陈独秀一九二三年说的中国资产阶级革命要由资产阶级领导的话本是共产国际的意见，一九二六年和一九二七年中国共产党实行机会主义路线也是遵照共产国际指示的。后来，抗战期间，《新华日报》著文说陈独秀和罗汉通过唐有壬与日本特务机关订约，每月拿日本三百元津贴的事情，现在也有人举出真凭实据，证明是政治诬陷了。过去说，陈独秀致中共中央论中东路事件的三封信，是陈独秀确定变为反革命的事实表现，现在也有人断言关于中东路事件的争论，当时中央是错的，而陈独秀是对的。至于投降国民党，做特务，拿蒋介石的钱，等等，则现在也有好多人举出种种证据来反驳。

但最后，遇到了托派问题。共产国际的禁区，已经开放了，托派的禁区尚未开放，今天还因袭几十年来的说法，还说国际托派和中国托派都是反革命。五四新文化运动的领导人，中国共产党的缔造者，为什么会混到这个反革命政治组织去呢?

一些人说，陈独秀不过思想上受过托洛茨基影响罢了，他并未参加托派组织。

一些人说，陈独秀参加了托派组织，但他被国民党逮捕后便与托派组织割断关系了。

一些人说，陈独秀从国民党监狱释放出来后便声明他不是托派，即他与托派组织脱离了关系，以后也没有事实说明他与托派尚有组织关系。

一些人说，陈独秀参加托派组织时，托派问题还是人民内部矛盾问题，到了托派成为杀人犯、外国间谍等等的匪帮时，陈独秀便脱离托派组织了。

一些人说，陈独秀临死前几年就放弃了托洛茨基主义思想。

等等。

自然，也有人明知托派并非反革命，陈独秀接受托洛茨基主义，参加托派组织，是他的思想有机发展的结果。但他们今天还不敢说出这话。

我看，我今天已经没有必要，在“机会主义”问题上，在革命失败“责任”问题上，在“反革命”、“叛徒”、“特务”、“国民党走狗”等问题上，在“汉奸”问题上，替陈独秀辩护了。我只要说明陈独秀同托派的关系的事实和意义，只要说明一切撇开托派关系而研究陈独秀的企图，都是掩耳盗铃的。

没有办法能够否认陈独秀参加了和领导了托派组织。也没有办法能够否认陈独秀在狱中通过秘密渠道控制了中国托派组织。这一切都有文件和刊物可以证明的。陈独秀出狱后声明他与托派组织无关，那不过是一种外交辞令，当时他要在抗战中把国民党和共产党影响以外的民主人士团结起来，不愿意首先纠缠在托派问题上；此外，当时的托派组织已被彭述之占据了领导地位，他也不愿意言论和行动受此组织的拘束。但我们从当时的文件可以证明陈独秀并未脱离中国托派组织。现在保存下来的他一九三八年致陈其昌等人的信，足以证明他仍旧把托派组织当作他自己的组织，把罗世璠、陈其昌、赵济、寒君等人当作他自己的干部，批评他们正是为了他们的好处，为了托派组织的好处，虽然他当时的活动并不是为了复兴托派组织。一九三九年初或一九三八年底，托派组织派陈其昌由上海辗转去江津看他，转达托洛茨基劝他出国的话，他亲笔写了答托洛茨基的信，其中语气也是明显把托派组织当作他自己的组织，尖锐的批评表明他的爱护之意。试摘引此信中的几段话如下：

> 中共人数远远超过我们？然亦只是知识分子和没有一点工人基础的武装队。我们在上海、香港二处有组织的人共计不满五十，其余全国各地游离分子大约在百人以上。
>
> 我们当然未曾幻想在此次战争中有很大的发展，然如果政策比较正确些，也不致像现在这样衰落。我们的集团自始即有极左派的倾向。（以下批评这些极左派倾向，今略。）这样一个关门主义的极左派小集团（其中不同意的分子很少例外）当然没有发展的希望，假使能够发展，反而是中国革命运动的障碍。（下略）
>
> 我们不应该幻想着把工作等待收复失地以后再做，应该立即准备在日本继续占领的环境中，在当地狭小范围内，从头做起。（下略）

现时远离群众，远离现实斗争的极左派（中略），如果仍旧说大话，摆领导者的大架子，组织空洞的领导机关，妄想依靠第四国际支部的名义，关起门来自立为王，除了使第四国际的威望在中国丧失外将无所成就。

试问，这是一个置身于中国托派组织以外的人所能说出的话么？

当德苏协定签订时，为此协定所激怒，陈独秀在与友人通信中曾说过一些过头的话，但不能以此证明他离开了托洛茨基主义。

我手头有他逝世前半个月左右，即一九四二年五月十三日写的一篇文章，《被压迫民族的前途》，可以证明他至死还是托洛茨基主义者。试摘引如下：

所以我认为在资本帝国主义的现世界，任何较弱小的民族，若企图关起门来靠自己一个民族的力量排除一切帝国主义之侵入以实现这个孤立的民族政策，是没有前途的。它的唯一前途只有和全世界被压迫的劳动者被压迫的落后民族结合在一起，推翻一切帝国主义，以分工互助的国际社会主义新世界代替商品买卖的国际资本主义旧世界，民族问题便自然解决了。

这段话表明陈独秀至死仍是站在托洛茨基的世界革命立场反对斯大林的一国社会主义立场的。

那篇文章又说了如下的话：

有班人所诋毁我们所拥护的前期苏联，和有班人所吹拍我们所痛恨的后期苏联，大大不同。前期苏联是站在世界革命的立场，后期苏联是站在俄国民族利益的立场，自从苏联的领导者因为西欧革命之顿挫乃中途变节，放弃了以世界革命为中心的政策，代之以以俄国民族利益为中心的政策以来，各国头脑清醒的人乃日渐由怀疑而失望，直到现在人们对于苏联虽然内心还怀着若干希望，而在实际上只得认为它是世界列强之一而已。若要硬说它是社会主义国家，便未免糟蹋社会主义了。

这段话也是站在托洛茨基立场反对斯大林立场说的。所不同的是托洛茨基当时还认为“后期苏联”是“堕落的工人国家”，而陈独秀直斥为“世界列强之一”而已。事实上，“后期苏联”已堕落为“社会帝国主义”了，从斯大林起便堕落了。

总之，无论从组织方面说，或从理论方面说，陈独秀到死仍是托派。

今天说来，最大的冤假错案乃是三十年代的莫斯科党狱。一整代的俄国老一辈革命家在这几年骇人的党狱之中差不多被消灭干净了，而且至今蒙受恶名。首先要替莫斯科党狱下的牺牲者平反。

我当然不是就法律观点说的。说法律，那只有苏联共产党支配下的苏联法院才能替这些牺牲者，替所谓“托洛茨基分子”、“季诺维埃夫分子”、“布哈林分子”平反。我是就历史事实说的。就历史，即就世界绝大多数人来说，莫斯科冤狱早已平反了。正如伽里略，不久之前新教皇约翰保罗二世才替伽里略平反，但几百年来谁不知道伽里略案是冤案呢？今天，世界上恐怕只有很少的人才相信莫斯科法院对所谓“托洛茨基分子”控告的罪名。

《毛泽东选集》中有一条注，引斯大林的一段话说：

过去，在七八年前，托洛茨基主义是工人阶级中这样的派别之一：诚然是一个反列宁主义的，因而也就是极端错误的政治派别，可是他们当时总算是一个政治派别。……现时的托洛茨基主义并不是工人阶级中的政治派别，而是一伙无原则的和无思想的暗害者，破坏者，侦探间谍，杀人凶手的匪帮，是受外国侦探机关雇用而活动的工人阶级死敌的匪帮。

斯大林这话是在一九三七年，即在莫斯科党狱疯狂进行的时期说的。

可是，斯大林凭什么说托派是“暗害者，破坏者，侦探间谍，杀人凶手的匪帮”呢？不错，当时的检察长维辛斯基列举了种种所谓“罪证”。但这些所谓“罪证”已被以杜威为首的委员会逐条驳斥了。这个委员会出版了二本大书，指出控告的无据，并以委员会名义宣告托洛茨基无罪。我现在且不提杜威委员会的判决，只就最近四十多年来的历史事实立论。

斯大林控告的最大“罪行”是托派暗杀了基洛夫和托派替盖世太保当间谍，阴谋侵略苏联。我今天只要说明这二件最大的“罪行”。

先说基洛夫暗杀案。托洛茨基当时已经举出某些证据，证明基洛夫是斯大林自己杀的，以此陷害当时的反对派，但他的论证当时没有发生多大影响。事隔二十多年以后，斯大林的接班人赫鲁晓夫自己在苏共第二十二次大会上公开列举证据，证明基洛夫确实是斯大林自己杀的。中国最近出版的斯大林女儿的二十封信，其中也谈到这个问题。斯大林女儿在信中反驳赫鲁晓夫，她说基洛夫是贝里亚杀的，不是她的父亲杀的（见该书第156页）。斯大林杀的也好，贝里亚杀的也好，总之现在世界上，包含苏联在内，已没有人或只有很少的人相信基洛夫是季诺维埃夫和托洛茨基杀的了。

斯大林当时也曾以暗通纳粹德国而出卖苏联的罪名控告杜哈舍夫斯基、布鲁协尔等四个红军元帅而杀害他们。可是赫鲁晓夫也在苏共大会宣布这个“罪名”也是斯大林捏造的，斯大林捏造罪证，暗中传出去，传到捷克总统贝奈斯耳中，然后贝奈斯当作真正的事实向斯大林密告，斯大林据此判了四个元帅的死刑。

这不过是许多“罪证”中一个“罪证”。但第二次世界大战以后，盟国在纽伦堡组织战犯法庭审判德国纳粹战犯时，世界一些名人，以威尔斯（H.G.Wells）为首，联名写信给这个战犯法庭，请求它在它掌握的无数纳粹证据中提出托派勾结纳粹的证据。可是，这个战犯法庭竟拿不出任何一件证据来。

我今天只在这里说出这三件事情。莫斯科党狱对托派的控告有许许多多的文件记录，杜威委员会替托洛茨基辩护也有许许多多的文件记录，为了彻底弄清楚托派是不是斯大林说的“暗害者，破坏者，侦探间谍，杀人凶手的匪帮”，可以组织力量，研究上述二方面的文件记录和事实根据。

至于中国托派组织，则今天已经有充分的事实足以弄清楚问题了。奇怪的是今天人们已经证明了陈独秀、罗汉通过唐有壬同日本特务机关订约，每月领三百元津贴做汉奸，不是事实；却仍相信中国托派组织领日本津贴做汉奸是事实。今天人们已经证明了陈独秀不是国民党特务，不是蒋介石走狗，却仍相信中国托派组织是国民党特务，是蒋介石走狗。人们究竟捏造了一些事实来控告陈独秀，虽然这些事实经不起分析和检证，可是人们拿出什么事实来控告中国托派组织呢？这些事实经得起分析和检证么？

我们纪念中国现代史上和世界现代史上这位杰出的政治人物陈独秀。在这个纪念中，我们托派比别的人更有一重亲切的感情。我们记得这位杰出的政治人物曾有一个时期是中国托派组织的总书记，我们以此作为我们的一种光荣。

王凡西简介见本书《从陈独秀的“最后意见”说起》。

抗战初期的陈独秀[①]

王凡西

凭了二十二块钱（在南京城中幸运地从国华同志的一个朋友那里又借到了二十元），如何在这兵荒马乱，天寒地冻，而且不再有正常交通的情况中，由南京到徐州，复经郑州抵达了武汉，那半个月中的非常经历，说起来真是一个动人的故事。濒于乞丐的难民滋味，我总算也尝过了。那一段旅程中的所见所闻，实在又充分暴露了国民党此时领导抗战的反动措施，以及一切可悲的后果。把这些事详尽地描绘，并非没有意义。可惜谈起来话长，同时比我更有资格的人早经写过这类文字，我这儿就此从略了。

重临这阔别了十年的武汉，记得已是十二月中旬。在武汉的报纸上，我看到了唐生智如何放弃了那“誓共存亡”的南京，日本军阀如何实行了野蛮的屠城。不过这些大事虽然值得注意，却没有我个人的问题来得迫切。因为集中在武汉的朋友虽然多，但不知道任何一个确实地址。马路上及江轮渡口去碰了两日运气，没有半点收获。在大智门车站里挨过了两个夜，身上连买烧饼吃的钱都没有了。第三天早晨，在铁路边的旧货摊

① 本文节选自《双山回忆录》，现代史料编刊社1980年11月印刷。本文系该书第十章《抗战初期的陈独秀》，观点系作者一家之言，应以批判性眼光给予高度注意。

上卖去了我唯一的财产——一只来路货搪瓷的漱口杯，得洋数毫，预备渡江到武昌珞珈山去，寻找一个在武大当教授的旧同学。这个人虽是我的同学兼同里，只因我平素鄙薄其为人，雅不愿向他求助。此时冻馁难忍，也只好去告急一回了。渡了江，在一家小面馆里吃阳春面，却意外地遇见了老友李仲三，这一喜真是非同小可。它不但免去了我一次尴尬的求乞，而且使我真正脱出了厄运，让我结束了八个月来生平最坎坷狼狈的一段路程。

饱餐之后，仲三给我买了棉衣，下午就一同到了独秀家，晚上便在他家里住下了。在那里住了十几天，畅谈了种种问题。关于这一切，那是值得详记的。

独秀比我早出狱三个月。在将出狱未出狱之时，他对于抗战便起草了七条根本意见（因为手头没有文献，没法记得内容）。出来后，他送给上海的托派朋友们看，并未获得全部同意。此时罗汉到了南京，一看意见，完全拥护，且以为应以此作为纲领，不分是否托派，广泛地团结一些人。首先，他（罗汉）以为可向中共提出，寻求合作。独秀知道罗汉这个主张，但并未予以鼓励。罗汉却独自个行动起来了。他跟叶剑英谈了，叶自然作不得主，不过赞成他这样做，并主张他亲赴延安，与毛泽东面洽。罗汉于是动了身，前往西安，住在他的另一老友，当时中共驻西安办事处主任林伯渠那里，受他们的招待。同时，林伯渠将罗汉所携的独秀意见及罗汉自己主张的合作提议，专差送给了延安。过了几时，毛泽东的答覆来了，大意是：让陈独秀承认过去错误，公开声明反对托派，欢迎一起工作。这样的答覆，好好先生的罗汉虽然天真，也知道独秀决不接受的。扫了兴，他离开了西安。罗汉的此一行动不但使独秀生气，而且引起了上海托派临时领导机关的怒斥。罗汉便默默地回到宜兴去教他的陶器制造法了。

独秀当时非常不满意上海的托派组织，他觉得宗派的做法没有出路，因此他决定不回上海，往武汉去了。本来，在沪战结束，国民党军队在京沪线溃败以后，武汉早已成了政治军事的中心以及群众运动的新的策源地。由抗战激起来的种种社会力量与政治流派，纷纷汇集在这里。独秀此时虽然是孤单一人，但他在群众中的声望很大，任何政派都还不得不注意这个革命老人。在我抵武汉以前，独秀曾被邀请在青年会做过两次公开演说，据说听众非常拥挤，在会上他阐明个人的而非托派的抗日主张——这在大体上就是他在南京时提出的纲领。

那个纲领和两篇报上揭载的演讲稿，是在作客的第二天拿出来给我看的。在第一天，为了让我能养息精神，他不愿意提起那些正经事。我们只是随便聊天，主要是谈谈各自在南京的生活，那天晚上，我记得，他还很不平常地要太太特备了三四味可口的菜，非常随俗地款待我这个睽违了六年有余的同志。

独秀那时住的是一所颇具庭园风味的旧式子屋。屋主是一个桂系军人，独秀只付点象征房租。老人其时身体很好，起身早。在监狱里养成了来往踱步的习惯，他出来后仍旧坚持着，每早晨就在屋前荒芜的园子里溜步。便是在这样散步中，他和我于次晨开始了“正式的”谈话。话一开头，他就怒气勃勃地攻击上海的领导机关。（这个新临委是当彭述之等由京返沪后，在一次积极分子会议上产生的，事实上就是于陈其昌、寒君等之外，加入彭述之与刘家良当临委罢了。）说他们只会背老托的文章，于实际的政治斗争一无所知。讲到最激动时，他甚至说，今后他再不属于任何党派，陈独秀只代表陈独秀个人，至于谁是朋友，谁是敌人，得在新斗争的分分合合中决定了。我对他的攻击，牢骚与宣布，无法插上一句嘴。因为长期脱离了运动，对各方面的意见都不知道。我表示，希望先看看最近的东西。于是回进他的书房里，他拣出了自己的对于抗战根本态度的提纲，连同二篇演讲词来给我。上海方面的意见，他说寄来过，可没有保存。大概是一怒之下，扔进字纸篦了。读了他的意见，我不能同意，觉得除了一般的拥护抗日之外，我们特殊的立场完全不曾提到。不过我们没有立即进行讨论，我还准备多看看各方面的言论。就在那个上午，我要他考虑一个可能：是否可以在武汉创办一种刊物。对于这提议，他立即予坚决地否定了。他认为：不但无可能，而且无必要。他告诉我，旧的一套工作方法得抛弃，今后如果还想在中国的政治斗争中起若干作用，必须采取新的方法，走新的途径。我问他什么是新的方法。他只说他想了，慢慢谈吧。

以后，我们几乎把所有的上午都消磨在那个破败的小园里，海阔天空地谈论一切问题：从他的文字学谈到老托的俄革史（这是他随身带着的唯一外文书），从南京的监狱生活谈到莫斯科审判，从中国托派谈到第四国际，从抗战前途谈到未来战争的远景……我们不辩论，不争持，只是各述所见，而在大多数的场合中，都是他说我听，并不采取交换方式。这样，逐渐地，我终于知道了他此时对各个当前问题的根本立场。首先，他嘲笑那种天真的看法：从抗战中可以产生革命。“皮之不存，毛将焉附？”他说，抗战失败的结果是丧失了工业城市，溃散了无产阶级。如果战争延长，西南一带在美国支援下，可能发展点新工业，但远不足以抵偿东南沿海的损失，因此，在抗战中，他以为决不可能爆发我们所想象的革命，更不能以我们所设想的方式爆发出来。当然，战争给民众——特别是农民——带来了日益不可忍受的压迫与痛苦，而这些痛苦会造成骚动的，可是只要国民党一天抗日，这些骚动便不可能生长成打倒国民党统治的革命。将来，变化是多的，城市与乡村的不满也将日益增长，可是谁能领导这些运动呢？据他想，只有那些主张民主和自由，同时又拥有武装实力的党派。因此，旧的一套靠文字在工人中宣传，借此组织起来，实行革命的老想法，必须抛弃。唯一可行的办法是一方面以自由及民主的宽广政纲去团结反国而又不阿共的政治流派，另一方面则积极跑进抗日的武装队伍去，为未来任何变化预先取得有利于革命的可靠保证。

独秀极度不满意上海的组织，小部分由于对人的私怨（主要是彭述之，在南京监狱中，二人关系弄得非常坏），大部分却因为上海的人不能看到像他所看到的事和理。从他那时的意见中，据我看，尚未达到与托派有根本分歧，更不曾根本反对列宁思想。相反，他那时经常提到列宁：认为列宁的最了不得的地方就是不被马克思主义的现成公式所束缚，在不同的时间和环境，大胆地决定不同的政治口号和斗争方法。因此，在那一时期，他和上海一些人的差异，只在于政策方面，而非关于社会主义革命的基本立场。他最最痛恶上海作风的，就是继续坐在租界的亭子间里喊抗战，没有在实际行动上跨前一步，没有郑重地投身于政治的乃至军事的斗争。不论任何时候，任何条件，总是将革命之所有能事归结于办一张可怜的报纸。无怪他一听到我提议创办刊物，便痛心疾首地以为不必了。

对于独秀的议论，我并不赞成，但他关于工作方面的意见，我觉得颇值得注意。诚如托洛茨基所说，独秀是一个“敏锐的观察家”，同时具体地懂得政治斗争是什么回事。这个优点，便是在他当时对我叙述的意见中，也就清楚地可以感觉到。在热烈沸腾的抗日怒潮中，我们绝不该再以背诵“教条”为能事，必须设法实实在在地投身进去，积极地起作用。这一层是不待独秀提出我就痛感到的。但是我绝不能同意他把我们的政纲降低到“争自由与民主”，不赞成他与各个所谓“民主政派”联络的方针，也不同意他抗战中不能引发革命的悲观估计。我认为他的寻求新的斗争方法是对的，但同时得注意办报，以此作为组党中心。我特别向他提出列宁的基本思想（正因为他此时常常想到列宁）：“党报乃党的组织者”，如果没有党，则一切政治的与军事的工作都将如断线风筝。我们这不足道的力量，定将散失在抗战的大海中了。他自然懂得这个道理，所以不能在根本上反对我的看法；不过他说：目前最根本与最迫切的问题并非该不该办报与办党，而在于：是否我们懂得事实上而非空言上参加抗战，是否懂得只有这样的参加才能让我们真正地办报和办党。据他看，上海朋友的做法决不会从空口说白话前进半步，他们离实际的抗战相去十万八千里，因之，根本也无法办好报，更不能办起党。

谈了几天，问题仿佛只关于如何工作了。其实潜伏在底里的，他和我之间，关于社会主义革命的基本想法，此时早就存在（无产阶级专政和民主的争论，几年前我们早已展开在《火花》上），不过当时，他大概不愿意重提那些争论，所以竭力避免谈到它们，同时偶尔牵涉到它们，他总似乎还保持着传统似的。陈独秀的此一态度一直维持到德苏协定（一九三九年八月）以前。在一九三八年下半年，陈其昌绕道香港，到四川江津去访问独秀，那时他对根本问题（即马克思列宁主义的基本论点）仍未采取公开反对态度，照他后来自己的话说：尚在“深思熟虑中”。故他托交其昌转寄给墨西哥托洛茨基的信上，所持态度仍与他一九三七年岁末与我所谈者一样：即主张中国托派必须尽一切力量去实际参加抗日，盖不如此便无从谈起其他任何的革命行动。德苏协定使独秀在很大程度内思想作了最后的转变。这个转变，如果用现成的名字，简单地说，便是从布尔什维克主义退回到了考茨基主义。不过那些都是后话（胜利后，何资深来到上海，曾将独秀有关此一思想的论文和通信，以小册子形式出版，名为《陈独秀的最后论文和书信》），我将在最后一章里再谈它们。

在独秀家里住到将近半个月时，濮德志从安庆来了。我们还是在龙华警备司令部（一九三一年）里分了手的。睽违了足足六个年头。在此期中，我们彼此都是两次入狱与两次出狱了。他的第二次入狱和获释均与独秀同时，和老人在南京监狱里共度了亲密的四年。六年不见，我发觉他外表上还是那个样子："小濮仍旧是小濮"。他童年就去了日本，爱好戏剧，南国社旧人，故性格是艺术家型的，从来给人的印象往往是轻些，浮些；但是此次再相见，多半是由于独秀的熏陶吧，我觉得他深厚得多了。他在八月间出了狱，回怀宁老家去养息了一个时期，此时健康恢复，便前来武汉找寻老朋友。独秀很喜欢"小濮"的到来。自从有了这个活泼而热情的朋友参加，我们的谈话就更有风趣，独秀的神情也更见其明快与生动。"小濮"与我搬到我的二个老友W那里去住，因为W无眷属，起居上方便些。不过白天的时光仍多数耗在独秀家里，如果我们不去，老人便来找我们。我们三个人有时一同上小饭店，有时则在马路上闲荡。此时所谈，不再关于基本看法，而集中于如何实际参加军队以及如何与其他的政派作接触了。"小濮"在基本问题的看法上接近于我，他颇不满于独秀的"降低政纲论"。（小濮的笔名为"西流"，他与独秀间关于根本问题的歧见，见"最后论文和书信"中独秀给他的信。）对于老人在汉口青年会中所作的二篇演说，曾讥之为"可耻的灰色"。不过谈到工作方法，他也和我一样，深受独秀那种"实干态度"所影响。

独秀的工作态度当然不会仅限于空谈。凭了他的地位和关系，很快便开始了具体的接触。原属于宋哲元部下的陆军第一百二十旅，"卢沟桥事件"爆发时正在该地驻防，直接与日本军队开了第一枪的吉星文团，便属于该旅所辖。旅长何基沣，其时已被擢升为一七九师师长；因作战“挂彩”，在汉口养伤。这个军人很不平常，据独秀说，他无任何不良嗜好，无粗犷气，更没有虚骄的架子，夫妇俩住在一个厢房楼里，连个勤务兵都不用。我因独秀关系和他见面时，他的创伤已愈，不久便要回到部队去，相谈之下，他予我的印象不坏。他坚决抗日，对国民党的领导感到异常痛心。半年来在华北的实际战斗，使他深深地懂得一点：不将军队的政治认识提高，无法有效地抗日，更无法取得胜利。因此，在养伤时期，他几乎读遍了汉口所能买到的有关乎抗日乃至一般社会科学的书籍。学习和思索的结果，他决心要从汉口邀请一些革命青年，去到他的部队里，为兵士们进行政治教育工作。在这样的探索中，他与独秀发生了关系。他们二人很谈得来，这军人对独秀执礼甚恭，待如师长。独秀这边当然也不会吹牛撒谎，说他后面有多大力量。据我的记忆，独秀当时和他的谈话中，总是非常坦白的，说明他与中共早无关系，甚至也不代表托派，他只是个人，他的几个朋友也只以个人资格和他发生关系，乃至进行工作。有我参加的几次谈话中，涉及的均是关于今后政治的方向问题。一个中心思想被确定下来，就是：以有限度的土地改革来发动群众，借此增强军队力量，谋取抗日的胜利。

“小濮”跟我初次与那军人见面之后，印象也不坏，但我们怀疑这种做法对革命究有什么好处。因为联络军人，替军队做“姨太太工作”（北伐时人们普遍地以之称呼军中的政治工作），在一九二五——二七年的革命中干过不少，而它们的可悲的结果也很新鲜地留在记忆中，共产党与冯玉祥的一段恶姻缘，想起来更是亲切。在北京时，我亲眼看见了冯玉祥与李大钊的“初恋”，读过他有名的“五原誓师”的宣言；同时，我们曾经大卖力气，为冯氏在群众中做其“政治工作”，使大家相信他是“农民出身的革命军人”。可是在武汉，我又亲眼看见了他与蒋介石复合，压垮了武汉政府，同时会见了大批被冯玉祥用专车送来的政治工作者。这些人后来有不少成了反对派，在私交上与我相当亲密。我从他们口中，听到过数不清的关于冯玉祥貌诚挚而心叵测的事例。想到了这些，小濮与我不约而同地发生一个感想：今天我们面对的何基沣，安知不是一个较小型的冯玉祥？我们是否应该将冯玉祥的故事在更小的规模中重演一过？回得家来，我们便向独秀提出了这个疑问。独秀认为：我们毫无理由把目前的行动当成军事投机。“情形是根本不同的”，他说，“我们是穷光蛋，不是第三国际，没有任何东西可以让人家骗取。其次，我们进入他的军队，目的虽然不在‘篡夺’，可也不一味希望他本人变成革命家。有过以前和军人打交道的经验，今后我们应该很清楚地懂得，我们在现存军队中的首要工作是兵士群众的教育，以及竭力造成群众的革命环境，即在辖区内尽可能发动土地改革运动，以便使军队同时革命化。最后，我认为何基沣本人不是冯玉祥式的狡猾之徒，可能会真心转向革命的；倘如此，则不难使这不小数量的武力置于我人的政治领导之下；如果不然，那末我们既然一开始就坦白地表明了自己的面目与行动方针，自不难进退随意，不可能遭受任何损害。”

我同意老人的看法。不过在更进一步的态度上，他又和我们分歧了。依照我的想法，这工作如想顺利开展，必须通知上海的临委，让他们核准，并通盘决定工作步骤及调派工作人员；而独秀则由于讨厌上海的人，反对这样干，他认为让我们几个人干好了，待有成绩与需要时，再向上海要工作人员。此事不曾有一决定，因为事实上，计划尚未开始，就被意外地中断了。本来我们是什么都已准备好了的：小濮、我，另外一个姓马的河南青年（也是同志），将于二三日内随何基沣回到内黄的师部去，我算是秘书长，小濮仿佛是参谋（已记不真了）。平汉路车的票子都已到手，可是临动身的前夜，突然得到了通知，何基沣被免除师长职，“着毋庸回任”。据我们当时推测，多半是他和独秀的往还，让国民党军统的特务侦知了，于是便先发制人。

事情成了泡影，我们到军队去的梦想不曾实现。从此之后，也不再找到第二个机会，使我们能以实现它。终抗日之期，除了山东和广东，一些单零的托派同志（据我所知，在山东有王长耀同志等领导的一支游击队，结果被中共军从背后消灭；在广东中山，陈仲禧同志也曾从事军事斗争，结果他为日军所杀）在这方面有过若干行动外，托派的整个组织确实不曾安置到军事斗争中去。这情形，在事后回溯中，我们应该承认为托派的一大缺憾。由于反对军事投机而惧怕作任何性质的军事活动，由于根本放弃军事活动而使自己处于抗战的主流之外，我们至少在今天，应该承认是一大错误。

二次世界大战后发生于多数落后国家中的群众运动所告诉我们的一个巨大教训，乃是：在这日益反动与日益军事化的时代里，任何革命政党若想获得胜利，离开了武装斗争便不可思议。诚然，在过去也是如此，列宁主义有别于各式改良主义的诸基本点之一，便是对武力之重要性的认识。不过时至今日，与资产阶级民主制的衰落成正比例，这个认识是益增其重要性了。

就个人论，独秀对何基沣的判断也不曾错。此后我们和他便断绝了往来，不闻不问地过了许多年。再度听到这个名字是在一九四八年最出名的徐蚌战役中。中共军在此战役中所以能取得决定性的与非常漂亮的胜利，一个直接的造因乃是我们这位一度与之接触的军人的内应。他在一九四八年十一月八日与张克侠一同起义，致使黄伯韬兵团被围。目前，他是中共的国防委员会的委员之一。

与此军事图谋同时并进的，独秀正和第三党、救国会以及另一部分“民主人士”（我已记不起究竟是那些人）相接触，企图组成一个联合战线，想在抗日阵营中独树一帜，不拥国，不阿共，以争取民主和自由为共同目标。这个酝酿在当时武汉是相当有力的。国民党的统治委实太不得民心了，以致不但工农和广大的城市小资产阶级，就是从来拥护国民党的一部分资产阶级，也都怨懑不平，日益采取了反对派态度。他们对延安发生了愈来愈多的期待。中共自然不会放过这个有利形势，于是或明或暗地在促成这一联合战线。陈独秀此时以他特殊敏锐的政治感觉，确认为我们（他表面上否认托派，而言谈中却仍以托派自居的）必须参加此一运动，借以扩大我们的影响；打破我们自建的与人筑的围墙，且使这个普遍而真实的反国民党的群众运动不为斯大林党利用了去。我和小濮坚决反对他的看法，我们承认客观上有反国民党的群众存在，但我们以为要争取到这些群众，首先得打破他们对那几个所谓民主党派可能发生的幻想。要打破他们的幻想，我们必不可与他们缔结联盟，必须保持独立。在具体问题上尽管可以和他们采取共同行动，但在思想与政治上，我们却必须对他们进行批评，因此，我又提出了独立办报的意见。独秀为我们的反对非常生气。他觉得我太看重教条，太不懂实际政治，与上海的人竟是一丘之貉。他要我代表他去出席“四派会议”，我拒绝，改派小濮，小濮也不肯去。正在此时，罗汉到了武汉，问题才算解决了。

罗汉自从在西安碰壁之后，回到了宜兴的制陶学校。不久，战争波及宜兴，他老人家不肯只身逃难，竟带了一大群学生同走。到了南京（在我出狱前），因根本找不到交通工具，他设法弄到了一些木排，将男女老小搬了上去，储备些粮秣燃料，又不知从那里搞来两支步枪，就此缓缓溯江而上，实行当年刘玄德式的移民。他的木筏队大约走了一个多月，历尽惊险，总算到达武汉。一到目的地，他的第一件大事是拿了两支步枪，去找他的老友叶挺，要这位红色将军高价收买，借以安顿他带来的那批难民高足。叶挺对于这位已成“敌人”的老友是毫无办法的。他不能“收买”枪械，只好将它们呈缴到某一机构，同时却不得不给这个好心肠的罗汉弄钱，让他去安置孩子们。……

罗汉和民主派名流们大多是旧相识，周旋起来比我适宜，但他气质上毕竟不是那一类人，性情又太朴实忠厚，到底不是“应对诸侯”的长才。因此，他只和其他派别的人碰过一两次头吧，就向独秀“告退”了。独秀于是想起当时住在长沙的高语罕，想招他前来担任这个工作。可是老高尚未来到，“民主派”与独秀的关系突然变了。独秀的整个计划垮了台。它和我们的军事图谋一样，未出娘胎就死了。不同的只是军事上的打击来自国民党，政治活动的阻碍则来自共产党。中共为了要阻遏托派政治影响的扩展，竟授意它的“民主派”盟友们立即割断与我们的来往，并且紧接着，在当时新创的汉口《新华日报》上，发动了一次无耻的、疯狂的对于托派与陈独秀个人的诬蔑运动。

策划和主持那次诬蔑运动的，正是我们久违的旧相识——王明即陈绍禹其人。他此时从莫斯科回来，担任了中共对国民党的主要代表。

让我趁着这个机会，来补述一下中共内部派系斗争的经过。我们知道，陈绍禹及其一系，是在一九三五年一月中共中央的遵义会议上，被推下了领导地位的。此后毛泽东一系的人掌握了党，一直到全国胜利，以至于目前。但在遵义会议上，毛泽东对陈绍禹的胜利并非彻底与决定的，以后几年中仍旧是余波荡漾，回浪时生；即使时至今日（一九五七年——西），据我观察，这个斗争也还是潜在着。要明白陈绍禹势力之败而不灭，死而不僵，理由其实并不难找。陈绍禹是真正的斯大林派，他在克里姆林宫主人（不管是斯大林或赫鲁晓夫）的眼中，始终是最可信赖的代理人。而中共呢，即使在“民族主义的”毛泽东的领导之下，甚至即令在自己脚下已有强固基础的今天，也仍不能不诸多依赖苏联援助。因而不能不迎其所好的。这一微妙关系，说明了陈绍禹被清算而来被整肃，受批判而仍叨中委之末座的原因。如其不然，他纵不成为高饶，也得踵武张国焘，因为他所犯的“错误或罪过”，即使照今天中共具有权威性的党史材料上（例如：《关于若干历史问题的决议》与《中国共产党的三十年》）的记载，也远超过高饶和张国焘的。

国际派虽在遵义会议上受到打击，陈绍禹却仍在莫斯科当其国际代表。在那里，他仍是头等红人。根据李立三在最近中共八次大会上的发言，他在“王明同志的直接领导下工作了七年，好像过了七年小媳妇的生活，终日提心吊胆，谨小慎微，以免触怒，但还是不免经常受到斥责……”由此可以看出陈绍禹在“祖家”的不可一世！他坐在第三国际的高位上，将斯大林的意图和命令演成“理论”，写成俄语的大文章，并且登载在各国共产党的刊物上，他以中共的代言人自居，以斯大林的亲信自傲，借苏联对中共的援助以自重，仍保持着遥领中国革命的气势。中国的抗战发生后，他提出了一整套不同于毛泽东路线的主张，与之对抗，企图重新恢复他在中国党内的已失地位。我们迄今没有看到陈绍禹当时主张的文件，不过根据毛泽东一边的描述，那时的“王明路线”是：“第一次国内战争时期陈独秀右倾机会主义在新情况下的复活。”他们“错误地断定抗日战争的胜利必须依靠国民党，而且必然是国民党的胜利而不能是人民的胜利，断定国民党可以成为抗日战争的领导者，而否认共产党可以成为抗日战争的领导者，他们轻视共产党领导的游击战争在抗日战争中的作用，而幻想依靠国民党军队求得速胜。他们否认统一战线中的独立自主的革命方针，否认‘有团结有斗争，以斗争求团结’的革命方针，因而抹煞共产党和国民党在抗日战争中的原则分歧……要求八路军新四军完全统一于国民党军队……”在行动上，陈绍禹等甚至“不经中央同意擅自发表了很多表示错误意见的宣言，决议和文章，并且拒绝中央的正确指示。他们的这种错误思想和行为，在一九三八年由王明同志在武汉负责的党的工作中，和一九四一年一月‘皖南事变’以前项英同志在新四军的工作中，曾经发生影响，因而妨碍了当时长江流域人民抗日战争的发展，并造成了在‘皖南事变’中新四军部队的失败。”①

上述的“王明路线”，显然不曾获得胜利，在一九三七年的中共中央洛川会议，以及一九三八年十月的中共中央全体会议上，都受到了排斥。不过

① 作者原注：我们，至少我个人，在当时并不知道中共内部对于抗战态度曾经发生了两条路线，我只知道在洛川会议上，曾经有过比中共表面声明较左的决定，国民党曾经引用这些秘密决定来攻击中共的“两面手法”的。今天由中共官方公布的历史文献上，将此“两条路线”描写为毛与陈主张的对立，不过据我看，更正确些说，应该说是当时中共的革命一翼（可能包括毛泽东）对斯大林在该一阶段上所指示的某种抗议。陈绍禹自然是无条件地，始终站在斯大林立场的。我们知道，自从希特勒在德国胜利，纳粹德国以一个雄伟的军事力量在苏联的西面升起，同时军国主义的日本在东方显出无餍足的侵略狂以后，斯大林是终日处于恐惧病中了。此时他最后地失却了靠外国革命来挽救苏联的希望，他嘲笑“世界革命”为一种“悲喜剧式的误解”。此时苏联以外的共产党力量，一律被视作苏联和外国实力者从事买卖的“零找钱”，将它们的存在或取消当作达成协议的一个小代价和条件。任何实力者，不管它是法西斯或民主，只要愿和苏联和解（自然是暂时的与虚伪的），斯大林都不惜命令该实力者下面的共产党人予以服从与支持。在东方，斯大林此种出卖共产党的政策表现得特别露骨与无耻，一方面，他“要求共产党人对国民党的反人民政策实行让步，把自己的行动限于在国民党蒋介石所允许范围以内，要求八路军新四军完全统一于国民党军队，实行‘统一指挥，统一编制，统一武装，统一纪律，统一作战行动’。……反对放手发动群众斗争，反对在日本占领地区放手扩大解放区和扩大人民武装，害怕这样就要从抗日阵线中‘吓跑’了蒋介石国民党。”（见《中国共产党的三十年》中转述的“王明路线”）总之，斯大林要叫中共跪在蒋介石面前，使他去拖住日本帝国主义的腿，以免后者进攻苏联。同时，斯大林却以更大热心，向日本帝国主义者抛媚眼，希望和它缔结“互不侵犯条约”。这一企图，到了一九四二年也就终于实现了，此时他拥抱了那个“道德的共产主义者”——日本军阀的代言人松冈洋右。斯大林如此无原则地（无耻地）叛卖他的国外同志，不能不引起一切多少还是革命者的人的反抗。抗战时期的中共，在大处与主要处固然屈服于斯大林的命令，但在执行上与策略上可能做了自己的修改，这就是所谓“两条路线”对立的真实内容了。

陈绍禹那时的克里姆林宫钦差大臣资格，仍起了很大作用的①。其中之一便是在武汉发动反对“托陈取消派”的诬蔑运动。

我初抵武汉时，陈绍禹还未曾来。主持当地“办事处”而暗中策划工作的，乃是董必武、秦邦宪。那时节，他们对托的关系竟可说是友好的。罗汉是中共办事处的常客，不时在那里“大放厥词”，提出种种天真的建议，引得主人狼狈或欢笑。董必武对我的朋友彭彻三甚至还表示过愿意和独秀见见面，并且说，等周恩来到汉口后，希望那二人能够谈谈；这不仅是“中国式的客气与交情”，多少却也反映出中共当时并不曾决定把托派当成敌人来打。可是陈绍禹一到汉口，情形就立即改观了。与托派成员讲交情的场面立即结束。起初在暗中，随后在表面，一种针对托派，特别针对陈独秀个人的恶毒而大规模的诬蔑开始了。这运动据说是陈绍禹直接奉了莫斯科命令来进行的，为的要配合在全世界范围内斯大林反对一切左派革命者的运动，尤其要配合他在苏联内部疯狂地进行着的消灭整代老布尔什维克的罪行。在此运动的影响之下，一切唯中共马首是瞻的所谓民主派，当然急不及待地要斩断和托派分子的任何联系，并加入到群犬吠声的反托派的合唱队中去了。

独秀与民主派共同行动的计划就这样地结束了，跟着他被逼进行了一场反诬蔑的战斗。不过当我离开武汉时，这场战斗尚未正式开始。我是在一九三八年二月间离开汉口的。所以要离开，首先是觉得无事可为，独秀的所谋都不成。其次是对于抗战和前途的种种看法，与独秀合不到一起，我发现在这方面我和“上海”接近得多——虽在某些工作方法上，我是赞成独秀的，最后，经过了将近一载的困苦颠沛生活之后，非常思念妻儿；因此我决

① 作者原注：陈绍禹初抵汉口的声势，我是间接觉察到的。那时我和一群江浙流亡来的青年人很接近。这群人的成分很复杂，有过去的CP，有初涉政治的大孩子，甚至有三青团的群众，但主要的却是多少在救国会影响下干过抗日工作的纯洁青年。他们为了找工作，谋出路，同时也为了迫切的生活，终日追踪着一些国民党的以及民主派的要人。我从他们的口中经常能听到一些可贵的消息。有一次，几个人去看了沈钧儒回来，转述了老人和陈绍禹会见后的兴奋情形。据说，沈钧儒完全为陈绍禹那种“聪敏能干，以及他那渊博的理论所感动了”。民主派认为陈绍禹确实是中共“最杰出的人才”。又一次，据说孔祥熙设法和陈绍禹会见（结果是会见了），“因为”，我的青年朋友告诉我，“老孔认为陈绍禹才是真正的代表，他直接代表第三国际。”这些间接反映让我回想起六年前龙华监狱里的情形。前一次的反映使我认清了陈绍禹的得势，这一次则使我明白了陈绍禹的虽失势而未曾跌倒。

定走了，决定回到上海去，从事于秘密的敌后的抗战工作。独秀很不同意我走，主要理由是：回沪以后，又得按着从来方式工作，而此种工作，据老人形容，乃是“三个月活动，三整年长监”，一定不会有其他结果的。可是我去志已定，无法挽留，他只好让我走，临走时他送了我三十元旅费，并约我至多半年后再到“大后方”来，和他一起打开更有效的工作出路。那时日军沿江而上，有进扑武汉之势，国民党政府已部分迁重庆，所有人均纷纷作撤退计。独秀准备入川，小濮准备去滇，罗汉拟赴湘，我则先走，独自经由湘粤，取道香港回到了“孤岛”上海。

回到上海不久，汉口《新华日报》上由陈绍禹发动的反托反陈运动就“大张旗鼓”地展开了。详细情形我无法述说，因为我们始终不曾读到当时《新华日报》上的诬蔑文章。后来由独秀自己搜集，由亚东图书馆付印的反对斯党诬蔑的小册子，并没有附载那些诬蔑。现在已找不到那本小书，因此连答辩中所摘引的“罪状”也记不清了。搜索记忆，仿佛是说独秀经过唐有壬，曾经收受日本帝国主义者的金钱吧。总之，那“罪状”是非常荒唐的，构造得全无常识的，以致那些文章一发表，不但使独秀的朋友万分气愤，甚至那些素来不问政治的而有正义感的普通人士，更甚至某些亲共人士，都觉得诬陷得“太不成话”，纷纷表示惊骇和不平。陈绍禹在这件事情上，仿佛也充分暴露了为毛泽东所指责的“教条主义”，他没有认清楚一九三八年的汉口根本与当时的莫斯科不同，《新华日报》不可能起《真理报》的作用，不可能一手掩尽天下耳目，以莫须有罪名来诬陷革命者的。其实陈绍禹在此事上的错误，和他在其他事情上的错误一样，原因均在于斯大林。我们知道，一九三八年是莫斯科冤狱发展到最高潮的一年。当陈独秀与中国托派在汉口横遭诬陷之时，正是布哈林、赖可夫等老布尔什维克在“托洛次基主义”罪名下惨遭屠杀之日（一九三八年三月）。遵照斯大林主义的一贯作风，凡苏联与联共内部发生了什么事情，必须同时在全世界的共产党中“依样描绘”一番。陈绍禹不过是捧了莫斯科的葫芦，在武汉作拙劣与愚蠢的临摹罢了。不过除此之外，陈绍禹（也包括斯大林）于那时发动此诬蔑，却尚怀有另一动机。当时我们因为不甚清楚中共内部的争论，故将诬蔑解释为中共整个奉命右倾时用以威吓下层左派的武器。这个解释，即使在今天看来仍旧有其正确性的。因为国共“再度合作”时，共产党内部确实存在过深厚的不满和广泛的惶惑；领导者为要镇压这些不满，故特预先捧出了这顶现成的大帽子。不过今天，我们从中共发表的文件中研究，则我们还应同时指出，这顶帽子又是陈绍禹曾有意为毛泽东预备的。目的在于重握党权。历史证明陈绍禹的企图不曾实现；但若当时陈系在党内斗争胜利，假定毛泽东、刘少奇等被撵下了台的话，则此二人留在中共党史上的，多半是戴着“托陈匪党”的大帽子了，有如齐诺维也夫与布哈林等人的命运一样。自从一九三四年第一次莫斯科大冤狱开始，直至一九五三年斯大林死去为止，举凡共产党内的派系斗争，胜利者必自称马列嫡传，败北者总被斥为“托派匪徒”。“成王败寇”，已成定例。那次陈绍禹之所以抛出此块石头，目的原是想打中陈独秀与毛泽东二鸟的，不幸他在斗争中未能获胜，以致那块石头从半空中落下来，恰好打破了自己的头——被毛泽东套上了“陈独秀右倾机会主义在新的情况下复活”的帽子。陈绍禹还不曾连“托”的帽子也扣在头上，只表示他败得未算彻底罢了。

那时中共反托的阴谋，甚至还企图延伸到当时处于日军大后方的上海。这个企图进行得更不光明，更加可耻。事情经过，约如下：李鸿章的孙子李国杰，当了汉奸，做着招商局总办，给抗日的地下特务暗杀了。此事发生之后数日，上海当时由中共主持的日报——《译报》上，发表了一则新闻，说，李国杰被杀前，曾与托派彭述之同行云。这般阴险的记载具有两个显然的目的：1. 企图捏造一个罪名：“托派与汉奸勾结”，2. 然后可能由中共特务直接行动，或假手国民党特务来暗杀彭述之；借以“证实罪名”。为此，我们采取了对策，彭述之暂离寓所，以防被害，同时我们请了一位外籍律师乔维孝夫（他是被希特勒逐出来的德籍犹太人。我们所以要请他，因为中国籍的律师都不敢牵涉到“复杂的政治斗争”中）致函《译报》，提出抗议，要求更正。结果，那报纸仿佛“照登来函”，以此了结了这段卑鄙龌龊的反托神话。

回沪途中，在香港我初次见到了刘家良。他那时是临委委员，负责香港工作。一见面他就要我表明对陈独秀的态度，并提出了几个问题，叫我作是或否的答复。我似乎又遇见了反对派四派分裂时期的“敌对者”。在这样的情况中，任何谈话都是不可能的，加以我已买好了去上海的船票，因之话就根本没有谈下去，匆匆分别了。带着异样的心情，和陈仲禧同志走向中环的旅馆去。在路上，陈仲禧对我大大诉说他心中的郁结。他说，刘家良在香港的主要工作是划分什么“新人”与“老人”，自己以“新人”的中心自居，工作上对他和罗新等老人，采取了非常歧视的态度。我这时开始明白刘家良刚才与我谈话的神气，我是被列入“老朽”之列了。我劝仲禧不要太看重人家的歧视。我自来以为打破歧视（或称为“小组织”）的最好方法，就是自己别跟着也歧视人，别尽在“新老”或其他抽象与落后的标准上打圈子，把自己的注意提高到政治思想上，把目光投射在较远的利益上，那么无原则的分划与歧视便不攻自破。仲禧同志没有很高的文化修养，但是他非常善良的气质与长期实际斗争的经历，确能使他超越于狭小打算的。他送我上了船，互道珍重，可惜在他被日军杀死之前，我们不曾有机会再见一面。

回到上海，与其昌、国华等旧友重叙，确是平生快事。溯自一九三七年五月被解离沪，一九三八年二月绕道重来，其间相去未及一载，可是人事变迁之大，恐怕比平时的数十年犹有过之。上海成了孤岛，四郊围以大铁丝网，网外群丑跳梁，牛蛇乱舞，一个十足的鬼蜮世界。我个人的遭遇更是历尽劫数，出死入生，回忆起来像是一场噩梦。今日却居然又与故人晤对，不能不说是“恍如隔世”了。汪孟邹先生也非常为我的“生还”高兴，在书店里给我“接风”，邀了几位朋友共饮，其中也有彭述之与陈碧云夫妇。到沪数日，我的才及周岁的大女儿病故，生活又煎迫着，烦恼接踵而来。身体很差，我想休息一个时期。但事实却任何方面都不允许我这样做。为了生活，立即着手给书店翻译一本马尔劳的小说《征服者》。同时，组织也需要我。临委改称为《斗争》的编委会，我被邀参加了。此后便开始了我个人生活上一个新的时期：较多量译作的一个时期。

在十年反对派生活中，我非常厌烦了内部小派别的纠纷。在漫长而悠闲的监狱岁月里，让我回忆和反省了许多事。我毫不以所参加的事业有所追悔，——这是我至今还认为完全应该的，因而迄今仍继续着这个事业；不过在形形式式的工作中，有若干事情的努力，我却每次想起都不免于隐隐心痛，其中之一便是为小派别而争取人的那种精力浪费。“把这些可贵的精力用以加深自己的研究与译述老托的著作该多么好呢？！”这是我时常自叹，并常常以此告诉朋友们的。这次从南京的监狱出来，性命可说是侥幸拣回来的，因此更加发了心，希望将今后的余年好好利用，无论如何，必须尽量介绍点托洛次基的著作到中国来。我常常把这样的情形看成为离奇的，那就是：托派在中国存在了十年，可是国际托派赖以产生的一九二七年后托洛茨基关于中国革命的文字，却不曾完整地与好好地译成中文。我尝自誓要补足这一缺憾。当然，时代正处在极度的激荡中。一个严肃的革命者不能不体会到，他的主张和事业之是否能够成为时代发展的一个积极因素，主要决不赖于文字工作，而更赖于政治的组织工作，乃至有力的军事工作。独秀当时的着重点在此，而我也是充分了解，因而完全支持他的。可是如上所述，我们在这方面的尝试可惜都失败了。此时我回到上海，处在更积极的工作无法开展的条件下，兴趣又回到译述工作的宏愿上去了，不过即使是这样的工作，亦非独力所能完成，也得等点“机缘”。在“待缘”期中，让我约略回溯一下当时我所见到的上海领导机关的情形。

初抵上海，其昌、寒君两同志先后来看我。从他们的谈话中，我知道这里也有所谓新人与老人之分，寒君是“少壮派”中心，团聚了一些年青人在周围，主要反对陈独秀的机会主义，同时却歧视一切“老一辈”的人（即从四派统一时期留下来者），连彭述之在内。几天接触后，我更明白了所谓新老分化运动是刘家良与寒君合搞的，他们二人分别在港沪二地进行这同一运动。当时上海的蒋振东同志与香港的陈仲禧一样，也非常不满意刘、寒二人的小组织行动，觉得我们必须设法来揭穿并制止它。我并不把这现象看得太严重，因为我自来相信，此时更相信，任何小集团，如果不以明确的政治或组织的思想作基础，便不能持久，不能巩固，更不能起作用。“新”和“旧”是一些抽象标准，这里并不包含具体的意义。我们不能说凡新的都是好的，也不能说一切“老人”都已腐朽反动。反对陈独秀的政治思想是一回事，反对一切与陈独秀有过或长或短关系的“老人”则是另一回事。前一件是对的，后一件事便错了。当然，如我在上面所说，陈独秀发表于一九三七年秋冬及一九三八年春天的那些政治立场和工作观点又应该分别来看，并非绝无值得我们考虑价值的。寒君与刘家良都是想有所作为的革命者，尤其是寒君，其艰苦卓绝处，承续着中共中下[层]干部自来实干的好传统，曾为多数反对派的年青同志所钦佩。至于“老人”方面呢，留存到抗战初期的为数原已不多，而在此少数人中，大多数又确是暮气深沉，空谈比实干更有兴趣。他们很热心回忆个人过去的“光荣”，却无意瞻望整个组织的前途。有些人，甚至专为全躯保妻子，分别去作个人活动了。在这样的情形中，那些在抗战前夜参加组织的青年分子想排除障碍，单独前进，原是可以设想的。但问题是，那些真正消极的“老人”，毋须人家去排除，早已自动离开了托派。极少数挂名组织且备位于领导者，也不必人家去排挤，他们自己颇愿让贤。剩下来不足十人的“老辈”，非但不是组织前进的绊脚石，倒是相当可贵的“财产”呢。如此而自立中心，必欲尽去“老者”而后快，其实不必要，抑且有害。寒君、刘家良那种行动也许怀着无邪的动机，但其于组织无益却属显然。幸而“寒刘中心”仅仅维持了一个短期间，等到一九三八年夏天刘家良被迫离港来沪，寒君前去接替负责之后，新人“同盟”就破裂了。因此这个插话性的非政治的小组织活动，没有给组织带来什么损害。

然则在抗战初期，中国托派内部有没有原则性的政治意见分歧呢？有的。约略分别说来，可得三种：第一，为陈独秀所代表，其主张可说是“无条件地拥护抗战”；第二，为郑超麟同志所代表，他不赞成“拥护抗战”的说法，因为他觉得中日战争自始就应了解为新的世界大战的一部分；第三，包括最大多数的托派同志，其立场可概括为“拥护抗战，批评其领导”。属于这一立场的，不仅“新人”，“老人”亦然；不仅有彭述之，而且有其昌和我。这三种意见，按理是要促发严重争论的，但事实上未曾发生。因为陈独秀既已自动声明不代表托派，托派中亦无人完全同意他的意见；另一极端的超麟则住在偏僻的乡下，他根本不拟将此意见在组织中提出，争取影响。因此，直到太平洋战争爆发的前夜（一九四一年冬），中国托派无论在领导机关中或下层群众中，都不曾有过思想上的纷争，故亦无组织上的对立。

“新老”之分，只是暗地里开放的昙花一现而已。

上海的“孤岛”时期（自一九三七年冬至一九四一年冬）是政治性的出版活动非常蓬勃的几年。当时日帝汉奸的势力不能明目张胆地在租界上发挥，租界上的英法当局则利用他们法理上的中立地位，相当袒护抗日活动。一个刊物，只要它名义上有个英美籍的发行人，就可以公开发行，从事抗日宣传，不怕日本人的干涉。那时无论属于中共或国民党的报章杂志，无一例外是挂着“美商”或“英商”招牌的。这些出面来做发行人的英美人，有的为了钱，有的却由于对中国抗战的同情。我们那时恰巧有一个美国朋友在上海，一个名叫盘克曼的年青摄影记者，是托派的同情者。同时又有两三个比较有点经济能力的中国同情者，愿意月助百元来帮我们创办杂志，于是文字宣传工作的“机缘”算是成熟了。盘克曼做了发行人，我们便办起了一种月刊，取名《动向》。执笔者有王独清、陈其昌、彭述之、刘家良与我。由我编辑，而技术方面的一切工作，包括资金筹措与发行流通在内，则悉归国华担任。《动向》的销数不大，每期共印二千份，但在《孤岛》上，这个影响不算小，即使在短短几月的存在期中，已能让我们见到一些结果了：其中的“读者来信”都不是编辑人的创作，很有些思想联系是赖以展开了的。可惜它的寿命不长，一共只出了四期，就不得不停刊了。原因是发行地址发生了问题。这地址本来是借用一家儿童日报的，交换条件是盘克曼也替那家小报当发行人。日本宪兵当然知道此种《美商》招牌的实情。于是由汉奸的特务组织出面，向儿童日报频施威吓，结果小报主人不敢继续冒险，地址不允再让我们利用。同时日帝又向租界警务处与美领馆施行双重的外交压力，连盘克曼都不能继续担当发行人了。《动向》只好夭折。不过惋惜的人是很多的，他们愿见它以别种姿态存在，有的还自动的愿意捐钱，因此我们决定以小册子形式来继续《动向》，因为这样办毋需登记，不会遭遇上述麻烦。在新形式下，我们又出了两期：《破晓》与《西流》。

《动向》第一期出版于一九三九年七月，每月一期。最后一期，即第四期，出版于是年十月底。被迫停刊后，过了一个月，接着于十二月出版《破晓》。次年（一九四〇年）一月，出版《西流》。

在此前后，我们曾经独力地，以“春燕出版社”名义，印行了托洛茨基著的《苏联的现状与前途》（此书由罗世璠同志在狱中译了一部分，后由超麟校改并完成的），《德苏协定的前因后果》（刘家良译并序），《俄国革命轶史》（维多·绥奇作，超麟译）。经过亚东图书馆，出版了大约十四本托洛茨基著的以及由我们自己编写有关托派意见的小册子。这些小册子影响较大，因为公开出版，发行网遍全国。其中最有影响的一本是《在新的世界大战之前》，一共曾销售了万余册。这数字在托派书刊的印行史上可说是空前绝后的。

《破晓》出后不久，郑超麟同志从皖南乡下来到了上海。他的来到，大大促进了我们的出版计划。超麟同志学文字有天才（虽然他不善于说话），于欧洲的主要国文字几无一不晓，而尤精于法德文。中国最早与最有影响的那本共产主义课本——布哈林与泼来奥勃来顺斯基合著的《共产主义ABC》，便是他翻译的。他的翻译是既快且好，又因精力充沛，生产率高。他这次离皖来沪，一半固然是长期休息之后，静极思动；另一半也因为我们在上海已开始翻译托洛茨基的最大著作《俄国革命史》，希望他来参加。此书的翻译乃是中国托派文字工作中最巨大的一宗，由超麟与我合作，历时一载，才得完成。我平生衣食之需，都靠译书所得。故从一九二九年翻译普列汉诺夫的《从唯心论到唯物论》以来，译的东西已不算少，只因目的在于卖钱，书的选择大半取决于出版人，以致此项工作对我成了无可奈何的劳役，感不到多大兴趣，自然也不会有美好的成绩。不过那次《俄国革命史》的翻译是不同的。我（超麟同志亦然）是以教徒的虔敬，以一个作家由内心发生的创作的热情，来从事它的。我们谨慎翻译，用几种文字的本子来参照，然后二人又互校了译稿，总希望能做到即使不是完全无误，也应该错得最少的地步。付排后的校对工作也做得非常精细与求全。在国华同志与已故的亚东图书馆的朋友胡鑑初先生的努力下，总算做得尽善尽美了。据出版后的统计，在全书一百余万字中，“鱼鲁”“成或”之误还不足十字呢。

在工作进行中，我们就通知了住在墨西哥的原著者，并要求他为历史的中国版写一专序。托洛茨基极其高兴地接纳了我们的要求。为了赶上我们的出版期，他放下了别的工作来写这篇序文。但是万分不幸，序文还未写成，作者那个赋有不世出的智慧的头脑，让斯大林派去的一个卑微的凶手用斧头砍死了。“历史”排印时，我们在卷首留下了四张白页，表示了我们对此事的深刻的遗憾与无比的哀悼。可是在临出版时，一件意外事情发生了，墨西哥的托氏夫人从遗稿中拣到了托洛茨基遇难前写了一部分的序文残稿，立即给我们寄了来，我们在悲欣交集中将它译出，附排在“历史”的卷末。

“历史”一共印了二千部，可是才发卖了二三百部，太平洋战争发生了，上海失去了孤岛地位，日本宪兵竭尽一切力量来消灭反日与一般的革命书籍。我们曾用种种方法来保存“历史”；但最后，于一次日帝清查全沪仓库之前，它终于遭到了厄运，约近千部的“历史”竟毁于火。此事即使在今天回想起来都尚觉心痛的。

抗战胜利后，我们又曾照原版影印了二百部。但面目却差得多了。

托派的“命运”相当坎坷，连一书之微都逃不出此一总的命运。我们费了九牛二虎之力，结果竟付之一炬，使它不能产生预期的广大影响。不过，想开些，想远些，我们仍有理由为那次工作的完成而庆幸的。真理毕竟会胜利的，而有关于俄国十月革命的真相与真理的描写，除托著此书之外却不曾有第二部。斯大林为了抹杀真理，曾经动员了惊人的力量，写出了与印刷了数不清的所谓历史；可是你们瞧呀，这个大独裁者刚死去三年，在苏联共产党的第二十次大会上，他钦定的公认为权威著作的《苏联共产党党史的简明教程》，竟被他自己的弟子米高扬宣布为“不忠实与不可靠”，决定要另写历史了！

早些晚些，今后的历史家与共产主义者必然要找到真理的，中国的共产主义者也决不可能例外。在此寻找过程中，托洛茨基的此一历史必然要成为黑暗海洋中照耀远近的一座巨大的灯塔。

我们有此自信，也以此自慰。

正在校对《俄国革命史》最后一部分稿子时，肺结核病困扰了我。大咯血使我不得不放下一切。在病床上我遭逢了太平洋战争的爆发，参加了因此而引起的内部争论，以及接踵而至的中国托派的再分裂。

第五辑 怀念

台静农（1903—1990），字伯简，笔名有青曲、孔嘉等，安徽霍丘县人。幼承庭训，读经史，习书法，中学后入北京大学国文系旁听，后北京大学研究所国学门肄业，奠定了国学基础。早年系“未名社”成员，1925年春初识鲁迅，后两人关系密切，友谊深厚。1927年后，任教于辅仁大学、厦门大学、山东大学及齐鲁大学等。抗战后，举家迁四川，任职国立编译馆，其间深受陈独秀信赖，过从甚密。1946年赴台，后任台湾大学中文系教授。在文学、艺术、经史等多种领域均涉之甚深，其人以治学严谨、人格耿介、文章书画高绝驰名，系著名作家、文学评论家，有《静农论文集》《静农书艺集》《台静农散文集》《台静农短篇小说集》等行世。

酒旗风暖少年狂[①]

——忆陈独秀先生

台静农

一九三七年七七事变发生，抗日开始，仲甫先生被释出狱，九月由南京到武汉。次年七月到重庆，转至江津定居。江津是一沿江县城，城外德感坝有一战时中学，皆安徽流亡子弟，以安徽人甚多。而先生的老友邓初（仲纯）医师已先在此开设一医院，他又是我在青岛山东大学结识的好友。家父也因事在江津，我家却住在下游白沙镇。这一年重庆抗战文艺协会举行鲁迅先生逝世二周年纪念，主其事者老舍兄约我作鲁迅先生生平报告，次日我即搭船先到江津，下午入城，即去仲纯的医院，仲纯大嚷“静农到了”。原来仲甫先生同家父还有

① 本文刊载于1990年11月10、11日的台北《联合报》。上海教育出版社1995年版出版的《回忆台静农》一书曾收录此文。

几位乡前辈都在他家，仲甫先生听家父说我这一天会由重庆来，他也就在这儿等我。这使我意外的惊喜，当他一到江津城，我就想见到他，弥补我晚去北京，不能做他的学生，现在他竟在等着我，使我既感动又惊异。而仲甫先生却从容谈笑，对我如同老朋友一样，刚未坐定，他同我说："我同你看柏先生去"，不管别人，他就带我走了。

柏先生名文蔚，字烈武，安徽寿县人，满清末年与仲甫先生同在芜湖安徽公学任教，此校为当时"革命活动之中心及文化之总汇"（郅玉汝《陈独秀年谱》）。仲甫先生带我走进柏住的小旅馆，他正在伏案挥毫为人家写对联。我在小时，就知道他是寿县起义元勋，今已英雄老去，伟岸长髯，用红线绳扎起，戴僧帽，有江湖道士气。当辛亥革命成功，柏先生任安徽都督，仲甫先生为秘书长，不过半年时间，宋教仁被杀，北洋军阀掀起极大的反动压力，柏先生被免职，而仲甫遂亡命上海，以文字鼓吹新思想，办《新青年》，然后去北大任文科学长，五四运动时散发传单被拘留了两个多月。再回到上海更积极于政治行动，一九三二年被捕入狱，一九三七年八月因抗战获释。此二十多年中柏陈两先生没有机会相见的，这次柏先生来江津，想是特来访老友的，我也有幸一见"寿春倡义闻天下"（仲甫诗）的老将，得谢仲甫先生。

仲甫先生在江津城定居之后，我们父子约他来白沙镇看看，江津到白沙的水路约三小时。这一天我们父子到江边等他，独自一人来没有他的女伴。我家住在江边柳马冈一栋别墅小洋楼，是租邓燮康君的。晚饭后，我们父子陪他聊天，他谈笑自然、举止从容，像老儒或有道之士，但有时目光射人，则令人想象到《新青年》时代文章的叱咤锋利。

我一时想起他少年时代的诗学，因问他，听说先生早年在龙眠山朝夕背诵杜诗，那作的诗一定不少。他听了笑了，于是我拿出纸笔来，他写了游西湖、韬光与虎跑三首律诗，一首是与曼殊的绝句：

偕曼殊自日本归国舟中

身随番舶朝朝远，魂附东舟夕夕还。

收拾闲情沉逝水，恼人新月故弯弯。

于是停下笔来，谈起这一诗的故事。某年他同曼殊、邓以蛰（邓仲纯三弟）自日本回国，船上无事，曼殊喜欢说在日结交的女友如何如何，而仲甫先生与邓以蛰故说不相信，不免有意挑曼殊，开他玩笑，曼殊急了，走进舱内，双手捧出些女人的发饰种种给他两人看，忽地一下抛向海里，转身痛哭，仲甫说来已经几十年前的事了，神色还有些黯然。

次晨，我准备纸笔，请他写字，因他早年喜欢书法，并用功于篆字。他以行草写了一幅四尺立轴，他说多年没有玩此道，而体势雄健浑成，使我惊异，不特见其功力，更见此老襟怀，真不可测。又写了一副对联，联文云：

坐起忽惊诗在眼，

醉归每见月沉楼

首句是明人诗，次句是他的诗，这是他早年集的，还没有忘记。题款称我父亲为“丈”，称我为“兄”，我们父子当时都说他太客气！其实他还大我父亲三岁，这是传统的老辈风范，而我却不觉有些惶悚。

仲甫的老友章士钊（行严），一九一三年他在上海创《甲寅》杂志，仲甫参与其事，以精悍的文笔，抨击北洋军阀的反动，影响全国。可是一九二一年以后，他依附段祺瑞，为段的临时执政府的教育与司法的两部之长，恢复《甲寅》杂志由月刊为周刊，力倡以柳宗元文为模范。一九二六年三月十八日以北京学生为政治腐败请愿，竟在执政府前被枪杀，此一惨案，震动全国，而身为教育司法两部部长的章士钊，亦随此反动政权，一败涂地。

一九一七至一九三三年十五、六年间，他们两人间在思想与政治方面，背道而驰，令人不可想象。直至一九三三年仲甫先生被捕，章士钊以法律家的观点，发表一篇精辟的长文，为仲甫申诉。郅玉汝的《陈独秀年谱》谓“被告方面延有章士钊、吴之屏、彭望邺等律师五人代为辩护”，据我所知这是出于章的主动，非如一般情形由被告延聘律师。这看出两人不因多年相左，而失去旧日的交情，尤当患难之时，表现了平生风义。

抗战时，两人都到了重庆，仲甫住进医院，章士钊去看他，他向仲甫说：“你很好！我像小瘪三样。”

“你找弱男回来管管好了。”

“那更糟，越管越坏。”

弱男是清季名公子又是诗人吴彦复的女儿，章氏夫妇早不住在一起，他是有姨太太的。

陈章两人结交的年代，一九〇三年章与张继、何梅士在上海创《国民日报》，仲甫时亦参加，时陈二十五岁，章二十三岁。后两年又同在上海学习炸药以图暗杀组织。足见两人早年是朋友又是同志，后来分张，仲甫为追求他的理想，垂老入狱，犹孜孜于文字学研究。章则一失足，便掉进泥坑而不自拔。“小瘪三”是自嘲，也是对密友说真心话。“小瘪三”是上海滩的话，意思就是混了。

吾师沈尹默先生是仲甫少年在杭州时的朋友，后来又在北京大学同事，仲甫再回到上海后，他们两人大概就没有见面了。抗战后，沈先生到重庆时，仲甫已定居江津，又没有机会见面。

他们两人在杭州时正是年少，过的是诗酒豪情的生活，如仲甫诗云：

> 垂柳飞花村路香，酒旗风暖少年狂。
> 桥头日系青骢马，惆怅当年萧九娘。

当时他有《杭州酷暑寄怀刘三沈二》与《夜雨狂歌答沈二》两诗，“沈二”即尹默先生。这首“夜雨狂歌”，极瑰丽奇诡，以长声的诞幻，嗣宗的咏怀，合为一手者：

夜雨狂歌答沈二

只云压地地裂口，飞龙到海势蚴 。
喝日退避雩师吼，两脚踏破九洲九。
九洲嚣隘聚群丑，灵琐高扁立玉狗。
烛龙老死夜深黝，伯强拍手满地走。
竹斑未灭帝朽骨，来天浮山去已久。
雩峰东奔朝岣嵝，江山狂夫碎白首。
笔底寒潮撼星斗。感君意气进君酒。
滴血写诗报良友，天雨金粟泣鬼母。
黑风吹海艳地纽，羿与康回笑握手。

此诗作于一九一五年，次年办《新青年》，于是以雷霆万钧之力，反封建、反传统，唱文学革命，实践了“笔底寒潮撼星斗”。

二十年后，两先生避地入蜀，虽不在一地，通了消息后，先是仲甫“依韵和尹默兄”的五言古诗，末四句云：“但使意无违，王乔勿久待，俯仰无愧怍，何用违吝悔。”犹见此老磊落倔强之气。

后来仲甫先生有四绝句寄沈尹默先生，沈先生也有和作。陈先生诗云：

湖上诗人旧酒徒，十年匹马走燕吴。
于今老病干戈日，恨不逢君尽一壶。
村居为爱溪山尽，卧枕残书闻杜鹃。
绝学未随明社屋，不辞选懦事丹铅。
哀乐渐平诗兴减，西来病骨日支离。
小诗聊写胸中意，垂老文章气益卑。
论诗气韵推天宝，无那心情属晚唐。
百艺穷通偕世变，非因才力薄苏黄。

毕竟“烈士暮年”，另是一种境界。“不辞选慵事丹铅”者是说他正在撰述的《小学识字教本》，此书至仲老逝世，仅完成十之八九，书至于“垂老文章气益卑”与“百艺穷通偕世变”云云，感慨尤深。

有次仲老要我将他的诗转寄给尹默先生，信笔谈到沈先生的书法，也可看出此老对于书法的见解，这当然是他早年的修养，如同他的诗学，思想文章虽有激变，而艺术的趣味却未曾磨灭。现将仲老的信抄录于后，以存掌故：

> “尹默先生住何处，弟不知，兄如知之，乞将答诗转去，为荷。尹默字素来工力甚深，非眼面朋友所可及，然其字处无字，视三十年前无大异也。存世二王字，献之数种近真，羲之多为米南宫临本，神韵犹在欧褚所临兰亭之下，即刻意学之，字品终在唐贤以下，尊见以为如何？”

仲老晚年想写两部书：一是中国史，一是中国文字史。他给我的信曾说：“中国文化在文史，而文史所含乌烟瘴气之思想，也最足毒害青年，弟久欲于此二者各写一有系统之著作，以竟《新青年》之未竟之功。文字方面而始成一半，史的方面未有一字，故拟油印此表（中国古史表）以遗同好，免完全散失也。”

这是他将旧作《中国古史表》托我交编译馆为之油印的信，就便提到他晚年要写出古史与文字两部著作，这在平常谈话中也不止一次的说出他的志愿。他以为在中国长期的封建社会形成的学术思想，有些乌烟瘴气，再也不能让它继续下去毒害青年，这是《新青年》时代所未曾做到的，也就是他虽在衰病的晚年不能放弃的责任。

书名《小学识字教本》者，以古人童年时初学习认字为“小学”。汉以后则以研究文字为“小学”，仲老之书以“小学”名有双关的意思。“教本”者，是为小学教师所用。自叙云：

“本书取习用之字三千余，综以字根及本字根凡五百余，是为一切之基本形义，熟习此五百数十字，其余三千字乃至数万字，皆可迎刃而解，以一切皆字根所结合，而孳乳者也。”

这是极科学的方法，使两千年来的文化遗产，由芜杂而有体系可寻。尤其是下一代儿童能循此学习，当省却许多脑力。仲老在《新青年》时代摧腐推新，晚年犹为下一代着想，如此精神，能不令人感激。

当他计划写此书时，在重庆的北大老学生劝他将稿子卖给编译馆，他们知道此老生活只靠一二老友接济，其他馈赠，皆一概拒绝。而仲老接受卖给编译馆者，则为我当时在编译馆有些方便，如交出的原稿要改正与借参考书及向馆方有事接洽等等。但我不是该馆正式人员，而是沦陷区的大学教授被安置在那里，没有工作约束，可自由读书做自己的事。

文强（1907—2001），湖南省长沙县人。系文天祥第23代后裔，毛泽东母亲文素琴系其姑母。其父亲文振之早年留学日本，与孙中山、李烈钧、蔡锷、程潜、黄兴等是朋友，参加辛亥革命和讨袁护国战争，曾任云南省高等审判厅厅长一职。他中学时代与毛泽覃是同学，1925年考入广州黄埔军校四期。同时加入中国共产党和中国国民党。加入共产党的介绍人为周恩来。北伐战争时从事政治宣传。此后随朱德进入四川，1930年曾任中共川东特委书记，管辖23个县，次年在重庆被捕，越狱后遭处分而脱离中共。1935年，文强进入杭州浙江警官学校，加入军统，得戴笠赏识，官至中将。1949年1月在淮海战役中被解放军俘虏，作为高级战犯关押26年。1975年3月获特赦出狱。

戴笠胡宗南秘访陈独秀[①]

文 强

一九四四年春节前后，戴笠自渝飞到西安。有一天他与我谈到深夜，所谈的中心问题，是张国焘对延安起不了什么重大的政治作用问题。他说："校长（指蒋介石）对张来投靠，以为对延安是致命的打击，交我运用。几年来大失所望，又臭又硬，他派黄逸公做秘书监视张，黄过于老实，挤不出牙膏，逼得他太狠，又怕他上吊。"戴告诉我，张曾向校长建议，由国民党知名人士公开访问陈独秀，将陈的有关抗战言论编辑成册，有利于抗日救国的就采取，扩大对付延安的宣传，是有力的武器之一。比较叶青等人所写的反共理论文章，分量要重得多。

① 本文节选自《戴笠其人》，沈醉、文强著，文史资料出版社1980年8月版。标题为编者所加。

戴说：“此事我与宗南，并通过他智囊团中的周天蓼、梁干乔等人的研究结果，认为张的建议是打脱身之计的一种手法，是黔驴技穷的表现。他可能估计到他的出走，再不能玩出什么花样，在老头子面前报不了账，只好把共产党的开山祖搬了出来，既以此自重，又可搪塞一下。智囊团的这些人分析是有道理的。他们主张将计就计，如果决定要去访陈独秀的话，就将一九三八年三月，由傅汝霖、段锡朋、高一涵、陶希圣、王星拱、周佛海、梁寒操、张西曼、林庚等在《大公报》上为陈独秀辩护启事的剪报带去，这一启事是提供陈大骂延安的最好材料。”

戴笠还说：“这则启事的剪报，曾送给校长看过。校长批示，要特别慎重保密，只许胡宗南与我知道此事，以私人身份前往。如陈问道是不是奉命来的，则可说报告过就是了。我和宗南得到指示后，原打算要张国焘一同去，张却坚决拒绝，理由是会引起陈的怀疑，见了面反而不好说话。陈的身边有高语罕夫妇在，容易泄露，一旦被延安抓到了把柄，以后在宣传战线上就有顾虑。我与宗南最后商量的结果，准备了水果、茅台酒一类的礼物，微服到江津白沙镇去访问陈老头。原来想不用真名求见，又怕不被重视拒之门外，即令见了面也许会敷衍了事，只得用了真名。一见面果然不出所料，高语罕夫妇的确在陈的身边，寸步不离地为他招待客人。高是黄埔军校的著名政治教官，我们尊之为老师，这位近视眼的老师表示很高兴。也许是震于胡宗南的大名，陈老头一见，便问是不是蒋先生关照要来的？当然，我们也就无可隐讳地答复是的。但我们对张国焘的建议，一字未提，我们事先商定，由胡出面，我则连边鼓都少打为好。”

接着，戴笠将他们会见陈独秀的情况向我叙述了。戴说：“陈对我们之去是出乎意料的。他慢吞吞地表示，是逃难入川，虽以国事萦怀，却并不与闻政治，更不曾有任何政治活动。但天下兴亡，匹夫有责。他问来意如何？胡将一年前的那则启事剪报取出送给陈看，并说：‘受到人身攻击一事，大家不平则鸣。傅汝霖、段锡朋诸先生，是陈老的学生，忘年之交的朋友，诸先生为陈老恢复名誉的辩护启事，乃国人之公论，民心之所向。今天特来求教，请陈老谈谈对国事的看法。值兹二次世界大战爆发，德军席卷欧陆，波罗的海四国乃苏俄前卫边沿，被德军闪电一击，不一周而尽失，眼看苏俄处于极不利之局。国内国共问题，由分而合，由合而斗，大战当前，如国策不能贯彻，前途实堪隐忧。为今之计，陈老意下如何？’陈默思久之，眼睛看看接在手中的剪报，又看看高语罕，慢吞吞地说：‘蒋先生的抗战决策，是符合全国人民愿望的。弱国强敌，速胜困难，只有举国上下，团结一致，则任何难关都可度过。延安坐井观天，谬论横生，我本人多遭污蔑，幸公道在人心，先生等所示剪报启事一则，足可证明。列名为我辩者，乃国内知名人士，有国民党的，也有非国民党的，有以教育家而闻名的。我原打算向法院起诉，因见代鸣不平的公启，乃作罢。先生等对我关注，深致谢意。本人孤陋寡闻，雅不愿公开发表言论，致引起喋喋不休之争。务请两君对今日晤谈，切勿见之报刊，此乃惟一之要求。言及世界局势，大不利于苏，殊出意料。斯大林之强权政治，初败于希墨的极权政治，苏联好比烂冬瓜，前途将不可收拾。苏败，则延安决无前途，此大势所趋，非人力所能改变。请转告蒋先生好自为之。”

戴与我谈完此事，掏出一个日记本，将胡与陈的谈话记录给我看，再三叮嘱：“此事校长只许我与胡知道，泄露了就要严厉的处分，如与胡相晤，也切记不要谈到此事。陈老头所言，胡要我呈报校长。校长说：‘陈的见解深湛，眼光远大。共产党内连这样的人都容不下，难怪张国焘要逃走。’”我听了戴的叙述，又看了谈话记录，所以，到现在还记得一个大概。

罗宗文，20世纪40年代在四川江津与陈独秀交往，时任江津县县长。写作本文时任重庆文史馆研究员。

江津三晤陈独秀[①]

罗宗文

抗日战争时期，陈独秀应他的安徽同乡、留日同学，在四川江津县城开设医院的邓仲纯的邀请，疏散到江津居住。

任江津县长后的第一次拜访

一九四〇年九月，我又永川调到江津任县长。到任之初，照例要拜访当地知名人士，县动员委员会干事王某（湖北人，忘其名）陪我去拜访陈独秀。略事寒暄后，他问："现在米价飞涨，怎么办？"可能他知道我在邻县永川花费最大力气，把米价控制住，从六月半到九月，一直保持稳定，军民相安。我说："省府最近的命令是要各县将当地的粮价压到七月半的水平，不许自由上涨。"他说："压也不是办法。"我说："当然，硬压是无效的。我刚刚到，对地方情况不够了解，还没有制定平抑粮价的具体措施。省府的命令，也要因地制宜才行。"因为约定还要去拜会欧阳渐（竟无）大师，

① 本文选自《重新认识陈独秀》，唐宝林主编，香港新苗出版社2006年2月版。中共江津市委党史研究室编、中国文联出版社2002年7月出版的《陈独秀在江津》一书，收入了作者撰写的《住所访陈独秀补记》，内容与本文大致相同。

就匆匆告辞了，没有继续谈下去。

陈独秀到县府的回访

大约半个月后，陈独秀到县府回访我。我当时疏散在东门外鲤鱼石临时办公处，离城约两华里，他是独自步行来的。一进办公室，他走近墙壁观看悬挂的字画，在四川著名大老刘豫波（咸荣）给我绘的一幅兰草前注视良久。刘是著名的兰草画家，画上题云：“咸称贤者从政，养成和气融融。静对讼庭花落，幽兰最好春风。”刘老原籍双流，常住成都。陈老随即坐下就说：“孙哲生又在放大炮了，你看见没有？”我说：“我看见了。”孙哲生即孙科，是中山先生的儿子，任国民党政府立法院长，在中央纪念周作过《抗战时期的经济政策》的报告，其中说到重庆的米价，已涨到一百五十元一担。如果粮食由国家来经营，操纵囤积等弊端就会一扫而空……。原报告在报上发表了。陈老接着说（我只记得他说的大意）：“这是行不通的，因为中国的农民很分散，生产规模很小，是小农经济，每年秋收以后，自己就把粮食保存起来，连罐罐坛坛都是他们的储藏工具，遇到需要钱的时候，就拿一部分出来，自己设法加工成米，或者舂，或者碾，或运到邻近的水碾去碾。全家动员，肩挑背负，运到邻近的米市去卖，然后买回所需要的油盐、农具和其他日用必需品。这就是说，他们的家，既是仓库，又是粮食加工坊；农民既是仓库保管员，又是加工工人，又是搬运工人，又是销售商人，是十分方便的。如全部由国家来包干，既要修仓库，又要修加工厂，又要组织运输，又要设店销售，要花多大的人力、财力、物力，哪里是容易办得到的事啊！不比在苏联有集体农庄，美国有大农场，是机械化耕种，生产规模大，办起来方便。”我当时听到他的一番议论，颇觉得有道理。

在柑桔研究所的巧遇

第三次晤谈，是在鲤鱼石附近的四川省柑桔研究所。它在县府附近，树木很多，环境优雅，布置得体，很像一个小型公司，宜游览休闲。所长张文湘是名教授张颐的侄子，曾在川大任教，与我相识，后赴美深造，回国后在这里从事无核桔的栽培，我常去活动活动。有一天下午我去时遇陈老也在那里，彼此都十分高兴地坐在一块聊谈起来。我问他的健康情况，他说："不好，血压高，肠胃也不好。"我介绍说："民间单方：用苞谷须泡水喝，可降血压，不妨试试。"他也介绍我多吃柚子。他说柚子含丙种维生素很丰富。分手后，我俩偶尔在街上碰见，我坐的是轿子，他多半是手提包中药步行。我拱手向他致意，他也拱手还礼，未说话。

他的字写得很好，我十分欣赏，曾走纸去请他写张条幅，写的是杜甫的《曲江对酌》第二首的后四句："穿花蝴蝶深深见，点水蜻蜓款款飞，传语风光共流转，暂时相赏莫相违。" 我离开江津时，又求他写了一副对联。他写的是："还师自西旅，祖道出东门。"并在边上题云："宗文先生，长斯邑年余，今调赴铜梁，出纸索书，因集散氏铭以赠，即乞正之。独秀。"写得极好，我是后生小子，他对我那样客气的称呼，实感惶恐不安已极，对对联的理解，我和身边的朋友都说，下联是为我饯别的意思，但上联怎么理解呢？大家提出许多种解释，似都不确切，真是意在近而求诸远啊！当时全国有志之士，都涌到西南，坚持抗日战争，艰苦异常，都渴望早日胜利，从西方班师回到各自的家乡。《散氏铭》仅三百五十字，要从中选出十个，集成一联，既反映群众渴望抗战胜利，结伴还乡的心情，又突出群众为我饯行惜别的深情厚谊，信手拈来，联成妙对，足见陈老国学功底的深厚。我求他的字，都是请他的外甥女吕秀珍送去的。吕时任江津私立几江女子中学校长。

一九四二年三月二十九日是黄花岗七十二烈士殉难纪念日，我在江津东门外体育场举行盛大的群众大会，有学生、工人、机关职工、人民群众约四千人参加，我主持大会，号召大家学习烈士们的革命精神，不怕牺牲，在各个岗位上奋发努力，争取抗日战争的最后胜利。讲毕，双目失明的安徽大老凌铁庵[①]，由其女扶到前台，厉声批评谴责陈独秀乱写文章（指他写的《战后世界之轮廓》，分成上下两大段，在重庆《大公报》上只登了上段）投稿，散布悲观情绪，大大影响群众的抗战积极性，应群起而申讨之去云云，言词异常尖锐激烈。散会后，《江津日报》社长张西洛（进步报人，解放后任全国政协委员，《光明日报》经理，是我支持他在江津办日报的）问我："凌铁老的讲话，上不上报？"我说："没有必要。"后来，重庆卫戍总部派遣在江津县稽查室的李主任（江西人），曾问他罗县长为啥偏袒陈独秀，可见了特务还是时刻盯住陈老。我听后一笑置之。

① 凌铁庵(1887—1962)，原名凌昭，字铁庵，安徽定远人，清代著名将领聂士成的外孙女婿。1906年1月，与好友袁家声、张汇滔等一道秘密加入同盟会，是安徽省籍最早的同盟会员之一。1907年从陆师学堂毕业后，曾东渡日本接受孙中山先生召见，听取孙先生对安徽革命的指示，回国后，与两位哥哥从事反清武装斗争。1911年，武昌起义后第二天，率部在安庆新军炮营响应，策动清军倒戈。1913年，柏文蔚出任安徽讨袁军总司令，他与常恒芳等12名民军司令联名通电响应，并参与策划了白朗起义。1914年7月，孙中山在日本组织中华革命党，任命其为中华革命党代理驻沪主盟人、代理中华革命党安徽支部长等职。1919年，出任中国国民党筹备委员会委员。1921年起，在安庆与国民党元老管鹏等创办《民治报》。1926年，发起组织国民党安徽省党部，任执监委员。是年冬，任国民革命军第三十三军（柏文蔚任军长）中将参谋长。1927年，调任交通部航政司司长，后遭奉系军阀暗害，炸瞎双眼。抗战胜利后，聘为国民党中央组织部设计委员。1948年当选国民大会代表，并将定远凌氏家族房产捐给政府创办定远中学。1949年前往台湾。1962年病逝。于右任亲书挽联："尽国民天职，盲目不盲于心；是革命人豪，寿己兼寿夫世。"临终前，遗嘱要把遗骸运回安庆安葬。1995年4月，其骨灰迁葬安庆三胞墓园。其女儿凌起风，女婿系著名作家王火。

龚灿滨，重庆江津人，1930年代毕业于北京大学，曾任江津教育学监、江津中学校长、国民党江津县党部书记。作者在江津“郭家公馆”初次拜访陈独秀是通过其北大同学、时任江津县长黄鹏基的介绍；到了1942年到鹤山坪石墙院拜访陈独秀时，其已就任国民党江津县党部书记。解放后被划为“反革命分子”，落实政策后，以江津黄荆街幼儿园的退休教员身份退休，并被聘在县志办工作。

陈独秀在津印象[①]

龚灿滨

陈独秀是中国现代史上一位较重要的，也是极其复杂的人物。抗日战争期间，我和陈独秀在江津曾经有两次见面的机会，对他的生活情况知道一些点滴。死后，又从县人邓夑康和陈独秀的同乡邓初（仲纯）处听到了他的一些介绍。现记录于后，供有关方面参考。

一、萧条的晚年

三十年代初，蒋介石一面对革命根据地进行军事“围剿”，一面在其统治区大肆逮捕和屠杀共产党人，最后连他视为异己的也一律加以逮捕和监禁。一九三二年十月十五日，陈独秀当时虽然已被开除出党，仍在上海被捕，关进南京模范监狱。一九三七年，“八一三”事变以后，国民党政府在全国舆论的谴责下，不得已释

① 本文选编自《陈独秀在江津》，中共江津市委党史研究室编，中国文联出版社2002年7月版。

放政治犯，陈独秀才获释出狱。

一九三八年秋天，我因故回到老家江津，这时，我一位北京大学同学黄鹏基正任江津县长。和黄见面后，他说：陈独秀先生寄居到江津来了，不妨一道去谈谈。我与陈独秀虽名属师生，却不曾听过他的课，因那时他早已离开北京。不过早年曾读过他在《新青年》杂志上发表的一些激情奔放的文章，既后又知道他几次担任中国共产党的总书记，被蒋介石逮捕，监禁了漫长的五年，现在闯出来了。在这全民抗战、火热斗争的年代里，他准备怎样打发未来的日子，倒是我急欲知道的问题。

他住在县城东门郭家公馆，是两间西屋。屋子不大，感到有点闷热。靠窗的书桌上，摆着几张《时事新报》，一叠原稿纸，几本线装书，和别的什物一样显得凌乱，说明这是一个流亡者的家庭。从表面看，他有些不像一位年近六旬的老人。紫黑的不大开阔的脸颊，一对炯炯有神的眼睛，仿佛还蕴藏着《新青年》时代的活力。态度显得沉郁，也有点矜持。我初步的印象是：他只是一位学者，不像一个政治活动家，更不像一个敢于斗争、敢于胜利的革命者。在寒暄几句之后，经过短短的沉默，我向他发问："当前的时局，陈先生有些什么看法？"

他微微点一下头，笑笑，没作答。想到他目前的处境，我感到问得不够恰当，幸好黄鹏基转变了话题："陈先生近来写点什么没有？"

"仍继续写《实庵字说》，送《东方杂志》连载，间或也给《时事新报》或别的报刊写点文章。"

这时一个中年人踱了进来，他介绍说这是他的安徽同乡邓仲纯先生，日本帝大学医的，现时在江津开业，希望多多帮忙。

随着黄鹏基一道辞别出来，在路上，他告诉我，国民党对这位失意者仍不放心，重庆方面随时有人来侦查他的行动。邓仲纯也许就是他目前唯一可以往还的朋友。地方上一些上层人士都尊重他，遇有重大宴会都邀请他参加。但他总沉默寡言，很少和别人交谈。有时偕伴侣潘兰珍一道，去东门外支那内学院（一所由南京迁来的佛学研究机构）和欧阳渐（竟无）、高语罕、苏鸿怡（前清进士）等人谈天或打牌。这期间我还在龙门滩和油溪见到他为别人新建房屋写的小篆横匾，字体遒劲有力。人们说，藉此送去一些润笔，补贴他的用度。

一九四二年春天，我又一次回到江津。县人刘颖滨对我说，杨鲁丞先生的遗著，他孙子杨庆馀托陈独秀整理，并作一篇序文，尚无消息，要我从旁敦促一下。几天后会着杨庆馀，他说陈独秀前些时病了，江津又随时闹空袭，很不安全，因为想请他整理祖父的遗稿，已欢迎住到鹤山坪石墙院家里，约我去向陈征求一下整理六种遗著的意见。石墙院林木蓊郁，环境清幽，是一个既适宜休养，又适宜写作的地方。我进屋后，陈已经入睡了，杨庆馀给我向潘兰珍作了介绍。因为我是“北方人”，并且两年前在郭家公馆曾一度拜访，谈起话来比较亲切。潘兰珍说：陈先生患的是心脏病，近来日趋严重。乡间的医药条件不好，只有邓仲纯十天半月从城里来看他一次，眼前总不大见效。生活来源，陈先生在《时事新报》负一个主笔的名义，每月报酬一百六十元。北大同学会和蔡元培先生有时也寄点钱来，但不固定，此外就靠给各地刊物写文章。

陈独秀醒后，潘兰珍带我进去。他躺在床上，显得十分消瘦，先前那双炯炯有神的目光已经黯淡了。我简单地探问了一下病情，便把话转到整理杨鲁丞遗著的问题上。他从床榻的小柜上顺便递给我两本书，一本是木板印的《群经大义》，一本是《杨氏卮林》誊稿。他问：“看过吗？这就是杨先生六种遗著中的两种。《群经大义》很多是转述前人注疏的，创见不及你们四川的廖季平，《杨氏卮林》评价诸子，则远逊适之先生。但在小学（指文字学）方面倒是有点成就的。”

我谈到抗日战争，认为国民党的部队节节败退，只剩下川、康、滇、黔和西北边区，我们都很可能作亡国奴。他微微地笑了，精神似乎有点振奋，说：“不会！我们还有两支逐渐壮大起来的军队，迟早要把敌人赶出去，中华民族是有复兴希望的。”当时我领会，他所指的是坚持抗战的八路军和新四军。直到现在有些农民还能回忆，清晨和傍晚，陈独秀和潘兰珍常在院前院后转游，与他们聊天。他不止一次地谈过，“中国不会亡，有人能把日本鬼子赶出去”。

一九四二年五月二十七日，陈独秀终于因急性胃炎与脑充血齐发，在鹤山坪石墙院逝世，终年六十四岁。殁后，丧葬由江津农工银行经理邓燮康、聚奎中学校长周光午两人料理，灵柩从石墙院运到距县城西郊两里许邓燮康的别墅康庄附近安葬，墓碑上刻有“独秀陈先生之墓”七字。当时《时事新报》、《新民晚报》、《江津日报》均有简短的消息报道，对他的评价是：“青年时期的陈独秀，向宗教宣战，向偶像宣战，一种凌厉之笔，不失为一个前驱者。”

陈独秀在江津度过的晚年是，政治上被软禁，生活上靠朋友，一句话，他在江津度过了萧条的晚年。

一九四七年，他的三儿子陈松年依靠浙江绍兴同乡会的帮助，把灵柩运回安庆老家，安葬在安庆北门外十里铺叶家冲。

二、白沙小住

据邓燮康回忆，陈独秀在未去鹤山坪石墙院之前，曾应其五叔蟾秋（邓鹤年），六叔缡仙（邓鹤丹）的邀请，赴白沙邓氏旧居住过两个多月，并应聚奎中学校长周光午之约，对学生作过一次讲演。陈对高语罕，也当面对邓蟾秋说，一个人聚财不难，散财实难。邓蟾秋在重庆经营盐业结束以后，拥有六十万元左右的财产，他以十五万元捐赠聚奎中学作基金，以五万元创立重庆蟾秋图书馆，其余则分赠亲友和子侄作留学外国的费用，自己只留下五万元度晚年。其时正值邓蟾秋七十大寿，陈独秀应聚奎中学之请，用篆文题了“大德必寿”四字，并另外写了“寿考作仁”的横幅赠送邓蟾秋，后来都镌刻在聚奎校园的巨石上，“文化大革命”中被捣毁了。

邓燮康还回忆说：在邓宅一次晚餐席上，在座的除他们叔侄三人外，有陈独秀、高语罕、周光午等共六人。闲聊中谈到了“西安事变”，邓燮康提出，当时张学良、杨虎城为什么不杀掉蒋介石？陈独秀说．不杀蒋介石是延安方面，主要是周恩来的决策，这一决策是从国家安危、民族前途着想的，如果照当时西北、东北两军一些将领的意见把蒋介石杀掉，那么，何应钦会向日本投降，黄埔系的军官会发动内战，阎锡山、李宗仁、白崇禧会割据一方，坐观成败。这样，国内形成一片大混乱，日本军国主义者便可坐收渔人之利，从而导致中国的加速灭亡。稳定局势，促使蒋介石和全国军民一致共同抗日，是当时惟一的可行之路，周恩来算是一个极有远见的政治家。邓燮康最后说，他和陈独秀的往来虽比较频繁，但陈平时总沉默寡言，对时局，对中共人物提出他的看法，这还是第一次。

三、邓初谈陈独秀

邓初和陈独秀是同乡，在日本时交往比较密切。这次应邓初之约来江津定居，天涯沦落，他乡遇故人，更加深了两人的情谊。应该承认，邓初是了解陈独秀较多的一人。邓初来津时，在城内四牌坊街设了一家诊所，其后业务有了发展，便迁移黄荆街开设延年医院。一九四三年，我家里人来此住院，为了探望病人，差不多每天有和邓初见面的机会。时间久了，新知便成旧识，我经常在他家谈天。这时距陈独秀之死仅八、九个月，在闲聊中难免会涉及这位一代人物。人既死去，他用不着“为亲者讳”，在谈论中，既有公正的评价，也寄托着朋友的哀思，从而使我对陈独秀有较多的了解。

邓初说：仲甫（陈的别号）是一个爱国者，也是不断前进的人。他二十岁左右曾一度赴过南京乡试，看穿了满清朝廷的所谓抡才大典，只不过网罗一些利欲熏心的禽兽，把国家搞得越来越坏。他非常痛恨满清皇室的愚昧独裁，丧权辱国，四次赴日本，主要不是为求学而是为寻求革命的道路，振兴祖国。他早年曾赞同过康、梁的改良派，后来变法维新失败，看出了不推翻满清，祖国是难于富强的，转而拥护同盟会的革命主张。其后，中华民国尽管成立了，但接着是袁世凯窃国，军阀割据，祖国仍没有复兴的希望。从苏联推翻帝制，建立第一个社会主义国家的经验，他认为只有马列主义才能救中国，才能彻底推翻帝国主义和封建主义，于是起而宣传革命的真理，一九二一年与一些先驱者发起建立了中国共产党。仲甫与我（邓初自称，下仿此）讲过一个笑话，他说：冯玉祥倒过袁世凯，倒过吴佩孚，拘囚过曹锟，赶逐过溥仪，反对过蒋介石，人称倒戈将军。他和这位将军有点类似，因为他一生就誓作反对派，从反清一直反到蒋介石……应该说，仲甫是一个热爱祖国，不断前进的人。

邓初又说：仲甫只是一位学者，不是一位政治家，更不是一位坚强的革命家。他的重大成就是文字学，其次是经学和子学。如果他一直在北京大学任教，从事著述，对学术会有极大贡献的。他一生作反对派，反对旧思想、旧制度、旧文化，提倡科学与民主，给中国人民指出了前进的方向，不愧是思想界的先驱者，一颗璀璨的明星。继后他为了救中国，信仰和宣传马列主义，发起建立了中国共产党。但我觉得，他不是一个真正的马列主义者。他认为斯大林搞独裁，同时他还醉心于欧美的资产阶级民主，因此，认识上发生了动摇，中国的托派便乘机笼络，把他拉了进去作为幌子。一个政治家必须有他的政治主张和实行其主张的坚定信仰，像孙中山推翻满清，建立民国那样。而一个革命家，必须以进步的暴力，推翻腐朽的暴力，要敢于斗争、敢于胜利，不慑服于枪林弹雨，陷阵冲锋。至于仲甫，只是一个书生，不具备革命家的坚强毅力，所以我认为他既不是一个政治家，更不是一个革命家。

当时报纸上登载过，陈独秀曾一度想回到党内工作，未成为事实。真相是怎样的，笔者曾向邓初提出这一问题。

邓初说，仲甫参加中国的托派是事实，但他看出当时托派中人不是真正的革命者，而是别有用心，成不了大事，所以幡然改图，想回到党中央工作。但中共要他公开发表反对托派的言论并付诸行动，由于他的清高思想，不愿出尔反尔，又由于王明、康生等人在报上大肆进行诋毁，诬蔑他是汉奸，受日本的津贴，使他非常沉痛，事情也就无形终止。这次对他打击很大，共产党不见谅，国民党不放心。因此，精神上受到极大的创伤，意志也就十分消沉和颓废。这不能说对他后来的心脏病无关。

邓初又说：仲甫毕竟是一个有气节、有操守的人。被捕后在南京受审，一九三三年五月前后，一些报纸曾有过记载：审判长问他“为什么要反对国民政府？”他慷慨激昂地回答说：“有这事，不否认。一、国民政府的政治不民主；二、军阀官僚贪污腐化；三、对日本的侵略不抵抗。”这种临危不惧的精神，可算继承和发扬了中华民族的传统气节。出狱后，胡适之劝他去美国著书，他说，“过去一些大军阀大官僚垮台以后，都跑到外国当寓公，这是一件十分可耻的事”。胡适之和张伯苓还想拉他进“国防参议会”，他说，“这岂不是让我向蒋介石投降？”

不能否认，陈独秀在江津的时期，唯一可谈衷曲的，也许只有一个邓初。从邓初的谈话里，我们可以了解到陈独秀的一些思想情况。但邓初毕竟是陈独秀的同乡和朋友，他的谈话是站在朋友的立场上的。

杨眉，系陈独秀在江津鹤山坪石墙院主人的后人。生平不详。

陈独秀先生与我家的几则往事[①]

杨 眉

一、从称谓说起

江津前清进士杨鲁丞，是我的高祖父。故居是鹤山坪上麻柳乡的石墙院，人称进士府（因为进士府有双重石墙包围，故被叫着石墙院）。后来由于子孙繁衍，进士的后人便分居四处，除石墙院外，还有相距不远的卷洞门、小屋基和牌坊。我儿时就住在牌坊。

一九三九年的春天，经当时农工银行的邓燮康先生介绍，石墙院住进了一对老夫少妻，老的已年过花甲，少的不过三十出头。

当时，我家祖孙三代，都称男房客为陈先生（据说他本人不让我们称陈老先生）；对女房客就有两个称呼，当着陈先生的面，只能称陈姨太，背了陈先生，就称陈太太。熟悉了，就简呼陈太。

我在读小学，记得有次不注意，当着陈先生的面呼女房客为陈太太，陈先生立即纠正，要我喊陈姨太。

当时，只知陈先生是大教授、大文豪，却不知他是

① 本文选编自《陈独秀在江津》，中共江津市委党史研究室编，中国文联出版社2002年7月版。

中国共产党的创始人，曾连任过五届党的总书记。凭直觉，只觉得这老先生平易近人，和蔼可亲。

二、陈先生为什么会住进石墙院

陈先生为什么会住进石墙院？听我家长辈讲：陈先生住进石墙院，不单是为了躲避日军的空袭，更主要的另有一个缘故。

陈先生与邓燮康先生友好，邓先生与我幺叔公杨学渊又是知交。当陈先生逃亡到了重庆，一天，在一书肆购得我高祖父的《群经大义》和研究小学（文字学）的手稿，认为很有价值，应该整理出版。陈先生从邓先生那里，打听到我高祖父杨鲁丞的故居在江津鹤山坪石墙院，便由邓先生出面找我幺叔公杨学渊商量，让陈先生住进了石墙院，以便让他翻阅我高祖父的藏书和整理我高祖父的遗著。陈先生夫妇住进石墙院后，我们杨家老老少少都十分欢迎他夫妇，主客之间，以礼相待，相处融洽。

后来得知，经陈先生整理的部分手稿，由当时迁在白沙的国立编译馆出版过，但我家未见过此书。

三、陈先生曾几次来我家作客

陈太姓潘（后来才得知她的名字叫兰珍），住的时间一长，便和我母亲很友好。距我家牌坊不到两里路的双石桥是个赶二、五、八的乡场。陈太常来赶场购物，有时便顺道来我家吃午饭。记得陈先生也到过我家几次。陈太对我母亲讲，陈先生很喜欢吃我母亲泡的时鲜跳水咸菜和我母亲亲手包的皮蛋，称赞我母亲包的皮蛋是艺术食品，透明的蛋清上鲜明地现出小鱼、小虾和水草，看去，像一幅幅天然的图画。

可能是为了回报我母亲的多次馈赠，陈先生得知我幼年丧父，便义务地指导我作文。他要我珍惜时光，要我多读书多背诵。陈先生对我讲，古人说的“熟读唐诗三百首，不会作诗也会吟”，是经验之谈，讲得很有道理。他要我母亲督促我熟读《千家诗》和《唐诗三百首》。

四、陈先生曾为我家写过两幅条幅

陈先生来我家作客，很随和，大人和孩子都愿意和他说话。陈先生说话带安徽方音，有时叫人听不大懂。

有次，陈先生在我家客堂欣赏挂在壁上的郑板桥的竹石、王宫午的墨龙和刘芳六的刘海戏蟾时，我母亲因听人讲陈先生的字写得好，便请他为我家写两幅字，陈先生慨然充诺。不久，陈太来双石场赶场，便为我家捎来了两幅条幅。一幅写的是李白的《山中问答》：

问余何意栖碧山，笑而不答心自闲。
桃花流水杳然去，别有天地非人间。

另一幅写的是朱熹的《绝句》：

少年易老学难成，一寸光阴不可轻。
未觉池塘春草梦，阶前梧叶已秋声。

后来我母亲对我说，据陈太讲，《绝句》这幅是陈先生让我母亲用来挂在我的书房要我牢记的。

土改中，我家所有字画，皆散失。

五、陈先生介绍我到聚奎中学读书

当时，江津有两所名校，一所是公立江津中学，一所是私立聚奎中学。时值抗战时期，为躲空袭，江津中学迁到油溪。两校同日招生，学生只能选考一所。我在江津城南的育才小学毕业后，荣幸地考上了江津中学。我母亲为了感谢陈先生指导过我作文，在庆贺酒时，也请了陈先生夫妇。席间，陈先生对我母亲说：“何不让孩子读聚奎中学，那里环境清幽，名教员多，是育人的好地方。”我母亲回言：报考了江津中学，就不能报考聚奎中学。陈先生便主动答应由他写信给邓燮康先生，介绍我去聚奎中学。在陈先生夫妇的劝说下，我母亲果然送我去了白沙，免考进了聚奎中学初中十六班，教国文的就是和陈先生很友好的周光年（周光召的胞兄）校长。

文革期间，红卫兵抄出了陈先生为我写的这封介绍信，让我吃尽了写小字（写交待）的苦头。

六、陈先生遇盗后出面为我家担保

1940年秋天，陈先生石墙院寓所被盗。

据家人讲，贼人将盗得的陈先生刚写成的厚厚的一册书稿，在后园的大柏树下用火烧掉，只剩下书脊。陈先生非常气愤，报告了县府。县府让宪兵团派人到了鹤山坪，借口清查，便到处抄家。因为陈先生出面为我家担保，我们杨氏四家，才得免于灾祸。

陈先生呕心沥血写成的书稿丢了，不但痛心疾首，同时又夜以继日地忙于从头整理草稿。可惜书未成而人已殁。至于烧的是什么书，至今还是个谜。

往事历历。得编者诚恳约稿，一种心情让我去到独秀陈先生墓前，遂有《水调歌头·凭吊江津陈独秀先生墓》之作。兹引作结，词曰：

独秀先生死，安葬几江滨。鼎山五月，风景绮丽动游人。约得二三知己，携带香茗美酒，凭吊奠空坟。杜宇声声里，花雨落滨纷。

忆儿时，家鹤岭，近为邻。音容笑貌，回首已过六旬春。幸喜今朝盛世，历史遵从事实，功过两分存。称赞当年勇，五四咤风云。

杨实舜，湖北汉川人，曾任湖北宜昌地区（市）人大副主任、政协副主席。

江津时期的陈独秀印象[①]

杨实舜

对江津时期陈独秀的记忆，时隔五十余年，已模糊不清。那时，陈先生高年名士，谈笑有鸿儒，我等黄毛小子，浅薄幼稚虽属“追星族”，他未可“对牛弹琴”。有些侧面知道一二。不过印象总还有。概括为：“热肠，冷面，骨傲，心绵，学富，身俭，好友，诤言，新雅、故恋、白发、红颜”几个字。对其言行，既有敬仰，又觉复杂、矛盾，不够理解。到今天，仍然“糊汤”。定论尚待时机，“无字碑”也是历史的幽默。

不知他周边的人所剩有几？听说郑学稼、尉素秋还在台湾，好友胡适、台静农已死了。在江津时，从往过密是罗汉、何之瑜、台静农、魏建功、高语罕、欧阳竟无、三邓（邓仲纯、邓夑康、邓蟾秋）、周光午等；其次是嗣母、大姐、外甥女及安徽老乡潘赞化等。我那时很少见陈松年，不知何故？他们只一江之隔。再就是各界人士，很多。

我们这些小字辈有葛德琦（炸死）、甘大颖（在上

① 本文原载《汉川文史资料丛书》第十九辑，选编自《陈独秀在江津》，中共江津市委党史研究室编，中国文联出版社2002年7月版。

海教育界），还有复旦的李宗葵、许慎安？未知情况。[1]

陈与我们很少谈“大事”，一般闲聊而已。我寓江津时，他曾书条幅一纸：

实舜同学　双鬓已白难再青　陈独秀

① 原书编者按：1940年7月11日，陈独秀致信郑学稼：“前函谅达，兹有恳者，九中高中毕业生李宗葵，大学先修班毕业生（原同文高中毕业）李宗荃，前者拟考复旦新闻学系，后者拟考复旦经济学或会计系，务求吾兄尽力扶植，是为至托。”下有何之瑜附叩：“兹有许慎安小姐亦欲考复旦中国文学系，乞予成全盼。”——可见当时陈独秀对后辈的热情提携。

张定，曾任中国社会科学出版社社长。

路遇陈独秀[①]

张　定

一九四〇年初，寒假期间，我和三个好朋友宋建武、柳志祥、陈统寿考入江津中山中学高中二年级。开学前，我们一起乘船去江津，在船上看见一位身着长袍，很有风度的长者。航警告诉说，他是陈独秀。我读过他写的《我对抗战的意见》的小册子，从中懂得了日本为什么要侵略中国，中国人民只有奋起抗日才能挽救中国沦为日本帝国主义的殖民地的命运。又知道他是有名的学者、教授，《新青年》杂志的编辑，还是中国共产党的领袖人物，对他很敬仰。能够遇见他，真是一个十分难得的机会。我立即去拜见他，请他在我的日记本上签名。这位长者和蔼可亲，问了我一些情况后，慨然应允，在我的日记本上写下了“少年中国，中国少年”八个大字，并旁题注明：“张富培同学纪念。独秀于民哲舟中。一九四〇年？）月（？）日”（我现在已记不准确具体日期了，“民哲”是当时民生轮船公司行驶在川江上的一条轮船）。同行的三位同学并没有去找他，但船到码头，我们四人都被宪兵扣下，检查行李。检查了好久，没收了我们几本小说和《全民抗战》等期刊。

① 本文选自《陈独秀在江津》，中共江津市委党史研究室编，中国文联出版社2002年7月版。

放行后天色已晚，我们去四川旅行社投宿。晚九点钟光景，宪兵又来，再次检查行李，检查完叫我和宋建武带上被子，将我们押去宪兵十二团司令部。我们被分别关在两个监房里。监房地上有一些稻草，潮湿阴暗。我披着被子和衣坐靠在墙上。到快天亮的时候，我被叫到审问室，由一个军官审问：“你是不是共产党？”我说：“我对政党不感兴趣，我只知道读书。”又问：“你与陈独秀有什么关系？”我说：“没有关系，只知道他是一个有名的教授。”他们问不出一个所以然。情急生智，我要求打电话回家。他问：“你家长是干什么的？”我说：“我父亲在二十一军司令部。”他说：“这里打电话到重庆是长途，不能打。”到天亮时把我们俩放了。

第二天，我们一行四人到中山中学高中班报到。学校说，你们得等一下，还须口试。我们一听，猜到是学校借此要取消我们的入学资格，又气又冤。年纪小，又不懂据理力争（入学通知书都已经发了，我们从重庆老远跑来，还要口试？）。无奈中，我想起陈独秀老先生那么平易近人，容易接近，他对青年是那么关爱，想去找他求救。于是按照那位航警指示的地址——江津，黄荆街八十三号（现在才知道，那是陈老先生进城常去暂住的朋友家，陈家当然是住在江津乡下）。找到了陈，我向他述说自己这一路遭遇，表示：我决定不上学了，要革命去。陈听着，脸上露出十分关切又严肃、凝重的神色对我说：“要革命也不能不上学。没有学问，革命也搞不好。”我说：“现在学校都开学了，也没有学校上了。”陈说：“那就先自修半年再考。这半年，除温习功课外，可以读一些历史书籍：例如，可以读克鲁泡特金写的《法国大革命史》，还可以读其他历史书。克鲁泡特金写的《我的自传》也可以看。总之，要读书，一定要继续上学。真要革命，就要有真本事，有学问。”他的关怀与忠告，令我十分敬佩和感激。我决定听他的指点，继续上学。

接着，我们几个人又一起回到重庆，在海棠溪长江边租了一间房子自修功课。几个月后，宋建武、柳志祥上了复旦中学；陈统寿到银行工作；我回到初中时就读过的广益中学，于一九四二年暑假毕业，考入燕京大学。一九四七年从燕京大学到晋察冀，被分配到中央党委工作。

一九四八年在平山县土改、整党工作中，中央党委机关支部讨论我的入党问题时，我如实交代了这一路经历。有同志追问我与托派的关系，有同志追问我思想上受了陈独秀什么影响。我只能说我没有见到过托派，与托派没有任何关系。陈独秀劝我要上学，要读书，我觉得他说的很对。我也照他说的去做了。我受他的最直接的影响就是改变了主意，决定继续上学，因为“要革命也得有学问”。我受他的长远影响，可能是要从人类历史去了解人类的本来，然后去找寻革命的道路。别的，说不出他对我有什么影响。但有的同志说这是一个重要问题，到底有没有受到托派的影响，不搞清楚不行。还是中央党委书记冯文彬同志为我解了围。他说：“张定当时还只是一个十六、七岁的中学生，在那样一个偶然的机会，去请教一个有学问的长者，陈独秀告诉他的那些话是可信的，对一个青年人来说也是有益的。没有什么根据硬要和托派扯上关系嘛！”

“文革”中批斗我的时候，可能是因为我当时被认为有更严重的“现行反革命罪行”，也可能是因为这个问题，中央党委机关党委有明确的结论，倒没有又提出来追查。但是，造反派抄家时，陈独秀给我的珍贵题字和我的所有的日记、笔记本连同其他信件、照片一起被抄走了，至今不知下落！

何之瑜（？—1952），湖南安乡县人。又名何资琛、贺松生。早年是陈独秀任北大文科学长时的北大法科学生，曾在李大钊领导的北方区委民族工作委员会工作。1925年2月至10月任中国社会主义青年团北京地方执行委员会委员工作，先后担任组织部和宣传部负责人。1926年11月至1927年5月任中共湘潭地方执行委员会书记。1927年6月至1928年5月，先后担任中共湖南省委员会委员、民运部部长、常务委员、组织局负责人。1928年6月作为湖南代表出席在莫斯科举行的中共六大。回国后曾任中共山东省委秘书长、上海总工会秘书长。之后随陈独秀参加中国托派组织“无产者社”，参与主编《无产者》。1931年被国民党当局逮捕。1937 年获释。1938 年4 月曾陪同八路军驻长沙代表徐特立到武汉看望陈独秀。随后到四川江津国立九中任教，并受北大同学会委托照顾陈独秀的生活。1948年编辑出版《陈独秀的最后论文和书信》。1952年12月因托派身份遭逮捕判刑，病死于上海提篮桥监狱。

独秀先生病逝始末记[1]

何之瑜

先生素患胃肠症，四年前又患高血压，迄无起色，年来息影深山，生活不安，营养尤为不良。本年五月十二日上午蚕豆花泡水饮半小杯（约十二日），腹胀不适，初闻诸医言，用蚕豆花泡水，服之可治高血压，今春不时泡服，虽未奏效，亦无损害。此次所服之豆花，采摘时遇雨，经数日始干，中有发酵者，泡服时水呈黑色，味亦不正，或系酸酵后含有毒汁，一时失机，因以中毒也。次日（十三日）上午，友人过访，午餐食四季豆烧肉过量，晚餐时又食，言食物作梗，夜不成寐，

① 本文原件为油印，现藏北京大学图书馆。选自《陈独秀评论选编》，王树棣、强重华等编，河南人民出版社1982年8月版。

午夜呕吐大作，吐后稍适，仍难入梦，自后精神疲乏，夜眠不安，间服“骨炭末”，似觉稍适。至十七日晨起盥漱，顿觉头目晕眩，随即静卧，少眩欲奏厕，以头晕未果。午后七时半，强起上圊，即起晕倒，四肢僵厥，冷汗如注，约一小时许，始苏。少顷（九时）又复昏厥，约三刻钟，始苏，周身发寒，冷汗如浴，旋又发烧，约一刻钟，始复旧状。十八日清晨，先生遣人来告，乃约先生之公子松年及先生之至友邓仲纯医生上山探视（先生出函请邓先生上山医诊）；同时上函重庆周纶、曾定天两医师莅津诊治。因周、曾两名医年前曾为先生详细诊察病状，最为先生所信赖，时以先生病状甚危，又草以详细病历送重庆周、曾两医师过目，两医师虽医务繁忙，然莫不细心研讨处方，且各赠药品，而尤以周纶医师将其太太预防血压变化之针剂分赠，其情况尤为可感。但因先生所病实无挽救之方，故两医生均未能来津，于是数日之间，辗转床笫，苦闷不安。至二十二日上午，又复昏厥，前后接连三次，虽经注强心剂苏醒，然病难治矣。二十三日又请江津西医邹邦柱、张熙尧两医师上山诊视，施行灌肠，大便得通，然病情仍未少减。先生于二十五日上午命夫人约之瑜至榻前略有所嘱。二十七日午刻，先生乃陷于昏睡状况，强心针与平血压针交互注射，均无效验。延至晚九时四十分逝世。时除先生夫人潘兰珍女士，公子松年夫妇，孙女长玮、长玙，侄孙长文及邓仲纯医师与之瑜外，适包惠僧君由重庆来山探病，均亦在侧。先生之衣衾棺木与墓地安葬等身后大事，均承江津邓蟾秋老人及其侄公子燮康先生之全力赞助，始得备办齐全。而邓氏叔侄之古道热肠，诚令人铭感！先生灵柩乃于六月一日下午一时半安葬于四川江津大西门外鼎山山麓之康庄。

（三十一年六月六日何之瑜记）

高语罕（1888—1948）,原名高超。安徽寿县人。1907年毕业于日本早稻田大学。1908年到安庆从事秘密反清活动，参加熊成基领导的马炮营起义。1911年辛亥革命后，任安徽青年军秘书长，与陈独秀结识。1915年到上海，参加新文化运动，为《新青年》撰文。1916年秋，在芜湖任省立第五中学学监兼授英语，与蒋光慈、钱杏邨、李京农等组织安社。1919年发动芜湖各校声援五四运动。1920年冬加入社会主义青年团。1921年初出版《白话书信》五篇，宣传社会主义思想。5月组织芜湖学社，创办《芜湖》半月刊。1923年春参与组织成立芜湖劳工会，加入中国共产党。8月与章伯钧等赴德国哥廷根大学深造，参加中共旅德支部组织的爱国反帝活动。1925年春回上海，在平民女校任教，参加五卅运动，任上海总工会宣传科主任。8月被派到芜湖，建立中共芜湖特别支部。同年12月被派到广州，任黄埔军官学校政治总教官。1926年1月，出席国民党二大，任中共出席会议代表的党团书记，当选国民党中央候补监察委员，不久兼任广东农民运动讲习所政治训练主任。1927年参加南昌起义，任革命委员会秘书。1928年转往上海，参加中共春野书店支部活动，参与指导太阳社文艺工作。12月15日随陈独秀发表《我们的政治意见书》，参加托派。之后到北京大学任教。1932年陈独秀被捕后，移居香港。1939年5月定居江津。1945年撰写回忆录《九死一生》。1948年春在南京病故。

参与陈独秀先生葬仪感言[①]

高语罕

地点：江津大西门外桃花林邓氏康庄

时间：民国三十一年六月一日中午

我应该先代表陈独秀先生及其家属和戚友，向江津绅耆邓蝉秋先生及其侄公子燮康先生致衷心感谢之

① 本文刊载于重庆《大公报》1942年6月4日第3版。

忱！同时，同样地，向江津育才中学校董孙茂池先生等致衷心感谢之忱！当独秀先生患病消息传到城内时，邓燮康先生即偕周弗陵先生与罕下乡探视，探视之后，燮康先生即和我们商量先生的身后问题，未等大家开口，他便毅然一肩担去。回城后，四处奔走，寝食不遑。所有衣衾棺木等等都办得十分美满。中因棺木问题，几经变化，几经周折，至于舌敝唇焦，声泪俱下，卒底于成。蝉老年逾七十，息影白沙，一闻先生噩耗，便急遽来津，登岸之后，毫不休息，便马上赶至鹤山坪石墙院先生寓所吊唁。关于墓地，燮康先生早已慨愿以其大西门外桃花林边新建别墅康庄园地辟作先生墓地，蝉老又欣然力赞其成。同时，育才中学校董孙茂池先生亦代表育才中学慨然愿辟校中适当地区，迎葬先生灵柩；并愿在先生墓旁独立建筑房屋数间，陈列先生遗物其中，俾资观感。此等情谊，纯出天真；此等苦心，非可力求，不唯在近时浇漓之俗，成为凤毛麟角，即求之古人，亦属不可多觏！现先生墓地终于选定燮康先生之别墅——康庄，殆有夙缘，盖先生居津四载，其平素过从最密者，就江津士绅说，厥为邓家叔侄。先生曾数度与蝉老游桃花林，前年春季，先生夫妇又偕弗陵先生与罕往看桃花，俯瞰大江风骚上下，流连不忍去。谁知昔时先生驻足游目之所，即其今日放足长眠之地？！地下有知，可以无憾！而邓家叔侄的风义亦因此不朽矣！

但是，我相信，并且大家也一定相信，独秀先生躺在这里，至少是不会污辱贤主人的这干净土，也不会辜负此地的山川景物。独秀先生是一个东西南北到处为家的人，自然也是抱着“到处青山能埋骨”的见解。他今天安息在这里，真可谓“得其所哉！”就他的怀抱，他的遭际以及他对于时局之展望说来，此时撒手而去，也是恰到好处。他临去的那一刹那，我想一定是俯仰无愧的。说到这里，朋友们自然要联想到独秀先生一生的评价问题。他的学问、事业以及他的整个的人格，自有他的全部遗著和他留在中国近四十年来的政治史，文化史、思想史和社会运动史上不可磨灭的爪痕在，后之人自可据以给他一个公平的批评。现在我以为有三件事可以提出来说一说，也许会给今日送葬的各位先生描绘出独秀先生之所以为独秀先生的一个粗粗的轮廓。

（一）独秀先生在文化史和思想史上的地位。我们绝对不愿夸张，但有一件事是不可否认的，就是他在五四运动时代旗帜鲜明，堂堂正正地提出下述两个口号：

拥护德（谟克拉西）先生——民主主义；

拥护赛（因斯）先生——科学。

在那时，梁启超、张君劢等正在闹玄学，而北洋军阀的执政府正在做最后的挣扎，独秀先生的两只小而锐利的眼睛却已经看到全国民众和文化界思想界的迫切需要是什么，就是说，他已经充分感觉到：我们中国若果要从军阀和殖民地的双重重压下解放出来，建造一个独立自由的国家，在政治上需要民主，在文化上需要工业化，故不得不迫切地要求科学。自此以后，一直到今，我们所努力奋斗以及政府现在所号召全国起来抗战的，还是这两个口号做我们的指导原则。因此，独秀先生在文化史和思想史上的地位，大家就不难想象了。

（二）独秀先生在中国新文学运动史上的地位。自然，新文学运动乃是文化运动的一部分，但因这个运动在中国这一代的青年人的心目中，还未能十分了解它的发生、发展过程以及它所给与新兴中国之伟大的影响，也值得我们提出来说一说。人人都晓得陈独秀胡适之两先生是提倡新文学运动的急先锋；但不知独秀先生提倡新文学还远在五四运动以前，远在辛亥革命以前。他在芜湖办《安徽白[俗]话报》时，已经明白表示他对于中国文学改革的决心了。文学的改革乃是文化运动、政治运动、社会运动的前驱。十五世纪德国的宗教运动（其实这一运动乃是欧洲一种披上宗教外衣的伟大的社会运动和政治运动的支流），就有马丁·路德用当时民间通用的德语翻译耶教经典为德国新兴文学运动开其先路。中国自魏晋以后，佛教文化输入，又有鸠摩罗什一班高僧创作一种前无古人而一洗古典主义的迷雾之翻译文学以为凿山开道之工具。独秀先生等在五四运动毅然以革新文学为已任，实为适应中国当前之新需要。当时振笔直书，对旧文学宣战，虽然有人认为有点过火，然这种改革在思想上是一种革命运动。当革命军队攻入帝制的宝座时，不大刀阔斧，掀动一番，不足以摧陷廓清。自然谈到中国新文学运动，不应当忘却梁任公先生的开创之功，他在戊戌政变以后，便大胆地运用西洋文法写文章，极力输入日本和西洋的科学上和文化上的一切名词和术语，并把日文和西文的作风移植到中国文学，这在中国新文学运动的初期，可以说是一种启蒙的作用。到了陈独秀和胡适之才大张旗鼓地开辟并奠定一文学的新天地。而且胡适之在北大任教，亦系独秀先生极力援引所致，则独秀先生在中国新文学运动史上的地位，也就可想而知了。

（三）独秀先生的为人。我们晓得一个思想家或一个文学家，若果要在他的生活奋斗的过程中，使他的学术上的创作和他的辉煌灿烂的人格保持着绝对的和谐，就必需具有一种为真理而牺牲的坚定意志和勇敢精神，而这种精神与意志之表现，第一是耐得穷，吃得苦。三十年前，独秀先生一肩行李一把雨伞，足迹遍江淮南北，到处去物色革命的同志，以为推翻满清，建立民国的准备。先生的一位老朋友汪孟邹先生在芜湖开设书店，暗与革命党人交通，一天，先生一手提着行李，一手拿着雨伞到了那里，汪先生说："我这里每天吃两顿粥，清苦得很！"先生很平淡地答道："就吃两顿粥，好！"他于是就住下去，每天在书店楼上编辑《安徽白[俗]话报》，宣传革命，这是光绪卅年的事。到了二次革命（反袁）失败，柏烈武先生退出安庆，独秀先生因避居上海法租界渔阳里编辑他的初期的《青年》杂志（《新青年》的前身），仍然是每天两顿粥，他始终没有向朋友告贷过，在取兴之间，十分严谨。第二，是把生命看得很淡。曾记得二次革命失败，先生从安庆逃到芜湖，被芜湖驻防军人逮捕。这位军人本是和柏公同立在反袁旗帜之下的，不知因何事与柏不谐，而迁怒气于先生，已经出了布告，要枪决先生，先生很从容地催促道："要枪决，就快点罢！"旋经刘叔雅，范鸿僊、张子刚三先生极力营救得免。后在上海被国民党政府逮捕，押解南京，先生在京沪车中，酣睡达旦，若平居无事者然，其临难之从容不迫，而怡然处之，往往如此。必须认识独秀先生这种为人的精神，才可以了解他的整个的人格和他在中国文化史上所留给我们的遗产怎样一种价值。最后，我要郑重说一句：

我们绝对不愿夸张。

邓敬苏（1930— ），女，重庆江津人，系江津白沙邓氏名门邓燮康之长女。自幼受其母胡道芬的影响，喜爱文艺。抗战结束后，考入重庆清华中学读高中。17岁考入南京金陵女子大学历史系。1948年在南京参加反饥饿反内战反迫害的大游行。1949年5月投笔从戎。曾任职于二野文工团、总政话剧团，成都军区战旗话剧团。著名艺术家和主持人。

忆儿时参加陈独秀葬仪[①]

邓敬苏

一九四二年五月二十七日，陈独秀病逝鹤山坪，六月一日，陈独秀的灵柩葬于江津大西门外鼎山山麓康庄门外一块园地上。康庄是我父亲修的一个简易房屋，用来躲警报的。我当时仅十二岁，二妹十一岁，我们均在德感坝国立九中读初中。六月一日那天，我们被何之瑜先生（九中历史教师）接到康庄，叫我们穿一样的蓝布长衫，臂戴黑纱、白花，参加陈独秀的葬仪和谒碑典礼。我和二妹站在墓碑两侧，在举行仪式时，缓缓将墓碑上的红绸取下，摄影留念。参加仪式者不下三、四十人，据说国民党教育部次长段锡朋也在场。陈独秀的妻子潘兰珍扶着一棵桔树，啜泣不止，我母亲等人一直从旁劝慰她。

我记得陈独秀的坟是圆形的，墓碑上刻写着："独秀陈先生之墓（1879—1942）"。我问过父亲为什么有人姓"独"，父亲告诉我："他姓陈，是尊敬他才这样

① 本文选编自《陈独秀在江津》，中共江津市委党史研究室编，中国文联出版社2002年7月版。

写的。”

解放后，我和二妹敬兰先后参加人民解放军，二妹入党后，将陈独秀谒碑典礼的合影交给了党组织，至今未能查询到。

据中国革命博物馆党史研究室出刊的《党史研究资料》第三期介绍：“名绅富商邓蟾秋及其侄农工银行经理邓燮康对陈独秀在江津的生活曾予照顾”；“陈独秀死后的衣衾棺木也由邓家所赐。参加葬仪者，有朝野学者名流三、四十人，左右乡邻壮丁不期而会者一、二百人，沿途护卫，且放鞭炮以示景仰惜别之意”。

意因即郑超麟，其简介见本书《陈独秀与鲍罗廷》。

悼独秀同志[①]

意 因

陈独秀同志死去了。

一九四二年五月二十七日陈独秀病死在四川江津县。世界革命于此损失了一员老战将，中国无产阶级于此丧失了一个大领袖！

他的六十四年的一生富于象征的意义。他积极参加辛亥革命，是安徽光复少数领导者之一，他是五四运动的主帅，中国启蒙的导师；他转移文化运动的方向，领导这个运动的左翼走上社会主义道路；他发动和领导中国初期工人运动，他创立中国共产党；他领导一九二五——二七年革命，他抛弃那葬送此革命的斯大林主义而接受托洛茨基的不断革命学说，他成了统一的中国反对派的领袖；他以中国托洛茨基派代表人资格被反革命的国民党政府监禁了五年之久，他又以这个资格成为斯大林党攻击对象。他就是以这个资格死去的。

我们在中国近代史中找不到像他这般的革命家。从甲午到辛亥到己未，我们有着不少的资产阶级领袖，其中也有以“社会主义者”，甚至“马克思主义者”自命的。但到了社会主义思想和工人运动合流的时候，

① 本文刊载于1942年6月25日出版的托派“中国共产主义同盟国际主义派”机关报《国际主义者》第3期。本文观点系作者一家之言，不完全正确，仅供参考。

他们就望而却步了，不仅抛弃了社会主义，而且沦入于最反动的营垒。从“二七”到现今，我们也有着不少的从工人运动生长出来的领袖，但他们都沾染了斯大林主义的毒素，甚至王明主义毒素，无法解除这些毒素。惟有陈独秀同志能够从卢骚主义，进于雅可宾主义，进于马克思主义，进于列宁主义、托洛茨基主义。这一个繁复而急剧的过程，完成于一个人的一生之中，而且每个阶段的转变时候，这个人又居于主动的领导地位，可见不是一件平庸的事。这个人必须是一个极不平庸的革命者性格，有绝顶的聪明，刚强的意志，敏锐的直觉，不屈服于任何偶像或旧规的。陈独秀同志正是这般的性格。

他的一生中，从斯大林党领袖到托洛茨基党领袖之转变，在我们看来是比他从资产阶级革命者到无产阶级的革命者的转变，更加难能的。第一次大战后无产阶级运动早已振动全世界了，此时一个真诚的革命者，并不难解脱资产阶级影响而投身于无产阶级运动。然而斯大林主义的罪恶，当时还是很新鲜的事情，必须凭靠自己的经验才能觉悟得到。决定陈独秀同志之抛弃斯大林主义者出于托洛茨基的理论解释的还少些，出于斯大林之领导一九二五——二七年革命的更多些。陈独秀同志自己就是革命过程中，这个破产路线之执行人。

这里说到革命失败的责任问题。斯大林以及一切斯大林主义者将这次失败完全归咎于陈独秀的“机会主义路线”，这是完全违背事实的。中国革命的失败乃是由于第三国际的官式理论，即仅将中国革命看做资产阶级民主革命，而不看做无产阶级社会主义革命，这种官式理论的错误，他在执行当中，凭着他自己的经验，已经部分地看到了；他于一九二六年秋曾秘密向第三国际领导机关提议：中国共产党应该退出国民党，但被第三国际拒绝。他自然不能全盘见到布尔什维克主义之蜕变为斯大林主义的趋势，即使他窥到了苏联以及各国共产主义运动的种种堕落现象，那他也是不能从理论加以解释的。这就决定了他在革命当中不能当机立断地违抗第三国际的领导，而使革命走上她应走的轨道，如他一生多次转变时所表现的那般果决。他代替了斯大林负了革命失败的责任，同样，在他以后，中国共产党领导机关也有好几次代替了斯大林负了运动失败的责任。但是，我们必须注意一点，即那些无骨气的中国共产党领袖，绝不能同这位老战将相提并论的。陈独秀同志不会在第三国际会议席上抛弃自己的意见，反而拿对方的意见做护符，他也不会发表悔过，斥骂自己为卑鄙龌龊的。总之，他不是一个“王明主义者”，即不是这样一个类型的“领袖”：他们是列宁退出工作以后的产物。

陈独秀在党内的领袖地位，以及一般地在全国各阶级心目中所占的地位，完全是他自己的努力造成的。也可以说，正是他的不合于王明主义者的性格所造成的。

但他方面，陈独秀之所以为陈独秀，最后分析起来，还是中国革命特殊发展的产物。我们知道从卢骚到罗白比尔和巴褒夫相隔半个世纪，从罗、巴诸人经过傅立叶到马克思也相隔半个世纪，从马克思、恩格斯到列宁、托洛茨基又相隔半个世纪，但欧洲这个漫长的过程，中国于半个世纪之间就可以过尽了。俄国从舍尔尼舍夫斯基到托洛茨基的发展也不是一代人所能完成的，但中国这个发展缩在一个人之身，而且相隔不到几年。由此可见，“陈独秀”象征着中国资产阶级革命运动到无产阶级革命运动间之接近，接近到一代人可以参加的程度了。“陈独秀”象征着中国的“不断革命”，两种革命如此接近，如此融化，使人不能辨别何者为这个革命之终点，何者为那个革命之起点，——这是前进各国连俄国在内，所未曾有的。所以，不断革命问题，在中国，比在前进各国，更以特殊的力量，提出于一切革命者面前。中国资产阶级革命和中国无产阶级革命之间究竟处于怎样一种关系呢？

在这个问题上，革命者之间发生意见分歧，因而对于革命党、战略和策略问题也有种种分歧的意见，——这不仅是可能的，而且是必然不可避免的。革命者决不可压制这种分歧意见的发挥；恰恰相反，惟有彻底讨论种种分歧的意见才能得到战略上和策略上正确的结论。

自从一九二九年以来，陈独秀同志关于这问题发表的意见比较地多，也比较地深刻。他死了，但他的意见留下来参加今后的继续讨论。我们视他为领袖，但我们视他为最有经验的，最忠诚于革命的，最富刚强性格的领袖，并不视他为绝无错误的教皇。总之，我们视他为同志，和他辩论，甚至面红耳赤地和他辩论。他不是王明主义者，我们对于他也决不是以王明主义者自居的。我们和他之间有意见分歧，而且这五年战争以来我们的分歧更大了。他于今年初写成《我的根本意见》一文，可以代表他的最后的系统意见。这是我们见到的他的最后文字了，我们未得他的死耗以前已经决定发表他这篇文字。同时，表示我们的不同意见。希望同志和读者讨论他的意见，这是纪念他的最好的方法。

一九一二年，即中华民国成立之年，列宁写了《中国的民主主义和民粹主义》一文，其中有一处拿西方资产阶级和东方资产阶级做个对比："西方的资产阶级已经腐化了，站在她面前的已经是她的掘墓人——无产阶级了。但在亚洲，却还有能够代表真正的奋斗的民主派的资产阶级，她不愧为法兰西十八世纪末叶的伟大思想家和伟大人物的同志。"这话写在一九一二年是对的，但不久之后中国资产阶级的"掘墓人"也已经站在资产阶级面前了，因之中国也只有腐化的资产阶级而没有"能够代表真正的奋斗的彻底的民主派的资产阶级"了。其中个别的分子，资产阶级的革命者，要做个"真正的奋斗的和彻底的民主派"，就必须反对资产阶级本身，就必须转变为无产阶级革命者。这就是陈独秀同志走的道路。所以，中国不愧为法兰西十八世纪末叶的伟大思想者和伟大人物的同志的是陈独秀，而不是孙文。陈独秀为了不愧为法兰西十八世纪末叶的伟大思想家和伟大人物的同志的缘故，于是也不愧为俄罗斯二十世纪初叶的伟大思想家和伟大人物的同志，不愧为列宁、托洛茨基的同志，不愧为中国布尔什维克——列宁、托洛茨基的领袖。这就是中国革命的特色。第四国际中国支部曾以中国这样一个伟大思想家和伟大人物为领袖，是足可自豪的！

胡秋原（1910—2004），原名胡业崇，又名曾佑，笔名未明、石明、冰禅。湖北省黄陂人。15岁时考入国立武昌大学学习理工，后加入共青团，主编《武汉评论》，反对蒋介石发动四一二反革命政变，1928年入上海复旦大学改习文学，1929年被公派日本早稻田大学学习政治经济学。1931年九一八事变后放弃官费留学，回到上海以文学作刀枪力主抗日，任上海大学教授、翻译。同年底，胡秋原主编《文化评论》，与鲁迅、瞿秋白、冯雪峰等左翼作家展开论战，成为当时文坛上赫赫有名的“第三种人”。1949年前后去台湾，系中国国民党党员，著名史学家、政论家和文学家。

悼陈独秀先生[①]

胡秋原

秋原按：在民国以来的新文化运动中，除了前期的人物，如孙中山、梁启超诸先生外，有几个最重要的人：蔡元培、陈独秀、胡适、鲁迅。陈胡二先生去世后，我都曾作追悼文字。关于蔡先生，我曾写过几行记事，关于鲁迅，在他生前我写过几行，他死时，我正在巴黎，在华侨追悼会上我曾有一挽联，不过已不记得了。这篇《悼陈仲甫先生》原刊于三十一年五月二十七日重庆《扫荡报》副刊，后转载于同年《祖国》月刊五十七、八期，原作《悼陈独秀先生》，副刊编者陆女士遵孙伏园先生之建议改题。而这篇旧文，则是由叶青先生藏书借来抄下的。

报载陈独秀先生最近病逝江津。不管他个人的成

① 本文刊载于1942年5月27日重庆《扫荡报》，当时标题为《悼陈仲甫先生》；同年《祖国》月刊转载。本文观点系作者一家之言，部分意见有失偏颇，仅供参考。

败、政治的是非，他是一个历史人物。一代才人，凄凉此日，凡属士林，均怀悼惜之感。我于先生无甚私交，对其政见未能苟同，盖棺论定，或有其人，此处只略述一点感想。

我想，独秀先生一生，实在是一个悲剧，而这悲剧，或不仅是他个人的。

他主要的是一个思想家。他的思想活动，似可分为三个时期。第一个时期，他作五四的领袖人物，提出“赛先生”、“德先生”的口号，高揭文学革命之旗帜，以其明快锐利之笔，震动一世的人心。第二时期，他以马克思主义者的资格，领导五卅运动。在一九二五——二七年之际，成为中国政治上之一大权威。从此也就到了第三时期，他为其党人所弃，光芒顿谢。努力挣扎，一度缧绁之中。抗战以来，虽欲有所主张，因无发表之便利，即偶尔有所著作，亦不为世人所重，终于在孤独与烦闷之中，结束其波澜变幻的生涯。他是近三十年来中国文化政治史上的一个彗星，当年叱咤风云，此日销声匿迹，不能不说是一个悲剧。

解释悲剧者，有“命运”与“个性”之两种理论，我想由这二点，论独秀先生之悲剧。

一个悲剧之主人，必有坚强的个性，软体者不会演悲剧的。我想独秀先生的人格，是无可怀疑的。他犀利的文笔，死后的萧条，都可为证。我对其个人所知甚少。我在汉口德润里办《时代日报》的时候，恰巧他是邻居，曾有一面之缘。他在寒素的家中，穿一件破旧长衫，萧条有如香烟店的老板。毫无疑义，在中国这一社会，以他的“资格”，倘能与世浮沉，是不会寂寞的罢。据说，一九二七年以后，他一度被命外游，他如能“悔过”，亦大可保持一种声光罢。他的孤寂而死，只说明其人之倔强，其人之有所不为。而这一点。每一个有自尊心的人，无论识与不识，友人与敌人，是应该肃然起敬的。

一个悲剧的主人，必有其弱点。独秀先生之弱点在于何处呢？我以为，恕我直率，在其理论之不足。谁也不能否认其眼光之锐利，文笔之劲健，他对于学问的造诣。但作为一个思想的领袖，似乎还有不足之处。独秀先生有眼光，有气魄，但不是一个深刻丰富的理论家。老实说，他对社会科学的素养，或还不及其对中国文字研究之深。于是，他在每一时期，每不能不借重二三流的理论家。五四运动之贫乏，这是一个原因。而在他做马克思主义者首领的时候，他及他的追随者之决策，与其说是根于严密的理论分析，不如说由于世局和潮流的推动。他对于马克思主义没有批评能力，而后来，多少受托洛次基的影响。抗战以后，他似乎接近民族战争的大运动，对于中国工业之发展表现其真知灼见；但他终不能完全脱离马克思的拘束，而且因其个性之故，以不容于其党人而迁怒苏联。不久以前，他发表的对世界未来的看法，不无悲观主义。倔强是悲剧的要素，但也是成功要素。如独秀先生有和他锐利眼光相副的理论力，则其倔强的意志，只是增其生命之光辉。

而“命运”在颠倒他。关于命运只说几句简单的话。平心而论，独秀先生本质上只是一个激进的自由主义者，不是一个马克思主义者。因此，如马克思主义在中国行不通，不是任何个人的责任。可是命运使他一时做了中国马克思主义政党之首领，因此，使他负马克思主义失败的责任。[①]他不愿相信马克思主义行不通于中国，因而相信另外一种，或他自己的马克思主义可行。可是，马克思主义者否认他。他没有走他应走的道路，即民族自由的道路，而自列于马克思主义者之林，于是倒为马克思主义者所斥，他既游离于民族，亦游离于“国际”。于是乎陷于可悲的孤立了。他在孤立中叹息乃至呼号，但空谷不闻足音。他由中国所受的冷遇，以及由马克思主义者方面所受的追击，都出乎人情之外。而这也可说是其盛名所累罢。最后，死神的黑影，毁灭了这焦躁的灵魂。然则命运是什么呢？这并非一迷信概念，而是他的社会基础之薄弱。多少说明白一点，即是中国社会的落后；只有中国富强，才可免他于悲剧。

悲剧的主角，有一种庄严。盆景学者，洋场才子，八股专家，以至文剪文抄诸公，自不足语于悲剧。然一个人决不必做悲剧之主人翁。人生之目的，毕竟在于充分发挥其才力，有所贡献于国家。个人夭寿穷途不值挂齿，然不能为

---

① 此处是指中国大革命失败。

国家尽其才力，斯为大悲。我相信独秀先生有报国之忠，而且是一个极有才能的人。然而竟不克为国家尽其可尽之力，终于悲剧，所以愈觉其可悲。

悲剧是使人同情的。所以我听见独秀先生之死，实不胜哀惋之思。

（民国卅一年五月卅日）

彭述之简介见本书《陈独秀在莫斯科》。

悼陈独秀①

彭述之

陈独秀没有了！

这个在晚近中国史上起过巨大作用的人物是与世长辞了。

人们也许以独特的伤感来追悼他，或以各自的成见来毁誉他，但这一切都与我们无涉。我们马克思主义者，第四国际党人，只想在他盖棺之余，给他的生平一个客观的历史评价，以便后一代革命青年们有所借镜。

独秀原出生于官僚贵族家庭. 但他却领导了民主的“五四运动”，创立了中国共产党，推进了第二次革命（一九二五至二七年），并参加了中共反对派运动（第四国际中国支部的前身）——这表示出他在中国最近历史发展的几个主要阶段上，都尽了推动的责任。这是值得他骄傲的。他的名字将同这些历史发展的事变永垂不朽。

独秀所领导的“五四运动”，是继承“戊戌政变”及“辛亥革命”而来的一种资产阶级的民主主义运动。但这运动是进步的，如果戊戌政变和辛亥革命（姑不论其改良与革命之别），是企图在政治上替资产阶级开辟

① 本文刊载于1942年6月6日出版的托派组织“中国共产主义同盟”中央机关报《斗争》第6卷第1期。彭述之与陈独秀在南京狱中发生矛盾，1937年出狱后两人在政治道路上分道扬镳，因此彭述之在本文中诸多评述有相当个人情绪，不甚恰当，敬请注意。

踏上权力的道路，则五四运动，便是企图在思想上替同一资产阶级摆脱封建传统的束缚，故从民主思想的演进上说，“五四运动”是划时代的。它是东方资产阶级一个典型的“启蒙运动”。

在这一运动中，独秀不但占据了无比的领导地位，而且还表现了他的坚决和勇敢的精神。他高举“德谟克拉西”和“赛因斯”（民主和科学）的旗帜，向一切封建旧思想、旧道德、礼教、迷信及一切旧传统猛攻。尤其表现他在那时的过人之处的是，他一眼看定封建残余思想的堡垒是孔教，不顾一切地向它射击，并大胆地高呼以白话代替文言。

假如可以用康有为的名字代表戊戌政变，用孙中山的名字代表辛亥革命，那我们更有理由用陈独秀的名字来代表五四运动。但近年来，国民党人和斯大林党人为了卑鄙而狭隘的党派利益，一谈到五四运动或纪念这一运动时，往往把陈独秀在这一运动中的作用说成无足轻重，甚至企图以蔡元培（国民党）或鲁迅（斯大林党）的名来顶替他。这是有意修改和伪造历史事实。但历史本身自有其公允的裁判官。人们如果不认真谈中国近代民主运动史则已，若要认真谈到时，康有为、孙中山和陈独秀的名字及其作用，是无法割开的。中国共产党的创立，乃是表示中国无产阶级第一次自觉地要踏进政治舞台，企图以自己的力量代替资产阶级来解决延迟的中国民族民主的历史任务，并藉此走上社会主义的前途。这是另一个划时代运动——第二次革命——的起点。陈独秀和李大钊等之创立中共，固然是由于时势之推动，主要还是由于第三国际之催迫。但他们能毅然从资产阶级的民主主义立场一跃而至无产阶级的马克思主义立场，实行组织新党，进行进一步的革命运动，无疑地是值得崇敬的，其胆识和功绩都是不可磨灭的。

固然，中国共产党所发动和领导的第二次革命是悲惨地失败了，独秀应负相当责任。但后来斯大林及其党羽把这次革命失败的全部责任加在他身上，这不但不公允，简直是卑鄙的诬陷。事实上，第二次革命失败的主要负责者正是斯大林本人。斯大林不顾托洛茨基的一切批评和抗议，以其特有的官僚孟什维克主义政策代替了列宁的布尔什维克主义政策，以致异常可耻地断送了这个最有胜利希望的革命。当时独秀的错误，主要仅在他过分地信任了斯大林的领导，盲目地执行了斯的指示。但后来他公开承认托洛茨基对于中国第二次革命的主张之正确，并接受其所指出的教训，毅然起而加入托同志领导的左派反对派运动，以反对斯大林的官僚领导，这总算是多少补偿了他在第二次革命中所犯的过失。

中国共产党左派反对派运动，产生了中国共产主义同盟——现在的第四国际中国支部。这是反映着中国无产阶级经过第二次革命的悲惨失败，认识了斯大林的孟什维克主义领导破产之后，重新站到布尔什维克——列宁主义的立场上来准备完成中共所尚未能完成的使命。其划时代的意义，当不在创立中共之下。独秀之参加这运动无疑地又是进一步的表现，是他的政治生活还在向上的象征。但当时左派反对派内某些极端份子（后来这些份子差不多都卑鄙地离开了左派）认为独秀之参加这一运动是一种投机，是不允许的，因而对之加以猛烈的攻击（如刘仁静所领导的“十月社”）。可是，托洛茨基却十分欢迎他，认为他之参加左派反对派运动，不但表示他的上进，而且还反映了左派反对派思想的力量之不可抵抗。

但现在我们必须指出：独秀虽然参加了左派反对派运动，同我们一道创立了中国共产主义同盟，并尽了不少力量，对于在中国的第四国际运动，有过相当贡献，可是他当时对于左派反对派的理论与策略之了解是不很正确的，有些甚至是曲解的（如对中国第三次革命的性质、国民会议与苏维埃的关系问题等）。正因如此，独秀在资产阶级国民党的严重打击（逮捕监禁）之下，便一步一步从思想上离开了第四国际的立场，以致最后形成了他在临死前夕所顽强地坚持的反布尔什维克主义的反动思想。

独秀在南京监狱生活的后期，便已开始对于苏联的无产阶级性表示怀疑，并对资产阶级的民主主义发生了新的幻想（幻想一种超时代超阶级的民主主义）。这是他思想上开倒车的转折点，也就是他背离第四国际立场的出发点。但独秀的思想倒退之明显而具体的表现，还是在他对中国抗日战争的问题上。

“八一三”后所爆发的抗战，无疑地是有进步意义的。但蒋介石国民党的领导政策（如压迫民众、投靠英美并不断与日帝进行妥协谈判等）却是反动的，是其过去一贯的反动政策之延续。故当时中国共产主义同盟在托洛茨基指导之下，一方面号召工农民众在军事上参加这一抗战，支持这一抗战，但同时提出自己的革命政纲，严厉地批评了蒋介石的反动领导。但独秀在承认抗日战争的进步性之后，即进而承认蒋介石的抗战政策也是进步的．因而他简单地号召民众起来信任国民党政府，承认他的反动领导，甚至拥护他的军事独裁——这样一来，独秀便离开了无产阶级的独立立场，背弃了第四国际的过渡纲领（如八小时工作制、土地归农民等），干脆退到他在第二次革命中所执行的阶级合作的老机会主义政策，而与当时斯大林党的无耻投降政策（美其名曰“国共合作”）同流合污了！

但独秀对中国问题思想上的倒退还不止于此。他甚至倡言：“社会主义在中国之经济上的成熟，自是无稽之谈……”，“资本主义在中国还大有发展的余地”，叫青年们“不要害怕资本主义”。他的结论是：中国只有经过资本主义经济发展之后，才有可能谈得上无产阶级夺取政权，走上社会主义建设的道路。但这正是俄国及西欧一切孟什维克——机会主义者的极陈腐的“阶段论”，早已为俄国“十月革命”的历史事实所粉碎了的。这就表示独秀已经从根本理论上完全背叛了托洛茨基的“不断革命论”了。

第二次世界大战发生后，独秀的思想倒退更是惊人，这次大战所包含的帝国主义抢夺性，就是没有多少马克思主义理论修养和政治经验的人们，也看得很清楚。但独秀却认为，它只是民主主义对法西斯主义“侵略”的战争，并肯定地说：在这次大战中绝没有革命的前途。因而他完全站在英法美民主帝国主义方面，坚决反对在这些国家内进行革命运动，甚至反对在印度及其他殖民地进行独立运动。总而言之，他是在这次帝国主义强盗战争中，根本反对列宁和托洛茨基曾经坚持的、第四国际对战争纲领上所大书特书的、“以国内战争去转变帝国主义战争”的革命战略了。于是，独秀便完全退到了亨德曼、格德和普列汉诺夫等的社会爱国主义的旧立场，而与现今的布鲁姆和阿德里之流沆瀣一气了！

同时，独秀看到斯大林之投降希特勒（与他订结“德苏协定”帮助他分解波兰等），便由怀疑苏联的无产阶级性（即其社会主义财产制）而根本否认了它，把仍然是社会主义性的（当然是病态的）苏联与资本帝国主义的德意日放在同一平面上，尽量加以诅咒和攻击。从此，他就完全背叛了第四国际无条件保卫苏联（它的社会主义财产制）的主张而与一切反苏的反动分子一鼻孔出气的了。

苏联由列宁和托洛茨基所领导的无产阶级专政之堕落到斯大林的官僚独裁，自有其客观的原因。这乃是世界革命不断失败与旧俄的落后性所交织成的结果。但独秀却丝毫不懂得这一马克思主义的历史辩证法，而以其资产阶级的民主主义的公式来判断苏联的堕落过程。因而他又进一步把斯大林的官僚独裁与列宁的无产阶级专政混同起来，宣称斯大林的官僚独裁乃是列宁的无产阶级专政发展之必然产品，甚至把它与希特勒和莫索里尼的法西斯专政归纳之于同一范畴。于是，他终于走到一切机会主义及无政府主义者的根本反动立场，以其过了时的反动的民主主义来对抗马克思主义体系中最革命和最中心的无产阶级专政的主张了。

独秀既将斯大林的官僚独裁认为是列宁的无产阶级专政发展之必然结果，他于是更进一步把斯大林的一切背叛思想及其一切政治上的罪恶，都归咎于列宁的布尔什维克主义。从而断言："布尔什维克主义并非马克思主义，乃是俄国激进小资产阶级亦即法国的布郎基主义，德国此时的纳粹主义，即旧的普鲁士主义与新的布尔什维克主义的混合物"。他声称："将继续为文说明布尔什维克的横暴、欺诈等罪恶，有机会时即公开发表"（见他去年十一月七日致L君私函）。从此，独秀的思想便最后转到了资产阶级极端反动的阵营，而以反布尔什维克主义、反第四国际的思想和政策的十字军急先锋自居了！

现在可以清楚地看到，陈独秀的生平简直是前后判若两人，如果以他被监禁于南京为标界，他在前一时期是不断地勇敢地向前进取的——由资产阶级的民主主义而走上无产阶级的社会主义，由堕落的第三国际而转入革命的第四国际。但在后一时期中却不断地卑怯地倒退了——由怀疑苏联和幻想民主而走到根本反对苏联、拥护蒋介石领导抗日的反动政策，赞成英法美民主帝国主义的强盗战争，否认无产阶级专政，甚至公然背叛列宁的布尔什维克主义。这中间，无疑地是异常之矛盾的。但这确是事实，是无可否认的事实。

那么，这“矛盾”将怎样得到解释呢？人们也许这样地提出问题。要正确地解释这个问题，只有求之于陈独秀自身的社会根源、个人弱点及其所处的时代环境。

独秀虽出生于破落的官僚贵族，但其青年时代所受的教育却大半是资产阶级式的。再加上当时的中国，正是帝国主义任意横行、腐化反动的满清及北洋军阀统治的时代。于是独秀根据其所受的资产阶级的教育与从他那时代环境所受的刺激，以其特有的敏感和直觉，便形成了他的民族民主主义的思想，因而发动并领导了“五四”的民主运动。恰于此时，无产阶级在俄国第一次获得了最后胜利，并第一次创立了社会主义共和国，建立了共产国际，共产主义的思潮波及全世界，同时中国的工人运动也就第一次抬起了头来（多谢大战时中国工业的突进）——在这一切情形的吸引和推动之下，于是独秀便由激进的民主主义者一跃而成为共产主义者，创立了中国共产党，进行第二次革命运动了。当这次革命失败之后，独秀一时曾陷于悲观消极。但由于托洛茨基对中国第二次革命所作的无比正确的批评和预测，及其对于第三次革命必然到来之明确的指示，又强有力地推动了独秀前进一步，因而参加了左派反对派运动。这明显地证明独秀在这一时期之所以不断上进，主要是由于客观时势所催迫、吸引和推动着的。

但当“客观的时势”发生变化时，独秀的思想行为也就随之起变化了。经过左派反对派的许多挫折：外来严重打击，内部不断的可怕纠纷、叛变、破坏，卒至于自身被捕监禁；再加上斯大林的横行无忌，第三国际的腐化、恶化，苏联的可怕堕落，德国革命与西班牙革命之接连惨败，希特勒与佛郎哥之得意凯旋，法西斯主义的不断生长，极权制度盛极一时，整个的星球都陷于极端反动的深渊之中——这一切使得独秀对于他的一向所希冀、所景仰和坚持的都幻灭了。所剩下来的，除了伤感和痛苦之外，就只有他从前藉以成功成名的民主主义残骸。他便抓住这残骸为救命圈，并以此来批评一切，来对抗一切。但这时的民主主义，却早已为社会主义所代替，而成了过时的反动透顶的象征物了（就世界历史发展说）！

假如独秀是一个真正的马克思主义的革命家，即令在极端反动的潮流中也还可以逆流前进的。但异常不幸，独秀虽赞成共产主义，拥护第三国际，创建中国共产党，甚至同意托洛茨基的主张，参与第四国际运动，但他却不是一个具有理论修养和革命经验的马克思主义革命家。他虽然有其高度敏感、直觉，甚至天才，但对马克思主义的科学理论和先进国家的革命经验，殊少研究。就思想的本质上说来，独秀始终还是停留在一个小资产阶级的民主主义者的基地上。这种民主主义者，在客观形势往上升，即往顺利的方面走时，他是可以乘机上进的。但在客观局势往下降，往极端反动的方面跑，而他自身又遭到不断的严重打击时，他便很难挣扎得住，而不得不向后面倒退了，一直退到原来的出发点——已经过时的反动的民主主义。

我们可以说，陈独秀是以一个光耀的民主主义者踏上中国的政治舞台，而以一个最不名誉的民主主义者钻进他的坟墓里去。这是矛盾的，但是合乎辩证法的。

独秀生平这种极端矛盾的现象，难道是中国的独有特产吗？不，如果从国际的历史范畴看来，极是平常的，俄国的普列汉诺夫就是一个典型的先例。

普列汉诺夫以一个激进的民主主义者一跃而转到马克思主义的立场，替俄国创立了社会主义民主工党，并成为极有天才而博学的马克思主义理论家（主要在哲学方面）、解释家和政论家，教育了整代的青年工人和革命知识分子，但往后（特别是当1905年革命失败后），他却逐渐地倒退，终于堕落成为社会爱国主义者（第一次大战发生后），疯狂地拥护帝国主义民主欺骗，反对无产阶级夺取政权，反对十月革命，变成一切反动阶级反对马克思主义——布尔什维克主义——的代言人。普列汉诺夫这种前后矛盾的表现，当然主要也只有从俄国历史发展的条件中才能得到解释，但普列汉诺夫个人也有其致命的弱点，即：他只抽象地了解了马克思主义，而对于西方革命的具体教训，尤其是对于俄国历史的具体发展（“不断革命”的发展），都还是一个外行。

如果普列汉诺夫是一个抽象马克思主义者，在具体的历史条件发展前抛弃了他的“马克思主义”；则我们的陈独秀便是一个布尔什维克其名的经验主义者，在反动势力严重打击的“经验”之下放弃了他的布尔什维克主义。

现在陈独秀是死了，但革命青年们必须从他学得教训。独秀之由民主主义走上社会主义，由第三国际转到第四国际，无疑地是进步的，值得大大地效法的。但他从社会主义退到民主主义，从革命的无产阶级阵营退到反动的资产阶级阵营；却是绝顶反动的，应当深深地引以为戒的。尤其是认真地从马克思、列宁和托洛茨基去学习高深的理论和丰富的经验，从一切革命（特别是俄国的十月革命和中国的第二次革命）去学习宝贵的教训。只有如此，才能免陷于陈独秀的“有始无终”，才能在凶险的激流中逆流游泳，才能跟着历史的车轮不断前进。

我们这一代人的活动，几乎是与陈独秀的生平不可分离的，甚至是纠结在一起的。在五四运动中，我们曾经热烈地信仰过他，赞成过他，响应过他；在创立中国共产党和第二次革命运动中，我们曾经同他一起亲密地合作过，把革命推向前进。随后，同他一起通过失败的打击，嚼过失败的苦果；在左派反对派运动中，我们又同他一起坚决反对过斯大林的官僚主义，创立中国共产党同盟①；并在外来反动势力（帝国主义与国民党）的严酷迫害与内部不断叛变之下异常艰苦的斗争；最后，我们并同他一起被捕，一起坐监，一起共患难。这时以前，我们对他是有深厚的友谊、同志的敬爱和对领袖的护卫的。但这并不妨碍我的后来同他进行了极严重的斗争。当他曲解国民会议与苏维埃的关系，幻想民主主义，在抗战中提倡阶级合作，在大战发生后拥护英美的民主帝国主义，否定苏联的社会主义财产制，反对无产阶级专政，批评列宁的布尔什维克主义……时，我的确是无情地批评了他，攻击了他，因而在情感上厌恶他，乃至仇视他。但我们在思想上对他的批评和攻击，我们情感上对他的厌恶和仇视，绝非出于私人的好恶，而只是为了真理，为了革命，为了世界工人阶级及被压迫民众的解放事业，为了第四国际的旗帜，最后且为了挽救他免于悲惨的堕落。关于最后一点，我们是失败了，但并不妨碍我们另一方面的成功，那就是：陈独秀的反动思想不但在我

① 应为左派反对派。

们中共同盟的队伍里很少得到滋蔓，反而使我们自己的思想因此（与他斗争）更健全起来。我们今后还要保卫他前期的光荣，检讨他后期的背叛，以此来替革命服务的。

现在陈独秀是永离人世了！

让斯大林的党徒们，以其特有下作的犬儒主义去弹冠相庆，去任意诽谤他吧！

让国民党人及一切反动派，以其卑鄙的反动意识去抹煞他前期的进步意义，去利用他后期的反动思想以谋私利吧！

让一切小资产阶级的民主主义者或自由主义者，以其惯常庸俗的伤感主义和怀疑主义去唉声叹气地吊唁他，莫名其妙地（毫无批评地）歌颂他或歇斯底里地怀疑他吧！

我们马克思主义者第四国际党人，只能本着革命家的态度，运用辩证法唯物论的方法，这样地来研究陈独秀，分析他，批评他，从他学得教训。

康有为也曾起过相当的进步作用，但以其可耻的反动（如拥护宣统复辟）告终。孙中山所起的进步作用当然远超过康有为，但他的三民主义本质上是彻底反动的，他的幸运仅在他的早死，否则第二次革命的刽子手必然要落在他本人身上。陈独秀所起的进步作用，比起孙中山来更要深刻得多，但也以其更为深刻的反动思想结束其余生。历史是残酷的，落后国家的历史尤其残酷（因为其发展的不平衡性和综合性）。许多进步的事物和人物，一转瞬之间，就变成了落后的或反动的了。人们如果不紧靠着历史的火车头不断前进，便不可避免地要被抛在后面，给人诅咒的。

陈独秀既决然放弃其所发动且为之长期努力奋斗的光荣工作（中国不断革命的工作），而负着反布尔什维克的不名誉的旗帜走进坟墓，那我们就更应紧紧地抓住这一工作，给它以彻底的完成——这便是我们今天追悼陈独秀之死的唯一合理的表示！

死去的让他死去吧！

还活着的我们必得从死者身上取得教训，以迎接光明而伟大的未来。

第六辑 述考

蔡元培简介见本书《我对于陈君本来有一种不忘的印象》。

《独秀文存》序[①]

蔡元培

二十五年前，我在上海《警钟报》社服务的时候，知道陈仲甫君。那时候，我们所做的，都是表面普及知识、暗中鼓吹革命的工作。我所最不能忘的，是陈君在芜湖，与同志数人合办一种白话报，他人逐渐的因不耐苦而脱离了，陈君独力支持了几个月。我很佩服他的毅力与责任心。

后来陈君往日本，我往欧洲，多年不相闻问。直到民国六年，我任北京大学校长，与汤君尔和商及文科学长人选，汤君推陈独秀，说独秀即仲甫，并以《新青年》十余本示我。我问明陈君住址，就到前门外某旅馆访他，他答应相助。陈君任北大文科学长后，与沈尹默、钱玄同、刘半农、周启民诸君甚相得，后来又聘到已在《新青年》发表过文学革命通讯的胡适之君，益复兴高采烈，渐渐儿引起新文化的运动来。后来陈君离了北京，我们两人见面的机会就很少，我记得的，只有十五年冬季在亚东图书馆与今年在看守所的两次。他所作的文，我也很难得读到了。

① 本文系蔡元培为《独秀文存》所作的序言，见该书亚东图书馆1933年版。

这部文存所存的，都是陈君在《新青年》上发表过的文，大抵取推翻旧习惯、创造新生命的态度，而文笔廉悍，足药拖沓含糊等病，即到今日，仍没有失掉青年模范文的资格。我所以写几句话，替他介绍。

中华民国二十二年四月

蔡元培

郑超麟简介见本书《陈独秀与鲍罗廷》。

陈独秀在上海住过的地方[①]

郑超麟

五四运动那一年，陈独秀北京出狱后，迁来上海，全家住在法租界环龙路渔阳里二号。这个屋子现在已定为文物保管单位，这不是为了纪念陈独秀，而是作为中国共产党的胚胎地：一九二〇年下半年就是在这里酝酿，筹备和成立共产党的。一九二一年七月间，各地共产党组织派代表来上海开大会，会址虽在另一个地方，但策划仍在此处，开会遇险，代表们散出之后，也在此处商议移会嘉兴的事情。当时陈独秀在广州。全国大会之后不久，陈独秀从广州回到上海又居住此处。他一九二一年就在此处被法租界巡捕房逮捕的；一九二二年也是在此处第二次被法租界巡捕房逮捕的。此次被判逐出法租界，他就不住在此处了。我未曾到过这个地方。

一九二四年秋，我回国后，谁也不知道陈独秀住在什么地方，当时中央新设一个秘书处，第一任秘书兼会计是薛世纶，他与我同时离开莫斯科，但比我先到上海半个月至一个月。秘书处设在威海卫路同孚路口东边一个柴炭行楼上，陈独秀来此办公，但秘书兼会计薛世纶不知道陈独秀家住何处，遇急事无法找到陈独秀。此后

① 本文选自《怀旧集》，郑超麟著，东方出版社1995年3月第1版。

不久，秘书兼会计换了任作民，秘书处迁去闸北，先后换了几个地方，最后才固定于两处：一处在虬江大戏院西边广东街上的正兴里（日本侵略战火已烧毁了这一排房子），另一处在同一街上的铁路近旁。前一处以后只作交通处用，后一处则是王若飞主持的秘书处，任作民专管会计，住在另一地方，我没有去过任作民家。

王若飞来任秘书长以前，中央发生一件大事，即陈独秀失踪事。原来，陈独秀被逐出法租界以后，不知何时，同高君曼分居了。两人协议离婚，后经汪孟邹调解，不离婚，但高君曼迁居南京，二个小孩跟着去，每月由亚东图书馆汇去三十元作生活费，此钱从陈独秀的版税扣除。两人未分居前，他们的住家至少汪孟邹是知道的，高君曼去南京后，汪孟邹就不知道陈独秀住在什么地方，党内的人也不知道。一九二四年，新成立秘书处后，无论薛世纶或任作民都不知道。我们大家有议论：陈独秀有一个女伴，这是没有疑问的，但为什么这样秘密呢？我们都猜不透。彭述之猜：这人大概是一个女学生，有文化，有思想，而崇拜陈独秀的。我们有时用话去引陈独秀泄露秘密，但每次都失败了。一说到边缘，他便闭口不谈。张国焘要他谈高君曼，他也不谈。五卅运动那一年年底或次年年初，终于发生了事情，陈独秀好多时间不到秘书处来，任作民发生恐慌，报告了主席团成员，即张国焘、瞿秋白、彭述之，他们也恐慌起来。任作民在《民国日报》上登载寻人广告，也没有反应。一天天过去都没有消息。我们接近于绝望了。陈延年从广州来汇报或开会，见不到他的父亲，他去亚东图书馆找汪孟邹啼哭，亚东图书馆的人也不知道，只说他的父亲很长久未到亚东图书馆来了。我们设想军阀和帝国主义秘密逮捕了陈独秀，秘密处死了他。江浙区委派高尔柏回松江去打听。松江人陈陶遗是当时的江苏省长，与高尔柏有亲戚关系，可能听到什么风声。但高尔柏从陈陶遗口中听不到一点风声，只听到陈陶遗大骂北洋军阀头子在南京宴会上做的伤风败俗的事情。一天，在工人部闲谈，张国焘说老头子如果要做官，可以做很大的官，想不到今天落了这个下场！他差不多要哭出来。我们当时都以为陈独秀已经死了。陈延年要回广州去，已经上了船，可是陈独秀跑出来了，他到正兴里秘书处来，任作民马上通知主席团成员这个喜讯，中央交通立即到轮船上去把陈延年找回来。这日我没有见到陈独秀，次日我到正兴里去，我看见他裹着一件厚大衣，缠着围巾。原来，他生了伤寒病，进了医院，他的女伴服侍他。他说，他已经告诉任作民要好多天不来办公的，他也看到《民国日报》的寻人广告，但以为不久就可以出院，未作理会。大概同志给了他批评，他答应以后任作民一人可以去他的“家”，直到他这个“家”破裂为止，恐怕只有任作民一人知道，连后来的秘书长王若飞也不知道。任作民当然一个字也不透露这个秘密。我一向以为这个秘密永远不会透露的。

谁知距今两年前我竟知道了这个秘密。陈独秀这个女伴名施芝英，据说是个医生，总之是一个有身分、有地位的女人。两人同居要对陈独秀的朋友绝对守秘密，可能是施芝英提出的一个条件。这个小家庭究竟成立于与高君曼破裂以前或以后，我不知道。施芝英也可能是陈独秀和高君曼破裂的原因。这个小家庭的住址，任作民已死，就不会有人知道了。

可是，这个小家庭结果也破裂了。上海工人第三次暴动前不久，陈独秀住到中央宣传部来，在北四川路横滨桥南边安慎坊今三十二号，我不久之前才去那里看过。我把自己的房间三楼亭子间让给他住，我睡到办公室去。陈独秀在这个地方听汇报，约见干部（例如，顾顺章指挥杭州暴动成功到上海来，周周来就带他来这里同陈独秀见面），遥控暴动的战斗，起草汪陈宣言，等等。我当时以为他是为了便于指挥暴动才住到中央宣传部来的，谁知那时他是无家可归。这个小家庭怎样破裂，我不知道，但后来施芝英嫁了人，丈夫名王蔚如（夫妻二人早已病故）。

陈独秀就是从中央宣传部出发去武汉的。他在武汉，起初住中央总部三楼上一个房间，以后临近七一五就同秘书黄文容隐蔽在一个贫民区内。九月间他乘船回上海。

他租赁福生路东边一条弄堂的一幢假三层楼房子，楼下作客堂，他住二楼统楼，黄文容住亭子间，三楼住着彭礼和夫妇。我不知道他为甚么要租这里的房子。最合理的解释是中央宣传部迁移北四川路以前就设在后面一排的一幢房子内。中央时常在这里开会，他走熟了的。我由武汉回上海后常去那里陈独秀的家，我结婚后也带了爱人去过几次。去那里的有王若飞、瞿秋白、罗亦农、罗绮园、何资深、彭述之，等等。一九二八年四月间罗亦农被捕，彭述之劝他搬家，说罗亦农这个人靠不住，但他不搬。一九二九年三月间我夫妇被捕，彭述之又劝他搬家，他起初不搬，彭述之力劝，并说以我夫妇被捕为借口搬一个新居，不把地址告诉中央。他搬了，但还是告诉了中央，这年夏天周恩来、向忠发二人就在这个新居访问他的。我知道这新居在老靶子路北边一条小路内，东边不远就是北四川路。但我因出狱未久，不敢去他那里。彭述之向我解释：他劝老头子搬家并非不信任我，而是怕我爱人经不起考验。距今不久之前我去福生路找陈独秀的旧居，看见那几条短弄堂都不存在了，原地建起了简陋房屋。

我们酝酿左派反对派组织时，陈独秀就住在老靶子路北边房子。那时我们几家人都住在提篮桥附近，陈独秀每日从老靶子路到这里来同我们辩论。只有彭述之一人去陈独秀家里。

约在一九三〇年，陈独秀搬到熙华德路邓脱路口一个弄堂里来，他住前楼，别处还有房客。几个人都可以到他家里去，彭述之不用说，我也去，马玉夫也去，似乎尹宽没有去。我在那里第一次看到小潘。

从上海工人第三次暴动前陈独秀住到中央宣传部来的时候起，他就没有女伴了。在武汉那几个月没有女伴，回上海来住福生路、老靶子路等，直到此时都没有女伴。我有一次去福生路，在他的房间里看见一个舞女打扮的时髦女人，低着头，坐着不响，我说了几句话就走了。这人显然不是小潘。陈独秀当然不肯同我谈小潘，但抗战胜利后小潘自己同我谈了。她说，她租赁亭子间，与老头子同一幢房屋，由此认识的。她没有明白说就在这个邓脱路口弄堂房子，但我想就是在这个地方。

一天，我在虹口小菜场附近走路，忽然遇着陈独秀，便同他一路走，问他为什么到这里来。他说，他那里有个房客告诉小潘说，前楼那个老头子是个“老西”（意为共产党），他要找房子搬家。我说，那就要赶紧搬。他说，问题还没有严重到这地步。我说，我来帮你搬家。以后，过了一段时间，他自己找到了周家嘴路上爱尔考克路东边一条大弄堂内最后一条横弄中间，直对总弄大门的一家裁缝铺楼上。我帮他雇了板车，搬定了家。除我以外没有人知道这个地方。在这里住了约一个月，他又搬到同弄内另一家屋子去。我事后才知道。一九三一年五月二十一日晚上我得知捕人消息，就是来这里通知他取消明日会议的。这个大弄即使今日尚在，我可以找到裁缝铺楼上，却找不到他后来搬去的房子了。

如此造成了唯有我一人知道陈独秀住家的事实，任何人要找陈独秀必须通过我。这个事实，渐渐为我们这个小圈子内所有的人所知道了，连赌气不同我们往来的马玉夫也知道。那时马玉夫已经准备出卖我们。他不知道陈独秀住在什么地方，但知道通过我可以找到陈独秀的家。一九三一年五月二十一日夜里我们被捕，关进提篮桥巡捕房时，警备司令部探员王斌第一句话就是要我“帮帮忙”交出陈独秀的住址。他要求西捕头用刑，西捕头不肯。几天之后，我们引渡到西门白云观侦缉队时，王斌说：“过了那么多天，陈独秀早跑掉了。”

听说，我们被捕后，有人劝告陈独秀立即搬家，他说郑超麟不会说出的。以后不知何时，他还是搬了家，起初仍在沪东，“一·二八”战争时搬到卡德路附近。每次搬家，小潘都在一起。那时她不知道我姓甚名谁，曾问陈独秀，“那个小胖子为什么好久不来了？”一九三二年十月被捕时，据官方文书，他住在岳州路永兴里十一号。这就是陈独秀在上海最后的一个住所。

一九八三年一月二十七日

马荫良（1905—1995）,字一民。江苏松江县（今上海市）人。1928年7月毕业于上海同济大学，同年8月进《申报》工作，任史量才秘书。1930年至1934年任申报馆经理，同陶行知、黄炎培、戈公振协助史量才革新《申报》工作。1934年史量才被国民党特务暗杀后，任《申报》代总经理，曾派记者俞颂华、孙恩霖赴延安采访。1937年任《申报》总经理，同年12月，因拒绝日军对《申报》实行新闻检查，宣布自动停刊。1938年1月，赴汉口创办《申报》汉口版；同年3月，赴香港创刊《申报》香港版，并刊出毛泽东《论新阶段》一文。1938年10月返沪用美商名义复刊《申报》。1940年7月，遭汪伪政府通缉。1941年12月，日军占领申报馆，被迫关闭。抗日战争胜利后，《申报》为国民党官方把持，被迫离沪去苏州，任国立社会教育学院新闻系教授、系主任。1949年5月上海解放后，任《申报》整理委员、《新闻日报》管理委员、华东新闻学院教授、上海新闻图书馆馆长。1958年后，历任中国人民解放军外语学院教授、上海科技大学教授、上海市新闻学会理事。编著有《德华标准大辞典》、《中国报纸简史》（英文）、《老子新诂》等。

储玉坤（1912—？），江苏宜兴人。1937年毕业于南京中央政治学校大学部新闻系。解放前，曾任上海《文汇报》主笔、总主笔，法国新闻社中文部主任。新中国成立后，曾任上海社会科学院世界经济研究所北美经济研究室原主任、研究员。

关于陈独秀出狱前写给《申报》的一封信[①]

马荫良　储玉坤

《党史资料》丛刊一九八〇年第二辑发表了陈独秀在出狱前写给《申报》编辑部的一封亲笔信。《申报》编辑部接到他从南京监牢里寄来的亲笔信之后，把它用“书面谈话”的形式发表，还是在“读者来信”专栏内刊出，曾加以郑重考虑。但由于各种客观原因，终究未

① 本文刊载于《党史资料丛刊》1981年第1辑（总第6辑），上海人民出版社1981年4月版。

能在《申报》发表。我们写这篇回忆录，叙述一下《申报》编辑部处理这封信的经过，提出一些背景材料以供研究党史的同志参考。

一、陈独秀为什么要给《申报》写信

一九三七年“七七事变”爆发后，接着八月十三日上海也打了仗，抗日战争全面爆发，国共实行合作，全国上下团结御侮，共赴国难，人民要求“释放一切爱国的革命的政治犯”的呼声很高。国民党在这种形势下，也不得不把陈独秀释放出狱。但是，国民党为了顾全自己的面子，却仍不肯承认以“危害民国罪”判陈独秀的刑是完全错误的，因此，国民党就利用它在南京的御用报纸，发表了许多有关陈独秀即将获释的文章，说什么陈独秀已经“深自悔悟”。其目的，显而易见，妄图在读者中造成一种错觉，认为陈独秀的出狱是他“深自悔悟”的结果。所以，陈独秀想在报上发表“书面谈话”，严词驳斥南京国民党报纸对他的诽谤；并郑重声明两点：一、陈独秀既未犯“外患罪”，又未犯“内乱罪”，什么罪行也没有，“悔悟失其对象”，怎能说得上“深自悔悟”呢？二、“无罪科以刑，是谓冤狱”，应该“悔悟”的是“罗织冤狱的人”，而不是受冤的陈独秀。

陈独秀给《申报》编辑部的这封信，义正词严，句句有力，把南京国民党报纸对他的中伤诬蔑，驳得体无完肤，而且也表明了陈独秀的心迹，清白无垢，根本用不着“悔悟”，更谈不上“深自悔悟”。

二、陈独秀为何只给《申报》写信

陈独秀只给《申报》编辑部写信，而没有寄发给上海其他报纸，这是为什么？据我们回忆，陈独秀与《申报》的关系是有其渊源的。

①一九二二年为《申报》创刊五十周年，该报总经理史量才聘请黄炎培等主编巨型纪念册《最近之五十年》，向国内著名学者约稿，内有陈独秀、李大钊等人。其时，陈独秀奔走于沪粤之间，工作繁忙，无暇执笔；后自广

州返沪后，又被上海法租界巡捕房逮捕，以致约稿未能写成。

②陈独秀于一九三二年十月十八日在上海寓所被捕，不久即解往南京，至一九三三年四月十四日在南京公开审讯，《申报》都不惜篇幅，有详细记载，以引起广大读者对“陈案”的重视。尤其是关于审讯陈独秀的经过，报道特别详尽，[①]并在字里行间，透露出一些同情之意。陈独秀亲自撰写的《辩诉状》，上海各报慑于国民党的高压，只字不敢刊载，独有《申报》别出心裁，在《地方通讯》栏内用“苏州通讯”的形式，发表了《辩诉状》的要点，[②]使陈独秀辩诉的理由能为广大读者所共知，造成有利于陈独秀不利于国民党的舆论。陈独秀在南京监狱中，比较优待，每天能看到南京、上海各地的报纸，《申报》关于他的记载，都能看到，因而知道《申报》是同情他的报纸，并相信给《申报》写信，必能在报上刊出，故不委托别人转交，就用平信直接寄给《申报》编辑部。

三、《申报》处理这封信的经过

抗战前后一段时期，《申报》编辑部由胡仲持（主持言论）、娄立斋（负责编辑国内电讯）、吴景崧（主编国际新闻）三人负实际责，所有来信来稿，都由他们三人拆阅处理，如遇重大问题时，才与总经理马荫良商量解决。关于陈独秀的这封信的处理经过，据马回忆，《申报》编辑部收到陈函之后，胡仲持和马商量，二人一致认为，陈独秀是我国五四时期新文化运动的领导人之一，他主编的《新青年》在全国有巨大影响，国民党以“危害民国”判陈的罪，可以说是一种“冤狱”，应予“赔偿”，而今将陈释放仍要对他造谣污蔑，说什么“深自悔悟”，怎能自圆其说。陈在来信中声明两点，无不言之成理，在《申报》发表，自无问题。但对于发表陈函采取什么形式，用“书面谈话”，还是用“读者来信”，一时不能作出决定。按陈函

① 作者原注：见《申报》一九三三年四月十五日《陈独秀案公开审判》、四月十六日的《陈彭案昨续审》。

② 作者原注：见《申报》一九三三年四月十八日。

的内容来说，是一大政治问题，由陈发表书面谈话，容易引起读者的重视，但又怕通不过国民党“新闻检查官”之手；如用“读者来信”的形式发表，生恐为读者所忽略，不能达到陈独秀致函《申报》的目的。究竟如何是好，迟疑不决。

同时，马、胡二人对于托派情况毫无了解，为了慎重起见，胡仲持又想通过他的哥哥胡愈之听听共产党方面对这封信的意见。这样，就把这封信发表与否的问题耽搁了下来，到一九三七年十二月十五日《申报》不愿接受日寇检查新闻自动停刊为止，一直没有把这封信刊出。

四、《申报》未发表这封信的原因

《申报》处理陈函的经过既如上述，但是不发表此函的原因何在呢？概括起来，有下列几点：

①《申报》编辑部的编辑和记者对于陈独秀的遭遇，除个别人以外，大多数都抱同情态度，但对陈被共产党开除之后加入托洛茨基派的内幕以及加入托派后的陈独秀与中国共产党的关系如何，都不了解。因此对陈函是否可在报上公开发表，犹疑不决，以致耽误了机会，后来终究没有在报上发表。

②通过胡愈之的关系，了解到中国共产党方面的态度，比较淡漠，认为《申报》发表不发表这封信，可由《申报》自己决定。因此《申报》编辑部就决定“暂不发表”，以免引起不必要的麻烦。

③《申报》编辑部收到陈函的时间，大约是一九三七年九月上旬，正值“八一三”战事最激烈的时候，上海受战争影响，各种报刊都缩小篇幅，《申报》也由过去五、六大张改出一张半，新闻地位大为削减。而当时读者出于爱国热情，要求报纸报道前方军事形势的发展愈详尽愈好，对于陈独秀被释出狱这一类的新闻，反而不甚重视。此外，又因沪战至十一月底，国民党军队阵地西移，上海沦陷，两租界成为孤岛，日军便对两租界施加压力，强制检查华文报纸的新闻与言论。《申报》为了保全独立的“报格”，拒不接受日方检查，“宁为玉碎，毋为瓦全”，《申报》便于十二月十五日自动

停刊，将设备迁往香港、武汉两地，继续出版。这样，陈独秀的这封信也就不再有发表的机会了。

附：陈独秀1937年8月25日致申报馆编辑部的信[①]

鄙人辛苦狱中，于今五载。兹读政府明令，谓我“爱国情殷，深自悔悟”。爱国诚未敢自夸，悔悟则不知所指。前此法院科我之罪，诬以叛国。夫叛国之罪，律有明文，外患罪与内乱罪是也。通敌之嫌，至今未闻有人加诸鄙人身者，是外患罪之当然不能构成。迩年以来，国内称兵据地或企图称兵据地之行为，每役均于鄙人无与，是内乱罪亦无由周内。[②]无罪而科以刑，是谓冤狱。我本无罪，悔悟失其对象；罗织冤狱，悔悟应属他人。鄙人今日固不暇要求冤狱之赔偿，亦希望社会人士，尤其是新闻界勿加以难堪之诬蔑也。以诬蔑手段摧毁他人人格，与自身不顾人格，在客观上均足以培养汉奸，此非吾人今日正所痛心之事乎！远近人士或有以鄙人出狱感想见询者，益以日来都中有数报所载鄙人言行，皆毫无风影。特发表此书面谈话，以免与新闻界诸君面谈时口耳之间有所讹误。

陈独秀

八月廿五日

① 此信现存上海市档案馆，刊载于《党史资料丛刊》1980年第2辑（总第3辑），上海人民出版社1980年8月版。

② 周内：出自《汉书·路温舒传》，内通纳，罗织罪状，故意陷害——引者注。

亢德，即陶亢德（1908—1983），字哲庵，浙江绍兴人，笔名徒然、哲庵、室暗等，时任《宇宙风》杂志主编。他是民国时期著名的出版人、编辑家，20世纪30年代先后任《生活》周刊编辑、《论语》杂志主编、《人世间》编辑，通晓五六种语言。1935年9月16日，陶亢德与林语堂共同出资创办《宇宙风》半月刊，并在上海创立人间书屋。除陈独秀外，他与鲁迅、周作人、老舍、郁达夫、丰子恺、朱自清、郭沫若等名流均有亲密接触。《宇宙风》在他的主持下，与《生活》《东方》杂志风靡一时。

关于《实庵自传》[1]

亢 德

静尘君在《我所知道的陈独秀》一文（刊《古今》四期）上说到陈独秀先生的自传，认为这部自传之未能完成是一大憾事。这使我记起了当时向陈先生要此自传的经过来。

使我得到独秀先生自传的是汪孟邹先生。他为我写信到南京去作先容。独秀先生那时候还关在南京监狱里，给我的第一封信就自监狱寄出，每张信纸上都盖有"江苏第一监狱第二科发受书信查讫"的蓝色印章。信的内容值得一抄：

（上略）许多朋友督促我写自传也久矣，只以未能全部出版，至今延未动手。前次尊函命写自传之一章，拟择其一节以应命，今尊函希望多

① 本文刊载于1942年《古今》月刊第八期。

写一点，到五四运动止，则范围扩大矣，今拟正正经经写一本自传，从起首至“五四”前后，内容能够出版为止，先生以为然否？以材料是否缺乏或内容有无窒碍，究竟能写至何时，能有若干字，此时尚难确定。（下略）

这封信写于七月八日。到七月卅日，他来信通知我“第一章拟为‘没有父亲的孩子’，第二章拟为‘由选学妖孽到康梁派’”。信上没有提到第三章以次拟为什么，大概是当时没有拟到，谁知结果只有发表了这两章，好似预先知道了似的，也有点奇怪。八月中旬他的两章自传就在炮火连天中寄到了上海。

八月廿二他又来一封信，除关照两章自传中有二处增改之处及“考卷”应改为“试卷”外，还告诉我他“日内即可出去”，并谓“此间小报乱造谣言，请转告一切朋友勿信”，所谓出去，是出第一监狱去，当时全面抗战之局已定，各派团结声浪正高，虽为托派的陈独秀，自然也不好意思让他在第一监狱吃炸弹。九月中旬他到了汉口，来信问自传稿收到否？《宇宙风》能继续出版否？到达汉口以后，他的全副精神就放在抗战文章上了，自传已无心思续写。我呢，虽然要的是自传，但也不能强人所难，更不是不知道缓急轻重，况且在烽火漫天之际，《宇宙风》这刊物能否支持得下去，唯天知道。不过每次去信，总还带一句劝他有暇甚至拨冗续写的话。我不知怎样，总觉得《实庵自传》有趁早完成之必要。

廿七年秋独秀先生去了四川，我则于是年冬离港返沪，此后就音信无通，自然再提不到自传一事。去年我再到香港，曾听到一个陈独秀已抵香港的谣传，东探西听，无从证实，香港地方可说小也不小，自然踏破了铁鞋也无觅处。末了想说一句的，是独秀先生写文章的态度。廿六年十一月三日他自武昌寄来一信，答复我的逼稿：

（上略）日来忙于演讲及各新出杂志之征文，各处演词又不能不自行写定，自传万不能即时续写，乞谅之。杂志登载长文，例多隔期一次，非必须每期连载，自传偶有间断，不但现在势必如此，即将来亦不能免。《富兰克林自传》，即分三个时期，隔多年始完成者，况弟之自传，即完成，最近的将来，亦未必能全部发表，至多只能写至北伐以前也。弟对于自传，在取材，结构，及行文，都十分慎重为之，不愿草率从事，万望先生勿以速成期之，使弟得从容为之，能在史材上、文学上成为稍稍有价值之著作。世人粗制滥造，往往日得数千言，弟不能亦不愿也。普通卖文糊口者，无论兴之所至与否，必须按期得若干字，其文自然不足观，望先生万万勿以此办法责弟写自传，倘必如此，弟只有搁笔不写，只前寄二章了事而已。出版家往往不顾著作者之兴趣，此市上坏书之所以充斥，可为长叹者也！率陈乞恕。

（“八一三”五周年记于上海）

王凡西，即王文元，其简介见本书《从陈独秀的“最后意见”说起》。

“走你的路，让别人去说吧！”[①]

——《陈独秀最后论文与书信》英译本前言

王凡西

《陈独秀最后论文与书信》的英译稿，将由荷兰阿姆斯坦的“国际社会史学院”出版。编译者班国瑞博士要我写一点简单介绍，把此书介绍给西方读者。作为陈独秀的一个追随者——有时又是批评者——的我，这原是义不容辞的。但一来因为我年迈多病，无力写较为郑重的文章。二来，更重要的，因为编译者已特别为西方读者写了一篇精彩与详尽的导言。它对陈独秀的其人、其事及其思想，对他在中国近代史上起过的巨大作用，以及中共政府对他所作的前后不同的评价，等等，已作了充分说明。此外，他又详加注释，介绍书中涉及的人和事。最后又有一个附录。评介了别人写的几篇与陈独秀的生活和思想有关文章，让读者能对照、参考。如此，编译者留给我来介绍的，其实已经没有了。

不过我还是要借这个难得机会，给读者们说几句话。约略谈谈陈独秀在文学上以及思想的特点。

陈独秀的第一本《文存》是在一九二二年出版的。其中收集了他于一九一五年至一九二二年间所写的几十

① 本文系王凡西1998年2月应班国瑞博士邀请，为荷兰阿姆斯坦“国际社会史学院”出版的《陈独秀最后论文与书信》英译本所作的前言。选编自《陈独秀研究动态》第20期，唐宝林主编，2000年6月印行。本文观点系作者一家之言，应以批判性眼光给予高度注意。

篇论文以及大量随感录与书信，由上海亚东图书馆出版。陈独秀给它写了一篇非常简短的自序。其中主要部分如下：

“……我这几十篇文章，不但不是文学的作品，而且没有系统的论证，不过直达我的种种直觉罢了；但都是我的直觉，把我心里要说的话痛痛快快地说出来，不曾抄袭人家的说话，也没有无病呻吟的说话，在这一点上，或者有出版的价值。在这几十篇文章中，有许多不同的论旨，就此可以看出文学是社会思想变迁的产物。在这一点上，也或者有出版的价值。……”

作者用了短短几句话，把自己的文格和性格非常真实地告诉了读者。首先，他告诉我们：他写文章只是直述自己的直觉，不抄袭人家，不无病呻吟。其次，他指出文学——这应该理解为广义的文章——是社会思想变迁的产物。因此，他所写的文章前后有不同的论旨。

这两个特点，不但能概括地指出陈独秀早期著作的价值，而且指出了他一生所有著作、包括他的晚年著作的价值。因此，陈独秀为他“最早论文与书信”所写的自序，完全可以移作他“最后论文与书信”的自序。不错，这两批文章前后相隔二十多年，在这中间时期，陈独秀在中国近代史上扮演了一个主要角色，同时他的学识——特别是马克思主义方面的学识——和经验，都有了很大长进；可是他的性格——无论在思想和行动上，却始终如一。他依然凭直觉行事，依然想到就说，说了就干，依然不人云亦云，依然不无病呻吟，依然特立独行。

这态度，正如马克思当年在资本论序言所引的但丁的诗句：

“走你的路，让别人去说吧！”

这个特立独行的性格，确实是每一位伟大人物所必具，也是为他们所共有的。不过，这个性格如果没有另一个性格来补足，如果不能“见善思迁”，如果一旦见自己的直觉与客观情况不再符合而不能有所改变，那些人终于会成为顽固不化、为时代所遗弃的反动家伙。这一类“晚节不保”的大人物，古今中外的历史上是很多的。但陈独秀不属于这一类人。这就得归功于他自序中所指出的第二个特点了，即由于他的文章是“社会思想变迁的产物”，是随社会思想的变迁而变迁的。

正是根据上述对陈独秀性格的了解，我曾经在我的回忆录中说：陈独秀在《最后论文与书信》中所表达的思想不能算是最后的……说它最后，就他的生命而言；倘就他的思想而言，它却决不可能是最后的。在新的世界与新的中国的环境中，陈独秀的思想、见解一定还会改变。至于如何改变，却是一个颇有研究价值的课题。我个人，始终认为，在基本上，他将回到列宁和托洛茨基的立场来。

一九九八年二月

葛康素（1914—1950），安徽怀宁人，是陈独秀好友葛温仲的儿子。葛温仲乃著名书法家邓石如之孙邓艺孙（邓绳侯）的女婿，与陈独秀曾一起赴日本留学，回国后曾在安庆组织成立安徽爱国会，发起成立拒俄运动。陈家与邓家为世交，陈独秀与邓艺孙之子邓仲纯亲如兄弟。葛温仲有二子，长子名葛康俞，次子葛康素。葛康俞之妻又是陈独秀二姐的女儿，故葛康素又尊称陈独秀为舅父。葛康素有《跋陈仲甫独秀先生藏前汉碑》、《谈陈仲甫先生书法》分别刊于《书学》第二、三期，此刊为当时“中国书学研究会”会刊，沈子善主编。陈独秀江津墓碑“独秀先生之墓”系其兄葛康俞所书。葛康俞书画专著《据几曾看》2003年由生活·读书·新知三联书店出版。

谈陈仲甫先生书法[①]

葛康素

居白麟[②]时，祖母每谈先父友陈仲甫先生，故余幼龄即熟知陈先生。余早年丧父，是以先父友余尤敬之。后余居外家铁砚山房东楼，其间有三木橱，藏先外祖及舅氏与友人往返书信，暇时辄取读之。其中如曾国藩先贤手札，端楷书成；曼殊和尚短笺，字颇娟秀；均堪鉴赏。然较夥者乃陈仲甫先生书信也。先生作书，史笔跌宕痛快，字迹亦潇洒生姿。每於深夜，置浓茶一壶，挑灯阅之，趣味无既也。

二十七年[③]春，倭寇进逼皖城，遂与五兄[④]乘舟西上，抵汉口，闻陈先生亦在此间，特於某夜往访。时先生居小楼，室中空寥，仅箱箧数件而已。先生老矣，着布衣，须发斑白，惟精神矍铄，尚未失少年豪俊之气，

① 本文刊载于1944年重庆出版的《书学》杂志第三期。

② 系作者故乡安徽怀宁之地名。

③ 即1938年。

④ 即作者胞兄葛康俞，此处的“五兄”系作者按同祖父之孙辈的排行而称呼。

⑤ 系作者抗战流亡重庆市江津居住之地名。

见余惊曰余酷似吾父。闻此语甚凄怆也。是夕，谈家乡事至二鼓始归旅店。

二十八年秋先生养病江津，偶为人书字，然多不经意之作也。时余客寓德感场[5]，终日习书，殆废寝食。先生赏书论字三则寄余，兹录之於后：

一、作隶宜勤学古，始能免俗。

二、疏处可容走马，密处不使通风；作书作画，俱宜疏密相间。

三、初学书者，须使粗笔有骨而不臃肿，细笔有肉而不轻佻，然后笔笔有字而小成矣。笔划拖长宜严戒，犹之长枪大戟，非大力者不能使用也。

先生不经意之作，虽有可置议之处，然此论书三则，于学书之道颇具深见，非特初学者宜识之也。先生为人书多作草字，信笔挥洒，有精神贯注气势磅礴者；有任手钩勒拖沓笔划者，一循情之所之。先生不求工不求名之志可谓尽矣。余所见狂草一幅，书余先外祖邓绳侯公赠曼殊和尚诗：

寥落枯禅一纸书，欹斜淡墨渺愁予。
酒家三日秦淮景，何处沧波问曼殊。

用笔遒劲，墨气盎然，直追古人。又为余写屈原《哀郢》手卷，一笔书成，行路极佳。诚可谓“一点成一字之规，一字乃终篇之准也”。又赠余兄小幅，自赠友人诗：

何处乡关感乱离，蜀江如几好栖迟。
相逢须发垂垂老，且喜疏狂性未移。

均有独到风格，卓荦肆姿，堪称此老心书也。

书谱曰：“观夫悬针垂露之异，奔雷坠石之奇，鸿飞兽骇之姿，鸾舞蛇惊之态，绝岸颓峰之势，临危据槁之形；或重若崩云，或轻如蝉翼，导之则泉注，顿之则山安；纤纤乎似初日之出天崖，落落乎犹重星之列河汉；信可谓智巧兼优，心手双畅，翰不虚动，下必有由。”

先生之草书其气势具有於此矣，或功力有不到者焉。故稍有“鼓努为力”之嫌耳。

先生书法以小篆第一，古隶稍次，然求书者难得其篆隶也。就余所见以为余舅父邓仲纯先生书篆联最佳。联文曰：“我书意造本无法，此老胸中常有诗”。笔姿圆润，自然之间而不失规矩。先生有如此纯静者盖渺矣。三十年前先生在西湖曾寄舅氏诗，颇有倜傥风流之格。诗曰：

垂柳飞花村路香，酒旗风暖少年狂。
桥头日系青骢马，惆怅当年萧九娘。

先生以古隶书此诗，浑厚朴质，如汉之瓦当，屈铁成字，乃先生气魄高逸，始有此神工，非特手技可致也。又为余以古隶书《康素字册》、《康素书汉故闻熹长韩仁碑》及“字如其人”诸幅，均得如锥画沙自然之意也。

不幸先生于三十一年五月二十七日夜逝世于江津鹤山坪。入殓时，余亦在侧，举体柔弱，而目如生。默观遗容，怆然者久之。先生灵柩于是年六月二日，安葬于鼎山之麓，碑文“独秀陈先生之墓”，乃由余五兄书成，并亲自錾刻。书刻均具古法，颇有古姿也。

郑超麟简介见本书《陈独秀与鲍罗廷》。

关于陈独秀若干问题的解答[①]

郑超麟

一九八〇年五月十五日至十七日，安庆市图书馆等一行四人，访问了郑超麟先生，并就陈独秀有关问题，提请解答。现将几个主要问题记录整理于后，仅供研究人员内部参考。

问：共产国际当时对中国问题的主张，在哪些方面和陈独秀的主张不同?

答：这个问题的例子很多，我只能原则上谈一谈。

毛泽东晚年有文章说到共产国际东方部的“中国通”，说他们对中国问题并不了解，他们随便发号施令，就连斯大林本人对中国有些问题也不了解。所以，中国问题要由中国人自己来解决。这是毛泽东晚年的话。

我最近在内部刊物上也看到邓颖超谈：我党早年与共产国际的关系。刚刚试刊的《四川支部生活》发表了邓颖超同志去年十一月十日在中央党校讲话的第一部分，其中谈到我党早年与共产国际的关系，现摘录如下：“共产国际成立了，我们党就成了共产国际的一个支部。到了一九二七年，蒋介石已经叛变，在武

① 本文选自《怀旧集》，郑超麟著，东方出版社1995年3月第1版。本文系陈独秀故乡安庆市图书馆工作人员于1980年5月15日至17日访问郑超麟时的采访问答，1980年9月14日由安庆市图书馆编印，1981年10月30日经郑超麟审阅。原文由张松岩整理。

汉的国民党左派，以汪精卫为代表，已经动摇，准备与蒋介石合流反共。那时共产国际派来的代表是印度共产党员罗易，这个人很不守纪律，当时共产国际打来一个电报指出中国革命的特点就是用革命的武装，反对反革命的武装；他拿到电报后，不向我们党中央报告，却先送给汪精卫看。汪精卫更加动摇，很快就叛变了。我们党第六次代表大会是在莫斯科近郊开的，共产国际东方部工作的人领导了我们党的六次大会。一个是布哈林，一个是米夫，后来都变成坏蛋了。我们党在六届四中全会上，教条主义能够篡夺党中央领导权，那是米夫直接指挥的，米夫当时就在上海。在苏区时，又来了一个共产国际代表，他的中国名字叫李德，是德国共产党员。那时教条主义领导中央，什么都叫他指挥，所谓短促突击阵地战，就是李德指挥的。他不懂中国的国情，所以苏区反国民党第五次围剿战争失败了。我们长征到陕北后，又和共产国际联系上了。抗战前夕，派了驻共产国际的代表。一九四〇年以后，没有驻共产国际代表了，还有联络人在那里。我们党同共产国际的关系继续到一九四三年共产国际宣布解散。我们党中央当时认为解散是非常明智的。你们想，共产国际派来领导中国革命的人，不了解中国国情，他在本国党内也没有什么经验。可是，他要做太上皇，要用指挥棒指挥，当然就不能使各国革命符合各国实际。共产国际是以苏联共产党为中心组织起来的。共产国际领导机构设在莫斯科，世界各国共产党都派来代表，参加国际组织，这样就形成了苏联共产党变成共产党的老子，就是毛主席讲的老子党。虽然后来共产国际解散了，但是苏联共产党还要求所有其他国家的共产党配合他的外交，要听他的指挥。这种作风，一直继续到赫鲁晓夫。”既然毛泽东晚年的文章，指出中国的问题要由中国人自己解决，说那些第三国际东方部，那些所谓“中国通”，他们并不懂得中国问题，毛泽东甚至直接地批评斯大林，所以关于苏联共产党，关于共产国际同中国革命的关系，邓颖超的话就可以代表现在中国共产党的意见。但是，这些意见，老先生（指陈独秀）在一九二七年就讲过，我就亲自听他讲过的。好像黄玠然回忆老先生的文章里也谈到老先生曾说过“中国问题要中国人自己考虑解决，外国人不懂得中国问题”。另外，汪原放自述一九二七年他同老先生同船从武汉回上海，在船上同老先生谈话，老先生对汪原放讲：“中国问题，中国人能够判断，能够解决。”老先生的议论提得比较早，至迟是一九二七年就提了。一般说来，共产国际实际上是瞎指挥，他们并不真正懂得中国的问题，而是主观地指挥中国。他们对真正有革命经验，有政治经验的老先生并不尊重。从一开始老先生就同共产国际争吵。包惠僧有篇回忆录，发表在《百科知识》一九七九年第二期，《关于中国共产党建党前后》，他谈老先生和马林之间的争论。争论问题是什么呢？就是：一、老先生主张中国共产党要独立，不受共产国际指挥，中国共产党要按照自己的决定办事，并不是共产国际的附属机关。二、中国共产党自筹经费，不要共产国际的钱。为了这个问题，他和马林争论了很久，争论得很激烈，最后老先生才让步，在第二个问题上，接受了马林的意见。究竟当时中国共产党应不应当成为共产国际的支部？应不应当在经费上接受共产国际的援助，是另外一个问题。我现在提出的是老先生和共产国际的分歧很早就开始了。以后从中国共产党创立，一直到革命失败，老先生的意见和共产国际的意见是在矛盾和斗争中度过的。共产国际代表伍廷康①住在上海时，老先生的主张要受到他的牵制和影响。当伍廷康不在中国，回到莫斯科的时候，老先生就可以发挥自己的意见。因此，他有时拿出自己的意见，有时他不得不接受共产国际的意见。他就是在这样的矛盾中度过从建党到一九二七年中的运动。所以，他们把革命失败原因推到老先生身上，这是错误的。

关于老先生，我认为有两个问题必须重新谈。一个是共产国际和中国共产党的关系必须谈清楚，另一个是托派问题也必须谈清楚。这两个问题过去是不准谈的。这两个问题不谈清楚，就无法解决老先生的问题。

关于第一个问题，共产国际和中国革命问题，现在，这方面已经开放了。有个北京大学教师向青写的三篇长文章，里面关于老先生同共产国际关系，写得很清楚。他的第三篇文章总的结论就是说：过去不但把共产国际的错误算在老先生头上，连共产国际派到中国来的代表所做的错事，也通通算

① 应为吴廷康，即维经斯基。本书编者注。

在老先生头上。这个结论非常之公道。至于老先生在中国大革命失败当中应当负什么责任？有向青这三篇文章就已经足够了。我在一九二七年参加了“八七”会议，“八七”会议上没有对老先生做结论。但是当时所批评的都是暗指着老先生。我在“八七”会议上没有发言，但心里在想：中国大革命的失败，不能够算在老先生一个人头上。那么现在并不是我的结论，而是向青的结论。我看向青的结论，恐怕不久会成为一个完全正确的结论。关于共产国际和中国的关系的禁区已经冲破了。向青在三篇文章中引用的文章很多。我最近碰到了一个北京出版社机关代表，我同他谈到向青的文章，他说现在掌握的材料比向青更多了。我想这可以更加有助于向青写的那个结论。这些材料已经拿出来供给历史家研究。

你们问共产国际和老先生的观点有哪些不同？我认为主要就是在中国共产党参加国民党这一点。这一点在一大开会不久，共产国际就要中国共产党参加国民党。这个提议，中国共产党干部大多数反对，只有少数赞成，老先生也是反对的一个。最后马林没有办法，就提出，共产国际命令，你们应当服从。老先生和其他中国共产党的干部没有办法，只好服从。所以中国共产党参加国民党，老先生是反对的。但是因为共产国际关系，他不得不同意。老先生常常感到国共合作，尤其共产党加入国民党，对中国革命是不利的。当时，中国共产党参加国民党就不能够批评三民主义，不能够反对孙中山，不能够反对国民党。这一点束缚了中国共产党的活动。

刚刚开始活动的时候，国民党没有什么力量，他完全靠着莫斯科金钱帮助和军火帮助，两党的斗争和磨擦还是比较小的。到后来革命发展，两党之间的斗争就多了，不能够反对三民主义，不能够反对孙中山，不能够反对国民党，这样一种约束，对中国革命非常不利。比方一九二五年戴季陶发表了二本书，反对马克思主义，反对中国共产党，老先生和瞿秋白都写了一本小册子，反对戴季陶。这两本小册子还是站在国共合作的立场上，站在国民革命立场上来反驳的。当时还有第三本小册子反驳戴季陶，但共产党不给发表。这本小册子是施存统写的。施存统是戴季陶的朋友，戴季陶要把他从共产党拉出来，一起反对马克思主义，反对中国共产党，他那时还是好同志，不干。他写了小册子反驳戴季陶，其中批评了三民主义，但文章拿到中央审查，不给发表。因为中国共产党答应过不批评三民主义。一九二六年蒋介石发动三月二十日的政变，即“中山舰事件”。“中山舰事件”发生后，在中国共产党面前提出了一个如何对待蒋介石的反动的问题。人家说：老先生在这个问题主张和蒋介石妥协，广东陈延年、鲍罗廷主张和蒋介石斗争，因此老先生是右派，陈延年是左派。这个话一直流传到现在。现在的历史家都是这样讲的。我在几个月前同上海历史研究所讨论这个问题。我说，事实恰恰相反，在三月二十日事件发生以后，老先生正是主张和蒋介石斗争，而陈延年、鲍罗廷主张同蒋介石妥协。他们听到很奇怪，说你的话要拿出证据。我说，我可以拿出证据来。

第一个证据，这件事发生后，老先生以个人名义向共产国际提议，共产党要退出国民党。他们说，过去国民党右派一批一批分化出来，老先生都在《向导》上一次一次地揭露他们，一直到戴季陶分化出来，也反驳戴季陶，为什么蒋介石右倾反动，老先生不来揭露呢？我说，这两个问题不同。西山会议派，戴季陶分化出来，《向导》周报可以用中国共产党名义反对他们。反对他们，不会妨碍共产党和国民党合作的基础。但是公开反对蒋介石是另一回事，蒋介石那时是国民党最大的当权者，你要反蒋介石，就必然要同整个国民党破裂，就要放弃国共合作的政策。但是国共合作的政策是共产国际定的，并不是中国共产党定的，老先生没有权利，中国共产党全国大会也没有权利来放弃国共合作。谁要想同蒋介石斗争，必须准备同国民党破裂。但是这样做，必须预先得到共产国际的同意；共产国际没有同意，你就没有办法去破裂。因此，你就不应该在《向导》上揭发蒋介石的反动。老先生主张斗争，所以在三月二十日以后，他以个人名义请求共产国际放弃国共合作的政策。当时主持共产国际工作的布哈林反对，并公开写文章不指名地批评中国共产党错误倾向，即要求退出国民党。我就提出这样一个证据。我是亲自听老先生这样说的。向青文章也是这样讲的。三月二十日事变后，老先生以个人名义向共产国际提议，退出国民党。但布哈林反对。那时共产国际代表伍廷康不在中国，在莫斯科。共产国际马上派伍廷康到中国来纠正这个“错误”。若仅凭我自己的回忆，人家可以说“你回忆错了”；或者说，“你立场不对”。现在有了向青的文章可以证明我听说老先生的谈话是事实。

第二个证据，就是当时对中国共产党发动民主讨论，究竟对付国民党应采取什么态度。中央秘书处出了三期内部刊物，登载内部文章，这个刊物我当时看到过的，但是，中国共产党历史上从来没有人提起。这个刊物里面除了广东的文章，主张和国民党妥协之外，都是主张和国民党斗争的。北方李大钊他们的意见以及上海江浙区委的意见，都是同老先生一致主张和蒋介石斗争的。可见老先生是主张斗争的，广东才是主张妥协的。

第三个证据，老先生曾在《向导》上写文章反对北伐。这是大家知道的。此期《向导》影响很大，当时的国民政府主席张静江为此写信给《向导》，抗议老先生文章，老先生又以《向导》记者名义回答张静江的信，把国民政府主席的信当作普通读者的信来回答，都可以看出老先生是主张斗争的。我认为第一、第三都是重要的证据。第二个证据究竟有没有物证，现在还未发现。但是，以上两个证据，已经足够证明老先生是主张同国民党、同蒋介石斗争的。但为什么说他同蒋介石妥协？为什么还要跟着蒋介石北伐呢？那就是为了国共合作。国共合作不是中国共产党本身能够决定的，而是莫斯科决定的，后来因为大革命失败，老先生辞去总书记职务，从武汉回到上海来，他没有表示态度。他还是好意对待中国共产党，在政治上他还是常常写信表示他的意见。但是当时中国共产党中央对他的态度很不好。有一次，乔年到他的住所，对他说，你以后不要写信了，你写信，他们把你的信当作笑话，在那里一面看，一面骂，他们并没有诚意接受你的意见，所以老先生以后就没有再写信了。到一九二九年双方争论的时候，老先生就很不客气，他在《告同志书》[①]中坚持自己意见，一针见血地提出了当时参加国民党这个路线是错误的。老先生和他们最大的分歧就是中国共产党参加国民党的问题。老先生一开始就反对，以后就无可奈何执行，直到失败以后，他都说中国问题应当由中国人自己解决。这不单我自己是这样回忆，黄玠然在回忆

① 应为《告全党同志书》，下同。本书编者注。

中也是这样讲，他奉中央命令去劝说老先生到莫斯科去。老先生问他："我到莫斯科去干什么？"他说："你到莫斯科去学习嘛！去研究中国问题。"老先生说："中国问题要在中国本身研究，中国人自己研究，我不要外国人来介入我们。"汪原放回忆录就讲老先生从武汉回到上海，他在轮船上和老先生谈，他还记得一点，现在还说老先生主张中国问题中国人能够决定。这些足以证明在几十年前，老先生已经明确提出了中国问题要由中国人自己解决。其他分歧当然是很多的，我仅就国共合作问题谈这么一点。

问：陈独秀为什么反对国共合作？

答：陈独秀反对国共合作，可以从理论和实际两个方面来说明。在理论上马克思主义的基本立场就是说：共产党原则上应当保持它的独立性。不应当依附其他政党。这是马克思在领导一八四八年德国革命时讲的话。恐怕《共产党宣言》也有这样的话，就是原则上应当保持无产阶级政党的独立性。列宁领导俄国革命，首先阐明马克思的意见就是俄国无产阶级的党不应当同资产阶级的党合作，应当有独立的主张。共产国际要中国共产党参加国民党，在理论上就违反了马克思主义的正确意见。当然，说得很漂亮，中国共产党员以个人身份参加国民党，答应不批评三民主义，不批评孙中山，不反对国民党。实际上束缚了中国共产党的独立。所谓国共合作，也就是在原则上放弃了马克思主义说的无产阶级政党应保持独立，这是从理论上讲。不过老先生当时也不见得能从理论出发。他是一个有经验的政治家，一个有经验的理论家。他参加过辛亥革命，从实际上认识到共产党参加国民党，并且答应不批评三民主义，这就束缚了我们自己的行动，使我们失去了独立性。在大革命时代，我们就不能发挥我们的力量，因此，革命就要失败。

问：陈独秀根据什么认识到共产国际的错误？

答：根据"中国问题只有中国人最了解"这一认识。并从实践中感到共产国际对中国问题的决定不切合实际。他后来在《告同志书》中都讲到这些。陆定一在粉碎"四人帮"之后，从监牢里放出来，恢复了名誉，他在《人民日报》上发表的第一篇文章，谈到周恩来到遵义会议后才是真正的马列主义者。为什么周恩来一直到遵义会议后才是马克思列宁主义者呢？因为周恩来一直到遵义会议才明白了共产国际的错误。这就可以看出共产国际对中国革命路线的错误，不论在一九二七年以前，在一九二七年之后，是一贯的。

问：陈独秀为什么要反对北伐？

答：那时刚刚是三月二十日事变之后，国民党反动派最大的目标就是对付共产党。三月二十日事变时，蒋介石已经把黄埔军校的共产党员统统集中起来，把苏联顾问团包围起来。但是，后来这个事情为什么又和平解决呢？当时，鲍罗廷同蒋介石签定了三项君子协定。三项协定中好像是鲍罗廷代表中国共产党答应服从国民党的命令，还有苏联的军火，交给蒋介石，由蒋介石分配到其他的部队去，还有鲍罗廷保证苏联支持蒋介石北伐。北伐是蒋介石需要的。但是，老先生总结他过去的经验，认为过去孙中山也是主张北伐，并且把兵开到韶关，但是始终没有跨过广东省界一步。好几次主张北伐，并且已经有行动，但是孙中山的北伐军没有离开广东边境。孙中山所谓北伐完全是假的。因为当时广东都是杂牌军队，所以孙中山借北伐名义把他的兵力集中起来，然后回头来消灭那些广东境内的杂牌军队。当时，老先生看到蒋介石的坏主意，即他要以孙中山北伐的名义消灭共产党在广州的力量。他首先考虑到蒋介石北伐是假的，所谓北伐的目的是为了消灭共产党。这个问题在历史上是不是这样？那是另外一个问题，但是老先生根据他过去的经验，他作了这样一个结论。不过，他的文章并不这样写。他的文章是说军事行动要与群众运动相结合，一面要压制群众运动，一面进行军事行动，这样军事行动就脱离了群众，因此，要成为军阀独裁！这话现在看起来完全没有错！后来在北伐过程中，发动了湖南农民，发动了内地城市的工人，起来拥护北伐，那是共产党做的工作。但是蒋介石部队到南昌，到九江，屠杀工人、农民，以至上海的“四一二”事件，汪精卫在武汉的“七一五”事变，老先生在北伐之前已经看到了，所以我们不能说老先生反对北伐是错误的。因为他所讲的蒋介石利用北伐来消灭共产党，结果一九二七年蒋介石的确是这样做，共产党也被蒋介石消灭得差不多，剩下的少数力量，跟着毛泽东上了井冈山，创造了以后的局面。这是另外一个问题。我可以说老先生反对北伐，不能够说完全错误，他有他的道理，他所看到的情况多数实现了。

但是老先生没有看到北伐还有积极方面，借这个军事运动，可以发动北伐路上的工人、农民群众起来，可以造成一九二七年大的群众运动高潮。这是老先生片面看问题，但不应该说他的立场是完全错误的。以上是我根据个人的回忆和见解谈的看法。

问：陈独秀的“无产阶级和农民专政”，托洛茨基的“无产阶级领导贫农专政”与毛主席的“无产阶级团结贫下中农”这三者有什么区别？

答：陈独秀的口号和托洛茨基的口号的确需要说明。陈独秀和托洛茨基谈的专政问题是政权性质问题，毛泽东谈无产阶级团结贫农和下中农，并不是政权性质问题。在政权性质上毛泽东主张人民民主专政，人民民主专政不但是包含工人、农民，而且包含小资产阶级，包含民族资产阶级。所以他这个口号和托洛茨基和陈独秀的口号不同。至于后来中国共产党解释人民民主专政就是无产阶级专政，那是以后过了五六年之后的话，在刚刚解放时毛泽东就在《论人民民主专政》那篇文章中说明了人民民主专政同苏联的无产阶级专政是不同的。毛泽东讲的在建设过程中应该团结社会上各阶级，陈独秀和托洛茨基谈的是政权的性质问题，苏联无论是列宁还是托洛茨基，他们都是主张无产阶级和农民联合起来，共同推翻封建的沙皇政府。但是，在政权问题就不同，列宁特别指出：农民本身要分化为富农、中农、贫农。他最后主张，我们的无产阶级专政就是无产阶级联合贫农的专政。但列宁从一九〇五年起，一直到一九一七年，他在书上所写的，随着革命形势的发展是有改变的。托洛茨基则从一九〇五年起就没有改变。也就是说：俄国的革命政权应该是无产阶级专政。无产阶级领导贫农的专政也就是无产阶级专政。贫农就是农村的无产阶级。所以，我现在说老先生的意见是同托洛茨基有分歧的，这个问题一直到最后还没有完全消除。

我们发起托派运动的时候，老先生一起参加，他接受托洛茨基观点比较慢，还要我们去说服他，这中间我准备将来写出来。按照老先生的经验，他说，光是无产阶级还不行，因为中国无产阶级力量小，还要无产阶级通过农民一起行动，一起革命。我们青年不同意他的意见，认为中国农民容易分化，分化为贫农、中农、富农，应该是无产阶级领导贫农专政，也就是实行无产阶级专政。在这个问题上，我们同老先生辩论了很长久，老先生最后勉强接受了我们的意见。他提出无产阶级同农民专政，这话好像在一九二九年七月至九月讲的，他后来好像也同意无产阶级领导贫农的专政。不过我还没有找到文件加以证明。他就是同意也是带点勉强的。一般说来老先生参加了托派运动，老先生做了托派统一时期的总书记，在理论上还是有所保留，并不是完全同托洛茨基一致的。这在革命运动中也是正常的。那么就在专政这个问题上，老先生恐怕还没有最后认清无产阶级专政，或者无产阶级领导贫农专政，他后来好像勉强同意了，那末有一个问题，就是中国农民是否重新分化？好就好在毛泽东在土改问题中关于富农问题的精辟的议论，结果，现在还是把富农同地主一般看待。所以整个农民，那就是谈到中农，应不应把它放在专政里面？同时，根据我国的经验，中农本身还是摇摆的，老先生总结中国经济状况的说法，好像中农也可以参加革命，可以向无产阶级方面转化。（插话问：他说的农民包括哪几个阶层？）一般说来，包括富农在内。主要是指中农和贫农，这个问题并不是一个理论问题，而是一个实践问题。结果，我们慢慢的按照最近几十年中国革命的实践来看，是托洛茨基对？还是陈独秀对？托洛茨基是根据俄国的经验，陈独秀是根据我国的实际。

问：陈独秀等人的联合声明，是八十一人？还是八十七人？

答：这个文件是老先生个人写的。但是现在还是有人说，这篇东西是尹宽和我和吴季严三人写的，这不合乎事实。这是老先生个人写的。[①]但是这个八十一人名单是我同老先生两个人，在老先生家里拟的，事实上签名的只有三分之二是真的人，其他三分之一的人是造上去的，为着表示我们的人多。比方签名的第一个人，王阿荣，就没有这个人，他故意把没有的一个人列在头一个。这个签名完全是按笔划的次序来写的。老先生的名字放在后面，所以这个签名出来，就有人批评说不应当这样写，应当把老先生的名字放在前面，因为这是老先生的事情。有人说名单不是八十一人，是八十七人，那是胡说。最近为刘少奇平反的中国共产党文件，提到了我们这个文件。过去提

① 按：这个文件也是陈独秀、彭述之、尹宽三人合写的。——原注。

到这个文件，都要说是反革命托派的文件，现在提到这个文件不加这个帽子了。

问：托派统一组织的名称，究竟叫“中国共产党左派反对派”？还是濮一凡说的“中国共产主义同盟”？

答：这是濮一凡记错了。中国共产主义同盟是一九三五年以后改的名称，在当时是用“中国共产党左派反对派”。为什么呢？因为在当时还没有宣布共产国际破产，还要把共产国际改造过来，我们还是留在共产国际里面的一派。其名称就应该用中国共产党左派反对派。另外一个名称就是“布尔什维克列宁派”。到了一九三三年希特勒上台，德国共产党完全没有抵抗就失败，那时托洛茨基才宣布第三国际已经死了，我们才要组织第四国际。因此，各国托派就放弃了共产党内“左派反对派”的名称，陆续改为“共产主义同盟”。中国托派一九三五年才改此名。

问：第三国际因为国共合作，不准批评国民党，不准批评三民主义，托洛茨基就这件事情反对斯大林，究竟谁是谁非？

答：这个问题我上面已经讲过，从原则上讲无产阶级政党参加了资产阶级党派，这个本身就违反了马克思列宁主义原则；在实践上当时的确是接受了不要批评三民主义，不要批评国民党，不要反对孙中山。这个在实践上也证明了对革命是有害的，束缚了中国革命的发展。此事，最初与斯大林无关。但是，后来斯大林坚持这个政策，那时斯大林就错了。托洛茨基的批评，是站在马克思主义原则上批评无产阶级政党不应当附属在资产阶级政党里面，不应当向资产阶级保证不批评资产阶级政党的意识形态，认为这样做是违反马克思主义原则的。在中国大革命时期，证明托洛茨基这个批评是对的。从理论上讲是对的，从实践上讲也是对的。

问：包惠僧说“一大”以前已经有了临时中央，革博展览馆说“一大”前陈独秀已经建立了早期的共产主义组织，“共产主义小组”是不存在的，张国焘说这个名称是后来加上去的，对吗？

答：《党史研究》创刊号（内部刊物）里面有一篇文章说得很详细。在一九二〇年陈独秀就成立了中国共产党，陈独秀担任总书记，上海成立共产党时，陈独秀写信给李大钊，在北京也成立了党，要受上海党的领导，那篇文章讲以后湖南成立马克思主义研究会，武汉成立，山东成立，都是由上海和北京派人去发展的。中国共产党在一九二一年七月以前就存在。那篇文章肯定了一九二一年建党以前，已经有正式的中国共产党存在。以后这个上海的党和北京的党，再联合湖南、湖北、山东、广东的党，来召开全国性的代表大会，成立了全国性的党。所谓"共产主义小组"，张国焘说的是对的，当时，并没有这个名称。

问：谭平山为什么要反对老先生？

答：一九二六年为了北伐问题，中共中央常委（当时称主席团）四人开会，陈独秀、彭述之是反对北伐的，张国焘、瞿秋白是赞成北伐的。双方相持不下，陈独秀拍桌子骂张国焘，遂决定反对北伐。广东不管你中央反对不反对，还是要北伐。只因唐生智给鲍罗廷收买过来，参加了北伐军队伍，一直胜利地打到长江。群众运动也兴起。到武汉时已经轰轰烈烈了。大家认为陈独秀反对北伐是错误的。这样，陈独秀在党内的威信就低下来，低得很多。在武汉中央开会时，张国焘拍桌子骂陈独秀。共产国际准备撤换陈独秀职务。但是，派什么人来接替他呢？还没有决定。那时共产国际打算叫谭平山来接替陈独秀。陈独秀虽然威信低落下来，但在党内要处分他，还有困难，五大还选他当总书记。当时，谭平山想当总书记，瞿秋白也想当，张国焘也想当。他们三人都想抢这个位置，于是联合起来先把陈独秀推翻了，再来商量。这就是他们在武汉联合起来反对陈独秀的动机。陈独秀那时候位置已经动摇，他们就想抢这个位置。但是到了六七月间，他们三人中间也分化了。

问：陈独秀的遗稿下落？

答：抗战中我没有到过武汉，没有到过四川，只知道他在四川写的文章，大部分都是文字学、音韵学，这些东西后来何之瑜替他保存起来，并且编好，交给商务印书馆王云五。王云五答应出版，第一卷已经在上海排好，校对好，还没有印出来，中国就快解放了，商务印书馆把这批东西带到台湾去，现在恐怕在台湾，台湾还开着台湾的商务印书馆。我听说在台湾还继续出陈独秀的文字学和音韵学的著作，究竟怎样，我不晓得。何之瑜编的这些书完全是学术上的东西。没有政治意义。这些东西恐怕存在。将来台湾解放，我们还可以看到。现在重要的是他的政治著作，他后来关于政治上的文章写得少，在武汉也写了几篇，但是那些东西大部分在上海已经出版了，他在报纸上发表的文章，以及他自己写的小册子，在上海亚东图书馆都给印了，至于写好没有印的也不能说没有，恐怕很少，他大部分政治理论都已公开发表。他没有发表的，我们在上海编了一本《陈独秀先生最后论文和书信》，印了几百册，现在还保存着。在内部刊物上也常常发表陈独秀的文章，并且还有陈独秀写给托洛茨基的信。《陈独秀先生最后论文和书信》印在一九四九年，在上海印的，是在上海一个小印刷厂印的，印刷质量很不好。何之瑜送一本给胡适之，胡适之把它当成宝贝带到外国去，在香港翻印，并且在上面写了一篇序。胡适之的目的是说陈独秀是反对共产党的。他利用老先生的著作来达到他反共的目的。但是他至少把我们印的一本东西带到外国去，将老先生的文字散发了很多。中国共产党现在引用这些文章，究竟是我们在上海印的？还是胡适之在香港印的？胡适之在香港印的我没有看过，是不是里面有修改，我不敢说。老先生没有发表的文章，据何之瑜讲，没有了。

老先生的自传只写了两章，后来他跑到四川江津的时候，汪孟邹写信请他继续写《实庵自传》，他的回信，我看到了。他说："我现在在写《小学识字课本》，这本书比《实庵自传》更重要，等我写完了这本书，再来写《实庵自传》。"后来没有写完就死了。可见他只写了那两章。但这两章，已经是很可贵的。

《火花》出版时，我已经进了国民党监狱。出来时，我好像也看了几期，那是油印的。他在南京监狱里写的文章，当然不能用真名，他的名字常改换。他用过"顽石"名字，还有"　儿"，还有其他名字。他在南京监狱里写的文章，发表在《火花》及内部刊物上面。

另外，顺便谈一件事。老先生在南京监狱里，他的交通，递送秘密文件，当然有好几条路线，不过其中主要一条是我的爱人。我那时也关在南京，但并不是同一监狱。我是军法审判的，关在南京军人监狱；他是司法审判的，关在老虎桥模范监狱。我的爱人一年有好几次从上海到南京来看我，同时也看老先生，组织上委托她带文件给老先生。她把文件藏在饼干箱下面，上面放饼干。老先生那里管理得比较松，监狱长对他好。好多有名的人都跑来看老先生。我爱人是一九七九年才死去的。她为了这件事情，在文化大革命时候挨了斗。她真名刘静贞，化名吴静如，老先生需要什么东西，就写信给她，她在上海办了送去。

问：陈独秀给中央的三封信，关于中东路问题，它的基本内容是什么？

答：你们已经拿到了三封信，我就不用说了，我只想谈一点三封信的意义。这三封信最重要的是八月五日的信，这个信写得最长。这个信是在什么形势下写的？是在老先生接受了托派思想后两个月，他被开除以前三个月写的。写这个信的时候，老先生已经基本上接受了托派的思想。这三封信就是用老先生当时思想提出中国革命的根本问题，同当时中国共产党中央讨论。重要的还在这第二封信。第一、第三封信是关于中东路问题。中东路问题也不过是陈独秀当时思想应用到实际问题上去。我只是补充这一点。

问：大革命失败后，托洛茨基认为是低潮，斯大林认为是高潮，究竟谁对呢？

答：究竟当时是高潮？还是低潮？我们看得很清楚。毛泽东就认为是低潮，他说，星星之火，可以燎原嘛！如果是高潮，那就是燎原之火了，就不是星星之火了！斯大林不认为革命失败，而认为革命还是向更高的阶段发展。但事实证明，大革命是失败了。现在顺便谈起我个人当时的观点。那时，我也认为革命是低潮。有什么证据呢？一九二七年中央派我当中央机关报的总编辑，我在《布尔塞维克》第一期发表了文章，题目是《国民革命失败后我们应当怎么办？》从这个题目就可以知道我认为当时国民革命失败了，我们应当怎样准备下次新的革命高潮的到来。我当时并没有接触到托洛茨基的思想，但已同中央的看法不同。中央的看法，也就是代表斯大林的看法。因为斯大林也认为革命不但没有失败，而且向更高的形势发展。一九二七年，王若飞带着外地来的干部，到老先生家里去谈话。老先生说：

“中国革命已经失败了，中央现在认为革命还是高潮，这是错误。”用什么东西来证明这次革命失败呢？他说：“你看英国、法国、美国、日本派到上海来的军队，现在一批一批坐了船回到他们本国去了，如果中国革命还是高潮，帝国主义会把军队撤回去吗？”我本来想，引用毛泽东的话也就够了，但是现在我顺便谈到我自己的看法，谈到老先生的看法，也谈到老先生为什么说现在革命处于低潮，有什么证据。他的证据，就是说帝国主义军队一批一批坐了船回去。这个话我是听王若飞同我讲的。

问：如果陈独秀当时坚持他自己的政治意见，情况是否会好些？

答：我认为老先生有他自己的意见。但是他的意见受到共产国际纪律的约束，又不能坚持自己的意见。如关于北伐问题，共产党参加国民党问题，老先生都有自己的意见。但是老先生只好服从共产国际的意见。因此，中国共产党在大革命中执行的路线，不是百分之百地按照共产国际意见，也不是大部分按照老先生的意见，成为一种混合的意见。那样领导革命，当然对革命的发展有害。所以，假如按老先生意见，不理会共产国际意见，那时革命也许会好一点。毛泽东后来就不管共产国际那一套。毛泽东晓得王明执行的是斯大林的路线，看到这路线成为革命障碍时，就把王明推翻了，实行毛泽东自己的路线。抗战胜利以后，斯大林反对中国共产党同蒋介石斗争，他主张中国共产党和蒋介石妥协，毛泽东也不理会他，还是同蒋介石斗争。已经斗到胜利快渡江时，斯大林说，你们不要渡江，同国民党分成南北朝，你们管理长江以北，长江以南让国民党去管，毛泽东也不听他的话，所以中国革命是贯彻了毛泽东的路线，而不是采用斯大林的路线，结果，胜利了。当时如果陈独秀贯彻他自己的路线，我想形势会好些。

问：在大革命中，陈独秀主张拿苏联的武器来武装工农，来建立革命的武装，但是，第三国际拿苏联的武器来武装蒋介石。大革命失败后，第三国际又要建立自己的武装，可是已经来不及了。这一段的经过，关键在哪里呢？

答：这个问题我没有听说过。那时的陈独秀已经过革命锻炼。他在一九二四年辛亥革命纪念日前后写的纪念文章，是批评孙中山的军事投机。

辛亥革命的失败，就是因为国民党、孙中山不知道群众的作用，不晓得发动群众，一味搞军事投机，结果，辛亥革命成功了，“革命军兴，革命党消”。革命军队起来了，革命党就没有了。他指出国民党、孙中山不知道群众运动的重要。当时共产党和国民党所不同的，就是把群众力量看得比军事行动还要高，就过去历史上俄国的革命来讲，列宁、托洛茨基一个军队都没有，到高潮时只有赤卫队这种群众武装。所以马克思主义认为武装要在革命高潮中来建立；陈独秀那时也是这样想的，不会一开始就主张工农去建立武装，而是主张发动工农，扩大群众运动。苏联和共产国际武装国民党，那是一种国家与国家的关系。苏联也同北洋政府建立外交关系。北洋政府因受帝国主义的阻止，起初拒绝和苏联建立外交关系。苏联就借国民党的力量，来反对北洋军阀、北洋政府。这就首先要发展军队。发展军队，首先要办一个军官学校。但当时黄埔军校，已经武装了蒋介石和其他国民党军队，结果共产国际就要中国共产党来改组国民党。（最初还是越飞来中国同孙中山见面，孙中山派蒋介石到苏联，同苏联谈判几个问题，比如如何帮助国民党物质力量。）所以，我想陈独秀当时不会提出不应当武装国民党，应当武装共产党工农的意见。向青引用的是后来的材料，共产国际原来的目的就是武装国民党，推翻北洋军阀，然后我们再来进行革命。后来这个计划中间改变，好像是在北伐胜利，国民党情况一天天走向反动的情况下，所以他才想到我们自己的武装。

问：蔡××说陈独秀到过法国，对不对？

答：陈独秀懂得法文，法文并不怎么好。胡适之在北大演讲时说，陈独秀懂得法文、英文，并没有说他到过法国。我也排不出他到过法国的时间。他懂得法文是没有问题的，《新青年》封面上写的是法文字，并不是英文字。

问：你对中国托派和苏联托派有何看法？两派区别在哪里？陈独秀的观点有哪些和托洛茨基相同，哪些不相同？陈独秀的这个观点，经过革命实践在哪些方面是正确的？

答：这个问题很难说。我们最初搞托派运动，一直到统一大会，把几派统一起来，完全按照苏联托派的政纲，并且托洛茨基也替中国托派作了一个政纲，是刘仁静从土耳其托洛茨基家里带回中国来的。最近我听到刘仁静在北京几个学校给学生谈到这一点，他并且谈到把政纲带回中国，和我一起修改政纲的文字，这是事实。这说明中国托派和苏联托派在思想上并没有什么区别。至于老先生，我可以说他没有百分之百接受托派的政纲，表现在他对中国革命的性质和中国革命政权的性质的意见。老先生着重在中国的革命是民主主义的性质，认为无产阶级社会主义性质比较少，托洛茨基则着重如下一点：中国革命和落后国家革命表面上是要解决资产阶级革命民主问题，但是，这些民主问题非有无产阶级专政来解决不可。中国革命成功，建立了政权，就是中国无产阶级领导贫农的专政。老先生对这一点起初不同意，后来慢慢地同意了，但是还没有百分之百同意，是很勉强地同意了，所以在中国托派当中，老先生还是多少保留他的意见，对革命的性质，以及革命政权的性质，他是勉强同意托洛茨基思想，并不是百分之百的同意。如果说中国托派和苏联托派有分别，那么就是老先生持保留意见。对其他现实问题，当然也有一些不同意见，对现实问题的分析，思想上不统一，这也是难免的，不值得专门讲。关于陈独秀的观点，经过革命实践在什么地方正确，什么地方错误，这个问题很大，我今天不能够回答，我还在考虑研究。但是有个问题，我现在要谈谈。现在的人要替老先生平反，他们说，老先生不是托派，他没有参加过托派；这个话当然是站不住脚的，老先生不仅参加过托派，而且当过托派的总书记。这是历史事实，这是没有办法否定的，另外一种意见是老先生从南京出狱以后，就和托派完全无关了。这个话在表面是应该承认的。因为老先生的确公开表明他与托派无关，关于托派的问题他不能回答。究竟有没有托派？托派的政纲是什么？他并不知道，至少晚年，老先生不是托派。那么，现在我表示我的看法，老先生是不是托派呢？他为什么要声明他和托派无关呢？我阐明他有三种原因：一种原因，他想通过政治活动，把国民党和共产党以外的中间民主党派团结起来。在这个时候，他要讲他是托派，想搞政治活动是困难的。人家就要他说明托派的主张。第二种原因，他对当时托派内部的各种意见，不同意。他不同意彭述之的主张，也不同意其他人的主张，所以他就不能够再参加托派组织。第三种原因，他同彭述之的感情在南京监狱里彻底破裂，一直到最后都没有恢复同彭述之的感情。他鄙视彭述之这个人。但是老先生同彭述之同时出监狱，彭述之跑到上海去，把托派的组织掌握起来，托派的组织就以彭述之为最高的领导，老先生假如承认自己是托派，他就要受彭述之领导，这是办不到的。那么，老先生最后是不是托派呢？刚才我拿出的《陈独秀思想研究》后面有一篇陈独秀给托洛茨基的信，这信是在一九三九年年底，或一九四〇年年初（按说应是一九三八年年底或一九三九年年初）写的。其中，老先生把中国托派组织当作他自己的组织。这是说，老先生在一九四〇年初，就在他死以前两年多，把中国托派组织当作自己的组织，他那封信的口气就是这样子。这就可以证明老先生一九三八年的声明他和托派没关系，是一种外交的手段：同时也是他对彭述之的反感，因为托派组织给彭述之操纵着。那么究竟托派对老先生的态度，承认他是托派，还是否定他是托派呢？你们知道，托派现在分为两派。一直到现在在国外还存在。彭述之这一派否定老先生是托派，认为老先生是托派的败类，但是我同我一样的朋友，把老先生当作托派的领袖，是我们的光荣。所以我今天对这个问题的态度就是这样子。

问：老先生和你被捕的时间相差多久？

答：我是一九三一年五月被捕的。老先生是一九三二年十月被捕的，相差一年半时间。国民党逮捕我有两个目的：一个是逮捕我，一个是通过我去逮捕老先生。那个叛变出卖的人，就是说老先生住的地方只有我一个人晓得，除了我之外，没有人晓得，只有通过我才能找到老先生。我当然不会讲老先生住的地方，他们逼了好久，但是没有用。我后来听人说，当时有人对老先生说郑超麟被捕了，他晓得你的住址，赶快搬家。老先生回答说，郑超麟，我放心，用不着搬家。我被捕了好久之后，他为了别的事才搬家。后来，他并不是在我知道的地方被捕。我被捕后同一般政治犯一样是军法审判的，所以判决之后，我关在军人监狱，从前叫做陆军监狱，大部分时间关在南京江东门中央军人监狱。

老先生被捕，引起全世界以及中国许多名人的抗议。蒋介石不敢用军法审判他，就把他从军政部的军法司解到法院去，交法院审判。法院判决之后，他是关在司法监狱里边的。我同他没有关在一起。他比我早释放六天，一九三七年八月二十三日释放的。我是同年八月二十九日出来的。出来之后，我立即到他住的地方去看他。

第七辑 传论

佛朗克，法国人，生卒年月不详。20世纪50年代曾任第四国际和法国托派领导人。

陈独秀："中国共产主义之父"[①]

[法]佛朗克

陈独秀，字仲甫，中国托派运动的创始者之一，在此之前，则是中国共产党的创始者之一，他在一八七九年十月八日诞生，[②]逝世于第二次世界大战期间：一九四二年五月二十七日。

他虽然在国外不甚著名，但在近代中国，由于他的活动及其所起的政治作用，却是伟大人物之一。

诞生于华中[③]一个富裕的官僚家庭中，后来成为大学教授。早在一九〇四年，他就参加了他本省的资产阶级民族主义的革命运动，创办壹张报纸[④]。在第一次革命——即一九一一年革命——之前，他因政治活动而被捕，被迫亡命日本，在那里他和国民党的创立者孙中山合作，但并不加入国民党。[⑤]当推翻满清的第一次革命期间，陈氏返国，成为他本省革命军的政治"指导员"。等到一次"政变"使革命失败之后，他又被迫亡命日本，在那里办了一张革命报纸。[⑥]

一九一五年回国，他会同一些激进的知识份子，办了一份名叫"青年"的杂志，这本杂志是在北京发

① 本文系《第四国际简史》的附录，曾刊载于托派国际机关报《第四国际》1951年2、4两月合刊。选编自《陈独秀研究动态》第13期，唐宝林主编，1998年2月印行。文中有多处错误，本书编者作有简要注释。

② 陈独秀出生日期应为1879年10月9日。

③ 陈独秀诞生于安徽省安庆市怀宁县，在地理位置上属于华中，但按行政区划属于华东地区。

④ 这张报纸即《安徽俗话报》。

⑤ 此处不准确，在日本，陈独秀此时没有与孙中山合作，而且此时国民党还没有成立，应为同盟会。

⑥ 这张报纸即与章士钊办的《甲寅》。

行的。[1]杂志反对孔子的思想，[2]这个思想在中国占有统治地位，它和西方的基督教一样，代表着社会保守主义的一个重要因素。在陈独秀看来，中国历史发展之所以落后，乃由于在孔家道德下面旧社会的僵硬化；而促使社会进步的条件，则在于唤醒及教育广大群众。陈氏将他的这些想法总括成一个口号：科学与民主。这使他去考虑书写用的中文问题。他觉得，那种字数繁多的、文法结构艰难的、与口头语相差甚巨的文字，乃是群众文化发展的一大障碍。因此，陈独秀怀着简化这种字的目的，研究有年，终于在华北始开始使书写的文字通俗化，[3]使它与口语相适应（那是在一九一七年，他正担任国立北京大学的文科学长）。这种语体文字称做白话文，它现在已经实际成为中国的正式语言了。

后来，陈独秀又体察到，白话的采用虽然使文化的宣扬能有所进步，但是广大群众还是接触不到文化。事实上，占中国总人口百分之九十以上的农民与手艺工人，因处于朝不保夕的、悲惨的状态中，根本谈不上什么教育与发展。终其一生只不过是与饥谨所作的长期搏斗，只不过是无休无止的苦工，他们哪里有必须的时间与金钱来上学？在千千万万的农村中，根本不存在学校——更不必说报纸了——他们又怎么能读书呢？

因此，陈独秀的注意就不可抗拒地进向政治问题与社会斗争。正在他思想进化的此一时期，一九一七年的十月革命告诉了他答案之所在。俄罗斯这个落后大国，可以算作中国在欧洲的复制品。可是在布尔什维克派的领导之下，那里的社会进步与文化发展不再是虚愿与乌托邦，而是成为可能与现实了。对中国来说，这乃是它得救的榜样。

虽然中国无产阶级在数量上很弱，虽然他们的斗争——发生于第一次世界大战期间——只为了眼前的要求，可是俄国革命的思想却能进入知识分子团体中，在那里发生作用。一九一九年的五四运动是一次大规模的学生运

① 陈独秀于1915年9月独自创办了《青年》杂志，地点不在北京而是上海，该杂志于次年易名《新青年》。1917年陈独秀就任北京大学文科学长时，《新青年》才随之移师北京，并一度改为同人刊物。

② 应该为反对“孔教”，而不是孔子。

③ 此处讲的是陈独秀提倡的白话文运动，即文学革命，但此活动并非仅限于华北地区。

动，它反对在凡尔赛和会上蔑视中国民族要求的帝国主义者，又反对中国的封建制度。这个运动加速了中国知识分子激进化的过程。陈独秀是五四运动的领袖之一，也是紧随而来的高压的受害人之一。一九一九年，他因散发革命的宣传品被捕，判处徒刑，二月之后，因华北举行多次群众示威而被释。一九二〇年，他开始想建立一个共产党。

一九二一年七月，中国共产党在上海举行第一次全国代表大会。陈独秀被推选为总书记，这个职位他一直保持到一九二七年。一九二二年，他代表中国共产党出席莫斯科召开的共产国际第四次大会。

斯大林派的宣传，以及特别是中共的领袖们，惯于将一九二七年革命失败的全部责任，推在陈独秀身上。可是他们忘记说出这一点，陈的责任乃在于他对当时由斯大林与布哈林所规定的路线太过忠实了。这里当然不适于详细分析一九二七年中国革命惨败的原因，成为共产国际政策之特点的那种机会主义与冒险主义之迭相交替，已经由我们的刊物，特别由里昂·托洛茨基多次分析过了。不过我们要指出的是：如果陈独秀因为接受斯大林——布哈林的机会主义路线而须分担一部分责任的话，他后来却反对过走向广州暴动的那个冒险主义的方针。在一九二七年八月的中共会议上，他被撤销了领导职位，他从积极活动中退下来，而党的新领导（其中部分是旧人）则遵守了莫斯科的命令，投身于完全的机会主义与冒险主义的活动中。一九二七年广州暴动乃是此一政策的登峰造极的事件。陈独秀曾给中央委员会写过好几封信，反对盲动路线。一九二九年八月，他给中央委员会提出一个文件，再度着重地提出他的反对意见，并且要求检讨党的政策。不久他便被开除出党，同时还有数百名党员，[①]以反对派之故被开除出党。一九三〇年二月，共产国际邀请他到莫斯科去；在那边，有不少领袖，在斯大林机关的压力之下，已经悔了过，承认他们的“错误”，不过陈独秀拒绝邀请，他要求将中国革命的失败问题提出来在共产国际中与中共内部讨论。

这回的拒绝和要求终于使那维系在陈独秀和斯大林派之间的、业已脆弱

---

① 此处数字不准确，应该为几十人。

的关系最后破裂。他于是参加了一个左派反对派。后来，当几个左派反对派统一成立了中国共产主义同盟（后来的第四国际中国支部）之后，陈独秀成为中国托派运动的首要人物之一。他被推选为托派的总书记，领导这个组织的秘密活动，直到一九三二年被国民党逮捕为止。[①]当他在南京军事法庭受审的时候，慷慨陈辞，十足表现出一个革命领袖的气概，公然斥责国民党恐怖的军事独裁制度。他的勇敢态度，被国民党用“危害民国”的罪名判处了十三年徒刑。[②]不过陈独秀这个人物的态度与举措在警宪的重围之下，面临着可能被判死刑的危险，他却敢于向独裁者的忠诚仆从们高声挑战，公然表露他对这些人的仇根。他在这个被迫害的法庭上，代表那被恐吓与被践踏的群众发出呼声——这种态度，乃是对于所有革命者的一种激励，一个榜样。

他从一九三二年开始被拘禁在南京，直至一九三七年。那时中日战争爆发，他和政治犯一起，获得了释放。但在同时他仍旧受到统治者的严密监视，使他不能积极参加活动。当国民党政府迁都重庆之后，陈居住在江津，四川省的一个小县份里，那地方离重庆不远。他原患心脏病。后因狱中生活而加重了，结果就在江津逝世，享年六十有四。虽然他处境孤独，却始终属于第四国际。在他逝世之前的几年内，反动的国民党政府甚至不许他从事活动，因为资产阶级始终是害怕他的。

关于陈独秀的历史，毕竟是一位大革命家的历史。他在政治上的局限性，较多的由于他开始革命斗争时中国的实际情形，较少的由于他本人的性格。因为，他虽然是一个信心坚强与勇敢的共产主义者，却从来不曾真正成为一个马克思主义者；这就说明了为什么在一九二五—— 一九二七年的革命中他会接受共产国际的机会主义路线，而在第二次世界大战时期，他会忽视战争的帝国主义性质而主张革命者在战争中应该支持民主帝国主义去反对法西斯党所领导的帝国主义；这也说明了为什么他对“民主”一边会发生幻想。

他的马克思主义教育不是很结实的。所以会如此者，首先因为他不懂外

---

① 实际上，中国托派因为各小团体之间互不团结，内部搞窝里斗，陈独秀在中国托派运动中没有实际的领导权，只是名义上的领袖而已。

② 1934年6月30日，经陈独秀上诉，国民政府最高法院作出终审判决，由13年改判为8年。

文，[①]而当时马克思主义著作的中文译本又非常之少。又因他一生都在中国度过，[②]以致不能因接触国际革命劳工运动而扩大其经验。他和外国的唯一关系只是在一九二五——二七年间和共产国际官僚们（鲍罗延，罗易等）的来往，这班人的唯一任务是来发号施令的。在他们这所学校里，陈独秀自不能学习到马克思主义的分析方法，不能扩大他的政治眼界。

所有这些情形，只能加深他心中最初对于“德谟克拉西”的幻想。他是在这样的时候进入政治生活的，那时反对北洋军阀的斗争乃是最迫切的政治任务。他所提出的“赛先生”与“德先生”的口号（它概括了中国必须摆脱孔子学说这个必要性），就当时中国的封建状态说，是具有重大意义的。他之反对旧北京政府的斗争，以及后来他之反对国民党的官僚统治，都有助于作为抽象理想的民主观念，它并无任何阶级意义。苏联的堕落与斯大林党那架可怕的实行压迫与恐怖的机器，更加强了他那抽象民主的思想。

但是，尽管陈独秀有严重的政治局限性，他却是伟大的革命人物之一。他毫不迟疑地放弃了尊贵的职业，去过一种不安定的与艰难的战士生活；他从不叛变自己的所信，他宁愿冒监禁与死刑的危险，决不肯投降给蒋介石的仆徒们。他如此勇敢与忠诚地为中国的马克思主义运动带路，以致他配称为中共初期曾送给他的名字：“中国共产主义之父”——他将以这样的身份留存在革命者的记忆中。

---

① 此种说法不准确，陈独秀懂得英、法和日语等几种外文。
② 此处错误，陈独秀先后四次去过日本，一次去过苏联莫斯科。

郭成棠，美籍华人，出生在中国，早年在国内受教育，20世纪50年代中期赴美进修，曾获政治学硕士、图书学硕士、历史学硕士和哲学博士。曾任美国匹兹堡大学东亚图书馆馆长和东亚研究室教授。1975年在美国出版专著《陈独秀与中国共产主义运动》，其中谈到陈独秀与大革命失败的关系以及陈独秀晚年的政治观点。

陈独秀与中国共产主义运动[①]

郭成棠

一、陈独秀与大革命失败

从一九二四年国共开始合作时起，国民党的俄国顾问鲍罗廷就是广州最有影响的人物。在共产国际和苏联强有力的支持下，他能够推动国民党逐渐向左转，促使中共发展壮大，并使军阀冯玉祥及其“国民军”得到苏联政府的支持，发展成为一支军事力量。但是在指导中国革命的过程中，鲍罗廷却使中共领导人，尤其是陈独秀，处于脆弱的地位。历时仅三年，国共合作就破裂了。鲍罗廷本人以至整个苏联顾问团，都被驱逐出国民党，中共被迫转入地下，甚至手握俄国武器的冯玉祥的军队，也掉转枪口对付共产党。

这些失败的原因是什么？在一定程度上，是由于孙中山死非其时。但主要原因显然是在莫斯科，因为莫斯科派来的代表，对中国形势的估计和对国民党的认识完

① 本文系郭成棠所著《陈独秀与中国共产主义运动》的其中两章。此译本摘选自《中共党史资料》1982年第一辑，王应一译，中共中央党校出版社1982年2月第1版。本文注释均为原书注释。文中所有观点均为作者一家之言，阅读时注意参考其他文献。

全错误。

孙中山能够使他的党员一致执行与俄国联合，与中共合作的政策，但他一死，国民党便分裂为左右两派。右派后来和得势的蒋介石站在一起，国共合作便改变了原来的性质。

一九二六年一月下旬国民党第二次全国代表大会结束时，广州国民政府还能在鲍罗廷、蒋介石、汪精卫三人之间维持三角均势，苏联的影响还占上风。这个均势为什么突然被打破？国共之间和中苏之间的合作为什么会破裂？研究一下莫斯科制定的政策同中国的实际状况之间出现过哪些连锁反应似的问题，便不难找到答案。

斯大林的中国纲领和蒋介石的崛起

二十世纪二十年代中、晚期莫斯科制定的中国政策，寻根究底，同斯大林和托洛茨基之间的争论有关。一九二四年一月列宁逝世后，二人便发生争论，这主要是谁来主宰苏联和世界共运的个人之争，但也是两种对立的思想和革命战略、策略之间的斗争。

斯大林认为，近期内不可能发生世界性的布尔什维克革命，苏联应成为世界无产阶级革命活动的大本营。托洛茨基的世界革命理论，是与此根本对立的。由于这种个人之间的斗争和理论上的分歧在苏联日趋发展，中国的事态发展便被用来在俄国的论战中作为攻击对方的炮弹。

斯大林主张把国共合作作为实现中国革命的手段，其根据是他认为中国革命有两个特点：第一，中国革命是资产阶级民主革命，同时又是使中国从外国帝国主义获得解放的革命。第二，中国的大资产阶级极其软弱，中国无产阶级及其政党必须领导农民以至整个革命。斯大林认为，中共和国民党必须合作。①

可是托洛茨基认为，国共合作并非实现中国民族革命的途径。资产阶级革命和国民党专政，不仅反对帝国主义和军阀，也反对无产阶级进行阶级斗争。资产阶级在小资产阶级及其激进分子的支持下，不让无产阶级进行阶级

① 《斯大林全集》（莫斯科，1952年版）第8卷，第374—379页。

斗争，也不让农民觉醒，并不惜牺牲群众和革命的利益来加强其本阶级的力量。因此，托洛茨基认为，共产党必须保持独立。[①]

在二人的论战中，斯大林逐渐在国内、党内、共产国际内占上风。一九二五年以前一直是斯大林在指导中国共产主义运动。看来他相当了解列宁的学说和俄国一九〇五年、一九〇七年革命的经验，但他并不熟悉中国的国情和中国人的思想方法。因而在一些根本问题上，例如，在多大程度上发动农民和民族资产阶级参加中国革命运动；在像中国这样一个殖民地、半殖民地的国家内，应于何时建立苏维埃政权，对这些基本问题，他找不出答案。

列宁曾将俄国一九〇五年革命视为资产阶级民主革命，在这个革命中，无产阶级不仅能够而且必须领导资产阶级和无产阶级的联合战线，并且最终将革命推进到社会主义阶段。[②]斯大林因为不了解国民党的性质，也指望在中国民族革命时期，中共在国民党内也能够起这样双重的作用。

至于能否立即在中国建立农民苏维埃，斯大林也是根据俄国经验来作判断。俄国成立苏维埃，是为了领导群众起义，以推翻现政权，并成立自己的政府。按照斯大林的看法，中国并不存在这种条件。在《论中国革命的前途》的演说中，他认为，只有农民运动达到推翻旧制度、创造新政权的阶段，才能建立苏维埃。而中国农民运动或整个革命形势，都还没有进入这个阶段，因此，当时谈建立苏维埃就是往前跑得太远了。[③]

托洛茨基则持完全不同的观点。他认为，推迟土地革命，就会断送革命。在《关于中国问题的第一次演说》中，他断言，除非允许工人建立苏维埃，否则他们就不算武装了起来。随着革命进一步发展，工人建立苏维埃的动力就会更加强大。因此，工人作为领导阶级，应当发动、加强和扩大这一运动。[④]

一九二六年二月十七日至三月十五日，共产国际执委会第六次扩大会

---

① 托洛茨基《中国革命问题》（纽约，1966年版），第94—100页。

② 《列宁选集》（纽约，1935—1938年版）第5卷，第145—146页。

③ 《斯大林全集》第8卷，第384页。

④ 《托洛茨基文集》，第100—101页。

议，要求中共继续在国民党内建立工人、农民、知识分子、城市小资产阶级四个阶级的联盟，以反对帝国主义和封建军阀。会议还进一步指示中共和国民党加强革命军队和群众组织，并把农民运动视为中国民族革命的根本问题。[①]斯大林特别把蒋介石率领的国民党的武装力量，看作反对帝国主义和北洋军阀的主要力量。[②]

斯大林主义者还尽力说服冯玉祥的“国民军”支持革命。自一九二五年春起，鲍罗廷为此一直在同冯谈判。从一九二五年四月十五日至一九二六年七月八日，冯玉祥得到价值一千零八十九万七千六百四十一卢布的武器和弹药，用以同北洋军阀奉直联军作战。

共产国际执委会扩大会议闭幕三天以后，广州发生了有历史意义的“中山舰事件”，或称“三月二十日事变”。此事件是蒋介石得势的一个里程碑。自此，蒋不仅成了中国革命的顶梁柱，莫斯科的斯大林主义者要赖以实现其《中国问题决议案》中所规定的战略，而且是后来一个时期国民党内具有决定性发言权的一个人。

在处理这一事件上，陈独秀在共产国际的权威和中国的政治现实之间处于进退两难的境地。他和中共中央其他成员，要求建立一支独立的军事力量，同蒋介石进行斗争。彭述之奉命去广州同共产国际代表讨论具体办法，国际代表却全盘拒绝，并力促共产党支持蒋介石。[③]后来，一艘满载军事物资的俄国船驶抵黄埔。陈独秀要求共产国际代表拨出五千支步枪武装广州已经组织起来的农民，不要把全部物资都送给靠不住的蒋介石。这个要求也被拒绝了。国际代表告诉陈独秀的代表张国焘说，共产党目前必须为国民党干“苦力活”。[④]

发生这样严重的事件，而共产国际代表的态度又是那样固执，陈独秀便将这一事件报告莫斯科，试图改变一下政策。他建议将当时的“党内”合作政策改为“党外”联合。莫斯科认为这个建议反映了“错误的倾向”，立即

① 《共产国际执委会第六次扩大会议中国问题决议案》。
② 《斯大林全集》第8卷，第378—379页。
③ 陈独秀：《告全党同志书》，第3页。
④ 同上，并参见张国焘：《我的回忆》，《明报月刊》第5期，第92—93页。

派威金斯基返华以贯彻莫斯科的路线。[①]

此事件使陈独秀更加清楚地看到，当时已经不再可能保持国共合作。可是共产国际坚决认为，不能让此事件干扰合作政策的执行，并要求中共坚持莫斯科的总战略。陈独秀后来回忆说，这是国共合作极其关键的时刻，资产阶级的国民党公开迫使无产阶级服从其意志，无产阶级正式向资产阶级投降。陈独秀认为，中国无产阶级政党，从此跌进“机会主义的泥坑”。[②]

陈独秀想使共产国际改变其关于中国的政策，但是无能为力。毫无疑问，他完全意识到，他不再是有职有权的中共领袖，在共产国际的心目中，他的意见是无足轻重的。人们会问，他为什么不辞职？他非但不辞职，反而采取温和的立场，尽管违背自己的意志，仍然尽力执行共产国际的政策。他之所以留任，并采取默认的态度，也许在一定程度上同他的个性有关。陈独秀在他未写完的自传中曾承认，他因为不果断，并且宽大为怀，才造成政治上的失败。

为贯彻斯大林路线，威金斯基对有关蒋介石发动政变的报道，一概斥之为帝国主义阴谋，是歪曲中国革命。鲍罗廷当时去华北访问冯玉祥，四月二十九日回到广州后便尽力使局势平静下来，他同蒋介石的关系也比以往更加亲热了。

蒋介石在达到驱逐某些共产党员和苏联顾问的初步目的之后，便企图把自己装扮成革命群众的支持者。他发表革命演说，谴责右派分子和反革命分子。在对黄埔军校的一次演讲中，他甚至声称，中国革命同世界革命关系密切；国民党应当接受第三国际的指导。

一九二六年五月十五日至二十五日，蒋介石召集国民党中央执委开会。中央执委就调整党内事务问题通过四项决议。从此，国共两党之间的关系有了明确的指导原则，共产党员在国民党中的地位受到限制。决议禁止共产党向国民党内共产党员发指示，除非事前得到两党联合委员会的批准。决议还剥夺了共产党员在国民党中央机构担任部长的合法权利，并将共产党员在最

① 陈独秀：《告全党同志书》，第4页。
② 同上，第3页。

高执行委员会的席位限制在三分之一。蒋介石的密友张静江当选为中央执委主席。在这种情况下，陈独秀和他的党不仅屈从共产国际的指挥，而且也向蒋介石的意志屈服了。

一九二六年六月九日，共产党机关报《向导》周报发表了《中国共产党致中国国民党书》。共产党在信中向国民党重申继续合作的诚意；承认加在他们身上的一切限制；但要求凡采取针对加入国民党的共产党员的措施，两党之间应先协商。[①]在同一期《向导》周报上，陈独秀也发表了他本人致蒋介石的一封信。信中否认蒋的指责（蒋说"中山舰事件"是共产党企图谋害他）；指出中国革命只完成了一半，两党之间需要继续合作；并要蒋警惕帝国主义破坏中国革命的阴谋。[②]

至此，各方领导人的内心打算都昭然若揭了。斯大林脱离中国政治现实，远在数千英里之外操纵着共产国际这部机器。鲍罗廷虽然人在广州，身临现场，但却力图证明共产国际的中国政策是正确的。他们二人似乎都认为，即使在"中山舰事件"以后，他们还能够利用蒋介石以争取时间，等到中共强大了再夺取中国革命的领导权。可是蒋介石确信，只要他表现出支持革命群众，他就能够在军事上和道义上获得克里姆林宫的支持，有朝一日他在军事上强大了就能够消灭共产党。陈独秀则因共产国际的指示同他所认为的政治现实之间相抵触而左右为难。由于陈独秀所特有的个性，再加上他对共产国际十分顺从，中共在政治角逐中一旦灾难临头，陈独秀势必会成为牺牲品。

北伐和武汉政府

据蒋介石说，他在一九二六年二月向国民党第二次全国代表大会提出北伐时，鲍罗廷不赞成，但鲍后来改变主意，企图利用北伐推进共产主义事业。[③]

陈独秀态度消极。他认为，北伐只是国民革命的一个方面——军事行

---

① 《中国共产党致中国国民党书》，《向导周报》第157期（1926年6月9日）。
② 陈独秀：《致蒋介石的一封信》，同上。
③ 蒋介石：《苏俄在中国》。

动，决没有体现出革命的真正意义。中国革命的意义在于各阶级革命群众奋起解放自己，特别是解除工农的痛苦。[①]按照陈独秀的观点，只有在革命高潮向北方发展时，北伐才是一次有意义的革命行动。如果北伐只供投机军人和政客谋取个人利益，则北伐的任何成功，都不是革命的胜利；只能是军事机会主义的胜利。[②]

陈独秀怀疑采取这种军事行动的时机是否已经到来，这也许是他采取消极态度的一个更为重要的原因。他认为，北伐实际上是一次防御性的军事行动，以防止吴佩孚的部队南下，而不是向华北发展革命势力的攻势作战。陈独秀希望国民政府的领导人抱真诚合作的态度，解决人民的各种问题，并尊重他们的自由和基本权利，以获得他们的充分支持。只有这样，北伐才有可能实现国民革命的任务。[③]归根到底，陈独秀不相信国民党的力量能够消灭强大的北方军阀。历史证明，他正确地预见到了蒋介石会在北伐期间扩张个人权力，但他错误地低估了国民党的力量。

一九二六年七月十二日至十八日，中共在上海召开扩大的二中全会。会议附和了陈独秀关于北伐的一些观点。[④]

至于莫斯科对待北伐的态度，据罗易说，那里的大人物大多是支持鲍罗廷的。鲍计划采取以下手段夺取权力：第一，呼吁全国欢迎汪精卫在一九二七年四月重新任国民政府主席，并攻击张静江。第二，加速俄国对冯玉祥的援助，以便使冯玉祥的军队成为国民党在华北的一支革命力量，并邀请冯于一九二六年五月访问莫斯科。第三，唐生智加入国民党后，有很大的个人野心，尤其是在他的军队控制湖北以后。鲍决定利用唐反蒋。后来武汉政府就是在这种背景下成立的。

总之，在北伐头几个月，鲍罗廷的战略主要是阻止蒋介石个人得势，而不是按照中共扩大的二中全会的决议，在后方发动工农群众。

---

① 陈独秀：《论国民政府之北伐》，《向导周报》第161期（1926年7月7日）。
② 同上。
③ 同上。
④ 威尔伯与郝（Wilburand How）：《共产主义，民族主义和苏联顾问在中国文献——1918年至1927年》（纽约，1950年版）。

从以上情况看，在北伐期间，斯大林及其顾问们，和后来毛泽东的做法不同，不知道利用到处明显地表现出来的农民的不满情绪。一九二六年十月，克里姆林宫还命令中共，在攻占上海之前，要限制农民运动，以免给国民党将领带来麻烦。斯大林后来在托洛茨基的攻击下，承认那个命令是错误的。[①]

更为严重的失算也许是，在莫斯科的斯大林，在广州的共产国际代表，甚至在上海的陈独秀本人，都没有预料到国民党的军队竟能打到北方那样远的地方。六个月之内，长江以南各省几乎全部收复。共产国际和中共在许多方面表现出目光短浅，或者掌握的情况不正确。

正当北伐军向武汉挺进时，鲍罗廷乘蒋介石不在广州，耍了一个政治手腕。一九二六年十月十五日，即攻克武汉数日后，鲍借口重新研究行政和体制问题，在广州召开国民党中央执委和各省党部代表联席会议。联席会议在鲍罗廷和共产党员的把持下，不仅议决敦促汪精卫回国后重新担任国民政府主席，而且还通过了迁都武汉的决议。[②]

联席会议之后，鲍罗廷随即派陈友仁（外交部长）、徐谦（司法部长）、宋子文（财政部长）、孙科（交通部长）以及其他几名中央执委去武汉。他们于一九二六年十二月十日到达。三天后，成立中央执行委员和国民政府委员联合委员会（后称“临时联席会议”），作为最高机构，在武汉执行政府职能。[③]徐谦当选为联席会议主席，唐生智驻防武汉，鲍罗廷这时的问题是如何使武汉政府合法化。

蒋介石于一九二六年十一月九日攻占南昌，并在该地设司令部。他的直接目标是消灭长江下游孙传芳的部队，以便控制上海、南京这两个金融工业中心。尽管他早先想把国民党中央和国民政府迁往武汉，[④]这时却决定迁都南昌。

不过，要达到这个政治上的目标，蒋介石会遇到一些困难。政府按照联

---

① 斯大林论文演说选辑：《马克思主义和民族殖民地问题》，（纽约，1935年版）。
② 《中国国民党中央执行委员会与各省市代表联席会议纪录》（广州，1926年10月）。
③ 《中国国民党中央执行委员国民政府委员临时联席会议第一次会议纪录》，（广州1926年12月13日）。
④ 毛思诚：《民国十五年以前之蒋介石先生》（南京，1927年版）第17卷，第105页。

席会议迁都武汉的决议，已于一九二六年十二月五日宣布停止在广州办公。为贯彻另一个决议，也已正式邀请汪精卫重新担任国民政府主席，谭延闿代理国民政府主席职务只是临时性的。在鲍罗廷的影响下，国民党中央执行委员和国民政府委员大多倾向于支持这两个决议。

自一九二六年十二月起，蒋介石便极力争取国民党中央执行委员会和国民政府委员会的支持，以实现其政治上的谋略。他提出政府必须设在南昌，因为在北伐期间政府必须在后方工作。同时，他也促请汪精卫回国领导国民政府。[①]他似乎认为，他可以再次同汪合作并撤去鲍罗廷政治顾问的职务。

蒋介石心里这样打算，对鲍罗廷在武汉的所作所为，暂时予以容忍。一九二六年十二月十九日至二十日，他一再致电武汉，表示支持临时联席会议。[②]一九二七年一月十一日，他甚至亲赴武汉，以求在一切有争议的问题上达成临时妥协。但是在一次宴会上，鲍罗廷公开批评蒋介石有压迫工农和共产党的倾向，并企图制造对国民党左派领导人的对立情绪。[③]蒋介石受到莫大的污辱。一周后，蒋离武汉回南昌，此后完全致力于收复孙传芳占领下的其余各省。

鲍罗廷在武汉除发动反蒋运动外，还于一九二七年三月十日至十七日召开国民党三中全会，以使武汉政府合法化。蒋介石没有出席，徐谦和其他国民党左派，实际上是鲍罗廷和共产党人，把持了会议。鲍得悉汪精卫在回国途中，便向中央委员会提出，废除政治委员会主席，指定七人组成主席团；废除国民政府主席，指定五人组成常务委员会；废除军事委员会主席，指定七人（后改为九人）组成主席团。[④]鲍罗廷希望汪精卫回国，但要剥夺他的权力，以便利用他作为反蒋的政治工具。

这次会议一个更为重要的后果，也许是国民党中央和国民政府都为共产党所左右。关于统一革命军队的决议，明确地规定了国共两党之间的关系。[⑤]共产党在一九二六年五月本已被蒋介石剥夺了广泛参加国民政府的权利，

---

① 唐朗里（译音）：《中国革命内幕》（伦敦，1930年版），第262页。
② 毛思诚：《民国十五年以前之蒋介石先生》（南京，1927年版）第20卷，第55，63页。
③ 李云汉：《从容共到清党》（台北，1966年版）第2卷，第536—537页。
④ 中国国民党党史委员会：《革命文献》（1958年版）第16卷，第18—22页。
⑤ 同上。

这时在武汉又恢复了在国民政府中的同等职权，而且还成立了农业部和劳工部，分别由谭平山和苏兆征这两个共产党员任部长。

不出所料，一九二七年春，在国民党三中全会以后，鲍罗廷随即成了政治舞台上最有影响的人物。从表面上看，他耍政治手腕取得了巨大的胜利。他知道如何利用左派的反蒋心理去控制国民党，如何利用野心勃勃的将领们的弱点去阻止蒋介石扩张个人权力。他甚至能够把工农动员起来支持革命，帮助实现其政治策略。但他似乎不了解中国的社会结构和社会阶级状况。他似乎没有认识到，蒋介石的容忍是有限度的。鲍罗廷一方面同资产阶级的国民党领导人玩弄权术，并力争获得有野心的资产阶级将领的支持；另一方面又大规模地组织贫农和产业工人，而这些人的革命目标正是资产阶级——蒋介石和那些将领的亲友。换句话说，鲍罗廷为实现其临时对付蒋介石的政治目标所极需团结的阶级（大地主、富商，其子弟是军官），正是贫农和产业工人的革命目标。因此，以贫农和产业工人为代表的无产阶级，以军官和国民党党员为代表的资产阶级和以武汉工商界为代表的资本家，这些支持武汉政府的社会力量是互相对立的。各阶级最后都把武汉政府视为敌人，其理由各不相同：无产阶级认为政府对资产阶级太软弱，因为政府不让工人对资产阶级发动大规模革命；资产阶级感到虽然自己被武汉政府用来反对北洋军阀，后来又反对蒋介石，却成了中共领导的群众运动的牺牲品。这样，当蒋介石在南京发动政变时，鲍罗廷就措手不及。

斯大林的新政策和宁汉分裂

在发起北伐之后和鲍罗廷抵达武汉之前，斯大林的中国纲领一般地是按照鲍罗廷的建议行事，即在上海攻占以前，限制工农群众的革命运动，以利于蒋介石推翻北洋军阀。国共合作仍是其基本政策，但侧重在争取左派，以阻止蒋介石个人得势。一九二六年十一月，斯大林派巴布诺夫等人来华考察“中国问题”。他们回国后，斯大林要布哈林和罗易写一份关于中国问题的提纲。提纲中强调了土地革命的必要性。[1]

---

① 罗伯特·诺尔斯：《莫斯科和中国共产党人》（美国，1953年版），第90页。

同年十一月二十二日，共产国际执委会第七次全会在莫斯科召开。中共代表谭平山，主张利用北伐在全国掀起土地革命。[①]但据罗易说，俄国领导人大都支持鲍罗廷而不支持谭平山。[②]结果，全会按照典型的斯大林主义的方式，通过了一项二重性策略，既强调农民造反，也支持拥有土地的国民党领导人。斯大林主义者是这样想的，无产阶级如果不实行激进的土地纲领，就不能吸引农民参加革命斗争，并将丧失对全国解放运动的领导权。[③]但所有这些方面的工作均应在不脱离国民党的前提下进行，因为中国革命在涉及革命性质和前途的整个发展过程中，都需要共产党人留在国民党内，并加紧进行工作。[④]

斯大林主义者认为，国民党的政府机构，提供了一个很有效的接触农民的途径。只要共产党人利用左派反对右派，中共就可以将国民党转变成为一个真正人民的党（一个稳固的革命集团，其中包括无产阶级、农民、城市小资产阶级和其他被压迫、被剥削阶层），对帝国主义及其代理人进行决定性的斗争。[⑤]

斯大林坐在莫斯科，却十分自信能够为中国革命者指出一条以革命目标发动亿万中国农民的实际途径。他认为农会组成后，革命分子可以打进去，还可以通过新的革命政府机构和革命军队，对农民施加影响。[⑥]一九二七年一月，斯大林派罗易去武汉帮助鲍罗廷贯彻执行共产国际执委会第七次全会关于中国土地革命问题的决议。

鉴于以上所述，无庸置疑，武汉政府的成立是鲍罗廷执行斯大林新政策的产物，不过经由鲍的运筹策划而带有其政治上的特征。换句话说，武汉政府之成立，是共产主义运动中的一场反蒋把戏，而不是一种能够持久的政治局面。

---

① 《国际新闻通讯》（1926年12月1日），第1430页。
② 罗伯特·诺尔斯：《莫斯科和中国共产党人》（美国，1953年版），第91页。
③ 尤丁与诺尔斯：《共产国际对中国形势的估计和中国共产党人的行动计划》，第359页。
④ 同上，第361页。
⑤ 同上。
⑥ 斯大林：《中国革命的前途》，《斯大林全集》第7卷，第386—387页。

当时，随着北伐军迅速向北挺进，陈独秀逐渐改变了对北伐的消极态度。武汉攻克以后，他宣称，北伐乃是封建势力和民主势力之间的战争，有其主义和社会目的，不是仅仅为一人或一党的利益服务。陈认为，如果北伐军取胜，中国最后至少会取得民族独立，并在国内建设民主政治。①

一九二六年年底前后，鲍罗廷决定国民政府迁都武汉时，中共中央曾在上海举行紧急会议，有些人建议将中共中央也迁往武汉，以避免再发生过去鲍罗廷在广州时同上海党中央之间出现过的不协调现象。但陈独秀和大多数中央委员不同意，理由是上海是最重要的革命中心，武汉局势仍然不稳。②

陈拒绝迁移党中央是可以理解的。自孙中山逝世后，鲍罗廷一直把共产国际关于中国的政策作为最高权威，以便他在国共合作的轨道上控制共产党的活动。长时期内，他无视中共的决议和陈独秀个人的意见。在这种情况下，陈独秀认为，他如果避开鲍罗廷所在地武汉，至少还可以发展新党员，指导出版党的各种刊物；否则，他这个党的总书记不过是象征性而已。可是，远离鲍罗廷并将党中央保留在上海之后，他和党中央对武汉的形势发展就闭塞了。但作为党的总书记，一旦党在武汉的活动出岔子，他是免不了要分担责任的。

根据张国焘回忆，鲍罗廷认为北伐军虽然在蒋介石的统帅之下，但由各将领分别指挥，这些人并不都是那样忠于蒋介石，大部分北伐军不会支持蒋，因此他满有信心地在武汉建立国民政府，利用国民党左派作为最有效的反蒋武器。③上海中共当局同意并完全支持鲍罗廷的意见，④陈独秀也只好赞成，别无其他选择余地。

武汉政府最显著的成就，也许是工人运动和土地革命所取得的巨大进展。共产党领导的农民运动甚至比工人运动还要激进。北伐军的军官大都出身于资产阶级或地主阶级。他们这时成了武汉政府的牺牲品。如果说共产党领导的工农群众运动，是武汉国民政府最强大的推动力量，那末，这一运动

---

① 陈独秀：《我们为什么争斗》，《向导周报》第172期，1926年9月25日。
② 张国焘：《我的回忆》，《明报月刊》第6期（1967年6月），第92页。
③ 同上，第7期（1967年7月），第96页。
④ 同上。

也许又是后来破坏共产主义运动本身的最强大的武器。一九二七年夏群众运动高涨时，有组织的工农坚决支持武汉政府反蒋——革命好像就要取得胜利了。但是唐生智所部将领和其他军官的家庭是地主或富商，受群众运动之害最大，这些军官就突然掉转枪口反对政府，政府终于垮台。

自一九二七年初开始，上海中共中央忙于发动工人罢工，反对军阀孙传芳的部队。二月底，数千名工人纠察队已经武装起来。但在北伐军进入上海前夕，共产党领导人之间却发生分裂。

瞿秋白为首的一派，计划在北伐军进城之前召开“上海人民会议”，成立“人民政府”。他为会议选定三十五名代表，其中既有国民党人，也有共产党人。他的目的，是建立一个为上海人民拥护而在共产党控制下的联合政府。[①]此计划得到鲍罗廷和武汉政府的批准。[②]陈独秀、彭述之、罗亦农领导的一派，则认为当时的中心问题不是在上海建立和控制“人民政府”，而是组织并武装无产阶级去领导小资产阶级以击败蒋介石的军队。否则，一旦蒋军进入并控制了上海，蒋介石就会大规模屠杀无产阶级，以讨好帝国主义和资产阶级。那时，纵然上海成立了“人民政府”，并为共产党人所控制，无产阶级政党也会在全国遭到失败，因为蒋介石的反共不是一个孤立的行动，而是整个资产阶级出现反革命倾向的一个信号。因而陈独秀派彭述之去武汉，将武装共产党所掌握的上海大多数工人纠察队的计划告诉共产国际代表。

鲍罗廷对党的这项计划不感兴趣，反而要求陈独秀立即去武汉——任何重要问题都必须在那里解决。同时，共产国际代表命令上海工人将武器埋藏起来，以免同蒋军发生武装冲突。[③]陈独秀再次屈从了莫斯科的领导。

陈独秀在当时提出的作战计划是颇为荒唐的。以数千名未经训练的工人纠察队如何能抵得过蒋介石的重兵？武汉和上海之间又缺乏协调，一次地方性的武装抵抗如何能掀起全国性的革命浪潮？而且，陈独秀认为蒋介石的反

① 瞿秋白：《中国革命中之争论问题》，1927年。

② 《武汉中央政治委员会第四次会议速记录》，引自李云汉：《从容共到清党》（台北，1966年版）第2卷，第591—592页。

③ 陈独秀：《告全党同志书》。

共活动象征着整个资产阶级的反革命浪潮，如果这个论断正确，一次地方性的武装反抗又如何能扭转反革命逆流。时间这样紧迫，中共在上海又几乎处于完全孤立的境地，陈独秀的计划，即便得到共产国际的完全支持，其成功的可能性也是微乎其微。

但是，从他失败了的反蒋斗争中，可以看出他在这个关键时刻，作为共产党的总书记所持的立场和观点。第一，在其内心深处，陈独秀仍然不相信通过国共合作完成国民革命后能够导致无产阶级革命。第二，陈独秀完全脱离鲍罗廷建立的、以斯大林的新政策为指针的武汉政府。第三，在蒋介石进占上海前后，陈独秀并没有应变的准备。第四，对于发生流血冲突后国共合作可能破裂，陈独秀更是毫无防备。由此看来，他似乎是听之任之使自己在随后的事态发展中成为牺牲品。

一九二七年四月一日，汪精卫从巴黎回上海，途中曾在莫斯科停留，在那里受到斯大林主义者的完全支持。[①]四月二日蒋汪会见后，二人又举行了几次会谈。蒋劝汪放弃去武汉的念头，邀请他去南京领导未来的反共国民政府。[②]其后不久，汪精卫大概认为得到共产党的支持可加强他讨价还价的地位，便去拜访在上海的陈独秀，并同他签署《汪陈联合宣言》。联合宣言（四月五日发表）重申，中共承认中国革命需要国民党和三民主义，并再次表示，为抵抗反革命势力，当时中国所最需要的不是无产阶级专政，而是成立各被压迫阶级的民主集中制政府。宣言并告诫两党领导人，不要为国内外反革命分子旨在分裂两党的阴谋所蒙骗，还要求领导人互相合作，以和平方式解决他们之间的问题。[③]

汪精卫未能同蒋介石达成妥协，便秘密地离上海，于一九二七年四月十日抵达武汉。陈独秀在发表联合宣言后，也在鲍罗廷的催促下去武汉。汪去

---

① 罗易：《中国的革命与反革命》（加尔各答，1946年版），第520页。

② 《蒋中正民国十六年五月一日出席总司令部第五次纪念周讲辞》，引自李云汉：《从容共到清党》（台北，1966年版）第2卷，第616—617页。

③ 陈独秀后来回忆说，联合宣言是根据共产国际关于国民党和帝国主义的政策而拟定的。因此，宣言无疑是由陈独秀本人起草的，因为汪精卫即便属于国民党左派，也不会根据共产国际的政策起草一份联合宣言。

武汉使蒋得有理由撕毁他们之间关于和平解决一切问题的共同谅解。蒋介石随即开始采取一系列反共行动。

一九二七年四月十七日，国民党中央政治委员会在南京开会。次日，通过在南京重建国民政府的决议，胡汉民当选为中央政治委员会和南京国民政府主席。同日，发表宣言，号召北伐军和中国人民承认并支持南京政府，推翻共产党控制的武汉伪政府。①

至此，国共两党完全分裂。就连斯大林也不得不承认这一现实。他说："帝国主义不仅封锁了整个中国，而且还雇用蒋介石分裂了国民党的统一。"②但他却仍然试图指挥武汉国民政府执行其"正确的"政策。陈独秀又一次在服从共产国际的权威和尊重他所认为的中国现实之间进退维谷。

共产党在武汉垮台和陈独秀失去党内领导地位

一九二七年四月中旬，国民党在南京成立政府后，随即在南京发动"清党运动"，不久又扩大到浙江、福建、广东、安徽、广西、四川等省。到四月底，在这些省活动的共产党员大部被捕或被处决。③

四月十二日蒋介石在上海发动政变后，当时陈独秀正在赴武汉途中，瞿秋白随即召集罗易、威金斯基、张国焘等人，讨论共产党的严重处境。瞿秋白指责上海党中央，当武汉党的领导人已发起反蒋运动的时候，还对蒋介石抱有幻想。瞿还责备党中央荒谬地否定广东党组织提出的开展土地革命的计划。他认为，这种作法危害了党的领导。④

陈独秀当时在同志们的攻击面前无心为自己辩护。中共领导人也许再没有谁比他更为苦恼了。他义不容辞地为党所面临的问题操心，还为北京、南京、上海等地许多朋友和同志的牺牲而悲痛。在这种局面下，他所尽力以求的是找出重建党的办法，并制定一项较为切实可行的政策。

事实上，陈独秀到武汉后，并不想否认对他的责备。但他认为，其他中央委员，如瞿秋白，对促成蒋介石政变也负有同样的责任。照他看来，对党

---

① 蒋介石：《蒋总司令告国民党同志书》，《共匪祸国史料汇编》第1卷，第274—280页。
② 《国际新闻通讯》（1927午4月21日），第525页。
③ 李云汉：《从容共到清党》（台北，1966年版）第2卷，第649—669页。
④ 张国焘：《我的回忆》，《明报月刊》第8期（1967年8月），第89页。

来说前面还有更多的困难。他指出，既然共产国际坚持共产党员留在国民党内，必须保持国共合作，就谈不上建立无产阶级的苏维埃。中共如果不顾共产国际的指示而开展土地革命以建立苏维埃，党就会脱离世界革命，其结果是苏维埃就会失败。可是，倘要保持国共合作，中共为安抚国民党左派，就得纠正工农群众运动的过火行为。即便采取了这后一种办法，为实现国民革命而力图与蒋介石合作的结果究竟如何，也难于预料。[①]

正是在这种灰心泄气的情况下，陈独秀再次在中央政治局会议上发表了对于时局的见解。他向党建议，要么放弃对国共合作的领导权，要么立即同国民党决裂。政治局委员对他的建议保持沉默。[②]很明显，他在党内的领导地位已有相当的削弱。从此，武汉政府制定政策的人看来只有汪精卫和鲍罗廷。

当时，鲍罗廷、汪精卫、陈独秀都认为，出师北伐是打破对武汉的包围并阻止张作霖南下的唯一办法。但是鲍罗廷和罗易在出师方向上意见尖锐分歧。鲍罗廷深知国民党左派士气不高，坚持进行第二次北伐。他的战略是，协同冯玉祥占领河南这一重要省份，使武汉政府得以通过西北各省和外蒙建立直达苏联的交通线。同时，北伐军还能够达到对南京进行反包围这一最终目标。执行这项计划，土地革命自然要推迟到收复北京以后，但该计划得到汪精卫的支持，因为汪认为，重新获得对国民革命的领导权，唯一的办法是同冯玉祥合作。陈独秀、彭述之、张太雷也支持鲍罗廷。[③]

罗易作为共产国际的最高代表赴武汉指挥鲍罗廷。[④]他认为，在这个阶段，革命所面临的问题不是如何扩大地盘，而是如何巩固革命根据地——进行土地革命。为达到这个目标，北伐军必须重新夺回广东、江西、福建等南方各省，因为那里的群众革命运动组织得好，但却为右派所控制。罗易认为，一旦重新占领这三个省，北伐军就可以轻而易举的包围国民党右派在长江下游的据点，并从而击败蒋介石，发起新的北伐。张国焘，谭平山赞同

① 张国焘：《我的回忆》，《明报月刊》第8期（1967年8月），第89—90页。
② 陈独秀：《告全党同志书》。
③ 诺尔斯与尤丁：《罗易赴华使命：一九二七年国共分裂》（美国，1963年版），第61—63页。
④ 托洛茨基：《中国革命问题》，第132页。

罗易。[1]共产国际的两位代表在政策上发生分歧，罗易便请示莫斯科。莫斯科的答复模棱两可：同意在执行军事计划的同时在武汉政府控制区推进土地革命——这是不可能办到的事情，不久之后事实也证明如此。

莫斯科的斯大林主义者为什么不承认中国的现实？为什么要他们在中国的代表去干办不到的事情？必须知道，此时斯大林所关心的，主要不是为适应中国形势的变化而制定一项新政策，而是力图证明他的老政策是正确的。他需要在托洛茨基的攻击面前为自己辩护。为此，他尽力把共产党在中国的失败说成“胜利”。

为了达到这个目的，斯大林写了《中国革命问题》，他在此文中好像说，他曾确切的预料到中国的事态发展，包括蒋介石在南京和上海的政变。他宣称，被包围的武汉政府的内部斗争，也进入其发展过程的第二阶段；民族革命已转变为工农革命，这将加强与扩大反对帝国主义、土豪劣绅、封建地主的斗争和反对军阀，蒋介石反革命集团的斗争。[2]

托洛茨基要求共产党员立即退出国民党，并成立苏维埃。斯大林认为，这种行动就是放弃阵地，抛弃自己在国民党内的同盟者，削弱共产党，破坏革命的国民党。这正是帝国主义、军阀和国民党右派所希望的。[3]换句话说，斯大林认为，当时成立苏维埃的时机还不成熟。在他看来，必须把武汉的革命国民党转变为“工农革命民主专政”，以便控制整个国家。

显而易见，斯大林当时的计划，仍然是个政治手腕，而不是一项革命政策。他要求他的代表利用武汉政府以扩大共产党的力量，最终从国民党左派手中接管整个政府。

在斯大林指示下，共产国际执委会第八次全体会议正式否定托洛茨基的要求，批准了斯大林为中共拟订的纲领：支持国民党左派，继续北伐，并在整个武汉政府辖区开展土地革命。[4]这真是典型的斯大林主义的双重策略——利用军事的和非军事的两手。罗易的主张没有获胜，托洛茨基也得不到支

---

① 诺尔斯与尤丁：《罗易赴华使命：一九二七年国共分裂》（美国，1963年版），第63页。
② 斯大林：《中国革命问题——为宣传员而写的提纲》，《斯大林全集》第9卷，第229页。
③ 同上，第229—231页。
④《共产国际第八次执行委员会全体会议关于中国问题的决议案》，1927年5月。

持，而鲍罗廷的计划再次获得通过。正是在这种背景下，中共第五次全国代表大会于一九二七年四月二十七日在武汉举行。陈独秀在向中央委员会的报告中，一般地赞同土地革命，但认为必须向小资产阶级让步，以便取得他们的支持；在军事行动取得新的进展以前，还必须停止没收土地。①

陈独秀的政策同鲍罗廷一致，但同罗易相抵触。共产党因产生两条路线而发生分裂。陈独秀得到彭述之、谭平山等人的支持，以瞿秋白为首的反对派，不同意他的政策，以致攻击他的领导。②

第五次代表大会，坚决采纳《共产国际关于中国形势的分析》以及《共产国际第七次执委全体会议关于中共行动计划的决议案》，作为扩大国民革命并加强阶级斗争的指导原则。③关于土地革命，大会也采纳共产国际第七次执委全体会议的决议，表示中共要领导农民开展平分土地的斗争。④大会决定继续进行反对军阀、帝国主义和反革命资产阶级的军事行动。⑤总之，第五次大会完全赞同斯大林的双重策略。陈独秀再次当选党的总书记，但反对他的人开始称他为机会主义者。

一九二七年五月底，武汉政府所辖湖北、湖南、江西三省转而反对土地革命和共产党。鲍罗廷认为国民党左派，仍是合作的，所有问题皆由工农的过激行动造成。同国民党左派的合作必须保持，工农的过火行动应予纠正。⑥可是罗易认为，武汉的国民党与国民政府不再代表左派，他们已开始同地主，资产阶级和帝国主义站在一起。当时共产党的迫切任务是推翻国民政府。⑦

陈独秀在一定程度上同罗易意见一致，但他又作最后一次努力，建议党改变政策。他向中共政治局提议共产党员立即退出国民党，以独立开展群众运动。瞿秋白完全反对。鲍罗廷虽同意，但他怀疑莫斯科会允许这样作。出

---

① 《国际新闻通讯》第7卷第34期（莫斯科，1927年6月9日），第716—717页。
② 王健民：《中国共产党史稿》（台北，1965年版）第1卷，第360—361页。
③ 《政治形势与党的任务决议案》，中共第五次代表大会通过，1927年5月9日。
④ 同上。
⑤ 同上。
⑥ 蔡和森：《党的机会主义史》，引自黎民魂所编：《赤色档案》（北平，1928年版）。
⑦ 同上。

于对共产国际权威和政治局多数人意见的尊重，陈独秀又屈从了，这是其最后一次。当时他感到，他虽是党的领袖，但党根本不服从他的意志。从此，他既不再向党的领导机构提建议，也不再采取反对党的政策的立场，而尽量避免同鲍罗廷和党的其他负责人接触。他也许早已意识到党即将开除他。①

就国民党左派而言，汪精卫仍然是其最有影响的领袖。他主张国共合作，原是为了挫败蒋介石，恢复自己在国民党中的权威。夏斗寅攻打武汉，许克祥占领长沙，汪精卫均归咎于土地革命。②因而他通过武汉政府发布一系列法令，一方面纠正土地革命中的过火行为，另方面同那些将领们达成谅解。

在此关键时刻，斯大林早先关于土地革命的立场动摇了——在他看来，不采取反对农民造反的立场就会使资产阶级左派反对共产党，这就意味着会爆发内战。③但他仍然认为必须支持国民党左派以争取时间，等共产党变得更强大了，然后在更有利的条件下进行斗争。④

斯大林决定采取这个战略后，就指示他在中国的代表：没收土地要将军官家中的土地除外；命令中共中央限制土地革命中的过火行为；遣散不可靠的将领，并在湖南、湖北武装两万共产党员、五万工农，以建立一支属于共产党的新式军队；在国民党中央执委会增加一些工农分子，以取得国民党的领导权；还要成立一个革命法庭，由有威望的国民党员任庭长，审判反动军官。⑤

罗易在六月一日接到这些指示，并在中共政治局会议上传达。包括鲍罗廷、威金斯基在内，人人都认为在当时形势下无法执行，便决定向莫斯科反映其困难。⑥但与此同时，罗易不同任何人商量，就将上述指示的副本送给汪精卫。汪之所以同共产党合作，部分是因为忠于孙中山的理想，部分是出于

---

① 张国焘：《我的回忆》，《明报月刊》第10期（1967年10月），第90页。

② 《武汉政府中央政治委员会第二十五次会议纪录》，武汉，1927年5月30日。

③ 诺尔斯：《莫斯科和中国共产党人》（美国，1953年版）。

④ 赫罗德·伊塞克斯：《中国革命的悲剧》（修订本）（美国，1951年版）。

⑤ 汪精卫：《武汉分共之经过》，引自郎醒石所编：《革命与反革命》（上海民智书局，1928年版）。

⑥ 张国焘：《我的回忆》，《明报月刊》第11期（1967年11月），第89页。

个人掌权的野心。他这时认为，苏联违背了一九二三年《孙文越飞宣言》，并准备将国民革命导向共产主义。当时他和拥护他的人便开始防备共产党接管国民党。

汪精卫采取“等着瞧”的政策，陈独秀和鲍罗廷倒因而变得非常合作。两人均反对推翻国民政府（推翻国民政府是罗易和蔡和森、李立三、毛泽东等激进共产党人的主张）；两人都要求向国民党左派让步。大概他们认为，执行斯大林的政策比别的任何事情都重要。

鲍罗廷竭力以自己的东征计划去打动唐生智。鲍认为，唐有野心，在他进占长江下游之前是不会驱逐共产党人的。①罗易因为失去了进行激进的土地革命的理由，也转向汪精卫以挽回不断恶化的局面。这样，东征和联汪便成了共产国际代表和共产党领导人解救自己的唯一办法。②

也许是为了表示诚意，共产党于一九二七年七月一日发表十一点声明，承认国民党在民族革命中的领导地位；强调武汉政府中的共产党人是国民党员而不是布尔什维克；表示他们为避免冲突可随时退出政府，同意工农组织接受国民党的领导和控制，并命令拥有武装的工人组织和其他工农队伍服从武汉政府的条例和接受其训练。③

六月二十八日，鲍罗廷、汪精卫、唐生智三人还在谈判，唐生智所部三十五军军长何键，突然要求汪、唐将共产党人逐出国民党。次日，何键所部便在汉口逮捕共产党员。④汉口的其他国民党部队也跟着这样做。武汉实施戒严，中共政治局瘫痪了。共产党领导人大都逃往武昌避难。⑤

因局势紧张，中共中央于七月三日召开紧急会议。陈独秀和鲍罗廷共同提议，土地革命一律停止，党员集中力量在通商口岸活动，以挑起帝国主义

---

① 蔡和森：《党的机会主义史》，引自黎民魂所编：《赤色档案》（北平，1928年版），第51—52页。
② 同上，第52页。
③ 张国焘：《我的回忆》，《明报月刊》第11期，第92页。
④ 《武汉分共之重要文献》，《国闻周报》第29期（1927年7月31日）。
⑤ 蔡和森：《党的机会主义史》，引自黎民魂所编：《赤色档案》（北平，1928年版），第51—52页。

的干涉。他们想这样会引起民族主义的反响，使统一战线得以重新建立。[1]罗易认为这项建议公开违背共产国际的政策而不予支持，此后他便离开汉口去莫斯科。

斯大林因不了解自己以往所制定的政策在根本问题上所具有的复杂性，他从罗易和鲍罗廷那里得悉冯玉祥倒向“反革命”阵线，而且武汉政府也倒台了，便将武汉的失败归咎于中共领导人。共产国际执委会新的决议案，也责备他们没有发动并领导土地革命；没有改变国民党左派半心半意的懦怯态度；没有使群众对武汉将领可能发生的背叛行为有所准备。[2]共产国际于是命令中共党员辞去在武汉政府中的职务，但仍保留国民党员身份，以便带领国民党广大党员反对党的领导及其政策。共产国际还指示中共加强工农群众运动，并要求改进党的领导，使党能够指引中国革命向着新的方向发展。[3]为确保其命令得到执行，斯大林召回鲍罗廷，派两个新的代表（罗明纳兹和牛曼）来华。后来罗明纳兹召开“八七会议”，撤销陈独秀党内领导职务，牛曼领导了十二月份广州起义。

为执行共产国际的命令，中共中央发表《对政局宣言》，谴责反动军人背叛国民革命。同时，共产党宣布，愿意同国民党中真正的革命分子并肩战斗，反对帝国主义、军阀和反动派。[4]

既然在武汉的将领坚决反共，而共产党的政策又日益反军方，汪精卫本人也只得采取反共立场，别无其他办法。七月十五日标志着汪“等着瞧”的政策开始结束。这一天，他向国民党中央常务委员会提出所谓“和平分离”决议案，其中包括以下几点：（1）一个月内，国民党召开四中全会，决定将共产党员逐出国民党问题。（2）四中全会之前，共产党员停止一切活动，但安全受到保护。（3）国民党派一代表团赴莫斯科，讨论中苏之间切合实际的

---

① 诺尔斯：《莫斯科和中国共产党人》（美国，1953年版），第108页。
② 《共产国际执行委员会关于中国革命目前形势的决议案》，《国际新闻通讯》（1927年7月28日）。
③ 同上。
④ 《武汉分共之重要文献》，《国闻周报》第29期（1927年7月31日）。

合作办法。[①]

如果苏联当时能够改变政策，并制止共产党领导的群众运动的过火行为，汪精卫同共产党合作的大门还是敞开着的。一九二七年七月十九日，汪看到一份题为《告中国青年劳动者》的共产党传单，将武汉政府称作中国革命的敌人，他这时才最后决定逮捕共产党人。[②]共产党员从此转入地下，大部分离开武汉去上海和其他城市。共产党在罗明纳兹和牛曼（他们于七月二十三日抵达武汉）的影响下，当时已在酝酿新的领导人，并在制定武装起义的方针。

据张国焘回忆，七月十五日以后，陈独秀一直避免接触党员。他在七月十五日向党中央写了一封内容很简单的信，说他不能继续担任总书记，因为共产国际要求共产党执行其政策，而不让他们退出国民党。[③]当时，鲍罗廷以健康不佳为借口，偕瞿秋白到庐山，他们在那里讨论了中共新的领导人问题，鲍随后于七月二十七日离华回莫斯科。[④]张国焘和周恩来奉命负责党中央和党员撤出武汉事宜。

七月二十一日，瞿秋白从庐山返武汉，开始考虑改组党的领导机构。瞿尽力说服张国焘接受鲍罗廷和他关于改组党的领导机构的结论性意见。他说，中国革命已经失败，尽管中共忠实地执行了共产国际的政策，但不能归罪于共产国际。中共当局必须引咎自责，因为共产国际的威信倘若受到损害，就不利于它领导世界革命，就会帮助托洛茨基分子攻击斯大林的领导，而最有害的，会使党员怀疑共产国际的领导。瞿秋白因而建议，为提高党的新领导人的威信，必须把陈独秀说成是“机会主义者”，并对党的失败负责。[⑤]

张国焘对瞿秋白的主张表示愤慨。他断言，在武汉遭受失败，共产国际的政策是其主要根源。对这种政策不作实事求是的彻底检查就将失败归罪于陈独

---

① 《武汉国民党中央常务委员会第二十次扩大会议速记录》（1927年7月15日）。
② 《武汉政治委员会第四十次会议速记录》（1927年7月15日）。
③ 陈独秀：《告全党同志书》（上海，1929年12月10日）。
④ 张国焘：《我的回忆》，《明报月刊》第12期（1967年12月），第90页。
⑤ 同上，第92—93页。

秀，是不公正的。他质问，不顾革命道德，新的领导怎么能够建立得起来。①

然而由于某种原因，张国焘和瞿秋白最后达成妥协。二人一致同意党中央秘密地迁回上海。张国焘赞同中共承担失败的责任，以维护共产国际的威信，并保持共产国际和中共之间的良好关系。瞿秋白向张表示，他将向共产国际说明中共没有正确地、有力地贯彻执行国共合作政策。他们决定，陈独秀（对党内事务已采取消极态度）不应再继续担任党的领导，党的领导机构必须改组。②

二、陈独秀晚年的政治观点

陈独秀最后一次露面，是在重庆民生公司关于中国资本主义的一次讲话。一九三九年春，因健康情况不佳，他偕妻子由重庆去江津，在该地渡过了他生命的最后四年。他深居简出，大部分时间用来研究中国古文字学。此外，还通过通信，同友人探讨政治哲学，其中一些通信于一九五〇年汇编为《陈独秀的最后见解》一书出版。

陈独秀晚年虽然清贫，但拒绝接受国民党政府和某些老朋友的资助。他坚持自食其力，这大概是他整天忙于讲演，写作和教书的原因之一。遗憾的是，健康状况使他不得不减少活动。后来，他的一位老友、当时在昆明的西南联大校长蒋梦麟，设法接济了他：他从昆明联大领月薪，条件是联大独家出版他的中国古文字学论著。这个办法，最能满足他既隐居而又维持经济自立的愿望，也为国民党政府所欢迎，因为陈独秀拥护国民党领导抗日，国民党政府这时对他也有好感了。他时而也感到孤寂，但他却完全摆脱了政治上的牵连。他所发表的各种政治见解，无疑是他个人的，除了代表他自己外，谁也不代表。他甚至宣称，就是朋友们抛弃他，他也不在意。

但他并不满足于仅仅研究中国古文字学。他认为自己应当发表对国家以至对整个世界的见解。他在生命的最后两年，已经卧床不起，还与朋友们通信，讨论政治哲学问题。下面就谈谈他对于共产主义、苏联，民主以及世界

① 张国焘：《我的回忆》，《明报月刊》第12期（1967年12月），第93页。
② 同上，第94页。

形势的最后见解。

一九三九年九月，希特勒入侵波兰，欧战爆发，陈独秀这时敏锐地觉察到民主和极权问题。重庆共产党机关报《新华日报》反复刊登列宁反对第一次世界大战的文章。中共认为，第二次世界大战是第一次世界大战的重演，是帝国主义之间的争斗，参战各方都是掠夺成性的好战分子。中国托派机关报《动向月刊》也持这种观点。

陈独秀在致友人西流的信中指出，列宁关于第一次世界大战的理论之所以正确，正是在于它没有重复马克思、恩格斯关于一八七〇年普法战争的观点。列宁的论点是以对第一次世界大战实际情况的分析为依据的。陈独秀认为，任何政治理论，都不能离开时间和地点。在他看来，说二次世界大战是历史重蹈覆辙，只能是指重犯了第一次世界大战的错误，而不能说是历史事件本身重演。陈独秀认为，第二次大战，不是在帝国主义国家之间进行，而是发生在极权国家和民主国家之间。为了维护民主，中国人民，包括共产党在内，应该同盟国一起战斗，制止极权主义倾向的发展。①

当时，莫斯科对待盟国和纳粹德国的态度，在陈独秀看来，是自相矛盾的。一九三九年春，苏联虽仍然表示愿同其他国家一起抗击德国侵略，但已经准备不久要在政策上来个急转弯。在回顾日本侵华过程时，斯大林指责西方各国自扫门前雪，导致一些国家去同侵略者和被侵略者两方面都搞交易，斯大林暗示，在这种情况下，苏联也只好依靠自己的力量和外交手腕来保卫自己。一九三九年八月，在斯大林谴责西方国家之后仅仅五个月，莫斯科便同纳粹德国签订一项条约（指苏德互不侵犯条约——译者）。苏联再一次同一个死敌联合在一起。这样一种事态发展，很难说是形势所迫，或出于策略，或纯粹是偶然事件。不管怎么说，这种政策上的逆转，使不得不表示拥护并为之而辩解的外国共产党领导人感到为难。陈独秀下决心揭露共产国际的两面派面目。他断言，一个人不能在理论上和实践上既反希特勒又亲希特勒。既同希特勒斗，就不应再同希特勒的敌人斗，不然就不可能打败纳粹德国。②

---

① 陈独秀致西流等的信（1940年3月2日），《陈独秀的最后见解》。
② 同上。

一个月后，陈独秀又向西流写信，谈反极权主义战争的真正意义。在此信中，他不仅站在为民主而斗争的盟国一边，而且把苏联的共产主义政权比作希特勒德国的纳粹政府。[①]

陈独秀的一些朋友写信给他，反对他支持盟国。他们怀疑资本主义国家的“民主”是否真正的民主。他们认为，应首先打败资本主义国家，被压迫民族才能动员起来，在全世界推翻资本主义的统治。陈独秀在一九四〇年七月接到此信时已经卧床不起，仅能复以短函。在复信中，他列举了资产阶级民主的特征：无法院拘捕证不能捕人，不经议会通过不得征税；除执政党外，其他党也有集会、言论，出版自由；有罢工自由；农民有耕种土地的权利，有思想和宗教自由。他强调指出，这种“资产阶级民主”，也许还不完善，但却为人民所普遍需要，并且是经过了大约七个世纪的斗争得来的。可是自列宁和托洛茨基以来的共产党领袖们理解不了“资产阶级民主”的真正价值，反而认为这种民主为资产阶级所操纵，是虚伪的骗局。于是，这种民主便遭到布尔什维克政府，纳粹德国和法西斯意大利的一致反对。[②]

陈独秀进一步说，列宁主义的“无产阶级民主”，在其实质或特征上，同“资产阶级民主”并无区别，只是实施范围广狭不同。遗憾的是，十月革命以来，布尔什维克政府用“无产阶级民主”这个空洞的名词，攻击资产阶级真正的但不完整的民主。陈独秀这封简短的复信，不仅表现出自己超乎所有政党之上，进行独立思考，而且表示了他对共产主义制度和民主的看法。陈独秀约有二十年参加共产主义运动的经历，大概最有资格指出列宁和托洛茨基不理解“资产阶级民主”的价值，最有资格指责“无产阶级民主”的空洞性。他认为，只有基本人权得到保障的制度，才是进步的政治制度。[③]

一九四〇年七月二十一日，陈独秀从朋友那里收到另一封信。他当时病已很重，但并未因此而停止探索真理。他花了大约两周的时间才写出一封回信。[④]他在信中重申：“资产阶级民主”和“无产阶级民主”在内容上是相同

① 陈独秀致西流等的信（1940年4月24日），《陈独秀的最后见解》。
② 陈独秀致连根的信（1940年7月31日），《陈独秀的最后见解》。
③ 同上。
④ 陈独秀致西流的信（1940年9月），《陈独秀的最后见解》。

的，两者都追求基本人权和自由。如果没有实现无产阶级民主或大众民主，所谓“大众政权”，就会不可免地变成斯大林式的少数人居统治地位的政治制度。[①]然而，陈独秀并不认为这都是斯大林的过错。相反，他归咎于政治制度本身。斯大林所犯的一切罪过，都是“无产阶级专政”合乎逻辑的发展。他说，这都是实行反民主专政（采用秘密警察制度与一党制，无任何自由）的后果。他重申，并不是斯大林，而是十月革命本身造成了这些祸害。[②]按照陈独秀的观点，防止出现斯大林式的极权主义制度，唯一的办法是抛弃“无产阶级专政”，建立民主政府。不在政治制度上进行这样大刀阔斧的改革，即便斯大林本人倒台，苏联以及其他极权主义国家，也会出现类似斯大林的独裁。陈独秀的中心思想是，苏联产生极权主义独裁的根源，是政治制度，而不是个人。[③]

陈独秀所要强调的是，不管使用什么政治术语，任何时代的任何政治制度，都必须将真正的民主放在首位。在《我的根本意见》一文中，他说在“无产阶级民主”制度下，公民也应享有集会、结社、言论和出版自由。其中最为重要的，是反对党应享有同样的自由。否则，政治机器就一文不值，不管它是采取议会形式，还是苏维埃形式。[④]

显而易见，陈独秀经过六、七年的独立思考（不再因对共产党负有责任而受束缚）之后，不仅增强了对于民主的信念，而且认识到了近代民主的精华，即反对党享有自由。这一点的确是民主和独裁之间的根本区别。有了这种对民主的深刻理解，陈独秀就能够看到，政治制度上的民主和经济领域中的社会主义，是互为补充的。一方面，民主并不是必须建立在资本主义的基础上，维护资产阶级的利益。另一方面，所谓“无产阶级专政”，虽鼓吹大众享有政治权力而缺乏民主，也不可能建立起真正的社会主义社会。[⑤]政府若不采取民主体制，社会主义也发挥不了什么作用。

---

① 陈独秀致西流的信（1940年9月），《陈独秀的最后见解》。
② 同上。
③ 同上。
④ 陈独秀：《我的根本意见》。
⑤ 同上。

在陈独秀看来，常和“民主”一词等同的“议会民主”，不过是民主政治制度的一种形式。民主的理想，始终是人类努力争取的最高奋斗目标，随着历史进入更高阶段，这个理想本身也有了发展。自希腊、罗马实行民主制度以来，现代民主制度的内容丰富了，范围也扩大了。现代民主，后来虽因受资产阶级控制，称为“资产阶级民主”，但无论是资产阶级还是广大群众都是欢迎的，因为它是许多世纪以来经过无数人民的斗争和牺牲得来的。①

有鉴于此，陈独秀指出，将资本主义统治和民主制度一起推翻的俄国十月革命，在人类历史上犯了一个大错误。在他看来，科学、近代民主制和社会主义，是人类最光辉的三项发现，也是人类最宝贵的财富。不幸的是，俄国的极权主义制度，完全破坏了民主的本质。十月革命之后，当时整个政府已经在无产阶级控制之下，本来没有必要再建立一种取代民主制度的极权主义制度。陈独秀认为，民主制度可以防止产生官僚特权，但是列宁从一开始就没有采取这种制度。到了布尔什维克滥用政治权力的时候，列宁才开始大声疾呼共产党及其他政治组织必须实行民主，但为时已晚。②

陈独秀坚信，莫斯科、柏林、罗马已成为反动的大本营。那里的独裁者，企图将现代世界退回到中世纪黑暗时代，将有头脑的人类，变成机械一般的奴隶。陈独秀告诫说，任何有意义的斗争，都必须同摧毁这三个反动中心联系起来。诸如“无产阶级革命”或“民族主义革命”之类好听的名词，都会直接或间接地有助于这三个独裁者加强与扩大其非人道的统治。③

为了说明民主制度和极权制度互不相容，陈独秀将二者作了如下对比：

在英，美，法民主制度下	**在苏，德，意极权制度下**
1.议会或国会经全体公民从各政党中选出。	1.苏维埃或国民会议由政府从一个政党中选出。
2.无法院命令不许捕人或处决人。	2.秘密警察可奉独裁者之命捕人与处决人。

① 陈独秀致西流的信（1940年9月）。
② 同上。
③ 同上。

3.反对党，包括共产党，容许存在。 3.只容许一个政党存在。

4.有思想、言论、出版自由。 4.无思想、言论、出版自由。

5.罢工本身不算犯罪。 5.罢工是犯罪，不许发生。①

根据上述两种政治制度之间的对比，陈独秀的结论是：民主制度优越。

很清楚，陈独秀在这个阶段的政治见解，已经超出了现有的各种政治理论。在他看来，不管在资本主义经济制度下，还是在社会主义经济制度下，民主的理想都是相同的。同样地，只要人们的自由受到压制，无论是苏维埃还是纳粹，都是极权主义制度。换句话说，人类的自由和尊严，必须作为政治制度的唯一奋斗目标。这个观念，对于政治上分析问题深刻的自由派思想家来说，也许并不稀奇，但对一个信奉马列主义革命理论已有二十年之久的人来说，确是异乎寻常。

一九四二年春，就在陈独秀去世前不久，他写了三篇文章，展望第二次世界大战后的国际形势。他特别分析了殖民地国家的前途。他断言，只有将被压迫民族的解放运动，同帝国主义国家内部的社会主义革命结合起来，形成一个世界革命高潮，被压迫民族才能获得解放。②

也就是说，由于战后时期国际形势变化得快，孤立地发动一场民族解放运动的可能性将会减少。理由有二：第一，任何战争，包括民族解放战争，都会给国民经济以及国内生活的其他方面造成极大的紧张，这会使一个落后的国家更加落后。第二，落后国家的民族解放运动，只有在帝国主义强国的援助下，才能取得胜利。这样，落后国家就决不能获得完全的独立。

按照陈独秀的观点，被压迫民族和不发达国家的唯一希望，是自己联合起来，齐心协力，一劳永逸地推翻世界帝国主义的统治。那时，国际社会主义就将取代以商品交易为特征的资本帝国主义旧世界。在国际社会主义实行劳动分工原则的新制度下，那些国家的经济问题也就自然会得到解决。③陈独秀的见解，不同于毛泽东的号召世界被压迫民族对帝国主义进行革命斗争的

① 陈独秀致西流的信（1940年9月）。
② 陈独秀：《战后世界之轮廓》，《陈独秀的最后见解》。
③ 陈独秀：《被压迫民族之前途》，《陈独秀的最后见解》。

人民战争理论。这种理论声称，中国革命提供了一个在无产阶级领导下，由民族民主革命向社会主义革命过渡的榜样。

归根到底，陈独秀认为，解决国际冲突的最好办法，是推翻帝国主义的统治，解放被压迫民族。他这个观念，显然是在俄国革命初期产生的。当时俄国革命在国内实现了平等，并废除了沙皇政府强加于被压迫国家的不平等条约。陈独秀认为，这些都属于人类历史上最伟大的成就之列。一切被压迫民族，都将莫斯科视为世界革命运动的灯塔和大本营，其原因也在于此。①不幸的是，当苏联领导人面对西方帝国主义列强大规模干涉其内战的时候，便开始改变了他们原来的革命政策，只知道追求俄国一国的利益。其结果，苏联在当代也成了帝国主义国家——不再是被压迫民族世界革命运动的领袖。②

值得注意的是，毛泽东及其同志们对苏联修正主义者也进行了类似的谴责。中国在意识形态上同苏联展开激烈论战时，他们谴责赫鲁晓夫修正主义分子完全抛弃了马列主义基本原则；并破坏被压迫民族的民族民主革命，为帝国主义效劳。③不容怀疑，在陈独秀所设想的国际社会主义新秩序中，必须维护民主，一切被压迫劳动人民和被压迫民族必须联合起来，推翻资本帝国主义。为了达到这个目的，陈独秀极其强调不同种族和不同文化背景的人民之间的合作和团结。他为政治世界正确地描绘出了一个理想的前景，但对国际政治的总趋势作出了错误的估计，因为战后时期，民族主义继续是支配人类事务的动力。

陈独秀于一九四二年五月二十七日去世。因他在最后四年同现实政治生活完全隔绝，中共和国民党政府听到他去世的消息后，都完全保持沉默。

（王应一 译）

---

① 陈独秀：《被压迫民族之前途》，《陈独秀的最后见解》。
② 同上。
③ 林彪：《人民战争胜利万岁》。

刘仁静（1902—1987），中国共产党早期领导人。字养初，又名亦宇、敬云。湖北应城人。1919年参加五四运动。1920年春加入社会主义青年团，随后加入北京中共党组织。1921年7月出席中共一大。1922年和邓中夏创办并主编社会主义青年团机关刊物《先驱》，同年9月去莫斯科参加共产国际第四次代表大会，并出席少共国际第三次代表大会。1923年在上海任团中央书记，主编《政治生活》。1926年去莫斯科列宁学院学习。1929年8月回国后组织托派“十月社”，不久被开除出党。随后，他曾任国民党三青团宣传处科员、国民党第十战区战干四团教官等。1935年被国民党逮捕，1937年出狱。其间曾被国民党利用发表反共文章。1950年在北京师范大学任教，1951年在人民出版社从事编译工作，翻译了《普列汉诺夫哲学著作选》等著作，署名刘若水。1956年在北京师范大学任教，讲授政治经济学。在“文化大革命”期间被捕，1978年释放。1986年底，任人民出版社特约翻译、国务院参事。1987年不幸遭遇车祸身亡。

托洛茨基派在中国①

刘仁静

我是湖北省应城县人，出身于小资产阶级家庭，生于一九〇二年三月。曾经用过的名字和笔名有刘仁静、刘敬云、刘竞人、刘一宇、刘亦宇、子云，澄宇、刘镜园等。

小时候，我在家乡的应城小学读书。大了一点就离开了家，到武昌进博文书院读书。这是一所英国人办的教会学校。由于这个学校的学费很贵，我只读了两年，就作为插班生考入私立武昌中华大学附中三年级，在那里读了两年毕业。

① 本文选自《中共党史资料》1982年第一辑，中共中央党校出版社1982年2月第1版，第238—255页。原文编者按：“刘仁静早年加入过中国共产党，1926年以后在苏联学习期间信奉托洛茨基主义，1929年曾专程到土耳其访问托洛茨基。回国后进行托派组织活动，被开除党籍。此后即长期在国民党反动组织中任职，现在是人民出版社的编外人员。此文是1987年3、4月间访问刘仁静的记录稿。记录者未查对历史文件和资料，也没有改动刘仁静本人的观点。现刊出供内部参考。”本文由叶心瑜、颜广林根据访问记录整理，原标题为《刘仁静谈托洛茨基派在中国》。

一九一八年七月，我考进北京大学，最初在物理系预科学习。后来我感到学习物理有困难：第一，我的数学不好，第二，我不会做实验，对物理系预科学习感到没有多大兴趣。因此，在预科学习了两年之后，到了本科我就进了哲学系。北大那时是自由听课的学校，学生听课凭自己的兴趣，可以去也可以不去。我当时主要的时间是花在图书馆里，阅读英文版的马克思主义的书和克鲁泡特金的书，还读过考茨基的《伦理学与唯物史观》，从中知道了马克思、恩格斯和考茨基的思想。那时我也读了《共产党宣言》和《社会主义从空想到科学的发展》。我读的都是英文译本，那时还没有中文版本。

一九一九年，我作为北大学生，参加了五四运动。后经王光祈介绍，我加入了"少年中国学会"。入会后，我还担任过会计。后来，王光祈又介绍我去和胡适谈过一次话。我对胡适说，我想看很多的书。胡适知道了我的思想，认为我好高骛远，他说："密斯特刘，你有野心！"以后我长时期没有再去找他。

由于受了五四运动新思潮的影响，一九二〇年春，我加入了社会主义青年团。一九二〇年十月北京共产主义小组成立后，经过邓中夏、罗章龙的介绍，我加入了中国共产党。

一九二一年七月，我被北京共产主义小组推选为代表，出席了在上海召开的"一大"。"一大"是在李汉俊家开的。有一次，我们快开会时，有一个人揭开门帘看了一下就走。有人认为是包打听，我们应分散。后来，李达的夫人王会悟建议到她的家乡（嘉兴）去开。我们便于次日分别去嘉兴，在船上开完了这次会就闭幕。在这次大会上，我提出应确立只有无产阶级专政才能救中国的主张。这是因为我在北大读马克思写的《哥达纲领批判》一书时，其中谈到从资本主义到共产主义的过渡时期，只能实行无产阶级专政。据张国焘的回忆说，刘仁静在"一大"前后逢人便谈"无产阶级专政"，"滔滔不绝"，那是我受了马克思思想的影响。有人说我在会上反对吸收知识分子入党，我不记得有这样的话。

在召开党的"一大"以前，我于一九二一年七月一日到四日出席了在南京召开的"少年中国学会"的年会。党的"一大"后，我回到北京，与邓中夏同志等人在北京大学发起组织“马克思学说研究会”，从事马克思主义的研究和宣传。

一九二一年，我任华俄通讯社翻译，把北京报上的重要新闻译成英文，再由俄国人译成俄文发到莫斯科各报刊登。那时每月可得薪水八十元。一九二二年，我和邓中夏在北京创办《先驱》周刊，这个刊物后来成为中国社会主义青年团的机关刊物。我办了三期。我在《先驱》上发表文章的笔名叫刘敬云。这一刊物后来由施存统主编，有好几期不得不改在上海出版。

一九二二年九月，陈独秀从上海到北京。他对我说，共产国际要召开第四次代表大会，党中央决定他去参加，并由社会主义青年团中央派我作代表出席少共国际第三次代表大会。同时，铁路工会派王俊①出席赤色职工国际第二次代表大会。我们三个人于一九二二年九月从北京动身，路经奉天、哈尔滨、满洲里、赤塔，于十月革命节之后到达莫斯科，随即参加了共产国际第四次代表大会。由于陈独秀不能说欧洲国家语言，就推我在大会上用英语作了中国共产党活动情况的报告。在开会期间，我见到了列宁和托洛茨基，并听了他们的讲话。开完共产国际“四大”，我又出席了少共国际第三次代表大会。会后，我留在莫斯科学习了几个月俄文。一九二三年四月，与张国焘一起，从莫斯科经赤塔回国。

一九二三年六月，根据党中央的通知，我从北京经上海到达广州，列席党的“三大”，向大会报告了共产国际第四次代表大会的情况。

一九二三年七月，中国社会主义青年团第二次代表大会在上海召开，我被选进团中央，并被推选为团的总书记。我担任了几个月总书记，犯了错误，受到上海团市委弹劾。以后我以回京参加北大毕业考试为名，离开团中央，我的工作由任弼时接替。他比我能干得多，工作很有成绩。

我回北京后，就主编《政治生活》。我只办了三期，后由范鸿劼、赵世炎、李鸿一等主编，一直办到一九二六年。

---

① 王俊，实名王俊作，有资料表明其系津浦铁路浦镇机器厂钳工，团员。

拜访托洛茨基

一九二六年，党派我第二次到苏联，进国际列宁主义学院学习。我到该院时，蔡和森已在那里学习。不久，蔡被调回国，就剩下我一个人。后来，彭泽湘、吴玉章、董必武、王若飞都在那里学习过。那时，吴玉章同志曾同我谈过辛亥革命前四川反对铁路国有运动。吴老亲自参加了这个运动，所以讲得有声有色，娓娓动听。

一九二八年六、七月间，张国焘到莫斯科出席党的“六大”，我向他宣传过一些托洛茨基的思想。当时，他不表示赞成，也不表示反对。如果他当时对我的思想表示反对，并向共产国际告我的状，我就不能从欧洲回国。因为从欧洲回国要经过共产国际批准，如果张国焘向共产国际透露我有托洛茨基思想，共产国际是不会让我从欧洲回来的，而是要我从西伯利亚回国的。

我在莫斯科学习了两年多以后，一九二九年四月二十几号，得到共产国际的护照，离开莫斯科从欧洲回国。我从欧洲回国的原因，就是想去见托洛茨基，但事先我对谁都没有讲。我离开莫斯科后，先经过波兰、捷克到了德国的柏林，住在一个德国皮匠家中。因为我在离开莫斯科时，有个叫廖焕星的，他的爱人是德国人。他知道我要经欧洲回国，说我到柏林后可住在他岳父家中。

在“五一”国际劳动节那天，柏林举行了规模很大的示威游行。德国当局出动了好多警察，发生了流血事件，但我没有参加“五一”节游行。

在柏林期间，我碰到了成仿吾。成仿吾是湖南人，是“创造社”的，他与郭沫若合作过。当时我同他谈过几次话，但不知道他那时在柏林做什么。同时，我在柏林曾找过有托派思想的人谈过一次话，这个人叫乌尔班斯，他当时在编托派的一个报纸，叫《民意报》。我那时太天真了，把从莫斯科准备带到中国来的好多俄文书全放在他那里，回到中国后，我写信向他要书，但他不肯把这些书还给我。这个人在德国托洛茨基派中有点地位，《斯大林全集》中还提过他的名字。乌尔班斯后来与托洛茨基决裂了，主要是为了中东路的问题。因为托洛茨基反对把中东路还给中国，认为这是战略铁路，中国是亲美的，把这条铁路还给中国危及苏联的安全，而乌尔班斯赞成还给中国。此外，我在柏林还参观了革命纪念圣地，参观了波茨坦，并从德国同志那里知道，托洛茨基住在土耳其的太子岛。

在柏林住了不到一个月，我就到罗马尼亚、土耳其大使馆签证，随后我离开柏林，在一天的傍晚到了罗马尼亚的康斯坦察，在那里住了一晚，次日乘渡轮到土耳其的伊斯坦布尔。

托洛茨基住在土耳其的太子岛上，这个岛像太湖里的岛一样。托洛茨基住的房屋门口，有土耳其警察一类的人守卫着。我到了那里，把电铃一按，就有人出来开门，把我带了进去。托洛茨基见到我，便站起来和我握手。我同他谈话用的是俄语。我的俄语讲得很一般，但他很高兴，说我的俄语讲得很好，还说我是他认识的唯一的中国人。我把在苏联看到的情况向他谈了一下，他似乎也知道这些情况。他对我说，斯大林消灭异己是一步一步来的，他是要逐步把他的反对派搞掉的。

托洛茨基家的房子门口有警卫，我不能在他家里住，便住在附近的一个小旅馆里。那时，和托洛茨基住在一起的有他的爱人和大儿子。他爱人做家务事，他儿子帮他打字和采买东西。托洛茨基告诉我，他的生活来源是靠给报纸写文章，他把收入的一部分存入银行，作为他活动的经费。他平常吃的不好，只是吃些面包和菜汤，正如他自己所说的，只能吃个半饱。他的工作很忙，平时就在工作室写东西。他的工作室陈设很简单，桌上只摆了一张列宁的二寸照片。他是一八七九年十一月七日生的，一九二九年正是他诞生五十周年，他正在忙于写自传。他有一条船，休息的时候就到湖里去划船。当时，我每天吃了早饭就到他家里去，多半在他家吃中饭。在我要回国前，连下午都在他那里谈。

我和托洛茨基谈话的内容是关于国共合作问题和反对派的任务。他认为无产阶级政党不能和资产阶级合作，而应单独干革命，我看这一点他是很坚持的。那时，所谓资产阶级政党是指国民党和改组派。国民党是以蒋介石为头子，改组派是以汪精卫为头子。在我临走前，由他口授，他儿子打字，写了一篇文章给我，题目是《中国目前政治形势和反对派（布尔什维克——列宁派）的任务》，叫我带回。他的这篇文章，是中国托派的基本纲领。在这篇文章中，他把中国过去的革命总结了一下，并提出了今后的任务。具体内容是：第一，提出了苏维埃问题，认为苏维埃不是随便可以组织起来的，要到革命处于高潮，快夺取政权的时候才能组织起来；第二，蒋介石和汪精卫都是一丘之貉，所以对蒋介石和汪精卫都是同样地反对；第三，中国革命现在是处于低潮时期，不能马上进行起义活动。现在不应盲目的活动，而要积聚力量；第四，作为过渡时期的口号，应提出以直接、平等、不记名投票产生国民会议，以实现中国的独立、统一，少数民族自决，八小时工作日，土地归贫农等目标。托洛茨基认为，中国托派这样宣传一下，中国革命就会比西欧社会民主党的处境好得多，因为中国党不像西欧社会民主党在战争问题上有很多分歧。

我在土耳其住了一个多月，托洛茨基建议我早一点回国，不应该在他那里停留太久。开始，他上午同我谈话，下午不谈。在他催我回国的时候，下午也跟我谈话。临别时，他问我有没有路费，我说有，因此没有要他帮助。在我离开土耳其时，托洛茨基给我取了个名字叫“聂里奚”。因为他认为中国的单姓太简单，所以就起了这个名字，没有什么其他的意思。后来我和他通信时，就用这个名字。

和托洛茨基分别后，我从土耳其的伊斯坦布尔搭货轮到了马赛，又由马赛到了巴黎。在巴黎期间，我碰到了章伯钧的弟弟章伯涛以及廖承志等人。那时大概是一九二九年的七月份。章伯涛问我：你从柏林到巴黎为什么走了一个多月？你到哪里去了？我心里有点虚，就支吾过去了。碰到廖承志时，他告诉我，邓演达也在柏林，但他的思想一点没有进步。在巴黎，我还参观了一些名胜古迹，由于钱不够，就从马赛坐轮船回国了。

回国以后

我在回国途中走了一个多月，于一九二九年八月十六日到了上海。到上海后，我见过两个人。一个是恽代英，他是代表党组织通知我到一个小旅馆中见面的；另一个是何孟雄，是无意中碰到的，他和我在黄浦公园谈过话。在谈到何孟雄的妻子缪伯英牺牲一事时，何孟雄还流了眼泪。对恽代英和何孟雄我都没有谈见到托洛茨基的事。所以，我会见托洛茨基的事不是我自己透露的，而是他们查出来的。至于托洛茨基口授的那篇文章，我回到上海后，郑超麟和我一起译出来了。

我访问托洛茨基的事，共产国际知道了，党中央也知道了。党中央知道这件事后，很愤怒。我回上海后，首先是党办的《红旗日报》上登出一封给刘仁静的公开信，责问我说：你在土耳其访问过托洛茨基，你要交代出来，限你三天内在报纸上公开交代你访问托洛茨基的情况。我当时，没有觉悟到自己做得不对，就没有在报纸上公开交代问题。共产党组织见我不交代问题，就把我开除了，所以从那时起我就不是共产党员。后来，托派组织有人说我是“议会迷”，也把我开除了。

回国后，我曾与托洛茨基通过信。我给托洛茨基的第一封信，内容是辩论国民议会的问题，托洛茨基作了些修改，把它摘登在《反对派》通讯上。托洛茨基收到我的信后，也回了信。他给我的信是很热情的。记得有一封信是这样写的：我应直率的告诉您，您的方法是不对的，您的这些方法我是不赞成的，这些方法不能使托派运动在中国发展。他的落款是：“紧紧握手，您的谢尔梯·托洛茨基。”我先后一共收到托洛茨基五封回信。这五封信交给了一九三一年成立的统一的托派组织。托派组织把我开除后，我就不再写信给托洛茨基了。有一次，我在托派刊物上还见到这样一篇报道：一九三五年，有两个美国人在路过墨西哥时与托洛茨基谈了话，托洛茨基对我仍有好感，还提到了我的名字。

我除了给托洛茨基写过信外，还写过一篇文章投到美国托派组织《战士周刊》，报道了一些中国托派情况，这封信在《战士周刊》上发表过。这说明托派的刊物很需要中国通讯。

一九三〇年，托洛茨基已写成自传（上、下册），并寄了一套俄文本给我。我们还组织人进行翻译。王文元拿了这本书不还我了，我和几个人只好从英文版译出上册，交神州国光社出版。

关于我到欧洲的情况，一九三〇年我写过一篇《欧游回忆录》，在神州国光社出版的《读书杂志》（月刊）上刊载过。神州国光社原来出版美术、碑帖书籍，后来由陈铭枢接盘，派其亲信王礼锡担任主编，把它变成政治、经济、文学出版社，我曾在该社翻译出版过一部《法国大革命史》。

中国的托派组织

我回国后，中国已有了托派组织。中国托派组织，大约是在一九二八年或一九二九年初组织的，参加的成员多数是曾在莫斯科中山大学学习过的中国留学生。

在一九二九年中国成立过四个托派组织：

第一个组织叫“我们的话”派。“我们的话”原是托洛茨基在土耳其办的一个刊物的名称。这个组织的负责人有区芳（男，广东人，中山大学学生，由于贫病，在一九三〇年去世）、陈亦谋（广东人，中山大学学生）、史唐（中山大学学生，浙江人），张特（又叫张威，广西人，中山大学学生，一九三一年他到我家说，他要回广西，后即投奔桂系），李血泪（大约是广西人，没有多久即病故），梁干桥（广东梅县人，黄埔军校第一期毕业生，出席过一九三一年在上海召开的托派“一大”会议，没有几天，觉得托派都是知识分子，没有前途，就去南京当了南京宪兵司令部政训处处长，一九三九年他被调到西安任国民党第十战区政治部主任），还有陆渊，是上海人。这个组织出一周刊叫《我们的话》，是油印的，后改为石印，大约出了十多期。我看过几期，写得很生动，批评了斯大林。据说他们还与纱厂工人有些联系，但人数不多。

再一个组织叫“十月社”。一九二九年我回国后，随即进行了托派的组织活动，与一些从“我们的话”里分裂出来的留俄学生组织了“十月社”，负责人有王文元、董汝诚（即董建平）、宋逢春、段紫亮、陆梦衣和我，都是中山大学学生。我们这个组织办了个《十月》月刊，是铅印的，只出过一期。另外还翻译出版了托洛茨基的论文集《极左派与马克思主义》。

还有个托派组织叫“无产者”。这个组织由陈独秀、彭述之、马玉夫（湖北人，工人）等人组成，共有八十一人（根据他们在《我们的政治意见书》上签名的人数）。早在一九二二年九月，陈独秀与我一起出席共产国际“四大”时，在火车上他就对我说过：现在只有列宁、托洛茨基既是思想家，又是革命家。他还说朱执信也是很革命的。到了一九二九年，陈独秀看了托洛茨基写的批评斯大林的文章，对托洛茨基很佩服，认为中国革命之所以失败，是没有按照托洛茨基的意见进行工作。他们出了个《无产者》月刊，并以“无产者”命名自己的组织。这个刊物是铅印的，大约出了几期就停刊了。“无产者”这个组织的特点是，它本身没有宣布是托派组织，但在思想上是赞成托派观点的。这个组织成立了几个月，马玉夫就叛变了，他把“无产者”派组织的情况向国民党告密，所以国民党就逮捕了一些人。被捕的有：王文元，宋逢春（“十月社”）、何资深（“无产者”），郑超麟（“无产者”）、刘静真（郑超麟的爱人，“无产者”），尹宽、彭述之。

另外一个托派组织叫“战斗”。这个组织是由去苏联中山大学学习回来的学生于一九二九年成立的，负责人有王平一、刘胤、赵济、徐乃达。他们出的刊物叫《战斗》，只出了一期。

一九二九年，我把上述情况写了一封信告诉了托洛茨基，托洛茨基给我回了一封信，他说：应把这几个组织统一起来，不然对运动不利。我把托洛茨基的意见转告给这四个组织的负责人，经过酝酿，大约在一九三一年，这四个组织同意成立统一的组织，由陈独秀当负责人，但没有统一的名称。托派组织统一没多久，因国民党逮捕了一些人，就停顿了。

中国托派组织的内部刊物叫《火花》，主要刊登托派内部争论的文章。我曾在上面写文章批驳过陈独秀的观点。陈独秀写过一篇叫《关于所谓红军问题》的文章。他说，红军是游民无产者组成的，没有什么发展前途，不会取得胜利。他认为中国的无产阶级在城市，中国革命只有靠无产阶级领导才能发展和胜利，利用穷乡僻壤的农民搞革命是不会成功的。他断章取义地引了恩格斯的话，把红军和游击队的活动完全加以否定。他站在自由资产阶级的立场上，根本反对农民，反对苏维埃。他还提出与资产阶级共同行动。我写文章驳他，说资产阶级已经叛变革命，与资产阶级共同行动没有可能。我对江西苏区的情况了解不多，所以我对苏区既没有表示赞成，也没有表示反对。

一九三一年“九一八”前，陈独秀到我家，说要办一个刊物，我当即表示赞成。这个刊物的名字叫《热潮》周刊，办了十几期，由陈独秀、彭述之和我主编。那时我看出陈独秀和彭述之的意见不一致，陈独秀瞧不起彭述之写的文章，他说，彭述之的文字像清朝人写的文章，平庸无奇，没有思想内容，只有他和我的文章还可以看。一九三二年的“一二八”以后，我与陈独秀失掉了联系，接着陈独秀就因叛徒告密而被国民党逮捕，这个刊物就停办了。

陈独秀曾给托洛茨基写过信，托洛茨基也回信给陈独秀。但陈独秀却对人说，他不是托派。一九三三年，我从报纸上看到陈独秀被捕了，他是与彭述之一道被捕的，当国民党政府最高法院审判他时，他是反对国民党的（见报纸上登载的消息）。“七七”事变后，国民党释放政治犯，一九三八年，把陈独秀，彭述之也释放了。彭述之出狱后，离开南京，到了上海。陈独秀出狱后，从南京到了武汉。陶希圣随即和他联系，并送给他一百元，其实这些钱是汪精卫给的。后来，陶希圣在武昌出版《政论》，这个刊物是蒋介石出钱办的，陈独秀为这个刊物写过文章，陶希圣每月送他一百元或二百元。

我原来是属于“十月社”的，但“十月社”的多数人与我发生了冲突。王文元、宋逢春对我有意见，说我是“议会迷”，把我开除了。所以，几个托派组织成立统一组织时，我哪一派都不是。我是站在他们之外的游离分子，但我并没有放弃对托洛茨基的信仰。有的文章说我是托派组织的常委兼特务部长，其实不是。还有的文章说我是托派组织“无产者”的成员，其实我是“十月社”的成员。我被开除后，托派组织的发展情况就不知道了。据说，在全国解放前，中国托派组织搬到了香港，大概是王文元、彭述之在那里负责。

一九三四年我在上海时，与国际托派格拿斯（加拿大人）有了联系，而且在工作上、思想上都没有意见分歧。当时他是美国人在上海办的《大美晚报》英文编辑。他爱人也在那里工作。那时我的工作很不安定，靠写稿为生，想找个固定的工作。他就问我愿不愿意去北京，因为他认识一个美国人叫伊罗生的在北京。伊罗生原来在中国共产党办的《中国论坛报》当过编辑，后来，他看到了托洛茨基写的文章，就信仰托洛茨基，不满意斯大林，因而离开了《中国论坛报》，同他的爱人到了北京，准备利用在中国搜集到的江西苏区的材料写书，他要找人作他的助手，把苏区的材料翻译成英文。于是，经格拿斯的介绍，我就带家眷到了北京，替伊罗生当英文翻译，伊罗生每月给我八十元。

一九三五年三月，我替伊罗生把材料翻译完后，准备带家属回湖北应城去。临走前，伊罗生对我说，你不要带煽动性的东西，他们要搜查的。我离开住所去火车站时，前后左右已有很多自行车跟着我们。因为我在伊罗生家工作，警察是知道的，但没有惊动我。一到西站，他们就对我进行检查，看到我的东西里面有一张打过英文的纸，就以此为理由，说我不能走。随即把我们几个人带到王府井，关在派出所，后来，又把我送到警察厅。到了警察厅，他们要留俄学生认我的照片，认出我的真实姓名。他们认为，像我这样的案子他们不能解决，就在一九三五年五月把我送到南京国民党警备司令部。

一九三五年十一月，南京国民党警备司令部对我进行军法会审，判我两年半徒刑，送到苏州反省院。苏州反省院里比较自由，成立了“自治会”，所有的犯人都参加。反省院院长叫刘云，指定我担任“自治会”主席。“自治会”主席没有什么事情可做，有时同一些犯人散散步，放放风，有时组织犯人搞些娱乐活动。我在苏州反省院还给他们写过几篇文章，其中有一篇题为《节制资本刍议》，登在反省院半月刊上。当时，陈独秀在南京坐牢，他在反省院半月刊上看到了这篇文章。这篇文章引起了托洛茨基派的愤怒，他们说我反对托洛茨基，放弃了原来的立场，是叛徒，尤其是陈独秀对这件事很恼火。

一九三七年四月，我被江苏反省院释放出来，到了上海。一九三八年到武昌找到了陈独秀。陈独秀开始对我很客气，说，你怎么离开上海的？我说，在那里找不到工作。他说，啊，没有吃的。第二天我去见他，他就不见我了，还给我留下一封信，那封信是表示和我绝交，划清界限。

我在武汉生活没有着落，很苦闷。那时日本人已经打到九江，我在武昌不能再待下去了，就去找三民主义青年团，要他们协助我离开武汉。我通过黄季陆、康泽的关系，进了三民主义青年团的中央机关，并随他们租的船到了长沙。后来，又由长沙坐汽车到湘潭、衡阳，再坐湘桂路火车到桂林。在桂林停了一个多月，三民主义青年团又找汽车把我从桂林经贵阳送到重庆。到重庆后，我在三青团中央宣传处当科员，宣传处的处长是黄季陆。但那时我并没有履行入团手续，还不是三青团员。康泽知道我还没有加入三青团，就派人找我，问我为什么不入团？我说，很快就履行入团手续。其实，我心里不愿意加入三青团，就去找谭平山，他说，你不愿意加入三青团就离开吧！（我过去曾替谭平山写过文章，写出来后用他的名义在杂志上发表，他对我在经济上有所帮助。）于是，我就在重庆家里住了一、两个月。这时，三青团中央宣传处处长黄季陆已任四川大学校长，他寄来一百元钱接济我。

我一家有五口人（夫妻、两个孩子，父亲）吃饭，生活仍很困难，还是想找工作。因此，我就写信给西安的梁干乔，问他是否可到西安工作？梁干乔是广东梅县人，原来是托派分子，后来他感到托派没有什么前途，参加了几天就溜了。由于他是黄埔军校第一期毕业生，到南京找黄埔军校的同学，做了南京宪兵司令部的政训处长。抗战后他担任第十战区政治部主任（胡宗南是第十战区司令长官）。他给我写回信说，到西安可以找到工作。这样，我们就到了西安。后来，第十战区政治部撤销，梁干乔为了照顾我的生活，把我介绍到西安西门外战干四团工作了一年多。最初在战干团任俄语教官，后来改为上校教官，在那里教历史。过了一个时候，战干四团教育长葛武棨免了我的职。我又经陕西省教育厅长王友直介绍，任教育厅编审室编审，并在西安《正报》当主笔。一直到一九四五年抗日战争胜利。

在这以前，即一九四〇年八月，我得到父亲逝世的消息，同时又得到托洛茨基被害的消息，使我受到了双重的打击，心里很难过。

一九四五年抗日战争胜利后，胡宗南部下有个秘书叫徐先麟，他在军队中募集到一笔款子，要在上海办个刊物，叫我去当这个刊物的总编辑，我表示愿意去，他们就把我家从西安迁到上海。到上海后，徐先麟给编辑的待遇不高。因此，我在那里只呆了一个短时间，就离开了，靠写稿和翻译维持生活。

到上海后，我还在上海的特务刊物《民主与统一》当过主编，但只办了几期就停办了。《民主与统一》是“中国文化服务社”出版的半月刊，主编原是郑学稼（福州人，托派分子，上海暨南大学、复旦大学教授）。一九四六年我在上海见到他，他见我没有工作，就把这个刊物交给我办。“中国文化服务社”的社长和总经理叫刘伯闵，是国民党中央委员。

在上海，我还在顾祝同办的《前线日报》和孔祥熙（当时他在美国）办的《时事新报晚刊》当过主笔。《前线日报》的总主笔是钱纳水，《时事新报晚刊》的总主笔是胡鄂公。胡鄂公是我在北京认识的朋友。

正在这时，国民党中央宣传部副部长、南京《中央日报》的总主笔陶希圣写信给我，要我去南京给他帮忙。陶希圣是我在北大时的同学，他知道我是托派。我接到他的信，就借这个机会把《前线日报》、《时事新报晚刊》的工作辞掉了。一九四八年七月来到南京，陶希圣把我安排在南京国民党政治研究室当研究员。当时，陶想让我写反共文章，我在那里呆了好几个月，心里很苦闷，因为写托派观点的文章，他们不能接受，要写他们能接受的，我也写不出来，所以刚去时，我没有写什么文章。后来，我写了四篇反共文章，陶希圣认为我有所表现，把我介绍到国民党国防部政工局局长邓文仪那里。邓文仪把我派到镇江国防部教导所，不久辞职回到上海，靠亲友的帮助维持生活，一直到一九四九年解放。

（叶心瑜、颜广林根据访问记录整理）

濮清泉简介见本书《我所知道的陈独秀》。

中国托派的产生和灭亡[①]

濮清泉

一、中国托派产生的背景和社会根源

自从一九二四年革命导师列宁逝世以后，联共党内出现了两派的斗争。斯大林主张一国能建成社会主义，号召各国共产党保卫苏联，托洛茨基则认为一国不能建成社会主义，他举起“世界革命”和“不断革命”的旗号，与斯大林对立。一九二五年至一九二七年，他纠合季诺维也夫和加米涅夫等组成联合反对派，自称为“布尔什维克列宁派”，简称为“左派反对派”。他们提出一整套政纲，反对在一个国家内建成社会主义。这个政纲的理论根据，就是托洛茨基的“不断革命论”。他断言在落后的苏联，决不能由自己的力量来建成社会主义，必须有西欧无产阶级取得政权的若干国家的帮助，才能保证苏联存在下去，因此苏联的巩固和发展，要以世界革命为前提。世界革命不起来，苏联休想在反动的西欧面前站得住脚。他认为苏联的存在是为了世界革命，不是为了建设社会主义。与其让各国共产党来保卫苏联，不如让他们在自己的国家内发动革命。如果能掀

① 作者1979年在写作本文时因受当时政治因素和对陈独秀评价的错误观念等影响，有些评述不很准确，个别议论亦欠恰当，敬请读者注意。本文原载《文史资料选辑》第71辑，中华书局1980年10月版。

起世界革命，纵将苏联孤注一掷，亦在所不惜。另一方面，他对东方殖民地、半殖民地的民族民主革命，也都用“不断革命”来概括。说资产阶级民主革命和无产阶级社会主义革命之间，没有什么明显的阶级，而完成民族民主革命，都必须用十月革命的方式和方法，即建立无产阶级专政，剥夺资产阶级，才能取得胜利。换言之，就是要用社会主义革命来代替民族民主革命。对这一套“左”得离奇的理论，斯大林进行了批驳，并在组织上采取措施，经过三年的斗争，苏共中央终于在一九二七年冬，将托洛茨基、季诺维也夫、加米涅夫等“联合反对派”清除出党。从此，托派在苏联国内已经没有市场，于是他们就把阵地转到各国共产党内，以扩散他们的影响。

一九二五至一九二七年，中国共产党为了培养干部，派了一批党团员到苏联专门接收中国学员的中山大学和东方大学学习。当时中大校长拉狄克是托派中有名的人物，而且他请来的教授和教员大多数也是托派。他们在课堂内外，引经据典，在马克思、恩格斯、列宁的著作中摘引一些章句，公开为托派宣传和辩护。一部分中国留学生渐渐受到了托派宣传的影响，对托洛茨基从好感而开始同情，由同情而钦佩，由钦佩而信仰，由信仰到最终加入托派，这部分留学生回国以后，就着手组织了几个托派小组织。这就是中国托派产生的国际历史背景。

由于陈独秀右倾机会主义路线在党内的统治，使中国共产党放弃对大革命的领导权，终于造成轰轰烈烈大革命的失败，一九二七年八月，中国共产党召开了著名的“八七”会议，清算了陈独秀右倾机会主义路线。但是，党内又出现了瞿秋白的“左倾”盲动主义、李立三的“左倾”机会主义和王明的极左机会主义路线。特别是王明这个野心家，只会背诵一些马、恩、列、斯的词句来吓唬人，并自称是“理论家”，“百分之百的布尔什维克”，“国际路线的代表”，统治全党达四年之久。在他的极左路线统治下，使党在苏区损失百分之九十的力量，在白区，几乎损失百分之百，给党造成严重的灾难。本来，对“左”倾机会主义是应该清算的，但是有一部分被革命高潮卷进革命队伍的人，不懂得马列主义，对革命发生动摇，不知革命往何处去，因而追随托洛茨基，堕落为托派。

这就是中国托派产生的历史背景和社会根源。

二、中国托派的政治纲领及其对中国社会的分析

关于中国社会性质的问题，当时在神州国光社出版的《读书杂志》上，曾展开了论战，并先后出版了好些书。这里把托派的见解，简单地说一说。

所谓托派见解，实际上就是托洛茨基和拉狄克对中国社会的分析。至于中国托派，就连陈独秀、彭述之、刘仁静、郑超麟等，也没有提出过什么独特的见解。他们只把托洛茨基的主张全盘接受下来，而一般托派成员，更是囫囵吞枣，不知其味。

托洛茨基和拉狄克认为，中国自秦汉以来商业资本就在城乡占着统治地位。秦以后中国历代王朝，都代表着商业资产阶级的利益，他们虽也保护地主阶级，但更看重于商业资产阶级。说商人是“无冕之王”，皇朝有什么大事，都要同大商人商量。他们认为，中国没有经过奴隶社会，也没有农奴制，很早以前，就实行了土地自由买卖和货币地租。鸦片战争以后，中国更加商业资本化，而且逐步发展了工业，城市资本主义化了，农村也跟着渐渐资本主义化了。托、拉二人既没有提出任何历史的证据，也没有作过现实的调查研究，武断地宣布“中国社会是资本主义占优势的社会”，封建制度只是“残余”。陈独秀紧跟托洛茨基，发明了“残余之残余”论，说封建势力微不足道。一般托派，对托洛茨基只知盲目崇拜，就完全接受了这个“左”的理论。托派认为，共产国际和中共中央关于中国是半封建半殖民地社会的分析是“机会主义的分析”，因此，在中国托派政纲上就应明确写上“中国社会是资本主义占优势的社会”，并由此得出战略的结论是“中国革命的性质是社会主义革命”，革命的政权是“无产阶级专政”。托、陈二人也承认中国民主革命的任务没有完成，但认为中国民主革命的任务，只有而且必须用“十月革命”的方式去完成，也就是要用社会主义革命去完成民主革命的任务，否则民主革命必然要失败，社会主义革命也提不上议事日程。这个“不断革命论”，当时一些人认为是相当“高超”的。托洛茨基把商业资本

看作工业资本，把前资本主义社会当作资本主义社会，也是相当奇特的。

以上是托派政治纲领中最基本的部分，即所谓战略纲领。底下来谈谈他们的策略。

他们认为大革命失败了，革命高潮尚不可测，为了动员群众，便提出“国民会议”的口号，它与当时党的口号“建立苏维埃、建立红军”相对立。“国民会议”口号的提出，引起了青年托派的反对。托洛茨基曾写过好几篇文章来说服他们。他以俄国一九〇五年革命失败以后，列宁主张参加议会斗争，并派季诺维也夫和加米涅夫参加杜马（议会）为例，说那时列宁是正确的，今日为中国提出“国民会议”口号，也是正确的，是符合列宁主义的。他安慰中国托派说，“国民会议”不是我们的战略目的，而是策略手段。中国大革命失败了，群众斗争情绪低落，这时不能进行武装斗争。“国民会议”是动员群众的中心口号。一旦群众动员起来，形成革命高潮，我们就提出“苏维埃”口号，武装夺取政权，建立无产阶级专政。他认为，共产国际对中共“建立苏维埃、建立红军”的指示是冒险主义，是没有前途的。当时陈独秀与托洛茨基合唱，也写了一篇文章说工农红军是“流寇式”的，是站不住脚的。而中国托派理论家刘仁静则希望国民党用美国棉麦借款来搞一个“经济复兴”，借以复兴工人运动。这三个托派巨头，并没有说服一般托派信徒，直到托派的灭亡，托派关于“国民会议”问题，始终争论不休。最后陈独秀创造一个奇特的理论说“国民会议可以成为苏维埃”。当时一般托派不但说而不服，而且要陈独秀、刘仁静承认错误。可是陈独秀回答说，你们想学斯大林未免过早了。刘仁静则说，你们再学几年马克思主义然后来请教我吧。这两个巨头（陈与刘）始终自认是“绝对正确的”。青年托派则骂他们是老牌机会主义。

以“国民会议”为中心口号，托洛茨基还为中国托派提出了“国家独立”；“八小时工作制”；“土地归贫农”；“集会、结社、言论自由”等要求。他解释说“国家独立是全中华民族的要求；八小时工作制是中国工人阶级现实的要求；土地归贫农是中国广大贫农迫切的要求；集会结社言论自由是全中国人民的要求”。青年托派对上面这几条纲领，是真诚拥护的，但对

“国民会议”口号，始终没有心服。托派延续了多年，这个问题的争论也持续了多年。

三、初期四个小组织——“无产者社”、“我们的话社”、“十月社”、“战斗社”的形成

（1）“我们的话社”

一九二九年春，从莫斯科中山大学回国的梁干乔、区芳、陈亦谋、张特四个人，在上海最先成立一个托派小组织名叫“我们的话社”。这个奇怪的名称的由来，是因为托洛茨基早年流亡欧洲时，曾办过一个报，名叫《我们的言论》，梁干乔等为了对托氏表示敬仰，就把它拿来当作社名。然而把“言论”硬译为“话”字，使人莫名其妙。他们办了一个刊物，就叫《我们的话》。这个刊物大部登载托洛茨基关于国际和中国的论文，译文不高明，使人半懂不懂。梁、区、陈、张等也写过一些文章，也是半通不通，要读一点猜一点才能大体上明白。这个刊物出了好多期，直到托派统一时才停刊。

梁干乔在莫斯科见过托洛茨基，托曾对他面授机宜。梁很得意自命为中国托派的先驱，故在“我们的话社”上显得十分神气，自居为当然首领。而区芳、陈亦谋、张特等也不甘居人之下，认为梁不能独当大哥，叫他们三人当二哥。因此要与梁平起平坐，不分等位。如是一直争吵到托派统一，梁因未当选上托派中委，就一气跑到南京，投到蒋介石脚下，当了军统特务。陈亦谋后来被捕死在狱中，区芳不知去向，张特后来投靠李宗仁、白崇禧，当了小爪牙。这个社全盛时期，也搜罗了一些团员当他们的小卒。我现在能回忆起来的只有四人：一个是同我第一次坐牢的楼国华，另一个是到过莫斯科进了中大的宋庆平，还有两个是小宋、小章，他俩的名字已想不起来了。

（2）“无产者社”

一九二九年秋，一群“元老派”，陈独秀、彭述之、郑超麟、尹宽、何资深等纠合高语罕、李季、王独清等“名人”，在上海成立一个托派小组织，名“无产者社”。他们发表了一个宣言，署名的有八十七人。他们说共

产国际和中共在斯大林领导下不革命了。中国革命要由“无产者社”来承担。他们出了一个刊物《无产者》，上面登载的大部分是托洛茨基的论著。陈独秀、彭述之、郑超麟、尹宽、高语罕、李季、王独清、杜畏之、吴继严等也都发表过文章。他们自己认为要左右开弓，即左打斯大林，右打蒋介石，主要目的是打倒国民党，建立无产阶级专政。对共产国际和中共则采取批评的态度，希望他们能转向托洛茨基方面来。

“无产者社”自视为“中共的元老派”，很看不起另外三个托派小组织，说他们是什么也不懂的“毛小子”，要他们解散组织来归依。但那三派又说“你们都是老机会主义者，还够不上当托派，要写了悔过书，才考虑你们的托派资格”。这样你一刀我一枪，杀得相当热闹。至于“无产者社”内部，也不是风平浪静的，有陈、彭之争，还有郑、彭、尹的第二把交椅之争。陈独秀骂彭述之“不学无术、寡廉鲜耻”，“东方大学的八股先生”，“通天教主”，“孔夫子的生殖器”，“文章如王婆裹脚布，又臭又长”，“教人读它要作三日呕”，还骂他是斯大林门徒，不配当托派。彭述之又骂陈独秀是“机会主义者”，“封建家长”，“英美民主派”。可是“无产者社”的人，都倾向于陈而鄙视于彭，因为陈的声望毕竟要比彭大得多。郑超麟和尹宽对于陈、彭之争十分高兴，因为打下彭述之，他们就可以坐第二把交椅了。陈对郑一向都是器重的，对尹宽有时说他很能干，有时又说他不正派，有时拉他，有时排他，内部勾心斗角，迄无宁时。

“无产者社”还有搞实际工作的“四大金刚”，即马玉夫、罗世璠、蔡振德、薛农山。这四个人看不起在陈独秀周围的那些理论家如彭述之、郑超麟、尹宽、李季、高语罕等。他们说，“这些书呆子写一百篇文章，还不及我们在工厂里搞一个支部来得有力”。所以他们在沪东、沪西一些工厂里埋头搞所谓实际工作，他们不要什么理论，只知为托洛茨基、陈独秀卖力。当工人们问他们：“你们搞的这一套有什么好处呢？是不是分裂工人运动呢？”他们就瞠目不能回答。他们的想法是抓着一个支部搞一点工运这就是“实力”，将来一旦成功，比那些空头理论家的“地位”要可靠得多。

“无产者社”因为有陈独秀这块老招牌，在当时是有些号召力的。而且在各地都有些影响，北京、广州都有些支部，最盛时期全体成员大概有过二百人。就我记忆所及，它的成员有下列这些人：陈独秀（安徽怀宁县人）、彭述之（湖南邵阳人）、高语罕（安徽寿县人）、李季（湖南人）、郑超麟（福建人）、王独清（湖南人）、马玉夫（安徽人）、何资深（湖南人）、罗世璠（湖南邵阳人）、蔡振德（籍贯不明）、陈清晨（河北人）、江常师（安徽人）、尹宽（安徽桐城人）、吴继严（陈独秀的外甥，安徽怀宁人）、杜畏之（河南人）、严灵凤（福建人）、刘伯垂（湖北人）、陈碧兰（湖北人，彭述之妻）、刘静贞（云南人，郑超麟之妻）、彭道之（湖南人，彭述之弟）、曾猛（浙江温州人）、何智琛（浙江温州人）、梁有光（广东人）、谢德盘（广东人）、张以森（湖南人，何资深之妻）、任曙（四川人）、孙煦（四川人）、彭桂生（江西人）、彭桂秋（江西人）、蒋振东（上海人）、屠仰之（浙江人）、韩俊（上海人）、薛农山（江苏人）、李仲三（山西人）、朱从文（浙江人）、陈岚（浙江人，朱从文妻）。

（3）“十月社”

一九三〇年春，从莫斯科列宁学院回国的刘仁静，纠合从东方大学回国的王文元和从中山大学回国的宋逢春在上海成立一个托派小组织名“十月社”。

刘仁静参加过中共第一次代表大会，那时他和张国焘是北京的代表。在那次大会上，他就主张中国革命是社会主义革命，革命政权就是无产阶级专政。这和托洛茨基在一九〇五年俄国革命中提出的“不要沙皇，政府是工人的”不谋而合。刘仁静在莫斯科进了列宁学院，回国时经过欧洲，绕道君士坦丁堡去见了托洛茨基。有了这几个因缘，刘仁静就自命为“中国托派天字第一号人物”和“特等理论家”。他曾自豪地说：“我是天然的托派”，“中国托派的先知先觉”。他回国后，拒绝党分配给他的工作，立即组织“十月社”，自任领导。“十月社”这个名字是他取的，十分明显，他要在当时的中国搞所谓“十月革命”，企图证明托洛茨基和他本人理论的正确。

“十月社”出版了一个刊物名为《十月》，出了好多期，文章大部分是托洛茨基写的，由刘仁静翻译成中文。刘仁静和王文元也写过一些文章发挥托的理论。濮德治和罗汉也写过几篇。刘仁静是个大胆狂言、想到什么就写什么的人，他说他的文章能“独出心裁”，“不拘一格”，“有独到见解”，“具新奇内容”，尽管大家反对他，他说“你们还早哩，再读几年马克思主义，才能领会我的正确”。他的大言不惭、妄自尊大的程度，大大超过陈独秀。他对一般托派认为连提问题的资格都没有，他常说“你的问题不是这样的提法”，使一般托派感到自惭形秽、渺小异常。

刘仁静既看不起“我们的话社”和“战斗社”，认为他们都是些“猴子”；也看不起“无产者社”，认为他们是“老猢狲”。刘仁静说：“陈独秀不懂理论，他只会大刀阔斧地写文章，砍不倒敌人，他的理论只是从斯大林、布哈林的训令中得来，对马克思、列宁研究不深，所以他只能坠入机会主义。他还没有脱胎换骨，基本上是斯大林主义，还谈不上托洛茨基主义。”刘仁静想要所有托派捧他为教主，要其他三个托派组织解散来投顺他。然而，这只不过是他的幻想而已，别人却对他嗤之以鼻。

由于刘仁静的妄自尊大，“十月社”内部也发生了矛盾。主要是王文元、宋逢春的分裂。王负责“十月社”的宣传，是托派公议的“才子”宋逢春负责“十月社”的组织，属于“实际派”，按理讲，刘仁静是应该另眼看待王、宋的，但是刘对他俩也一概藐视，所以王、宋和刘很对立。刘要王、宋绝对服从，王、宋则要与刘平起平坐。起初是小吵，最后竟打起架来。刘仁静骂王文元说：“我提拔你，你来唱逼宫”；骂宋逢春说：“老子养着你，你打老子。”这种话听起来实在不雅。结果王、宋纠合“十月社”的其他托派分子与刘仁静分了家，到这时刘仁静还说：“我原就是把你们当作暂时的伴侣，你们好好学几年再来归顺吧。”这是他变成孤家寡人时自慰的豪言。

“十月社”由刘仁静（湖北人，后在国民党反省院写了悔过书，变成叛徒）任书记。王文元（浙江硖石人，解放初期逃亡香港）负责宣传。宋逢春（河北人，后投降国民党变成叛徒）负责组织。

其他“十月社”成员有：罗汉（湖南人，后在武汉被日机炸死）、濮德治（安徽人）、王辰耀（江苏肖县人，后逃往台湾）、高衡（湖北人）、罗亚兰（湖北人，高衡之妻）、陆梦衣（湖南人，后当国民党特务）、李采莲（湖北人，已亡）、谢英（江苏人）、叶乃仁（安徽人，王文元之妻）、小张（辽宁人）。

北京的“十月社”和上海的“十月社”是一个组织，其成员如下：徐云作（河北人）、老肖（河北人）、小马（河北人）、老李（山东人）、石宝湖（北方人）。

（4）“战斗社”

一九三〇年春，从莫斯科东方大学回国的赵济、刘英、王平一、徐乃达等在上海成立了一个托派小组织，名“战斗社”。这个名称的由来，是因为托洛茨基办过一个《战斗》报，为了纪念他，所以他们用这个名字以表“光荣”。

“战斗社”是一个“将多于兵”的小组织。赵、刘、王、徐号称四个“平头大将”，人们把他们叫作“四大巨头”。除赵济在国内做过一些工作外，其他三人都没有搞过什么工作。但是他们都很自负，刘英自居为学运老手，嘴巴很会说。王平一自吹会做地下工作；徐乃达自诩是“打骂能手”。这四个人物滚在一起，人人都要当大哥，个个不愿当老二。因此“战斗社”内部充满了个人摩擦。对于其他三个托派组织，也不大看得起，他们说“无产者社”是老机会主义一群；“十月社”是空头理论家一伙；“我们的话社”是既无理论又无实践的群氓。在他们看来，要“领导中国革命”只能靠“战斗社”的“四大巨头”。

他们办了一个刊物名为《战斗》，上面登载的文章，也大部是托洛茨基写的。赵、刘、王也写过一些。《战斗》出了若干期，到统一大会之时就停刊了。

“战斗社”的成员，列举如下：赵济（云南大理人）、刘英（湖北人，后投靠国民党成为叛徒）、王平一（山东人，后投靠国民党，成为叛徒）、徐乃达（湖北人，后当了国民党的特务）、芮音堂（广西人）、小陈（湖北人）。

四、所谓“统一大会”和“中国共产主义同盟”的成立

上述四个托派小组织，都自居为托派的正统，都说得到托洛茨基的承认，都要其他三个托派解散组织来归顺。于是吵吵嚷嚷互争雄长，笔墨官司打个不停。四个托派都把自己的政纲和一切情况向托洛茨基呈报，托洛茨基回了一封信说：“我看了你们四个组织的政治纲领，找不出你们当中有什么原则上的分歧。既然政治上没有原则性的分歧，组织上就应无条件的统一起来。”这个指示一到，四个组织立刻宣布“休战”，筹备召开“统一大会”。先由各派选派二人为“筹委”，在“筹委”中，关于出席大会代表的人数问题，发生了难以调和的争论。“无产者社”因为成员较多，主张按各派成员人数的比例产生代表，这样他们就可以在大会上占压倒的优势。其他三派则主张按派别产生同样数量的代表。这样一来，人数少的“战斗社”就会占“便宜”。争论持续了数月，互不相让。最后陈独秀提出“派别和人数相结合”的方式，劝四派顾全大局，互相让步，才算结束了这种争吵。经过数月的磋商，勉强达成协议，即所谓“统一的意见”。

一九三一年五月，中国托派“统一大会”在上海召开。“无产者社”的代表是陈独秀、彭述之、郑超麟，还有一个从广东来的代表，共四人。“我们的话社”的代表是陈亦谋和广东来的代表共四人（梁干乔、区芳、张特都没有被选为代表，原因不明）。“十月社”的代表是王文元、宋逢春、罗汉、濮德治（刘仁静没有被选上，因为他和“十月社”的人闹翻了，成了孤家寡人，他无法自己选自己为代表出席大会）。“战斗社”的代表是王平一（赵济、刘英都没有参加大会）。

大会选出主席团：即陈独秀、郑超麟、王文元、陈亦谋、王平一，陈独秀为主席团主席。他首先提议为共产主义牺牲的烈士们默哀三分钟，然后作“政治报告”，内容就是陈独秀对托洛茨基为中国托派制定的政治纲领（在第二节中已谈过，不赘述）加以发挥和解释，当然他是加进自己的“独到”见解的。接着对“政治报告”进行了两天的讨论，在三个问题上发生了争论：

（1）无产阶级专政问题：陈独秀主张在政纲上不能用这样“生硬的提法”。他说，在中国这样一个农民占绝大多数的国家，只能提出“打倒国民党，政权是人民的”，人民政权有团结农民的意义。至于政权的阶级性质，就要看那时阶级力量的对比，无产阶级力量大，它就是无产阶级专政；无产阶级力量小，农民力量大，那只能是工农民主专政；如果工农没有力量，革命失败，那还不是国民党资产阶级专政吗？多数代表不同意他这种说法。以王文元为代表起来反驳他这个主张，王文元说，战略目的必须在政纲上肯定下来，这不能模棱两可。照陈的这种看法，革命有三个前途：一是无产阶级专政，一是工农民主专政，另一是国民党专政，没有肯定的目标，我们如何能进行革命。王文元还说，“人民政权”这个口号阶级内容十分模糊，因为人民当中包括工人、农民、小资产阶级，到底以哪个阶级为领导呢？国家政权，只能是一个阶级的统治工具，不能成为几个阶级的工具。所以我们不能提“人民政权”的口号。“无产者社”的代表，极力为陈独秀辩护，郑超麟用“辩证法”来“证明”陈的正确。其他三派的代表都为王文元捧场。争论到最后，陈独秀说：“你们确实左得可爱，但你们还没懂得革命实践的辩证法。现在我提出‘无产阶级与贫农专政’写入我们的政纲，希望你们同意，如果你们坚持写下‘无产阶级专政’，我是绝对不能赞成的。”结果大家同意了陈的主张。

（2）“国民会议”的问题：托洛茨基为中国托派提出这个“国民会议”的策略口号，引起了长期的争论，只有陈独秀和刘仁静二人自认彻底了解其意义，并表示衷心接受和拥护。他俩说青年托派不懂马克思主义，幼稚可笑。陈独秀在大会上说：“国民会议”是“苏维埃”的通俗解释。俄文“苏维埃”一词，意译就是“国民会议”。青年人思想左倾，这是常情，但对“国民会议”抱怀疑和厌弃的态度，那是可笑的。问题在于我们有没有力量，人民若有力量，在“国民会议”中能决定一切，那时“国民会议”就可以变为“苏维埃”，若没有力量，即使成立了“苏维埃”，也只能是一个空壳。名词不能决定内容，内容才能决定一切。我认为在“国民会议”中，我们若有决定的力量，“国民会议”就等于“苏维埃”，也等于人民的政权，那时连名字也不必更换，“国民会议”即“人民会议”，“人民会议”即是“苏维埃”。青年人认为“苏维埃”是香的，“国民会议”是臭的，这是名词拜物教，精神可嘉，其实可笑。当时濮德治代表青年托派发言说：我们承认很幼稚，马克思主义懂得太少。但我觉得老先生（当时托派把陈独秀称为老先生）的观点类似考茨基，很像社会民主党。名词不能决定一切，这是对的，可是无产阶级和资产阶级的政治口号，应有阶级的区别。我们若把资产阶级的形式民主，当作无产阶级的战斗目标，恐怕不太正确。列宁已多次批判了这种观点，值得我们多多考虑。老托（当时托派把托洛茨基称为老托）对“国民会议”解释说，在革命退潮时期，用它做动员群众的口号，革命高潮到来，就提出“苏维埃”口号，这样解释我们勉强可以接受。但我们青年人认为在中国提出“国民会议”口号，有些不合实际。从满清到军阀一直到国民党，都十分懂得专政的必要，他们从来不理会什么民主。现在国民党也用什么“国民会议”来欺骗人民，但他们心目中一丝一毫也不想实现它。我们接受这个口号，因为是老托提出的，口中不言心里闷闷，老先后说我们不懂，我们坦率承认我们是不懂。现在提请大会讨论，是否可以用“打倒国民党，建立工农政权”来代替它。我说了这番话之后，彭述之起来大发宏论，说我的意见仍然是斯大林主义，不是老托的见解，要不得，要不得！于是青年托派就哄乱起来。最后陈独秀说，小濮的意见不是个人意见，留作以后讨论，大会上还要以老托的意见为标准写进政纲。于是停止了对这个问题的争论。

（3）托派组织的名称问题：陈独秀提出“中国共产主义同盟”为中国托派组织的名称。有人提出“中国共产党左派反对派”，又有人提出“中国共产党布尔什维克列宁派”，还有人提出“中国工人党”、“中国工农劳动党”等等。陈独秀说，你们实在是名词拜物教，我认为名词不能决定革命，你们提出这些名称，都是袭用或盗用人家的名称，我们不必这样。“中国共产主义同盟”旗帜鲜明，凡是共产主义者、无产阶级和劳动人民都可以入党。它既别于共产国际属下的各国共产党，也别于各国社会民主党，更别于世界各国资产阶级政党。我们做事要光明磊落，不要偷偷摸摸，我坚持这个名称，不赞成你们提出的那些名堂。如果你们一定要在名词上纠缠，我就提出“中国托派”为我们的党名。结果引起大家一阵哄笑。最后通过了他的主张，同时通过了他的政治报告。

“统一大会”用不记名投票的方式选举了托派中央委员会。选举的结果是：“无产者社”当选三人，陈独秀、彭述之、郑超麟。“我们的话社”当选二人，陈亦谋、区芳。“十月社”当选四人，王文元、宋逢春、罗汉、濮德治。“战斗社”一个也没有当选。

这是大家预料不到的事，其所以如此，因为在选举以前，陈独秀并没有要大家协商。他为了表示“民主”，让人自由选举，陈说他反对资产阶级的形式民主，也反对第三国际的包办选举。

罗汉和濮德治看到“战斗社”没有人当选，刘仁静和梁干乔两个大将也名落孙山，于是提出“退避让贤”。他俩的意思是，为了托派搞好统一，避免以后纷争，主张让“战斗社”赵济占一名，刘仁静或梁干乔占一名。陈独秀说：你俩的诚意是可嘉的，但是既经大会选出，就不能随便更改。大会不能搞两次选举。如果有人认为自己没有当选就要重新选举，那我们这个大会岂不变成分赃会议了吗？所以我主张不能更动，大会选举合法有效。

大会闭幕后，接着就开第一次执委会。执委会产生了陈独秀、郑超麟、王文元、陈亦谋、宋逢春组成的常委会。又选出陈独秀、彭述之、郑超麟、王文元、宋逢春五人任“党报委员会”。最后公推陈独秀为“中国共产主义同盟”书记兼报委书记。陈亦谋、濮德治管组织；彭述之、郑超麟管宣传。

托派的“统一大会”，就这样到此结束。

五、两次大破获形成混乱局面

“统一大会”开完以后，一般托派成员都很兴奋，以为从今以后，既然有了统一的组织，结束了各自吹打的分散局面，一定会兴旺起来。但是一些托派大将，因为自己没有选上中委而大为不满。刘仁静大骂陈独秀说：“你把我放在一边，看你们以后怎么办？你们不过是半托洛茨基主义者，我和老托的关系，你们没有足够的认识，对我的作用一点也不认识。我只要写一封信给老托，就叫你们垮台，你们等着瞧吧。”而梁干乔、刘英等人看到搞托派既不能升官也不能发财，连出点风头还要受阻，就一气跑到南京当军统特务去了。

“无产者社”四大金刚之一马玉夫，自认是陈独秀的一根铁柱，是托派当中能抓住几个工人的人。他一向就看不起什么理论家，认为理论一文钱不值，搞工运才有实力，有实力才有地位。他满以为陈独秀会想到他的汗马功劳，在“统一大会”上提他为中委的，但结果出乎他的意料。他这一气非同小可，就干脆跑到国民党警备司令部去告密，于是造成一九三一年五月间的中国托派第一次大破获。他知道“统一大会”的地址，又知道郑超麟、何资深的住址，可是不知道陈独秀、彭述之的住址，所以这次破获，陈独秀、彭述之得以幸免。这次被逮捕的人是：郑超麟和他的妻子刘静贞，何资深和他的妻子张以森，王文元、陈亦谋、宋逢春、濮德治、江常师、楼国华，还有住在“统一大会”的工人老王全家。这一批人先拘押在巡捕房，经过草率审讯，除刘静贞、张以森和工人老王全家押了几周被释放外，其余一概引渡到国民党上海侦缉队拘押月余，又解到龙华司令部受军法审判，国民党根据《危害民国紧急治罪法》判处郑超麟徒刑十五年，何资深十二年，陈亦谋、宋逢春、王文元、江常师、楼国华各六年，濮德治因马玉夫认不得，判了两年半。于是将全案人犯押解在漕河泾监狱执行徒刑。这次破获，托派九个执委，被捕了五个，五个常委去掉四个，托派组织一时陷入混乱，濒于瓦解的边缘。

陈独秀、彭述之、罗汉、区芳虽未被捕，但区芳吓得逃走，杳如黄鹤，再无踪影，罗汉也隐姓埋名，当了隐士。陈、彭二人经过半年的努力，才勉强凑合一个“临时常委”。他们仍然拒绝刘仁静、赵济等参加，说是他们未经大会选举，不太合法。然而把也不太合法的罗世璠拉出来当临时常委，还拉出一个更不合法的谢德盘任常委秘书。这是一个“无产者社”清一色的常委，自然免不了其他托派议论纷纷。

关在监狱里面的濮德治、宋逢春二人先后因病重保释出狱就医。陈独秀就三番五次函促他俩参加常委，此二人也先后参加了。常委每周开会一次，讨论的问题仍然是“国民会议”和逐步恢复组织。这时托派仍然争论不休，争论往往以陈独秀拍桌大骂或拂袖而去告终。刘仁静以未入常委也吵闹不止。

一九三二年九月间，正在托派拼凑常委，吵吵嚷嚷之际，第二次大破获发生了，原因是国民党特务黄麻子唆使从莫斯科中大回国当了特务的盖叔达，费克勤尾随濮德治，侦知托派常委开会的地址，来一次紧急逮捕。这一天，彭述之、濮德治、罗世璠、宋逢春正在开每周一次的常委会，突然巡捕到来将上述四人连同房主谢德盘一并拘入捕房。那天陈独秀因病没有到会，被捕的人都庆幸陈独秀得以幸免，哪知到了晚上，陈独秀也被捕入狱，却不见谢的影子。原来谢德盘在特务的威胁下（并未动刑）就招供了。后来还听说，大小特务们连谢德盘在内，为了分得国民党政府悬赏缉拿陈独秀的三万元奖金，彼此打得头破血流。

陈独秀的住址，只有谢德盘一人知道，因为他是常委秘书，又知道一些托派机关所在，故这一次破获，比前次更大，国民党宣称把共党一网打尽，事实上说对托派一网打尽，倒近乎真情。

这次被捕的人是：陈独秀、彭述之、濮德治、宋逢春、罗世璠、彭道之、曾猛、何智琛、王平一、梁有光等。上述人犯先押巡捕房，经过一天审讯，就立即引渡到国民党上海公安局侦缉队，接着就先把陈独秀、彭述之解到南京军政部，其余的解苏州监狱。这就是轰动一时的“陈彭案”。当时国内名流如蔡元培、杨杏佛，国际学者如杜威、罗素、爱因斯坦等名人都打电报给蒋介石为陈独秀缓颊，蒋置之不理。后来蒋电令把谢德盘送到武汉行营，讯问陈独秀与红军有无关系，谢告诉蒋没有关系，于是蒋介石就采取了给国内外舆论以顺乎人情的手法，批示“将全案人犯解法院审理”，这才将所有被捕的人，押解到江宁法院看守所拘押候审。法律程序拖得很久，其中经过检察官提起公诉，审判官审理，他们都以“危害民国”的罪名加给被告。那时全国闻名的大律师章士钊自告奋勇为陈独秀辩护，陈独秀也自撰辩诉状，洋洋数千言，极尽推敲之功以批驳国民党。而国民党《中央日报》陈[程]沧波又撰文答复陈独秀与章士钊。这些法律上的把戏，我们看了非常可笑。《中央日报》说我们是“共产毛猴”，则更觉滑稽。审判拖得很久，结果陈独秀、彭述之以“危害民国”的罪名，被判徒刑十五年，濮德治、罗世璠、曾猛、宋逢春、何智琛各判徒刑五年，彭道之判刑二年半，王平一、梁有光宣判无罪。王平一刚出狱，又被特务抓去，发表了一个反共宣言，投入国民党怀抱。接着宋逢春、曾猛、何智琛也发表反共宣言，投靠了国民党。而彭道之则病死在看守所。

律师们主张向最高法院上诉，拖了将近一年，最高法院裁决，陈、彭二人改判八年，其余仍维持原判即五年徒刑。这是终审判决，再无上诉的可能。最后将陈独秀、彭述之、濮德治、罗世璠押送到南京老虎桥监狱执行徒刑。

六、陈独秀被捕后中国托派形存实亡

对托派说来，陈独秀被捕是一个沉重的打击。很长时间没有人出来收拾残局重建托派组织。托洛茨基看到中国托派到了接近覆灭的境地，便派了一个“第四国际”的代表来到上海，企图帮助中国托派重整旗鼓。这个代表带来托洛茨基几个重要的意见：（1）要坚持“不断革命”和“世界革命”；（2）要批判斯大林和鞭策中国共产党。据说前者的目的是推翻各国反动派和中国国民党；后者的目的是要第三国际走到“第四国际”的路上来。这个外国人费了不少气力才找到刘仁静、赵济、罗汉和陈其昌等人，也先后叫他们负起托派的总责。不过他们都只干了几个月就下台了。原因仍是无休止地争论和无原则地互争雄长。

陈独秀虽囚于狱中，但与上海托派还保持着联系。上海托派文件，通过刘静贞在探监时送给陈独秀，而陈独秀对外面托派的意见和文章，也通过她带回上海。

关于“国民会议”问题，那个“第四国际”代表和陈独秀发生激烈的争论。陈独秀坚持自己的主张；那个外国人则坚持托洛茨基的主张。陈斥外国人“不懂中国国情，乳臭未干，毛手毛脚，摆出‘国际代表’的架势来吓唬人”，而那个外国人则骂陈独秀是不可救药的老机会主义者。

这个“第四国际”的代表，曾先后扶持过刘仁静、赵济、陈其昌、罗汉，叫他们复兴托派，可是中国托派这个烂摊子实在破烂不堪，无论如何也修补不起来了。他在上海逗留约一年，就夹起皮包回“第四国际”复命去了。

在这段时间里，托派除经常发行《盟刊》之外，还办过一个期刊名《嘤鸣》，由李季主编，作为对外宣传的刊物。陈独秀、彭述之、刘仁静、高语罕、王独清、陈其昌等都用笔名在《嘤鸣》上发表过文章。《盟刊》曾对刘仁静的“经济复兴论”展开了争论，大家都批评他不正确，但他始终认为自己的高论是深入马克思主义的精髓，为一般人所难以了解的。

这个时期中国托派的情况，可以用“苟延残喘，朝不保夕”这样几个字来概括。

七、抗日战争期间托派再次分裂

一九三七年七月七日，日本帝国主义发动了全面侵华战争，八月十三日进攻上海。八月二十六日南京老虎桥监狱遭日机轰炸。

随着全面抗战的爆发，因慑于全国人民的舆论，蒋介石不得不勉强兑现在“西安事变”中应允的“释放全部政治犯”的诺言。因此，陈独秀、彭述之、濮德治、罗世璠、郑超麟、王文元等两次被捕的托派都幸得出狱。

据陈独秀说，蒋介石为了装点抗日门面，曾派人和陈商量，请陈当劳动部长，陈独秀断然拒绝了。同时他骂高语罕去见蒋介石是无耻之尤。

陈还告诉我，在南京他曾和董必武会见。董老规劝他以国家民族为重，放弃成见，承认错误，回党工作，一致抗日。他回答说：回党工作固我所愿，惟悔过之事碍难遵命。后来他到了武汉，希望重起托派炉灶，叫濮德治到开封去找罗章龙，遭罗婉言谢绝，陈很失望。

彭述之回到上海，大树反陈的旗帜，自立为托派的通天教主。而彭的反陈，并非从政治上着手，只作人身攻击，使陈非常气愤。

一般托派，人人奔命，个个逃亡，陈独秀无力把他们纠合起来，听命于他。在这种情况之下，他对于托派的前途，实在感到心灰意冷了。于是他决定不要什么群众，自己单枪匹马干下去。他在武汉写过几篇文章，一篇是《论全民抗战》，一篇是《打倒消极先生》，批评当时政府没有下最大决心，采取消极应付的态度。他把文章送到《扫荡报》上发表，使我气愤。

后来他迁到重庆，又由重庆迁到江津。在江津除与一些托派通通信以外，就去搞他一生致力的文字学，据他说，用马克思主义唯物史观，写出中国文字学的，他是第一人，自吹是“言前人所未言，启后人之迷惘。”

一九四二年陈独秀因患高血压病，死于江津。

以上是抗日战争前期托派纷乱的情况。

抗日战争后期，托派更加分崩离析。三个一群，五个一伙，都自称“托派正宗”。其中较大的有两个：一个是彭述之与尹宽合作，抬出一个工人蒋振东当头头，自称为“实际派”的托派。这个“实际派”，就因为蒋振东能抓几个工人，彭述之和尹宽便以此而自豪，他们说：“你们瞧着吧，有工人当领导，又有工人做基础，这才像个托派呢。”实际上不是彭述之、尹宽接受工人蒋振东的领导，而是彭、尹牵着蒋振东的鼻子走。蒋振东没有什么文化，为了能当托派头子，也就甘愿自耍猴戏。另一个是郑超麟和王文元合作，搞一个“理论派”的托派。他俩是托派中公认的“正派人”，陈独秀很器重他俩，说他俩是“才子”、“理论家”，“前途有希望”。他俩虽自愧不能联系工人，但在“理论”上却自认有一手。他们看不起彭述之和尹宽，说后者“不正派，诡计多”。这两个派别，针锋相对，你一刀，我一枪，杀得十分热闹。在刊物上打笔墨官司，互相骂阵，互相攻击，堪称“棋逢对手，将遇良才”。一直到解放军的炮声逼近上海，他们才知道大事不妙，溜之大吉。

在这段期间，托派曾出过两种刊物，名叫《动向》和《奔流》。内容不外宣传托、陈，批判第三国际，反对国民党等。

郑超麟、王文元一派，还把托洛茨基著的《俄国革命史》和他的《自传》译印出来广为宣传。这两部书，在知识分子中可能有过一点影响，但在一般工农群众中，可以说根本不知道有这两本书的问世。

八、托派的灭亡

一九四九年，中国人民终于在中国共产党和毛主席的正确领导下，推翻了压在人民头上的三座大山，埋葬了蒋家王朝。亿万人民欢欣鼓舞，举国若狂。而在此时，中国的托派如几个碰壁苍蝇，确实感到西风落叶面临灭亡了。彭述之、王文元几个头头，自感情况严重，难得人民宽恕，畏罪逃亡香港；刘仁静、郑超麟几员“大将”，既未逃成，就采取坐待发落的态度；也有一些托派分子，认识到只有彻底交代，真诚改悔，努力改造，重新做人，才是唯一的出路。一九五五年肃反运动中，党和人民根据他们的悔改程度，分别给以处理，有的教育释放，给以适当安排，如濮德治等；有的判了徒刑，如赵济、杜畏之等；有的通过长期教育给以生活上的照顾，如刘仁静、郑超麟等。从此，中国托派在人民的铁拳下被打得粉碎，宣告灭亡。

（一九七九年八月）

王森然（1895—1984），原名王樾，字森然，号杏岩，曾用哑公、子燕、杏楠、黑衣、菊子、涤楼、养吾等70个笔名。河北定县人。著名教育家、史学家、文学家、画家和思想家。12岁时就写出“振衣帕米尔，濯足太平洋”的豪言壮语。1911年辛亥革命后，因剪掉发辫并鼓励同学响应革命被开除。1917年汇编《河北民歌》。1919年考入保定直隶高等师范国文专修科，师从邓中夏。1927年撰写《中学国文教学概要》，填补中国教育学研究空白。1928年考入北京大学。1939年任北京师范大学历史教授，兼任北京女子师范大学教授。抗战胜利后，任中国大学教授，兼任天津河北省立女子师范学院教授。1942年后发表了大量诗歌、小说和舞蹈哑剧作品。1948年4月在北平东交民巷使馆区秘密讲授马克思主义哲学。新中国成立后，在中央美术学院任教。美术作品有《松鹤朝阳》《群鹰图》和《长寿图》等。著有《文学新论》《近代二十家评传》《近代百家评传》《中国剧目辞典》等；标点注释古著《山水论》《山水诀》《青在堂画学浅说》《梦幻居画学简明》。遗嘱将十万元捐献给教育事业，设中央美术学院美术史系“王森然奖学金”。刘志丹、谢子长、曹力如、王子宜、李培之、安娥、李广田、赵望云、张启仁等都是他的学生。

陈独秀先生评传[1]

王森然

先生原名乾生，一名仲，字仲甫。为文尝署“独秀山民”、“陈仲子”、“陈仲”等笔名。安徽怀宁人。生于清光绪六年，庚辰（一八八〇），今年五十五岁。[2]先生本为旧家子。早岁读书有声，言语峻利，好为断制。性狷急不能容人，亦辄不见容于人。先生在沪与章秋桐、张溥泉、谢晓石，共立《国民日报》。[3]

① 本文选自《近代二十家评传》，王森然著，此书系王森然先生1934年完成。书目文献出版社1987年1月版。

② 陈独秀生于1879年10月9日，己卯年。

③ 章秋桐即章士钊，张溥泉即张继。《国民日报》应为《国民日日报》，1903年8月7日在《苏报》被封不到一月后创刊于上海，继承了《苏报》宣传革命的主旨，“发行未久，风行一时，时人咸称为《苏报》第二”，是当时屈指可数的资产阶级革命报纸。

④ 苏子谷即苏曼殊，嚣俄即雨果，他们俩一起翻译“惨社会”即《悲惨世界》。

与秋桐蛰居昌寿里之偏楼，对掌辞笔，足不出户。兴居无节，头面不洗，衣敝无以易，并亦不浣。一日晨起，秋桐见其黑色袍衣，白物星星，密不计。秋桐骇然曰：仲甫！是为何也？先生徐徐自视，平然答曰：虱耳！其苦行类如此。然考之于言，则洽中时弊。时与香山苏子谷，共译嚣俄小说，极写人类困顿流离诸状。颜曰："惨社会"。[4]所怀政想，尽与此同。盖消极冲抉之意九，而积极将作之计，则不得一也。先生记忆力甚强，昔寄居杭州萧寺时，能背诵杜诗全集，一字不遗。先生每于作文时，常用手摸脚，酷闻恶臭，文章则滔滔不穷，亦奇癖也。先生一九〇九年，留学日本，人东京正则英语学校。一九一〇年，又入日本早稻田大学。曾一度回国，从事著作。适当辛亥革命时，参柏文蔚之幕，为颇能活动之革命志士。柏文蔚督皖时，任安徽教育司长。[1]二次革命失败后，继柏文蔚亡命日本。[2]由此至一九一五年，与柏文蔚形影相随，颇为亲密。其后舍去政治革命，专潜心于思想界。至上海，主笔《新青年》杂志。一以反宗教军阀及孔子主义为目的。其思想乃渐由社会主义变为共产主义。一九一六年一月，应北大之招，任文学系主任。[3]对学生鼓吹极端之急进思想。又倡"孔教废止论"，与康有为等之"尊孔保皇论"相激战。发表"孔子之道，不合现代人生"之论文，震骇一世。一九一九年四月，因散布排斥军阀之传单，被逮捕下狱。[4]出狱后，复回上海发行《向导》《新青年》等杂志，宣传其主义思想。[5]一九二〇年，加入共产党。一九二一年于陈炯明之下，任广东教育厅长及全省教育行政委员会委员长。发刊《前卫》杂志。对中国传统之道德，极力破坏。后因广东省议会之反对，遂因病回沪。又在上海法租界兴起大规模之实际运动，为租界当局所捕。一九二二年，赴莫斯科，住约二月。回国后，被派为共产党总秘书。

---

① 多种史料显示陈独秀时任秘书长。

② 1901年至1914年，为寻求救国之路，陈独秀先后4次东渡日本。1901年10月，陈独秀自费留学日本，进东京弘文学院师范科学日语。1902年9月，陈独秀再次赴日，读东京成城学校陆军科。1907年春，陈独秀第三次留学日本，入东京正则英语学校学习，后入早稻田大学学习法国等西欧文化。1914年，反袁运动失败后，陈独秀再度赴日本，在东京雅典娜法语学院进修法语，并协助章士钊办《甲寅》杂志。

③ 应为文科学长。

④ 1919年6月11日，陈独秀因在北京新世界散发《北京市民宣言》传单被捕。

⑤ 《向导》周报1922年9月13日创刊于上海。

直接受莫斯科命令，指挥各地共党活动。一九二三年一月，又加入中国国民党，任中央委员。[①]先生当“五四”运动时，即为社会主义青年团之主干。及由全国社会主义代表大会通过改为共产青年团后，全国统一其组织，由先生与戴天仇、陈望道、李大钊等六人，负领导之责。[②]至一九二二年（民十一）在上海成立共产党总部时，[③]先生始任总书记，为全国共产党之总领袖也。陈在共产党，大权独揽，威令森严，戴季陶氏，曾以中国列宁拟之（见《近代名人轶闻》）。一九二五年代表中国共产党，出席莫斯科举行之第三国际会议。一九二六年，先生曾代表共产党与代表国民党之汪兆铭联合通电。自是以后，先生驻上海，与中国共产党首领等有密切之结合，以掌握共产党家长之权。一九二七年，因国民党清共，共产党失败，第三国际以先生执行职务不力，提出警告。虽然，是年春，先生至武昌参加会议时，实亦主脑人物。及共产党觉察本身之失败，召集紧急会议，推究以前领导错误之责任，则认先生主张两党共同宣言，乃居心与国民党妥协，而故意被其利用，遂谓先生为机会主义者，更称之为取消派。大会议决，取消先生中央委员，及政治常委，并开除其总书记。此时先生，名虽党员，实际已完全失去其领导之地位矣。一九二九年十月，复经中国共产党斯大林派，又名干部派，开除其党籍。旋被第三国际亦开除党籍。至十一月，先生在上海纠集一般被开除党籍者若彭述之、王子平、宋逢春、谢少珊、马玉夫等组织中国共产党左派反对派团体（日本人名之为解党派），举彭述之、张九为中央执行常务委员。宋逢春、濮一凡二人为候补常务委员。十二月与苏俄之托洛斯基派发生关系，复在北京、天津、广州、香港等处，组织支部分头活动。因限于经费，仅参加工会，以学生运动，而农会方面，党员较少，无法扩张。党内刊物：有《校内生活》及《火花》二种，均由先生编辑。是时先生仍为其总书记之职务，而为首领也。一九三二年十月十五日在上海被捕，团体乃散为瓦解矣。

---

① 此处有误。1922年8月20日，陈独秀主持西湖会议，迫于共产国际纪律之压力，勉强服从马林传达的共产国际指示，同意中国共产党集体加入国民党。但他个人并未加入，也从未在国民党中央任职。

② 戴天仇即戴季陶。此处对共产主义青年团的历史表述有误，应为他们开始马克思主义或社会主义研究工作。

③ 中共一大是1921年7月底至8月初召开。

先生本世家，其祖若父，曾在奉天官知府。家资丰厚，为安徽怀宁之大地主。北京琉璃厂尚有其商店。其子延年，为张雨亭将军所最钟爱。①先生幼年乃一华贵之公子也，但其性好读书，有《独秀文存》四册行世，衣食颇俭，从未妄用一文。先生留日前后几及七年之久，并至法读书若干年。②从日归国后，曾在安徽教书。当时与同事学生组织党人会，从事革命工作。并从家中拿款，交王姓创办亚东图书局。③至北大任文学系主任时，提倡刊物，一切新文学之萌芽，均先生所培栽。因是乃至与家庭断绝关系，专心从事革命事业。一般青年好学之士，莫不趋之。胡适之、俞平伯、康白情、傅斯年、罗家伦、苏曼殊诸先生，均当时研究新文学之巨擘。即今之党国执政要人，亦莫非先生之旧友。先生书无不读，又精通法文、日文。故其学，求无不精；其文，理无不透；雄辩滔滔，长于言才。无论任何问题，研究之，均能深入，解决之，计划周详；苟能专门致力于理论及学术，当代名家，实无其匹。自一九二七年至一九二九年，三年中在领导秘密革命工作之余，尚能著三十万言之《中国音韵学》，较其五四前所著之《字义类例》（亚东出版），尤为精当。闻由胡适之先生介绍以三千元之代价，售诸上海商务印书馆，其有大贡献于中国音韵学，必无疑也。近年来刻苦读书，思想因之大进。对于中国学术拟谋长足之进展。尝自诩当制造中国五十年新政治学术之结晶品，以谢国人。其个性过强，凡事均以大无畏不顾一切之精神处理之。无论任何学说，必参己意以研究之，无迷信崇拜之意。故每当大会讨论之际，其意见叠出，精详过人；常使满座震惊奇绝，或拍掌称快，或呆目无言，诚为一代之骄子，当世之怪杰也。惜仍以指挥行动之时多，精心研究学

---

① 此处有误。张雨亭即张作霖。据有关史料记载，张作霖与陈独秀的嗣父陈衍庶在东北私交甚好，但1898年陈延年出生于安庆，1915年，陈延年和二弟陈乔年离家到了上海，初进同济大学学习法语，后进复旦大学，1919年12月赴法勤工俭学，1923年3月，党组织送陈延年、赵世炎等十二人到莫斯科东方劳动大学学习，1924年9月，陈延年回到上海，随后前往广州工作，1927年7月在上海牺牲，其间似乎没有与张作霖见面交往的经历。

② 此处留日、留法读书时间等与史实不符。

③ 此处与史实有出入，1903年5月17日在安庆藏书楼发表拒俄演说，创办安徽爱国会；1904年3月31日，陈独秀和房秩五、吴守一创办白话文《安徽俗话报》；1905年秋，执教芜湖皖江中学，在芜湖发起成立反清组织“岳王会”并任总会会长。亚东图书馆的主人叫汪孟邹，其前身在芜湖叫科学图书社。

术之时少，虽有专一、有恒，自信之美德，致不能完成其哲学理论之中心。使先生终为政治家不能成为革命理论家，可胜惜哉。先生有子三：延年，乔年，松年。延年、乔年，均为留法学生。松年，年二十岁，为安徽大学助教。延年自法国归来，即在广州担任共党工作，时共势未张，延年曾躬自拉车，在工人中活动，为同党所称，嗣擢广东区书记（即所谓广东省党部委员长），同时任黄埔军校教官，未清党时，在粤极有势力，清党后调任江苏省委书记长。被捕时，身穿短服，犹自认茶房。时警备司令杨啸天，曩亦在黄埔军校任事，固识其人。延年遂不得不自认。延年发倒生，几满额，吴稚晖称为妖孽。乔年在法国，始为无政府主义者，后改入共党。于民国十七年春，亦任江苏省委，未二月被捕，羁押龙华若干时（均见《近代名人轶闻》）。闻二人均已牺牲矣。

先生自隶托洛斯基派后，匿居沪上，与斯大林派首为理论之争斗，继而为行动上之冲突，相持不下，势成水火，深为斯大林干部派所嫉视。后由谢少珊供出地址，忽于十月十五日，市公安局向特一法院请出拘票，会同公共租界捕房，于岳州路永兴里十一号，逮捕先生。先生适在病中。共捕先生与彭述之等十一人，文件十余箱。十七日高分院审先生案，公安局坚请移提，律师力辩，冀免移解，卒无效，遂为公安局带去。十九日中央电令沪市府，妥慎押解陈等来京讯办。二十日沪公安局派警，押送先生等到京。中央组织会派员在站迎提入城，交军政部军法司收管矣。先生以在沪被捕时，未带衣被，中央党部拨洋百元，作铺盖衣被之用，先生要求谒蒋及陈立夫，申述过去主持托洛斯基派在中国之活动情形。蔡元培、杨杏佛、胡适、宋庆龄等以先生反对暴动政策，斥红军为土匪之理由，致电中央，主张宽容。蒋介石表示可移司法机关办理，对缓颊各电均未作答。闻先生在狱中，每日阅党义书籍，曾要求购《水浒》一部。二十五日，何应钦曾召先生，询其主持共党反干部派活动情形及政治主张，先生未深切表示。后遂移解法院。先生已聘章士钊先生为义务律师，希望当局典以公开审判，并谓此非法律问题乃政治问题云。

嗣经讯明与皖鄂赣等省共产党无关，与危害民国紧急治罪法之规定不合，乃移送司法行政部交江苏高等法院审讯。其犯罪证据，为中国共产党左派反对派中央执行常务委员首席，是一党之主脑，其个人行动，及发表之文件，应负责任，固无论矣；即以中央反对派名义刊行之传单宣言书，及其指挥之行动，亦应由其完全负责。详阅中共反对派名义发表之《政治决议案目前的局势与我们的任务》、《五三十七周纪念告民众书》、《对时局宣言》、《组委通告》、《为日本帝国主义进攻上海告民众书》、《为日本占领淞沪告全国民众》、《沪东区委员为日本在上海进行大屠杀告民众》、《北京特委最近工作计划》等，谓其一面藉口外交，竭力宣传共产主义，一面则对于国民党政府，冷讥热讽，肆意攻击。综其要旨，则谓国民党政府威信堕地，不能领导群众，应由其领导农工及无产阶级等，以武装暴动，组织农工军，设立苏维埃政权，推翻国民政府，由无产阶级专政，并欲打倒资本家，没收土地，分配贫农，其言词间，显欲破坏中国经济组织、政治组织。而其个人名义所发表之《中国将往何处去？》、《此是抗日救国运动之康庄大路！》、《国联第二次决议后之局势》、《为纪念五一告工友》，竟目三民主义为反动主义，并主张第三次革命，坚决扫荡国民党政府，以革命民众政权，代替国民党政权，其意在危害民国。然查其进行之程序，仅只共产主义之宣传，尚未达于暴动之行动。故合依刑诉法第二百五十三条第一项，提起公诉云（见民国二十二年一月三日四日天津《大公报》第一张）。先生下狱数月，友朋因格于嫌疑，无一亲趋铁窗探视。而先生亲属几绝，其子媳均早逝，虽存元配某氏，复远在皖省，颇觉百无聊赖。[①]某日突来一女性访问，视之，乃一少妇，固不识，甚觉诧异。后妇告其名，始大悟，相对凄然。谈片刻，妇即辞去，后逾数日，仍赴狱探视。据云女士高姓，十年前为先生之高足，安徽人，貌甚美，擅交际，有名于平津，结纳权贵甚多。当先生蹉跎平津，终日从事著述，醉心其言论者殊众，高即其一。尝追随先生，以求深造，卒以思想不投，各走极端，不相问闻者垂数载。今被系狱中，尚能念旧访问，堪称难得云。

① 此处叙述不准确。陈独秀元配高氏和第二任夫人高君曼均已离世，三子松年在安庆，与高君曼所生子女鹤年、子美均在南京，此时的伴侣潘兰珍在上海。

先生少年锺性，和平友爱，宣统元年秋，先生寓沈阳。其兄孟吉以肺疾，客死关东。仓卒北渡，载骨南还。悲怀郁结，作《述哀》词（见《甲寅》杂志，一卷五号）。其一云："死丧人之戚，况为骨肉亲。所丧在远道，孤苦益酸辛。秋风衰劲草，天地何不仁。驾言陟阴岭，川原低暮曛。临空奋远响，寒飙逐雁群。一月照两地，两地不相闻。秉烛入房中，孔怀托幽梦。相见不暂留，若虑晨鸡弄。牵裙频致辞，母使薄寒中。言笑若平生，奚以怀忧恸。起坐弄朱弦，弦乱难为理。凉风扣庭扉，开扉疾审视。月落霜天冥，路远空延伫。掩户就衾枕，犹忆梦见之。辗转不能寐，泪落如垂丝。"

其二："扁舟浮沧海，去往随风波。浩淼不可测，起伏惊蛟鼍。仙人御离合，聒耳如哀歌。海立天俯仰，安危在刹那。一朝落玄渚，尧桀无殊科。救死恐不及，岂复悲坎轲。坎轲复踽踽，慷慨怀汨罗。孤蓬岂足惜，狂澜满江河。区区百年内，力命相劘磨。蓬莱阻弱水，南屏落叶多。所违不在远，隔目成关河。生别已恻恻，死别当如何。感此百念结，巨浪如嵯峨。噰噰鹡鸰鸟，双飞掠舷过。"

其三："与君为兄弟，匆匆三十年。十年余少小，罔知忧苦煎。十年各南北，一面无良缘。其间十年内，孤苦各相怜。青灯课我读，文彩励先鞭。慈母虑孤弱，一夕魂九迁。弱冠弄文史，寸草心拳拳。关东遭丧乱，飞鸿惊寒弦。南奔历艰险，意图骨肉全。辛苦归闾里，母已长弃捐。[1]无言执兄手，泪湿雍门弦。相携出门去，顾影各涓涓。弟就辽东道，兄航燕海边。[2]海上各为别，一别已终天。回思十载上，泣语如眼前。见兄不见母，今兄亦亡焉。兄亡归母侧，孑身若迍邅。地下语老母，儿命青丝悬。老母喜兄至，泪落如流泉。同根复相爱，怎不双来还？"

其四："朔风吹急雪，萧萧彻骨寒。冰砾裹蹄足，蹇羸行蹒跚。寸进复回却，蜷曲以盘桓。盘桓不能进，人心似弹丸。汽车就中道，人畜各喜观。一日骋千里，无异策虬鸾。余心复急切，长夜路曼曼。路长亦不恶，心怯且

① 1899年，陈独秀闻母病，由东北仓促南返，岁末回到家中，母亲已经去世。

② 1901年，陈独秀与长兄孟吉离开家乡安庆，兄长去沈阳候补，自己于是年10月赴日本东京留学。

自宽。吉凶非目睹，疑信持两端。驱车人城郭，行近心内酸。入门觅兄语，尚忆握手欢。孤棺委尘土，一瞥摧心肝。千呼无一应，掩面不忍观。仆夫语疾语，一一无遗残。依依僮仆辈，今作骨肉看。故旧默无语，相视各氿澜。中夜不成寐，披衣抚孤棺。孤棺万古闭，非梦无疑团。侧身览天地，抚胸一永叹。”

读其诗，更知先生有充分之文学素养矣。故胡适之先生，谓其有充分文学训练，对于旧文学极有根底。苏曼殊、章行严之小说文章，均有其序。诗学宋，有大胆之变化，其哭兄一首，是一种新的创造（听北大演说）。今选其数首，知先生二十年前，亦中国最有名之诗人也。

其《远游》云：“晨风一嘘吸，吹落羲和车。细雨海上来，蒙蒙弥空虚。骄阳不驭世，冥色惨不舒。寒暄各异恨，晴晦两弗愉。百年苦劳役，汲汲胡为乎？达人识此意，裂冕轻毁誉。阳春玩小儿，入眼等空无。小草檐闲碧，青山门外攒。读书破万卷，只以益懦愚。徒步历州郡，穷途泣海隅。拿空窥五岳，破碎混中区。忽然生八翼，轻身浮天衢。初见海如勺，熟视益模糊。撮土载万类，旦夕相诛锄。强弱不并处，存灭争斯须。寥廓不可尽，星火何稀疏。微尘点点外，幽暗不可居。归来观五蕴，微命系囚俘。贪痴杂粪葳，妄葆千金躯。仙释同日死，儒垒徒区区。佳人进美酒，痛饮莫踟蹰。”其《夜雨狂歌答沈二》一首：“墨云压地地裂口，飞云倒海势蚴蟉。喝日退避雷师吼，两脚踏破九州九。九州嚣隘聚群丑，灵琐高扃立玉狗。烛龙老死夜深黝，伯强拍手满地走。竹斑未灭帝骨朽，来此浮山去已久。雪峰东奔朝岣嵝，江上狂夫碎白首。笔底寒潮撼星斗，感君意气进君酒。滴血写诗报良友，天雨金粟泣鬼母。黑风吹海绝地纽，羿与康回笑握手。”

又《杭州酷暑寄怀刘三沈二》云：“病起客愁新，心枯日景沦。有天留巨眚，无地着孤身。大火流金铁，微云皱石鳞。清凉诗思苦，相忆两三人。”又《咏鹤》云：“本有冲天志，飘摇湖海间。偶然憩城郭，犹自绝追攀。寒影背人瘦，孤云共往还。道逢王子晋，早晚向三山。”又《游韬光》云：“石级穿林三百层，层层仄径绕山行。碍云密竹两旁立，裂地清泉一路鸣。山意不遮湖水白，钟声疏与暮云平。月明远别碧天去，尘向丹台寂寞生。”又《游虎跑》二首：“晋闻祖塔院，幽绝浙江东。山绕钟声外，人行松涧中。清泉漱石齿，树色暖晴空。莫就枯禅饮，堦前水不穷。”“神虎避人去，清泉满地流。僧贫慵款客，山邃欲迎秋。竹沼滋新碧，山堂锁暮愁。烹茶自汲水，何事不清幽？”又《灵隐寺前》一首：“垂柳飞花村路香，酒旗风暖少年狂。桥头日系青骢马，惆怅当年萧九娘。”又《雪中偕友人登吴山》一首云：“春寒一夜雪，绕郡千山白。凄风敛微和，城郭暗朝赤。相期素心人，寒空荡胸臆。登高失川原，乾坤莽一色。骋心穷俯仰，万象眼中寂。屋瓦白如沙，层城没寒碛。缤纷蔽远峰，冷色空林积。冻鸟西北来，下啄枯枝食。感尔饥寒心，四顾天地窄。紫阳踞我前，积素明峭石。上有鹿皮翁，浩歌清涧壁。饥来啮坚冰，荒岩坐晨夕。不笑复不悲，雪上数人迹。炎威灭千春，忍令肤寸磔。”雅洁豪放，均正宗也。

陈东晓君编《陈独秀评论》（北平东亚书局印行）谓陈独秀被捕，乃目前中国政治上一件非常重大之事件。全国各地报纸无一不以陈独秀之标题而作社论，甚至一次再次，表示全国舆论对于陈独秀案之重视。尤其在全国青年界以至党人中，无论其最近之思想变化如何？在其过去之历程中，皆受陈独秀之影响。当时全国舆论，约分四派：一，学术界最大多数之意见，一方面着重于陈独秀个人在近代中国历史上所有之功绩，一方面着重于要求政府以法治精神处理此案。二，一部分中国国民党之意见，陈氏曾组织托洛茨基学会，自为常委，所搜之反动文件六十大捆，其立意危害民国已无可疑，自应处以极刑，勿稍宽纵（见广州《民国日报》社论）。三，陈独秀为中国革命叛徒，对于帝国主义与国民党之投降者（参阅蔡和森《论陈独秀主义》与《大众评论》：《托陈取消派首领陈独秀被捕之意义》），不仅足以证明陈独秀非共产党，并且可以证明陈乃目前中国共产党之一最大仇敌。可知陈独秀正中国共产党支离破裂之唯一酵母。四，“起来！起来！！援救中国革命领袖陈独秀！”（《先锋报》）此又完全崇拜陈独秀而无条件以拥护之民众也。

傅斯年在《独立评论》第二十四号发表《陈独秀案》一文，首论国民党清共以前十年中陈氏在中国革命史上之地位，次论对于中国革命之贡献，终论不能忍受第三国际之部勒。对于陈氏于教育问题标出之四大纲领，对于文学改良所标举之入手法八件，最受人攻击之伦理改革论，及对于陈案之希望。胡适讲演《陈独秀与文学革命》（二十一年十月三十日在北大国文系讲演）首言陈独秀与新文学有三点极重要之背景：（一）有充分文学训练，（二）受法国文化影响最大；（三）是政治、道德、艺术，及一切文化之革命家，末言陈氏对于文学革命之三大贡献。均极公平彻底，堪属至理名言。

广州《民国日报》社论《陈独秀引渡以后》首论吾国“共匪”之由来，次述陈氏近曾组织托洛茨基学会，终谓应勿一面剿共，一面纵共。杨镜芙《论陈独秀之所谓功罪》（见《十日评论》第二卷第一期），首论北平思想界替陈独秀公布之功状，也就是一张罪状，次论陈独秀被捕是必然的，而非偶然事实，终谓邓演达可杀，试问陈独秀可不可以杀？博古《托洛茨基主义，反革命的资产阶级的先锋队》一文中，首论中国托洛茨基，陈独秀主义与苏俄评论之反苏联的统一战线，次叙其勇敢坚决无保留的参加民族运动，谓为反对苏维埃政权争斗的大纛，终言对于托洛茨基主义的自由主义是濒于叛卖工人阶级的罪恶。蔡和森论陈独秀主义，详述陈氏如何参加革命行列？陈独秀主义之改良与进化，三次大会时代之陈独秀主义，一九二五至一九二七年大革命中陈独秀主义之实际应用，并叙其“以退为进”，陈独秀主义之完成，从少数主义到取消主义。又论陈氏如何在理论上进功革命？陈独秀主义之康庄大道，陈独秀主义之诸友军，主张彻底肃清陈独秀主义之影响，结论列宁主义正确之路线。《北方公论》金玉振由陈独秀被捕说到中国共产党分化之趋势，述陈氏之政治行程，一九一七年至一九二六年陈独秀在中国共产党之地位，一九二七年至一九二八年陈独秀被共产国际指为“机会主义的领袖”，一九二九年至一九三〇年陈独秀与托洛茨基派，一九三一年由干部派分化出来之罗章龙派多转入于陈独秀派，终言陈独秀被捕之意义。仿鲁《清算陈独秀》（《社会新闻》第一卷第七期），谓为近代政治怪杰陈独秀，并述社会主义青年团之产生，共产党之成立，第一次大会前之波折，国共两党合作之经过，中国列宁时代之声威，机会主义的由来，两党领袖联合宣言，八九[七]会议后之陈独秀，开除党籍之经过，形成取消派，终叙对于中国革命之见解，及取消派分崩离析，从失势到被捕，陈独秀死活预测。思美《共产党干部派对陈独秀之诋毁与批判》文中，论取消派之现形，取消派如何领导民族斗争？陈独秀与刘仁静的“民众政权”论，托洛茨基派与陈独秀派之反革命竞赛。《大众评论》创刊号载《托陈取消派首领陈独秀被捕之意义》，始论证明取消派和某党已经更亲密携手，终论取消派反革命势力猖獗之机会。此个人评论之一斑也。

天津《大公报》主持公论，特撰社论，谓陈案应由法院审判，一方面揭示法治之保障，一方面树立健全之理论。天津《益世报》亦撰社论，因陈案而引起几个问题，即思想言论自由问题、惩治危害民国犯罪问题、审判反动法律手续问题是也。导报社评陈案应归司法机关办理，谓陈案应以法为依归，陈氏与牛兰案情节相同，今后所有违法典章者亦均应依法律程序处理。世界日报社评陈独秀被捕事件，谓今日中国国民党中之赫赫新贵多与陈氏有历史关系，陈氏师宗托洛茨基“不断革命论”，抹杀中国历史与现实，陈氏个人生活之艰苦凄凉，陈氏与今日党国显要之对比。北平晨报社评陈独秀被捕，述当年“拖四十二生的大炮”之陈独秀、共产党内情、主持共产学说、组织共产党，[与]实行危害民国，不可混而为一。终谓秘密结社，难以防止，政府之所以待其人者，当以理性为标准。申江日报社评陈独秀被捕首述对于陈独秀被捕之感想，继述陈案应依法以为解决，终以陈案与牛兰案应一视同仁。《社会生活》第一卷第五号论“未亡人”陈独秀，谓陈独秀主张取消共产党一切实际行动，是党国有力之助手，继论国内名流学者纷纷营救陈独秀，终论陈独秀前途未可限量。《先锋报》第四期《援救中国革命领袖陈独秀》谓：陈独秀被捕是整个中国革命的损失，陈独秀被捕为阶级斗争中之事实上所难免，为中国革命反对逮捕陈独秀，为援救陈独秀要立即粉碎斯大林派葬送中国革命的错误路线。此又全国务报评论之一斑也。

其他如老憨论陈独秀（《社会新闻》第一卷第七期），谓陈独秀是一位出人头地的怪杰，陈氏有二缺点：一，思想没有系统，生平没有关于理论上的任何著作；二，个性过强，宗法社会家长态度之十足。结论陈独秀是政治家，而不是思想家。静论《陈独秀等被捕以后》（《壬申》半月刊第三号），谓陈独秀是中国最先的社会革命运动者，一九二九年发表《党治意见书》，陈独秀不过是一马克思列宁主义之信徒而已。汪均予论《陈独秀被捕后的取消派》（《社会新闻》一卷十期），陈独秀被捕减少了共产党一个敌人，陈独秀之于取消派正如邓演达之于第三党，终述取消派已大起分化。王造时论陈独秀与牛兰（《主张与批评报》），谓陈案应经过法律解决：一，陈等应交法庭；二，法庭审判应该公开；三，被告应有聘请律师辩护的权利；四，不应用刑强逼陈等自认罪犯，末谓为牛兰奔走呼号的宋庆龄等对于陈等不知有同样热心否？筱妞儿论“取消派消灭苏维埃运动的妙策”，谓：取消派在国民会议专号中提出来的方法；陈独秀被捕是取消派在中国革命中一贯的政策。赤光述“陈独秀生平及其政治主张”，将其家庭生活，日本留学回国之前后，五四运动之前后，中国共产党之组织时代，第二次大革命失败之前后，组织中共左派反对派时代，均详述无遗。髡谩论“陈独秀被捕”（《新社会》半月刊第三卷第九号）谓陈独秀个性浪漫，疏懒，理想无实。共产党刻薄寡恩，听陈独秀在外促进共党分裂如何不佳？禁止共产学说，实不啻夸奖共产学说。陈华论“陈独秀与文学革命及国民党、共产党”，谓陈独秀在中国文学革命运动史上确居于创始者领导之地位，并述陈独秀对于文学革命之态度，陈独秀文学革命理论，鼓吹文学革命刊物，五四以后陈独秀开始致力于社会主义革命正式参加中国共产党，又论陈独秀与国民党之关系，文学革命运动为国民党成功唯一之重要因素，陈独秀之努力实际上只与国民党效劳尽义务而已。末述共产党干部派与托洛茨基派主张不同之点，清算陈独秀之功过宜分前后两期观察，陈独秀律师辩护无异承认现政府之法治云云。均有一读之价值，读者亦可参阅，作为评判先生见识行为学问之一助。余如陈独秀案起诉书中，陈独秀部分及《国闻周报》第十卷第十七期《陈独秀案开审记》，亦为评传先生之重要材料，限于篇幅，不另赘述。总之，在此许多评判之中，不仅详悉陈先生在中国社会上之地位，而且可以表现中国社会各派系之冲突也。

先生个人生活，艰苦惨淡，两妻前后离异，二子均已伏法，剩比皤然老叟，贫病交加，卒被系狱，生死不测，若绳以常人情理，其忧患凄凉，缄有不堪言状者也。此番就逮，政府既依法处理，昔日友生，处境迥异，恐无能营救者，即或有之，亦不能以私交而毁法律。在政治立场，似乎与先生不能并存，然对此老战士之悲壮末运，又不能尽无动于中也。盖先生之思想行动为一事；其个人坚忍不拔始终一贯之卓绝风格，则实另一问题也。回忆当时与先生致力于新文化运动诸人，今日或居党国显要，或受社会崇拜，以先生之学力，若求高名厚利，与世人争一日长短，将何往而不自得耶？颇乃独甘如此结局！吾人一方虽深悲其处境之困难，致入异途，不能使中国革命，长驱直进，一贯成功，而生荆棘塞道，动有阻碍，一方则当此新式士大夫廉耻道丧，首鼠两端，名虽标榜主义，实则唯利是图之今日，先生不因个人荣利，而一变为世之斯谓新官僚，就此而言，实值吾人矜惜也。

呜呼先生！满腔热血，洒向空林，一生毅力，无用武地。吾不仅为先生惜，吾将为吾民族哭矣。今日之中国，如处暴风骤雨之夕，霹雳震地，闪电彻天，狂飚急流，澎湃袭来，破屋败椽，不堪摧残，栋梁动摇，已有倾圮危险，而室中主人，或则蹲踌一旁，图暂时之苟安逸；或则怒目相向，尚个人之私报复，至于葺补漏罅，共御暴力之工作，均淡然置之，至于合衷共济，力挽狂澜之精神，均漠然视之，世界断无一种人类，毫不知耻，可以听令他国今日攻一城，明日占一地，而腼然相屈者，中国人竟如是！世界断无一种民族，自恨其良，可以磨剑待试，今日戕其一手，明日割其一足，而欣然自快者，中国民竟如是！三省既陷，复侵关内，淞沪战血未干，榆关炮火一继起，疏通之路皆穷，保证之语无效，而中国人民尚高枕而卧，若无其事！侥幸糊涂息战，仍求旦夕苟安，此诚被置于挣扎求生之绝路而不自觉者也。试问此种垂死之民族，有何可取？此种自弃之国家，有何可爱？当此大难当前，不畏强权；见义勇为，不惜牺牲；杀身成仁，不甘欺侮；舍生取义，以救民族救国家为共同之前提！举义旗，倡大难，而民族犹不乐其救，国家犹不容其存，是诚越万世历千载而不遇之昏且厉也。天下至为愚骏、至可悲悯之事，未有逾于此者。一读先生民国三年所撰之《爱国心与自觉心》一文，当有所感矣。其文曰：

范围天下人心者，情与智二者而已。伊古大人，胥循此辙。殉乎情者，孤臣烈士，游侠淫奔，杀身守志，不计利害者之所为也。昵于智者，辨理析疑，权衡名实，若理学哲家是矣。情之用百事之贞，而其蔽也愚；智之用万物之理，而其蔽也靡。古之人情之盛者，莫如屈平，愤世忧国，至于自沈。智之盛者，莫如老聃，了达世谛，骑牛而逝。斯于二者各用其极矣。

今之中国，人心散乱，感情智识，两无可言。惟其无情，故视公共之安危，不关己身之喜戚，是谓之无爱国心。惟其无智，既不知彼，复不知此，是谓之无自觉心。国人无爱国心者，其国恒亡。国人无自觉心者，其国亦殆。二者俱无，国必不国。呜呼！国人其已陷此境界否耶?

爱国心为立国之要素，此欧人之常谈，由日本传之中国者也。中国语言，亦有所谓忠君爱国之说。惟中国人之视国家也，与社稷齐观，斯其释爱国也，与忠君同义。盖以此国家，此社稷，乃吾君祖若宗艰难缔造之大业，传之子孙，所谓得天下是也。若夫人民，惟为缔造者供其牺牲，无丝毫自由权利与幸福焉，此欧洲各国宪政未兴以前之政体，而吾华自古讫今，未之或改者也。近世欧美人之视国家也，为国人共谋安宁幸福之团体。人民权利，载在宪章，犬马民众，以奉一人，虽有健者，莫敢出此。欧人之视国家，既与邦人大异，则其所谓爱国心者，与华语名同而实不同。欲以爱国诏国人者，不可不首明此义也。

国家之义既明，则谓吾华人无爱国心也可，谓吾华人未尝有爱国者亦可，即谓吾华人未尝建设国家亦无不可。何以云然?吾华未尝有共谋福利之团体，若近世欧美人之所谓国家也。土地、人民、主权者，成立国家之形式耳。人民何故必建设国家，其目的在保障权利，共谋幸福，斯为成立国家之精神。吾国伊古以来，号为建设国家者，凡数十次，皆未尝为吾人谋福利，且为戕害吾人福利之蠡贼。吾人数千年以来所积贮之财产，所造作之事物，悉为此数十次建设国家者破坏无馀。凡百施政，皆以谋一姓之兴亡，非计及国民之忧乐，即有圣君贤相，发政施仁，亦为其福祚攸长之计，决非以国民之幸福与权利为准的也。若而国家实无立国之必要，更无爱国之可言。过昵感情，侈言爱国，而其智识首不足理解国家为何物者，其爱之也愈殷，其愚也益甚。由斯以谭，爱国心虽为立国之要素，而用适其度，智识尚焉。其智维何？自觉心是也。

爱国心，情之属也。自觉心，智之属也。爱国者何？爱其为保障吾人权利谋益吾人幸福之团体也。自觉者何？觉其国家之目的与情势也。是故不知国家之目的而爱之则罔，不知国家之情势而爱之则殆，罔与殆，其蔽一也。

不知国家之目的而爱之者，若德、奥、日本之国民是也。德、奥、日本，非所谓立宪国家乎？其国民之爱国心，非天下所共誉者乎？然德人为其君所欺，弃毕相之计，结怨强俄，且欲与英吉利争海上之雄，致有今日之剧战，流血被野，哀音相闻，或并命孤城，或碎身绝域，美其名曰为德意志民族而战也，实为主张帝王神权之凯撒之野心而战耳。德帝之恒言曰，世界威权，天有上帝，地有凯撒。大书特书于士卒之冠日，为皇帝为祖国而出征，为皇帝其本怀，为祖国只诳语耳。奥之于塞，侵陵已久，今以其君之子故，不惜亡国破军，以图一逞，即幸而胜，亦所谓一将功成万骨枯耳，于国人有何福利也。若塞尔维亚，若比利时，乃为他人侵犯其自由而战者也。若奥地利，若德意志，乃为侵犯他人之自由而战者也。为他人侵犯其自由而战者，爱国主义也。为侵犯他人之自由而战者，帝国主义也。爱国主义，自卫主义也，以国民之福利为目的者也，若塞、比是矣。帝国主义，侵略主义也。君若相利用国民之虚荣心以增其威权为目的者也，若德、奥是矣。日本维新以来，宪政确立，人民权利，可得而言矣。一举而破中国，再举而挫强俄，国家威权莫或敢侮矣。若犹张皇六师，日不暇给，竭内以饰外，赋重而民疲，吾恐其国日强，其民胥冻馁以死。强国之民，福利安在，是皆误视帝国主义为爱国主义，而供其当局示威耀武之牺牲者也。夫帝国主义，人权自由主义之仇敌也，人道之洪水猛兽也。此物不僵，宪政终毁，行见君主民奴之制复兴，而斯民之憔悴于赋役干戈者，无宁日矣。人民不知国家之目的而爱之，而为野心之君若相所利用，其害有如此者。

不知国家之情势而爱之者，若朝鲜、土耳其、日本、墨西哥及中国皆是也。朝鲜地小民偷，古为人属，君臣贪残，宇内无比。自并于日本，百政俱兴，盗贼敛迹，讼狱不稽，尤为其民莫大之福。然必欲兴复旧主，力抗强邻，诚见其损，未睹其益。土耳其宪政初行，国基未固，不自量度，与意争衡，一战而败，军覆国削。今复左德抗俄，列强治外之权，欲一旦悍然夺之，吾恐其国难之将作矣。俄之败于日也，越国万里，且非倾国之师，日本国力，岂堪久战，介美行成，诚非得已，而其国民愤詈当涂，不自审矣。墨西哥名为共和，实则其民昏乱，无建设国家之力。枭雄争权于朝，地主肆虐于野，民不堪命久矣，使其翻然自觉，附美为联，其人民自由幸福，必远胜于今日。必欲独立，恐其革命相循，而以兵得政以政虐民之风不易革也。吾国自开港以来，情见势绌。甲午庚子之役，皆以不达情势，辱国丧师，元气大损。今者民益贫敝，资械不继，士气不振，开衅强邻，讵有幸理。然当国者袭故相以夷制夷之计，揖盗自损，同一自损，敌之甲得乙失，我何择焉。而书生之见，竟欲发愤兴师，为人作嫁，其亦不可以已乎。凡此诸国所行，岂无一二壮烈之为。吾人所敬，惟不自觉其国之情势，客气乘之，爱国适以误国，谋国者不可不审也。

假令前说为不谬，吾国将来之时局，可得而论定矣。自爱国心之理论言之，世界未跻于大同，御侮善群，以葆其类，谁得而非之。为国尽瘁，万死不辞，此爱国烈士之行，所以为世重也。然其理简，其情直，非所以应万事万变而不惑。应事变而不惑者，其惟自觉心乎？爱国心，具体之理论也。自觉心，分别之事实也。具体之理论，吾国人或能言之；分别之事实，鲜有慎思明辨者矣。此自觉心所以为吾人亟需之智识，予说之不获已也。

吾国闭关日久，人民又不预政事，内外情势，遂非所知。虽一世名流，每持谬说，若夫怀抱乐观之见，轻论当世之事，以为泱泱大国，物阜民稠，人谋不乖，外患立止，是何所见之疏也。中国而欲为独立国家，税则法权，必不可因仍今日之制。然斯事匪细，非战备毕修，曷其有济，欲修战备，理财尚焉。论时局而计及财政，诚中国存亡之第一关头也。中国经常岁入，约银三万万元，新旧外债约有银二十万万元，利息平均以五厘计之，每年不下一万万元，应还本金，年约五千万元，本利合计，年约一万五千万元，已占岁入之半，此事宁非大异。国非不可举债，若中国之外债，则与他国异趣。中国之外债，乃以国税铁路为抵偿，列强据此以定瓜分之局者也。此事不能自了，无论君主共和，维新复古，瓜分亡国之扃，终无由脱。自今日始，外不举债，内不摸金，上下相和，岁计倍益。年减外债若干，期以十稔，务使不为财政之累。然后十年教养，廿年治军，四十年之后，敌国外患，庶几可宁。若其不揣事情，期于速效，徒欲朘削贫敝之民，残民耀武，以为富强，不啻垂死病夫，饮酖以求淫乐也。其或激于事变，过涉悲观，怵瓜分之危，怀亡国之痛，以为神州不振，将下等于印度、朝鲜之列，此其人用心良苦，而所见则甚愚也。

穷究中国之国势人心，瓜分之局，何法可逃；亡国为奴，何事可怖；此予之所大惑也。分割阴谋，成之已久，特未实施者，其形式耳。夫徒欲保此形式，盖无益而难能也。时政乖违，齐民共喻，以今之政，处今之世，法日废耳，吏日贪耳，兵日乱耳，匪日众耳，财日竭耳，民日偷耳，群日溃耳，政纪至此，夫复何言。或云：此固不治，锄而去之，国难自已。此言甚壮，此计亦不得以为非，惟恐国人志行不甚相远，取而代之者，亦非有救民水火之诚，则以利禄毁人如故也，敌视异己如故也，耀兵残民如故也，漠视法治如故也，紊乱财政如故也，奋私无纪殆更有甚焉。以此为政，国何以堪。又或谓：吾民德薄能鲜，共和不便，仍戴旧君，或其宁一。此亦书生之见也。姑无论国体变更，非国人所同愿。满清末造，政迹昭然，其亲贵旧勋，焉有容纳当涂部曲革命党人之雅量，欲以此广舆论之涂，兴代议之制，不其难乎。盖一国人民之智力，不能建设共和，亦未必宜于君主立宪，以其为代议之制则一也。代议政治，既有所不行，即有神武专制之君，亦不能保国于今世，其民无建设国家之智力故也。民无建国之力，而强欲摹拟共和，或恢复帝制，以为救亡之计，亦犹瞽者无见，与以膏炬，适无益而增扰耳。夫政府不善，取而易之，国无恙也。

今吾国之患，非独在政府。国民之智力，由面面观之，能否建设国家于二十世纪，夫非浮夸自大，诚不能无所怀疑。然则立国既有所难能，亡国自在所不免，瓜分之局，事实所趋，不肖者固速其成，贤者亦难遏其势。且平情论之，亡国为奴，岂国人之所愿。惟详察政情，在急激者即亡国瓜分，亦以为非可恐可悲之事。国家者，保障人民之权利，谋益人民之幸福者也。不此之务，其国也存之无所荣，亡之无所惜。若中国之为国，外无以御侮，内无以保民，不独无以保民，且适以残民，朝野同科，人民绝望。如此国家，一日不亡，外债一日不止；滥用国家威权，敛钱杀人，杀人敛钱，亦未能一日获已；拥众攘权，民罹锋镝，党同伐异，诛及妇孺，吾民何辜，遭此荼毒！“傒予后，后来其苏。”海外之师至，吾民必且有垂涕而迎之者矣。若其执爱国之肤见，卫虐民之残体，在彼辈视之，非愚即狂，实则国人如此设心，初不为怪。盖保民之国家，爱之宜也；残民之国家，爱之也何居。岂吾民获罪于天，非留此屠戮人民之国家以为罚而莫可赎耶？或谓：恶国家胜于无国家。予则云：残民之祸，恶国家甚于无国家。

失国之民诚苦矣，然其托庇于法治国主权之下，权利虽不与主人等，视彼乱国之孑遗，尚若天上焉，安在无国家之不若恶国家哉！其欲保存恶国家者，实欲以保存恶政府，故作危言，以耸国民力争自由者之听，勿为印度，勿为朝鲜，非彼曲学下流，举以讽戒吾民者乎？夷考其实，其言又何啻梦呓也。夫贪吏展牙于都邑，盗贼接踵于国中，法令从心，冤狱山积，交通梗塞，水旱仍天，此皆吾人切身之痛，而为印度、朝鲜人之所无。犹太人非亡国之民乎？寄迹天涯，号为富有，去吾颠连无告之状，殆不可道里计。不暇远征，且观域内，以吾土地之广，惟租界居民得以安宁自由。是以辛亥京津之变，癸丑南京之役，人民咸以其地不立化夷场为憾。此非京、津、江南人之无爱国心也，国家实不能保民而致其爱，其爱国心遂为其自觉心所排而去尔。

鸣乎！国家国家，尔行尔法，吾人诚无之不为忧，有之不为喜。吾人非咒尔亡，实不禁以此自觉也。

（见民国三年十一月十日，《甲寅》杂志一卷第四号）

民国四年，九月十五日先生发行《新青年》，撰《敬告青年》一文，操中国青年界数十年之威权。其文谓:

少年老成，中国称人之语也；年长而勿衰，英美人相勗之辞也：此亦东西民族涉想不同现象趋异之一端欤？青年如初春，如朝日，如百卉之萌动，如利刃之新发于硎，人生最可宝贵之时期也。青年之于社会，犹新鲜活泼细胞之在人身。新陈代谢，陈腐朽败者无时不在天然淘汰之途，与新鲜活泼者以空间之位置及时间之生命。人身遵新陈代谢之道则健康，陈腐朽败之细胞充塞人身则人身死；社会遵新陈代谢之道则隆盛，陈腐朽败之分子充塞社会则社会亡。准斯以谈，吾国之社会，其隆盛耶？抑将亡耶？非予之所忍言者。彼陈腐朽败之分子，一听其天然之淘汰，惟不愿以如流之岁月，与之说短道长，希冀其脱胎换骨也。予所欲涕泣陈词者，惟属望于新鲜活泼之青年，有以自觉而奋斗耳！自觉者何？自觉其新鲜活泼之价值与责任，而自视不可卑也。奋斗者何？奋其智能，力排陈腐朽败者以去，视之若仇敌，若洪水猛兽，而不可与为邻，而不为其菌毒所传染也。鸣呼！吾国之青年，其果能语于此乎？吾见夫青年其年龄，而老年其身体者十之五焉；青年其年龄或身体，而老年其脑神经者十之九焉。华其发，泽其容，直其腰，广其膈，非不俨然青年也；及叩其头脑中所涉想所怀抱，无一不与彼陈腐朽败者为一丘之貉。其始也未常不新鲜活泼，寖假而为陈腐朽败分子所同化者有之；寖假而畏陈腐朽败分子势力之庞大，瞻顾依回，不敢明目张胆，作顽狠之抗斗者有之。充塞社会之空气，无往而非陈腐朽败焉，求些少之新鲜活泼者，以慰吾人窒息之绝望，亦杳不可得。循斯现象，于人身则必死，于社会则必亡。欲救此病，非太息咨嗟之所能济，是在一二敏于自觉勇于奋斗之青年，发挥人间固有之智能，抉择人间种种之思想——孰为新鲜活泼而适于今世之争存，孰为陈腐朽败而不容留置于脑里——利刃断铁，快刀理麻，决不作牵就依违之想，自度度人，社会庶几其有清宁之日也。青年乎！其有以此自任者乎？若夫明其是非，以供抉择，谨陈六义，幸平心察之。一，自主的而非奴隶的；二，进步的而非保守的；三，进取的而非退隐的；四，世界的而非锁国的；五，实利的而非虚文的；六，科学的而非想象的。

民国五年十月撰《我之爱国主义》，谓："伊古以来所谓为爱国者，多指为国捐躯之烈士，其所行事，可泣可歌，此宁非吾人所服膺所崇拜？然我之爱国主义则异于是。何以言之？世之所重于爱国者何哉？岂非以大好河山，祖宗丘墓之所在，子孙食息之所资，画地而守，一群之所托命，此而不爱，非属童昏，即欲效犹太人流离异国，威福任人已耳？故强敌侵入之时，则执戈御侮；独夫乱政之际，则血染义旗。卫国保民，此献身之烈士所以可贵也。今日之中国，外迫于强敌，内逼于独夫（兹之所谓独夫者，非但专制君主及总统；凡国中之逞权而不恤舆论之执政，皆然），非吾人困苦艰难，要求热血烈士为国献身之时代乎？然自我观，中国之危，固以迫于独夫与强敌，而所以迫于独夫强敌者，乃民族之公德私德之堕落有以召之耳。即今不为拔本塞源之计，虽有少数难能可贵之爱国烈士，非徒无救于国之亡，行见吾种之灭也。世有疑吾言者乎？试观国中现象，若武人之乱政，若府库之空虚，若产业之凋零，若社会之腐败，若人格之堕落，若官吏之贪墨，若游民盗匪之充斥，若水旱疫疠之流行：凡此种种，无一不为国亡种灭之根源，又无一而为献身烈士一手一足之所可救治。外人之讥评吾族，而实为吾人不能不俯首承认者，曰‘好利无耻’，曰‘老大病夫’，曰‘不洁如豕’，曰‘游民乞丐国’，曰‘贿赂为华人通病’，曰‘官吏国’，曰‘豚尾客’，曰‘黄金崇拜’，曰‘工于诈伪’，曰‘服权力不服公理’，曰‘放纵卑劣’，凡此种种，无一而非亡国灭种之资格，又无一而为献身烈士一手一足之所可救治。一国之民，精神上，物质上，如此退化，如此堕落，即人不我伐，亦有何颜面，有何权利，生存于世界？一国之民德、民力，在水平线以上者，一时遭逢独夫强敌，国家濒于危亡，得献身为国之烈士而救之，足济于难；若其国之民德、民力，在水平线以下者，则自侮自伐，其招致强敌独夫也，如磁石之引针，其国家无时不在灭亡之数，其亡自亡也，其灭自灭也；即幸不遭逢强敌独夫，而其国之不幸，乃在遭逢强敌独夫以上，反以遭逢强敌独夫，促其觉悟，为国之大幸。夫所贵乎爱国烈士者，救其国之危亡也；否则何取焉？今其国之危亡也，亡之者虽将为强敌，为独夫，而所以使之亡者，乃其国民之行为与性质。欲图根本之救亡，所需乎国民性质行为之改善，视所需乎为国献身之烈士，其量尤广，其势尤迫。故我之爱国主义，不在为国捐躯，而在笃行自好之士，为国家惜名誉，为国家弭乱源，为国家增实力。我爱国诸青年乎！为国捐躯之烈士，固吾人所服膺，所崇拜，会当其时，愿诸君决然为之，无所审顾；然此种爱国行为，乃一时的而非持续的，乃治标的而非治本的。吾之所谓持续的治本的爱国主义者：曰勤，曰俭，曰廉，曰洁，曰诚，曰信。爱国主义，莫隆于斯”云云。

民国六年二月，先生撰《文学革命论》曰：“今日庄严灿烂之欧洲，何自而来乎？曰，革命之赐也。欧语所谓革命者，为革故更新之义，与中土所谓朝代鼎革，绝不相类；故自文艺复兴以来，政治界有革命，宗教界亦有革命，伦理道德亦有革命，文学艺术，亦莫不有革命，莫不因革命而新兴而进化。近代欧洲文明史，直可谓之革命史。故曰，今日庄严灿烂之欧洲，乃革命之赐也。吾苟偷庸懦之国民，畏革命如蛇蝎，故政治界虽经三次革命，而黑暗未尝稍减。其原因之小部分，则为三次革命，皆虎头蛇尾，未能充分以鲜血洗净旧污；其大部分，则为盘踞吾人精神界根深蒂固之伦理道德文学艺术诸端，莫不黑幕层张，垢污深积，并此虎头蛇尾之革命而未有焉。此单独政治革命所以于吾之社会，不生若何变化，不收若何效果也。推其总因，乃在吾人疾视革命，不知其为开发文明之利器故。孔教问题，方喧呶于国中，此伦理道德革命之先声也。文学革命之气运，酝酿已非一日，其首举义旗之急先锋，则为吾友胡适。余甘冒全国学究之敌，高张'文学革命军'大旗，以为吾友之声援，旗上大书特书吾革命军三大主义：曰，推倒雕琢的阿谀的贵族文学，建设平易的抒情的国民文学；曰，推倒陈腐的铺张的古典文学，建设新鲜的立诚的写实文学；曰，推倒迂晦的艰涩的山林文学，建设明了的通俗的社会文学。"

自民国六年二月九日，吾政府对德抗议以来，国人于政府外交政策，赞成反对，各极其盛。先生于三月一日发表赞同意见，贡诸国人。其后赞成抗德派渐得势，内阁获国会之同意，遂宣告与德绝交。自是以后，反对派所预言绝德之危险，幸未一中，在理由上应现举国一致对外之象矣；而事实不尔者，有重大之原因三焉：一曰：失意之伟人，无论其事于人类之公理正义如何？于国家之利害关系如何？凡出诸其敌党段祺瑞、梁启超所主张者，莫不深文以反对之；虽牺牲其向日之主张进取、主张正义、不畏强权之精神，亦所不惜。虽与国蠹张勋、倪嗣冲、王占元、张怀芝同一步调，亦所不羞。某有力家遂利此以为攘夺政权之机会，虎踞江南，舆论因以服从之。一曰：恶闻战争，乃吾国民之恶劣根性，恐德之病，亦自此根性所生，冯国璋威慑南方，亦为诱发此病重大之外因，先生以为商会反对加入协约团体，与前此反对革命，主张拥护项城，[1]维持现状，同一心理。一曰：同时俄罗斯发生革命事作也，吾国短视之人，误料俄罗斯革命，无论旧政府存续与吾，必陷于德国单独议和之地位，俄德和解，英法必不支，英法不支，日俄德同盟谋我之势成，此种见解，不独反对加入协约者言之确然，即赞成者亦不无怀疑而恐怖。以上之三因，为当时吾国对德外交之所以沉滞也。先生为俄罗斯革命告吾国民以促其觉悟，曰"吾国民第一所应觉悟者，欧洲战后政治学术，一切制度之改革与进步，亦将为旷古所罕闻。其次吾国民所应觉悟者，欧战

---

① 项城，即袁世凯（1859—1916年），字慰亭，又作慰廷，号容庵、洗心亭主人，河南项城人，故人称"袁项城"。

原因，固甚复杂，而君主主义与民主主义之消长，侵略主义与人道主义之消长，关系此战，乃至钜焉。今后弱者必无路以幸存。又其次吾国民所应觉悟者，吾可怜之中华，未能日久生存于均势之下也。一国家而生存于均势之下，非真生存。且均势自身，亦难历久而不变乎？吾华真能生存之运命，操诸已者，适用近世文明，以固国力之发表，操诸人者，君主主义侵略主义之失势耳。前者且听命于后者。以列强侵略主义不稍衰，吾人已无有发展国力之余地。又其次吾国民所应觉悟者，俄罗斯之革命，非徒革俄国皇室之命，乃以革世界君主主义侵略主义之命也"云云。

民国七年发表《人生真义》。大意谓："人生个人生灭无常，社会则真实存在。社会之文明幸福，为个人造成，亦为个人所享受；社会为个人所集成，除去个人，则无社会。所以个人之意志与快乐，应该尊重。社会为个人之总寿命，社会解散，个人则无联续之记忆与知觉。所以社会之组织与秩序，应该尊重。执行意志，满足欲望，为个人生存之根本理由，始终不变；一切宗教法律道德政治，不过为维持社会不得已之方法，非个人所以乐生之原意，可以随时势变更。人生幸福，乃人生自身出力所造成，非上帝之赐，亦非听其自然所能成就。个人之于社会，如细胞之在人身，生灭无常，新陈代谢，乃理所当然，不足恐怖。要享幸福，莫畏痛苦，现在个人之痛苦，可以造成未来个人之幸福。故当个人生存时，宜努力造成幸福，享受幸福，并留于社会，使未来之个人享受，递相授受，以至无穷。"又驳康有为共和平议，并论今日中国之政治问题，与《偶像破坏论》。八年撰《新青年》宣言，思想行动，为之变转。并撰《实行民治之基础》、《法律与言论自由》、《过激派与世界和平》、《调和论与旧道德》等文。民国九年，撰《约法之罪恶》、《何谓新文化运动》、《劳动者之觉悟》，与谈政治、对时局之我见、俄国精神、比较更实际之效果等文。十年撰《文化运动与社会运动》、《反抗舆论的勇气》、《革命与制度》、《政治改造与政党改造》、《太平洋会议与太平洋弱小民族》等文。乃由理论而趋于实际行动矣。从《新青年》季刊，发刊《新青年》之新宣言后，为先生加入国民革命后之行动。可从其《殖民地及半殖民地职工运动问题之题要》，与《二十七年以来国民运动中所得教训》二文中，知其梗概。十四年后，《新青年》月刊及《向导》出版，则纯粹为无产阶级革命之行动。如中国共产党第四次大会对于列宁逝世一周年纪念宣言，与《列宁逝世第一周年》、《列宁主义与中国民族革命》三文中，皆可表现先生以进步之观念与世界之眼光，开始为中国革命史之设计者也。

先生一生信仰社会主义，前半生为空想的社会主义之崇拜者；后半生为科学的社会主义之实行者。欧文曾说："过去的世界历史，只以表示人间之非合理性，吾人今始向理性之曙光，向人间之魂再生的时代，开始进行。"先生即含有人间之魂，人间之理性，以改变中国历史进行结局之意味。先生依人间理性力量，以实现社会主义之革命。先生科学的社会主义，乃根据唯物史观依人类历史发展之过程，发见历史必然之法则，所以不太右不太左，循马克思及恩格斯依科学的法则组成系统，为强固革命之根据。其革命之立场，既立于人类历史必然之行程上，其为具有绝大势力之历史为其支撑，必然无疑。然其力量乃极薄弱，正如沙上建筑楼阁，竭尽心力而为之，不终朝散如浮云。其原因乃在中国信仰者之浅稚，不能为有力之组织，终至以诚信艰苦之领袖，竟为全国所唾弃。然先生终为劳动者与农民在争取最后决定胜利之途径上，为携提结合之最大天才者。在目前世界革命不是遥在远处，而乃逼近目前的历史之大转换时期最伟大之人物。无论其作品与人格，皆足为无产阶级获得政权之斗争，与结成巩固不拔之同盟，所依据所借赖之中心主持者。中国革命青年，依然眷恋最清纯之陈独秀先生，先生乃革命队中最明耀之火焰，并且为中国革命中不灭之炬火。先生在国际革命队伍中，将与国际革命先导携手共进，完成世界革命理论最后之标的也。

呜呼！策天下之治乱者，靡不曰：愿得不世出之人才。陈仲甫氏，以不世出之才，乃蒙天下之诟。曰乱臣，曰贼子，曰奸险，曰凶残，曰共匪，曰狂徒，万喙同声牢不可破者，在其被捕后各省市之通电中可见矣。曾文正谓：宋儒宽于责小人，而严于责君子。噫！岂惟宋儒？盖此毒深中于社会，迄今而日益加甚也。孟子恶求全之毁。求全云者，于善之中，必求其不善者云尔。然且恶之，从未有尽没其善而虚构无何有之恶，以相诬蔑者；其有之，则自今之左右两党攻诋陈仲甫始也。夫中国人民，以保守为天性，遵无动为大之教，其于陈氏之反宗教军阀及孔子主义并赫然领导无产阶级革命，相率惊骇而沮之，良不足为怪！顾政见自政见，而人格自人格也。独奈何以政见之不合，党同伐异，莫之能胜，乃密报私隐，以陷害之？此村妪相谇之穷技，而不意其出于革命领袖阶级也。造成此不黑不白，不痛不痒，不战不和，不守不走之中国现局，使光明俊伟之人，无以自存于社会，伤之者又不能自审所处之时代。考人群进化之程：同为人才，何者宜于今日？然后取其学术功业，言论行事，与当今之士夫，一一比较而衡量之，谁人之精神，能常不泯于宇宙间也。呜呼！鸡鸣狗盗，横畏权柄，英雄俊杰，久系囹圄；买椟还珠，舍鱼取筌，国事尚可论哉！

编后记　他说，我看

——兼论如何避免误读历史

《陈独秀印象》是《陈独秀自述》的姊妹篇。“自述”系自说自话，“印象”乃他言他语。无论是自说自话，还是他言他语，对陈独秀来说，都已经成为历史。而在历史这面镜子面前，这二者则相得益彰，相映成趣，互为通鉴。因此，编辑这样的两部书，自然也是一件十分有意、有益且有趣的事儿。

对于一个1971年出生于安徽怀宁的人来说，陈独秀这个名字，从我打小记事的时候就如雷贯耳。但那时候，在我的家乡，几乎没有人能够清楚地说出他的政治和历史，茶余饭后口口相传的也不过是一些道听途说的民间传奇。正是30多年前的道听途说，让我从此在心中牢牢记住了这个名叫独秀的怀宁人。经过十余年的业余研究，五年的写作，我在2013年完成了陈独秀的传记《硬骨头：陈独秀五次被捕纪事》，从“人格之美”的角度记录了他辉煌又苦难的真我人生。正是在这样的阅读和写作过程中，我重新认识了这位百科全书式的人物，以及他的政治、他的历史，并由此产生了编选《陈独秀自述》和《陈独秀印象》的念头，引导人们更加整体地、立体地以历史的、发展的眼光来看一看他的前世今生。

编选《陈独秀印象》是一件不算太难，但也并非简单的事情。从本书内容上来看，都是先人和前辈留下的文字，并不用耗费我多少脑力，只要我做一个有心人，把阅读到的相关文章收集整理起来就可以了。但无论是作为一个出版人，还是作为一个文史学者来说，如果仅仅只是简简单单地把这些已经发表的文章汇集在一起，那就显得有些低级趣味了。为了把这部书编得好看，我还是在编辑的体例上花了一些功夫，说白了就是要有一点独创性，在这里向读者诸君作一个说明。

《陈独秀印象》共分为七辑，以陈独秀人生的时空为坐标系，按照历史发展的逻辑关系，或演绎或归纳了他坎坷又峥嵘的一生，可谓是一部以史料见长的、以“他说”为视角的传记。

第一辑《记忆》收入陈独秀之子陈松年的三篇回忆，这也是其直系有血缘关系的最亲密的人的记忆。

第二辑《纪念》，收入了房秩五的《追悼三爱》、汪原放的《陈独秀与上海亚东图书馆》、胡适的《陈独秀与文学革命》、蔡元培的《我对于陈君本来有一种不忘的印象》、沈尹默的《我和陈独秀》、李达的《陈独秀与新思想》、李大钊的诗歌《欢迎陈独秀出狱》、刘半农的诗歌《D！》、毛泽东的《陈独秀之被捕及营救》、高一涵的《李大钊同志护送陈独秀出险》和许德珩的《我和陈独秀》，共计十一篇文章，讲述了陈独秀从开办《安徽俗话报》鼓吹革命，到创办《新青年》高举新文化运动的旗帜，以至成为“五四运动的总司令”，并在五四爱国运动中被捕的经历。

第三辑《述怀》讲述了陈独秀从1920年创建中国共产党，参与领导中国大革命，到1932年被捕入狱的故事，收入了包惠僧的《我所知道的陈独秀》、郑季霞的《陈独秀和我的父亲》、刘雅清的《陈独秀介绍我父亲加入共产党》、彭健华的《回忆和陈独秀的两次会晤》、许俊基的《面邀陈独秀作抗日演讲》、郑超麟的《陈独秀与鲍罗廷》、彭述之的《陈独秀在莫斯科》、陈修良的《陈独秀不过是一个替罪羊》、汪原放的《仲翁狱中来信》、郑超麟的《阴差阳错》和邓叔存的《癸酉行笥杂记》等十一篇文章。陈独秀的功过是非，皆在其中。

第四辑《追忆》讲述的是陈独秀参加托派的前前后后，收入了托派成员濮清泉、郑超麟、王凡西和陈碧兰等四个人的六篇文章。其中濮清泉的《我所知道的陈独秀》以亲历者的身份讲述了陈独秀在南京老虎桥监狱中的往事，内容最为丰富可读。而陈碧兰的《陈独秀怎样转向托派的》、郑超麟的《一封陈独秀生前未收到的信》和《陈独秀与托派》、王凡西的《从陈独秀的“最后意见”说起》和《抗战初期的陈独秀》，则从托派内部的历史视角讲述了陈独秀与托派之间的复杂关系和政治论争。

第五辑《怀念》讲述了陈独秀流落重庆江津的生活和他逝世前后的寂寞哀荣。收入了台静农的《酒旗风暖少年狂》、文强的《戴笠胡宗南秘访陈独秀》、罗宗文的《江津三晤陈独秀》、龚灿滨的《陈独秀在津印象》、杨眉的《陈独秀先生与我家的几则往事》、杨实舜的《江津时期的陈独秀印象》、张定的《路遇陈独秀》、何之瑜的《独秀先生病逝始末记》、高语罕的《参与陈独秀先生葬仪感言》、邓敬苏的《忆儿时参加陈独秀葬仪》和三篇悼文，共计十三篇。这些作者有的是陈独秀的学生，有的是国民党的官员，有的是陈独秀的同事，有的则是与陈独秀一面之缘的青少年学生，他们笔下的陈独秀更加逼真、更加接地气，以巨大的同情心写出了晚年陈独秀的苍凉落寞。值得提醒读者注意的是，郑超麟（意因）的《悼独秀同志》、胡秋原的《悼陈独秀先生》和彭述之的《悼陈独秀》这三篇悼文，从三个标题上就可以看出他们各自内心的情感表达——从“同志”到“先生”再到直呼其名，可见陈独秀在他们心中的地位以及文字背后所郁积的浓郁的感情色彩。尤其是郑超麟的《悼独秀同志》和彭述之的《悼陈独秀》，因各自的情感因素而产生了截然不同的甚至尖锐对立的评价。

第六辑《述考》共收入了七篇文章，它们是蔡元培的《〈独秀文存〉序》、郑超麟的《陈独秀在上海住过的地方》、马荫良的《关于陈独秀出狱前写给〈申报〉的一封信》、亢德的《关于〈实庵自传〉》、王凡西的《“走你的路，让别人去说吧！”》、葛康素的《谈陈仲甫先生的书法》和郑超麟的《关于陈独秀若干问题的解答》。其中蔡元培和王凡西的文章是为陈独秀著作所作的序言，马荫良和陶亢德是以当事人（报刊编辑）的身份对陈独秀书信和作品投稿和发表经过所作的考证性回忆。郑超麟的两篇文章则从亲历者的身份回答了陈独秀历史上的一些疑问，对后来者起到了释疑解惑的作用。

第七辑《传论》收入的五篇传记文章，分别是法国托派领导人佛朗克的《陈独秀：中国共产主义之父》、美籍华人郭成棠的《陈独秀与中国共产主义运动》、著名教育家王森然的《陈独秀先生评传》，以及两位托派重要成员刘仁静的《托洛茨基派在中国》和濮清泉的《中国托派的产生和灭亡》。这一组文章偏重于综合性的论述，可以作为前述各辑的补充。

《陈独秀印象》所选入的五十六篇文章有的来源于当年报刊发表的原文，有的是从作者文集或回忆录中节选的，有的则是以答记者问的形式回答了有关陈独秀的历史问题。在编选过程中，编者对上述文章中有明显史实错误的地方都进行了简要注释，对诸如像史大林（斯大林）、托洛斯基（托洛茨基）等人名均按现在的译法进行了统一，个别地方在文中用[ ]进行了说明。同时，编者还尽可能地对所有作者撰写了简要的作者简介，对读者了解作者与陈独秀的关系提供了一定的历史背景。

当然，这部书都是先人和前辈的著述，作为后来人，我在捧读和编辑这些作品时，始终都是怀着一颗虔诚和敬畏的心，感谢他们为我们留下了这些宝贵的文献，从而让我们从另一个侧面更加清晰地阅读陈独秀。《陈独秀印象》都是“他说”，也是历史在说。因此在“我看”之时，每每重复阅读都有一个感觉——仿佛有一个背影——形单影只，孤苦伶仃，踽踽独行，踯躅如渐行渐远，却又彳亍如渐行渐近——在我的眼前浮现，恍然已经隔世，恍然如大彻大悟。正因此，当我们阅读历史的时候，历史阅读也同样碰到了历史写作的一个问题——写什么，怎么写——读什么，怎么读。对于阅读，读什么或许不必操心，因为对一个有思想的人来说，什么都可以读，可怎么读却是一门学问，这里有情感、有立场、有哲学，有思想，有一点还是必须要有的，那就是还要有科学和理性——既要一分为二，又要恰如其分。

精神有领袖，历史无先知。“他说”我们无法左右，“我看”应该有所思想。要做到正确的历史写作和历史阅读，或者说如何避免误读历史，笔者认为可以遵循以下原则：

一是不要轻易迷信权威，要有“吾爱吾师，吾更爱真理”的怀疑精神。有人说，历史是任人打扮的小姑娘。的确，历史都是人来书写的，而且任何时代历史记录都深受从事历史写作的人其写作的环境、价值观、素养和个人写作的动机、造诣、语言习惯和水平等等因素的制约，有好坏之分，有真伪之别，甚至还有故意遮蔽、掩盖历史真相的。因此，读史就必须学会辨史，要有大胆的怀疑精神，不能对某个历史事件、某个历史问题，听了某个所谓权威的一家之言，便急急忙忙倾心相信，从而受到蒙蔽，陷入对所谓“历史”的“迷信症”，误入歧途。因此，阅读历史，必须回到历史的现场，提高警惕，辩证分析，不能照单全收，正视历史的局限和局限的历史，既要在局限的历史中观照过去，也要在历史的局限中展望未来。

二是不要轻易相信一个人的口述史，树立大是大非的大历史视角，要有宏观的整体的纵横的发展的联系的全局的一盘棋思想。既不能戴着显微镜放大历史的偶然，也不能戴着老花镜模糊历史的必然，更不能戴着有色眼镜说东道西，顾左右而言他。如果说“历史是平的”，这个“平”就应该是公平正义。没有公平正义的历史，绝对不是人类史。“不识庐山真面目，只缘身在此山中。”一个人的口述史，只是一个人的，他的想法、看法、说法，是否就是历史呢？是否还原了历史的真相呢？眼见不一定为实，耳闻不一定为虚。现象不是现实，现实也不等于历史。历史人物亲见亲闻亲历的，或许也只是历史的一种表象和瞬间，甚至在那个历史的现场他自己或许都不知道自己竟然也被蒙在了鼓中，而“新闻背后的新闻”或许才是真实的历史。因为“小我”只是“大我”的一部分，有时候看似可有可无，却千钧一发四两拨千斤；有时候看似缺一不可，却是电灯泡子点火——其实不燃（然）。历史的前进需要大是大非。就像历史写作需要写作历史中最有价值的那部分历史一样，我们也需要阅读历史中最有价值的那部分历史。何谓最有价值的历史？一句话，就是推动民族、国家和人民的进步，有利于民族、国家和人民的根本利益的那部分历史。

三是不要轻易对历史下结论，要在可靠的了解、可信的解读和可思的理解的基础上，对历史作出科学的判断。人们常说“以史为鉴”“以史为镜”，然而历史失真与历史思维的偏差，往往导致文明的生命力的下降，损害历史的镜鉴作用。历史需要科学的、深层的探究和客观的评价，需要我们“博学之，审问之，慎思之，明辨之，笃行之”，既要正视历史人物和我们每一个人自身的狭隘、局限、偏见和人类社会的阶级性、政治性和斗争性，又要看到历史本身有其发展的客观规律，不能简单地把它归结为个别的、特殊的历史事件的集合，只强调对历史事件的主观评价，把历史只看作是精神的运动、发展的过程。历史是一条滔滔不息的长河，不是支流。历史是长河的潮流，不是波浪。逝者如斯夫。对于历史和历史人物都要抱有一种敬畏之心——当历史的牺牲作为名词的时候，更加凸显历史人格的崇高，更加凸显历史逻辑的客观。

“一切真历史都是当代史。”这是意大利著名学者克罗齐1917年提出的一个命题。当下，“一切真历史都是当代史”在中国却被一些人普遍地滥用和误读（甚至已演变为“一切历史都是当代史”，把“真”字丢了），以致谬种流传。在他们看来，似乎现实就是历史的翻版或历史就是现实的预演。其实，早在1947年，朱光潜先生在《克罗齐的历史学》论文中探究克罗齐的史学思想时，就曾对这一命题做了比较正确的解读：“没有一个过去史真正是历史，如果它不引起现实的思索，打动现实的兴趣，和现实的心灵生活打成一片。过去史在我的现时思想活动中才能复苏，才获得它的历史性。所以一切历史都必是现时史……着重历史的现时性，其实就是着重历史与生活的联贯。”笔者认为，就像历史问题应该依靠历史来解决一样，现实问题，既不可能从历史中找到原因，也不可能从历史中找到答案。我们可以鉴古知今，可以资治通鉴，可以从历史的经验教训中找到一些方法，但现实中的问题，只能抓住现实中的矛盾来解决，在现实的发展中找到答案。我们必须突破历史的局限，宽容异己，不当事后诸葛亮，不做马后炮，不搞含沙射影、指桑骂槐那一套尖酸的把戏儿，更不能浅薄、无知地搞什么拿来主义，拿过去类比今天，拿外国类比中国，否则就会滑入经验主义、教条主义和主观主义的茅坑中去，陷入痴人说梦盲人摸象的唯心主义的泥沼。而那些靠炒作历史已经不入流的陈芝麻烂谷子来标新立异的、像狗仔队一样挖掘历史的花边新闻来哗众取宠，甚至不惜人格国格媚俗媚外媚低级趣味，搞什么解构、颠覆、重塑这些所谓的新名词新花样，终究将成为历史虚无主义的奴才和知识的乡愿之徒而被历史所耻笑。

“一切真的历史都是当代史”吗？历史的阅读与历史的写作一样，需要具备良心、良知来造就良史，需要在常识的基础上建立共识造就知识。何谓知识？笔者认为：知即调查研究，识为辩证分析。因此，我们必须学会思考，学会用辩证法。辩证法的基本精神就是理论联系实际，一切从实际出发，实事求是——这是思想之剑。但我们同时也要明白，辩证法其实并不是一门科学，也不是逻辑，甚至也没有什么“规律”可言，它不想混淆黑白，不想说一个东西既是这样又不是那样，一个事物该是什么就是什么。因此，辩证法要的是在事物之间活学活用各种道理，灵活地看问题，机动地做事情，也就是用正确的方法去做好正确的事情，它其实是一种人文的方法，它要求以我们的价值观去改变历史（改变并不是改写）。简单地说，辩证法给我们提供了一些思考问题的角度，主要有两个角度：一个是从整体的角度去思考，就是说，一个事物的各部分必须在整体联系中才能真正被理解；另一个角度是以历史的眼光去看问题，一方面历史在操纵着我们（任何一个历史人物也包括在内），另一方面我们又在创造历史，我们在历史中处于承先启后的位置，所以我们的所作所为既有来路又有去处，才能踩在历史的点子上，不然就会被历史抛弃。

我在拙著《光荣梦想：毛泽东人生七日谈》的序言中，对历史写作曾经说过这么一段话：历史不是人类的包袱，而是智慧的引擎；历史不是藏着掖着的尾巴，而是耳聪目明的大脑。历史更是一种文化，是一种价值观。在全球正在“化”为一体、微观史独领风骚、史学研究“碎片化”大行其道的今天，在一些人沉溺于对五花八门五颜六色的微观史并自足于津津乐道的今天，在日常生活史、个人口述史、小历史在各种各样的传播媒介上出尽风头的今天，个体的历史越来越清晰，整体的历史却越来越混沌——细节片段的微观历史遮蔽了总体全局的宏观历史，混乱、平庸的微观叙事瓦解了宏大叙事，琐碎、局促的微观书写离析了历史的唯物主义和辩证法——显然，这是当代知识变迁过程中一种错位的“非典型状态”。一叶障目，不见泰山。历史的“碎片化”和“碎片化”的历史，已经说明个体、个性化甚至个人主义的微观史终究不能承担究天人之际、通古今之变的历史责任和使命，更无法克服其自身致命的弱点——没有足够的能力来理解和诠释世界已经发生和正在发生的重大转变。对重大问题的失语和无力，是微观史所面临的最大挑战。要见树木，更要见森林。历史研究和历史写作离不开宏大叙事，必须实事求是地回到历史现场和历史语境当中，完整书写整体的历史和历史的整体，在宽容、坦率、真实、正义中正视历史人物、历史事件和历史问题的深度价值和潜在秘密，循着实事求是和辩证唯物主义的路径，在常识中把握历史发展的主题和主线、主流和本质——这才是真正的大历史的视角，从而避免陷入历史的虚无和知识上的尴尬境地。

历史的苦难造就了苦难的历史。而苦难又是历史送给我们的一个最不受我们欢迎的礼物——是的，历史就是这样的一份礼物。历史的陈独秀和陈独秀的历史，也是如此。对历史，我们必须深怀敬畏，珍之惜之。还是那一句话：既不要妄自尊大，也不要妄自菲薄。

本书的编选汲取了唐宝林、任建树、李银德诸位前辈的研究成果，在这里我向他们表达诚挚的感谢。最后，要感谢中共党史出版社社长汪晓军先生和他的同事们，没有他们的信任和支持，我也难以有如此的信心完成《陈独秀自述》和《陈独秀印象》的编选工作。同时，我希望读者诸君喜欢陈独秀这个历史人物，喜欢《陈独秀自述》和《陈独秀印象》，并从陈独秀以及陈独秀那一代人所贡献给中国的历史中汲取经验教训和他们人生所化出的精神营养，站在历史的肩膀上，眺望到可以眺望的未来。

丁晓平　谨记

2014年7月1日